FREDDIE MERCURY

LESLEY-ANN JONES

A BIOGRAFIA DEFINITIVA

FREDDIE MERCURY

LESLEY-ANN JONES

A BIOGRAFIA DEFINITIVA

Tradução
Fabiana Barúqui

11ª edição

BestSeller

Rio de Janeiro | 2024

CIP-BRASIL. CATALOGAÇÃO NA FONTE
SINDICATO NACIONAL DOS EDITORES DE LIVROS, RJ.

Jones, Lesley-Ann
J67f Freedie Mercury/Lesley-Ann Jones; tradução: Fabiana Barúqui. —
11ª ed. 11ª ed. — Rio de Janeiro: Best*Seller*, 2024.

Tradução de: Freddie Mercury : the definitive biography
ISBN 978-85-7684-612-3

1. Mercury, Freddie, 1946-1991. 2. Músicos de rock — Inglaterra — Biografia. 3. Rock — Inglaterra — História. I. Título.

12-2995 CDD: 927.8166
CDU: 929:78.067.26

Texto revisado segundo o novo Acordo Ortográfico da Língua Portuguesa.

Título original inglês
FREDDIE MERCURY: THE DEFINITIVE BIOGRAPHY

Publicado primeiramente na Grã-Bretanha em 2011 pela Hodder & Stoughton, um selo da Hachette UK.

Capa: Gabinete de Artes
Editoração eletrônica: FA Studio

Impresso no Brasil

ISBN 978-85-7684-612-3

Aos meus pais
e a Mia, Henry & Bridie

SUMÁRIO

INTRODUÇÃO

MONTREUX

Não escrevíamos de imediato. Anotávamos, como os jornalistas faziam na época. Decorávamos as citações, dávamos alguma desculpa e corríamos para o banheiro, onde rascunhávamos nos cadernos antes que a bebida fizesse efeito. Tínhamos gravadores, é claro, mas não podíamos usá-los. Eles acabavam com qualquer conversa, ainda mais se estivéssemos em algum lugar comprometedor. Não seria uma boa revelarmos que éramos jornalistas autônomos.

Nós, alguns redatores e um fotógrafo, havíamos nos separado da imprensa aglomerada na rua do centro de conferências e escapado para relaxar tomando uma cerveja no único pub da avenida principal de Montreux. O White Horse, ou *Blanc Gigi*, como o chamavam, era pequeno e aconchegante. Freddie calhou de estar lá naquela noite, com alguns amigos de calças justas que deveriam ser suíços ou franceses. O pub, tipicamente inglês, era um de seus favoritos, e acho que sabíamos disso. Freddie não precisava de guarda-costas. Precisava de cigarros. O novo rapaz do *Express* era viciado, sempre carregava quatro maços. As noites eram longas para os jovens repórteres do showbiz. Estávamos preparados.

Não era a primeira vez que eu encontrava Freddie. Já havia estado em sua companhia em diversas ocasiões. Fã de rock desde criança — aos 11 anos, conheci Bowie, e Hendrix morreu no meu aniversário em 1970 (só podia ser um "sinal", como tudo na vida, não?) —, fui apresentada à música eletrizante e complexa do Queen no verão em que saí da escola, através das irmãs Jan e Maureen Day, fãs vindas de Aldershot. Foi então que viajei com elas num ônibus caquético a caminho de Barcelona e das praias da Costa Brava. Na época, todos tinham uma guitarra e uma palheta que havia pertencido a George Harrison. Nem com todos os exercícios de dedilhado do mundo eu conseguiria tirar algum som do instrumento.

Como eu não estava destinada a ser uma Chrissie Hynde nem uma Joan Jett, do início da década de 1980, até por volta de 1992 escrevi matérias sobre rock e pop para os jornais *Daily Mail*, *Mail on Sunday* e seu suplemento, a revista *You*, e para o *The Sun*. Foi como jornalista iniciante do grupo Associated Newspapers que tive meu primeiro encontro com o Queen. Num dia de 1984, fui enviada ao escritório da banda em Notting Hill para entrevistar Freddie e Brian. Estabeleceu-se, assim, uma relação desigual: eles chamavam, eu ia. Os anos que se seguiram, agora, parecem surreais. Naquela época, era mais simples atuar no ramo. Era comum artistas e jornalistas pegarem o mesmo voo, andarem na mesma limusine, ficarem no mesmo hotel, comerem à mesma mesa e curtirem juntos a vida noturna de cidades distantes.

Poucas e preciosas amizades desse tipo perduraram.

Hoje em dia, isso é raríssimo de acontecer. São muitos empresários, agentes, organizadores, relações-públicas, representantes de gravadoras e aproveitadores, todos a postos. Quem não é, finge ser. O maior interesse deles é manter gente como eu à distância. Naquele tempo, sempre dávamos um jeito de entrar, com ou sem o crachá ou a credencial de acesso irrestrito. Às vezes até os escondíamos, só para não perder a prática. Persuadir fazia parte da diversão.

No ano anterior, eu havia assistido da coxia à apresentação do Queen no Live Aid, no estádio de Wembley — não teria essa chance hoje —, e fui convidada a acompanhá-los a vários destinos durante a turnê "Magic Tour", de 1986. Em Budapeste, fui a uma festa fechada em homenagem à banda na embaixada britânica e presenciei o histórico show na Hungria, feito atrás da Cortina de Ferro, talvez o melhor momento ao vivo do Queen. Gosto de pensar que eu não destoava da multidão: era só mais uma garota de vinte e poucos anos, magrela e sardenta, que adorava rock.

Sempre me surpreendi com o fato de Freddie ser menor do que a imagem que tínhamos dele. Talvez fosse a dieta à base de nicotina, vodca, vinho, cocaína, pouca comida e muito entusiasmo artístico. Sua presença de palco era tanta que esperávamos que ele fosse imponente na vida real. Não era. Pelo contrário. Parecia bem pequeno e tinha um jeito encantador de menino. Dava vontade de cuidar dele, e era o que todas as garotas faziam. Freddie despertava os mesmos instintos que o andrógino Boy George, do Culture Club, que virou o queridinho das donas de casa após "confessar", mesmo que não tenha sido sincero, que preferia uma boa xícara de chá a sexo.

No White Horse, Freddie olhava ao redor, com as sobrancelhas erguidas, murmurando "cigarrinho" com aquela voz inconfundivelmente clara e afetada. Naquela noite, percebi o quanto ele era contraditório. Podia ser humilde e modesto fora do palco e arrogante em ação. Mais tarde, eu o ouvi sussurrar "pipi" num tom infantil, e observei, fascinada, quando um de seus companheiros o levou ao banheiro masculino. Pronto, aquilo me encantou de vez. Eu queria levá-lo para casa, preparar-lhe um banho quente e pedir à minha mãe que fizesse uma carne assada. Agora, pensando bem, o superastro do rock não podia estar mal a ponto de não conseguir ir ao sanitário sozinho. Freddie devia ser o alvo mais vulnerável num banheiro.

Roger Tavener, o rapaz do *Express*, ofereceu a ele um Marlboro vermelho. Freddie hesitou antes de aceitar: preferia um Silk Cut. Ele nos observava de longe com vago interesse enquanto discutíamos com os clientes do bar. Talvez por não termos lhe dado muita atenção, voltou para pedir outro cigarro. Onde estávamos hospedados? No Montreux Palace: resposta certa. Freddie havia morado lá, teve sua própria suíte. Ele e o Queen eram donos do Mountain Studios, o único complexo de gravação do respeitado resort suíço. Na época, o Mountain era considerado o melhor estúdio da Europa. Era a vez de Freddie pedir a próxima rodada: o mesmo que bebemos antes.

Cerca de uma hora depois:

— É óbvio que vocês me conhecem — disse ele, com um brilho súbito nos olhos de ébano.

Bem, era óbvio. Estávamos lá por causa dele. Algumas vodcas-tônicas a menos e Freddie teria acertado os nossos nomes. Enviados pelos editores dos jornais ao festival e prêmio anual de televisão Rosa de Ouro (o Rose d'Or estava no ápice em Montreux em maio de 1986), também cobrimos seu evento paralelo: uma noite de gala com show de rock de grande exibição na TV e que servia de desculpa esfarrapada para a imprensa se comportar mal.

Pensamos que ele não quisesse ser incomodado, mas era Freddie quem parecia ansioso para falar. De maneira geral, não gostava de jornalistas. Como já havia sido ridicularizado e citado erroneamente, confiava em poucos do nosso meio. David Wigg — na época, editor da seção de entretenimento do *Daily Express* e que também estava na cidade — era um grande amigo de Freddie. Na maioria das vezes, era ele quem conseguia os furos de reportagem.

Estávamos ficando íntimos demais e sabíamos que desperdiçávamos a chance de fazer uma entrevista oficial. Quando amanhecesse, ele iria nos desmascarar. Pior ainda, os empresários e os relações-públicas também. Achariam que havíamos passado do limite, e provavelmente nunca mais conseguiríamos nos aproximar de Freddie. Era o bar dele, o território dele. Mesmo assim, ele parecia vulnerável e angustiado, bem diferente do astro que pensávamos conhecer.

— Foi por isso que vim para cá — disse ele. — Estamos só a duas horas de Londres, mas aqui consigo respirar, pensar, compor, gravar e sair para dar uma volta. Acho que vou precisar disso nos próximos anos.

Compreendemos. Participamos do papo sobre a dor da fama: um problema dele, não nosso. Estávamos nos controlando, tentando manter a calma. Queríamos apaziguar o instinto assassino de correr para o telefone e contar aos nossos novos editores o furo do ano: havíamos encurralado num pub estrangeiro o astro do rock mais assediado de todos. Viramos mais algumas doses e esperamos. Era uma oportunidade única. Eu e Tavener tínhamos acabado de nos tornar parceiros no crime, queríamos impressionar um ao outro e escrevíamos para jornais que eram concorrentes ferrenhos. Era para rondarmos um ao outro que nem dois grandes tubarões-brancos. Tranquilizamos Freddie dizendo que estávamos acostumados a trabalhar com celebridades, que sabíamos da questão da privacidade. Tínhamos consciência de que era a primeira coisa que sacrificavam e a última que percebiam que queriam de volta. Essas palavras o atingiram em cheio.

Olhou para a vodca, balançando o copo.

— Sabe, é exatamente isso que me tira o sono — refletiu — Criei um monstro. Eu sou o monstro. Não posso culpar mais ninguém. Batalhei por isso desde criança. Eu teria matado para chegar até aqui. Qualquer coisa que me aconteça, a culpa é toda minha. Era o que eu queria. É o que todos almejam. Sucesso, fama, dinheiro, sexo, drogas, posso ter tudo que quiser. Só que agora começo a perceber que, apesar de eu ter criado essa situação, quero fugir dela. Tenho medo de não conseguir controlar o monstro, por mais que ele me controle.

"Eu mudo quando subo ao palco", admitiu. "Me transformo totalmente no 'melhor artista'. Digo isso porque é assim que tenho que ser. Não posso ser o segundo melhor. Preferiria desistir. Sei que tenho que me exibir. Sei que tenho que segurar o microfone de determinada maneira. E adoro, assim como adorava ver o Jimi Hendrix seduzindo o público. Satisfazia a si e aos fãs. Mas ele era bem tímido fora do palco. Talvez sofresse por tentar alcançar a expectativa de ser, longe dos refletores, aquele aloprado que, na verdade, não era. Quando estou lá em cima, tenho a sensação de sair do próprio corpo. É como se eu olhasse para mim mesmo e pensasse: 'Caramba, excitante.' Então, percebo que sou eu: é melhor ir trabalhar.

"É claro que é uma droga", declarou. "É um estimulante. Mas é difícil quando as pessoas me reconhecem na rua e querem o cara do palco. O 'grande' Freddie. Não sou ele, sou mais quieto.

Tento separar minha vida pessoal do artista público, pois é uma existência esquizofrênica. Acho que é o preço que pago. Não me interpretem mal, não sou nenhum pobre coitado rico. O que me faz acordar de manhã é a música. Sou realmente abençoado."

O que ele poderia fazer?

— Estou fazendo drama por nada, né? — Um aparte do astro. — Dinheiro a rodo, bajulação... Moro em Montreux e na região mais valorizada de Londres. Posso comprar em Nova York, Paris, onde eu quiser. Sou mimado. O cara do palco pode fazer essas coisas. É o que o público espera. Me angustia [pensar] onde isso vai parar — confessou, por fim. — O que ser integrante de uma das maiores bandas do mundo pode significar? Gera seus próprios problemas. Significa que não posso andar por aí e fazer o lanche da tarde numa agradável casa de chá de Kent. Tenho sempre que ponderar isso. É uma jornada e tanto e estou curtindo o passeio, sem dúvida. Mas, às vezes...

Do cassino à outra margem, ainda faltava muito para amanhecer. Éramos nós, Freddie e alguns amigos, recolhidos em um casarão no sopé dos escarpados Alpes, que Freddie dizia guardar mistérios antigos e tesouros perdidos, alguns escondidos por nazistas durante a Guerra. O ar frio da noite tinha aroma de pinho. As montanhas enluaradas refletiam na imensidão do lago.

Era evidente o quanto Freddie adorava este refúgio: uma verdadeira pintura na Vaud Riviera, famoso pelo festival anual de jazz, pelas vinícolas, por Nabokov e Chaplin, por "Smoke on the Water" — a canção de riffs inimitáveis que o Deep Purple compôs em dezembro de 1971, depois que um fã disparou um sinalizador durante um show do Frank Zappa. O cassino inteiro foi consumido pelo fogo. A fumaça se espalhava pelo lago Genebra enquanto

Roger Glover assistia a tudo da janela do hotel, com o baixo na mão.

— Joguem minhas cinzas no lago quando eu morrer — brincou Freddie.

Repetiu isso pelo menos duas vezes.

Começamos a falar da importância de se aproveitar as coisas simples da vida. A grande verdade, e que preferíamos ignorar, era que a fortuna do astro podia comprar o tipo de vida fantástica que pessoas como nós só tinham acesso em sonho.

O que fizemos com essa "matéria exclusiva"? Nada. Não escrevemos nada. Só nós sabíamos.

Freddie e sua equipe eram pessoas de bem. A noite havia sido divertida. Ele tinha sido sincero. Provavelmente, não confiava em nós a ponto de nos contar tudo o que podia ter contado. Sabia quem éramos, deve ter imaginado que lhe passaríamos a perna. Talvez até quisesse que fizéssemos isso para provar que repórteres nunca são uma boa-nova. Dentre todos os astros do rock, Freddie era o que estava mais acostumado a ser traído, em especial por gente como nós. Não compreendemos na época, mas o comportamento dele agora faz sentido. Freddie devia suspeitar de que estava com os dias contados. Certamente vivia como se não houvesse amanhã. Talvez, àquela altura, só quisesse chutar o balde, pois estava aprisionado pela fama. Como sabíamos que ele esperava o pior de nós, eu e Tavener concordamos em fazer algo que poderia até render uma demissão por justa causa: não trairíamos a confiança de Freddie por uma manchete barata.

O dia começava a raiar nas montanhas nevadas. A água recobrava a cor verdadeira enquanto voltávamos para o hotel. Ninguém deu um pio. Não havia mais nada a dizer. Tavener fumou seu último cigarro.

— O rock é muito importante — declara Cosmo Hallström, psiquiatra renomado que trabalhou durante quatro décadas com os maiores. — Representa a cultura atual. Dá muito dinheiro, então desperta desejo. É um fenômeno que não pode ser ignorado. Reúne, cria um espírito de união.

"O rock é imediato. Trata-se das primeiras emoções, puras e descontroladas, e de conceitos simples, com um toque de amargura. É tão envolvente que não dá para ignorar. Não há como não ser contagiado. Só sendo surdo. Talvez nem assim. Representa uma geração e a valida de uma forma que nada mais consegue."

— Ser artista é um grito de socorro — insiste Simon Napier-Bell, o empresário de rock e pop mais infame do ramo e que deve saber o que diz: compôs sucessos para Dusty Springfield, fez a carreira de Marc Bolan, dos Yardbirds e do Japan, inventou o Wham! e transformou George Michael num superastro solo. Simon não mede palavras, ainda mais em se tratando deste assunto. — Todos os artistas são extremamente inseguros. Estão desesperados por atenção. Estão sempre em busca de plateia. São obrigados a ser comerciais, e odeiam, mas acho que é o que melhora a "arte" deles. Todos também têm a mesma história, o que é essencial. O Eric Clapton, por exemplo, quando o vi pela primeira vez, pensei: "Ele não é um artista, é só um músico." Na banda do John Mayall, ele tocava de costas para a plateia, de tão tímido que era. Mas, à medida que evoluiu, vi que era um artista. Tinha um pai ausente, uma irmã que, na verdade, o havia concebido e uma avó que ele achava ser a mãe. Todo artista sofreu maus-tratos na infância — pelo menos no que se refere à falta de afeto. Então ficam desesperados atrás de sucesso, de amor e de atenção. Os outros acabam desistindo. Porque aviso logo: é absolutamente horrível ser celebridade. É legal conseguir uma boa mesa em um restaurante, mas a cada trinta segundos vem alguém interromper a refeição. É um pesadelo. No entanto, os famosos aturam esse tipo de coisa felizes da vida. São os ossos do ofício.

"Eles costumam ser extremamente simpáticos com pessoas novas", continua. "Mas há um lado negro. Depois de lhe arrancarem tudo que podem, você perde a utilidade e eles o rejeitam. Já fui rejeitado, mas não dei a mínima. Compreendo essa gente, sei como ela funciona. Não adianta ficar chateado ou com raiva por ter sido tratado com aspereza ou crueldade por algum astro. São assim e pronto. Todos têm algum trauma psicológico. Garanto que basta vasculhar a infância deles para descobrir. O que mais explica o desespero em ser aplaudido e bajulado? Um desespero tão grande que você se sujeita a uma vida péssima da qual nunca terá controle? Ninguém normal gostaria de ser celebridade. Nem por todo o dinheiro do mundo."

— Freddie Mercury fez a coisa mais importante de todas — replica o Dr. Hallström. — Ele morreu jovem. Em vez de virar uma bicha velha, gorda, arrogante e de ego inflado, se despediu na flor da vida e será lembrado com essa idade para todo o sempre. Não é um jeito ruim de partir.

Esta é a história de Freddie.

CAPÍTULO UM

1- Live Aid

Com esse show estamos fazendo algo positivo para que as pessoas vejam, ouçam e, quem sabe, doem. A fome deve ser abordada como um problema concernente a todos. Às vezes, me sinto impotente, e esta é uma ocasião em que posso fazer a minha parte.

FREDDIE MERCURY

Era o palco perfeito para Freddie Mercury: o mundo todo.

BOB GELDOF

Houve um tempo em que os políticos eram ótimos oradores. Essa arte definhou de forma drástica no último século. O rock, dentre todas as disciplinas improváveis, é uma das poucas profissões remanescentes em que um indivíduo ou um grupo consegue manter a plateia na palma da mão, controlando com a voz uma multidão de milhares de pessoas. Atores de filmes não conseguem fazer isso. Artistas da TV nem chegam perto. Talvez por isso, o superastro do rock seja a figura mais envolvente de todos os tempos. Isso me ocorreu quando eu estava atrás das cortinas da coxia do estádio de Wembley no dia do Live Aid com o baixista do The Who, John Entwistle, e sua namorada, Max. Vimos Freddie se apresentar num calor escaldante para cerca de oitenta mil pessoas, além dos sabe-se lá quantos que acompanharam pela televisão. Nos anos seguintes, mencionaram-se muitos números, mas foi algo em torno de "quatrocentos milhões de telespectadores assistindo via satélite em cerca de cinquenta países" e de "1,9 bilhão no mundo todo". Tranquilo, espirituoso, atrevido e sensual, ele fez tudo a que tinha direito. Olhávamos boquiabertos. O rugido ensurdecedor da multidão acabava com qualquer chance de falar com eles. Freddie nem ligava. O feitiço que encantava o público era tão potente que quase dava para sentir o cheiro. Nos bastidores, as maiores lendas do rock paravam para ver o rival roubando a cena. Freddie sabia o que estava fazendo, é claro. Durante 18 minutos, o improvável rei dominou o mundo com o Queen.

A sorte surge por acaso. Foi sorte o dia em que Bob Geldof fazia anotações no diário dentro do táxi. Foi em novembro de 1984. Do fundo do cérebro — um campo de batalha de pensamentos conflitantes, como ele descreveu mais tarde —, surgiram trechos rudimentares de uma letra que logo sacudiria o mundo. Isso ocorreu pouco após ter assistido na *BBC News* à terrível reportagem de Michael Buerk sobre a fome na Etiópia. Horrorizado com as imagens na TV, que mostravam um sofrimento de proporções bíblicas, Geldof ficou ao mesmo tempo pasmo e com um sentimento de impotência. O instinto o mandava tomar uma atitude, mas ele não sabia qual. Podia fazer a sua especialidade: sentar e compor um single de sucesso e destinar o dinheiro arrecadado à Oxfam. Mas sua banda punk irlandesa, o Boomtown Rats, estava em declínio e não emplacava uma canção no Top 10 desde 1980. O auge deles ocorreu e terminou em 1979, quando "I Don't Like Mondays" liderou as paradas de sucesso. Ele sabia que os fãs de música correriam para comprar um single beneficente se o artista fosse de peso, ainda mais na época de Natal. Bastava encontrar um astro cativante que o gravasse. Seria melhor ainda se ele convencesse uma galáxia inteira a participar da mesma canção.

Bob falou com Midge Ure, cuja banda Ultravox ia aparecer aquela semana no *The Tube*, um programa de rock e pop do Channel 4 apresentado pela já falecida Paula Yates, na época namorada de Geldof e sua futura esposa. Midge aceitou fazer a melodia para a letra de Geldof e orquestrar alguns arranjos. Bob então procurou Sting, Simon Le Bon, vocalista do Duran Duran, e Gary e Martin Kemp, do Spandau Ballet. A lista galáctica aumentou com o tempo, incluindo, entre muitos outros, Boy George, Frankie Goes

To Hollywood, Paul Weller, do Style Council, George Michael e Andrew Ridgeley, do Wham!, e Paul Young. Francis Rossi e Rick Parfitt, do Status Quo, se voluntariaram. Phil Collins e o Bananarama seguiram o exemplo. David Bowie e Paul McCartney, que tinham outros compromissos, contribuíram de longe. O material foi enviado a Geldof para ser inserido no single posteriormente. Sir Peter Blake, que ganhou fama mundial com a icônica capa do álbum *Sgt Pepper's Lonely Hearts Club Band*, dos Beatles, foi recrutado para criar a capa do disco. Nascia assim a Band Aid, cujo nome é um trocadilho com a popular marca de curativos. Seria uma "banda" (do inglês *band*) que "socorreria" (do inglês *aid*) o mundo.

"Do They Know It's Christmas?" foi gravada gratuitamente no estúdio Sarm West, de Trevor Horn, em Notting Hill, na zona oeste de Londres, em 25 de novembro de 1984. O lançamento ocorreu apenas quatro dias depois.

Naquela semana, quem liderava a parada de sucessos britânica era o impressionante cantor escocês Jim Diamond, com sua sublime e eterna balada "I Should Have Known Better". Apesar de o grupo de Jim, Ph.D., ter emplacado "I Won't Let You Down" em 1982, ele nunca havia conseguido um hit solo. Sendo assim, a indústria da música ficou surpresa quando o generoso Jim deu uma entrevista sobre o sucesso de sua música.

— É uma alegria enorme liderar a parada de sucessos — disse —, mas, semana que vem, não quero que as pessoas comprem o meu disco. Prefiro que comprem o da Band Aid.

— Eu não acreditei — declarou Geldof. — Como um cantor que não liderava as paradas havia cinco anos, eu sabia o que custava a ele dizer aquilo. Ele simplesmente abriu mão de seu primeiro hit. Foi um verdadeiro gesto altruísta.

Na semana seguinte, "Do They Know It's Christmas?" foi direto para o topo da parada de sucessos britânica, vendendo mais do que todos os artistas da lista juntos e se tornando o single de vendagem mais rápida no Reino Unido desde a criação do ranking, em 1952. Um milhão de cópias foram comercializadas apenas na primeira semana. O disco ficou no topo durante cinco semanas, superando 3,5 milhões de exemplares vendidos. Acabou virando o single de maior vendagem no Reino Unido de todos os tempos, pondo fim ao reinado de nove anos da obra-prima do Queen, a "barrocka" "Bohemian Rhapsody". O recorde de vendas de "Do They Know It's Christmas?" só foi batido em 1997 por Elton John, com um single beneficente que continha as faixas "Candle In the Wind" e "Something About the Way You Look Tonight", regravadas em tributo à memória da princesa de Gales.

— O pessoal do Queen ficou decepcionado por não ter sido chamado para participar do "Do They Know It's Christmas?" — admite Spike Edney, músico contratado que acompanhava a banda em turnês como quinto integrante, atuando como tecladista, backing vocal e guitarrista base. Fez carreira tocando para o Boomtown Rats e uma série de grandes nomes da música.

— Eu estava fazendo uma turnê do Rats com o Bob Geldof e mencionei isso. Ele então me disse que pretendia organizar um show e que iria convidar o Queen para tocar. Lembro-me de ter pensado: "Caramba, ele pirou. Não vai rolar."

A reação da indústria às façanhas de Geldof sugeria o contrário. Logo após o sucesso nas paradas britânicas, os Estados Unidos deram sua contribuição através do supergrupo USA for Africa, com seu single "We Are the World". Composta por Michael Jackson e Lionel Richie e produzida por Quincy Jones e Michael Omartian, a canção reuniu algumas das maiores lendas da música. A gravação foi feita no estúdio A & M, em Hollywood, em janeiro de 1985, e exibiu um elenco de peso, com Diana Ross, Bruce Springsteen, Smokey Robinson, Cyndi Lauper, Billy Joel, Dionne Warwick, Willie Nelson e Huey Lewis, entre outros. No geral, mais de 45 dos maiores artistas americanos participaram. Outros cinquenta tiveram que ser recusados. Quando os escolhidos chegaram ao estúdio, se depararam com um aviso que continha a seguinte instrução: "Por favor, deixem o ego na porta." Também foram recebidos pelo brincalhão Stevie Wonder, que informou que, se a música não ficasse boa nem pronta na primeira tentativa, ele e o colega Ray Charles, também cego, levariam todos para casa de carro. O disco vendeu mais de vinte milhões de cópias, tornando-se o single pop de vendagem mais rápida da história dos Estados Unidos.

Foi após o Queen lançar o desafiador *The Works* que Geldof se dedicou de fato à sua campanha beneficente, anunciando planos de realizar o projeto de rock 'n' roll mais ambicioso de todos os tempos. Como tinha sido ignorado durante a gravação do single, o Queen não se considerava uma escolha óbvia para integrar o show. Isso agora soa irônico. Apesar dos 15 anos de carreira, um catálogo incomparável de álbuns, singles e videoclipes, royalties multimilionários e de ter ganhado a maioria dos prêmios da indústria graças à musicalidade que abrangia rock, pop, ópera, rockabilly, disco, funk e folk, a estrela do Queen parecia estar se apagando. A banda havia passado um período considerável fora de casa entre agosto de 1984 e maio de 1985 divulgando o álbum *The Works*. Nesse meio tempo, participou do Rock in Rio, em janeiro de 1985, numa apresentação ao vivo para 325 mil fãs. No entanto, a turnê enfrentou problemas. Rolavam boatos de que eles iriam se separar.

— É óbvio que eles estavam mudando — confirmou Spike Edney. — Os tempos eram outros, estávamos num gênero musical totalmente novo. Só se ouvia falar nos New Romantics, em Spandau Ballet e Duran Duran. Não há explicação para o sucesso ou o fracasso, nem garantias. O Queen andava enfrentando contratempos, principalmente nos Estados Unidos. Estava dando merda com a gravadora americana. A confiança deles estava abalada. Talvez tenham descontado um pouco uns nos outros. Quem não faria isso?

— Ei, as pessoas brigam — concluiu o melhor amigo deles, Rick Wakeman, exímio tecladista que pertenceu aos grupos Strawbs e Yes. — Integrantes de banda discutem. É compreensível: em quantas outras carreiras as pessoas ficam grudadas o tempo todo? Durante a turnê, tomam café da manhã juntas, vão trabalhar juntas, fazem todas as refeições juntas. Só ficam sozinhas quando vão para a cama e, mesmo assim, nem sempre. Por mais que sejam todos amigos, chega um dia em que você pensa: "Se aquele cara coçar a cabeça mais uma vez, vou enfiar uma faca nele." Temos que aprender a respeitar o espaço dos outros. Contanto que a música fique boa, não importa se um se irrita, o outro sai atrás de drogas, se fulano vai ao anfiteatro ensaiar e beltrano se manda para uma partida de futebol. Monte uma banda com quatro ou cinco pessoas extremamente criativas, que fazem maravilhas com a mente, as mãos e a voz, e haverá atritos na certa. Nesse aspecto, o pessoal do Queen não era diferente dos demais.

Após a turnê de divulgação do álbum *Hot Space*, de 1982 — confuso, dançante e com menos sons de guitarra —, Freddie Mercury, Brian May, Roger Taylor e John Deacon de fato se separaram para investirem nas carreiras solo. Principalmente Brian, que se uniu a Eddie Van Halen no Star Fleet Project, e Freddie, que se dedicou ao próprio álbum. Em agosto de 1983, eles se reagruparam em Los Angeles para a produção de *The Works*, o décimo primeiro álbum de estúdio e a estreia da banda em CD. "Radio Ga Ga" era o primeiro single. *The Works* também continha a faixa hard-rock "Hammer to Fall", a balada melancólica "Is This the World We Created?" e a polêmica "I Want to Break Free". No escandaloso videoclipe da música, livremente baseado numa cena doméstica da telenovela britânica *Coronation Street*, eles aparecem travestidos. Apesar da enorme popularidade no Reino Unido e em outros territórios, o single ofendeu a conservadora classe média americana e irritou muitos fãs.

Para piorar, um pouco antes o Queen havia furado o boicote cultural das Nações Unidas — assim como Rod Stewart, Rick Wakeman e o Status Quo, entre outros — para se apresentar na África do Sul, que estava sob o regime do apartheid. Por causa dos shows de outubro de 1984 no Sun City — golfe e cassino resort de Sol Kerzner em Botsuana —, a banda foi amplamente criticada, além de receber uma multa e entrar para a lista negra da British Musicians' Union (sindicato dos músicos britânicos). Para um músico nascido na África — que era o caso de Freddie —, isso era um absurdo. A situação só se resolveu com o fim da segregação racial em 1993, um ano antes de Nelson Mandela ser eleito presidente da África do Sul. Anos depois, o Queen se tornou um grande defensor engajado de Mandela.

— Apoiei totalmente o Queen quando eles foram à África do Sul — replica Rick Wakeman. — Também fiz um show em pleno apartheid, com uma orquestra composta por zulus, asiáticos e brancos. Toquei "Journey to the Center of the Earth" lá e fui crucificado pela imprensa britânica. Tentei me explicar, mas eles não quiseram saber. A música não é 'negra' nem 'branca', é só uma orquestra, um coro. Tocar lá não significava apoiar o regime do apartheid. O George Benson foi. A Diana Ross foi. Por que os negros podiam se apresentar, mas os brancos, não? Isso em si é racismo. A Shirley Bassey declarou: "Pelo amor de Deus, sou uma mistura de negro com galês. Tem como ser pior?" Então, quando o Queen foi à África do Sul, aplaudi de pé. Eles puseram em evidência a estupidez disso tudo, chamaram atenção para o fato de que a música não tem barreiras sexuais, culturais nem raciais. É para todos.

O "jukebox global" do Live Aid seria realizado em duas grandes arenas no dia 13 de julho de 1985. O estádio de Wembley e o John F. Kennedy, na Filadélfia, foram reservados. A organização provou ser um pesadelo logístico.

— Quando Bob foi ao meu escritório conversar sobre o evento, pensei que ele estivesse brincando — lembra o organizador Harvey Goldsmith. — Em 1985 não existia fax, muito menos computador, celulares e tudo mais. Usávamos telex e telefone fixo. Lembro que passei uma tarde sentado no escritório com um grande mapa dos satélites e um paquímetro velho, tentando mapear onde o satélite estaria em determinados momentos. Além disso, quando fomos à BBC, Bob estava socando a mesa e dizendo: "Quero 17 horas de transmissão televisiva." Isso era revolucionário. Assim que a BBC aceitasse, poderíamos usá-la como parâmetro para persuadir as transmissoras do mundo todo a participar. Era um acontecimento inédito, e eu tinha que juntar as peças e fazer com que desse certo.

O próximo desafio era convencer os maiores nomes do rock — alguns já haviam participado da gravação dos singles beneficentes — a se apresentar e ajudar na arrecadação de mais fundos para as pessoas que estavam morrendo. Seria uma retaliação escancarada da comunidade musical aos governos do mundo todo que não haviam tomado uma atitude.

Segundo Francis Rossi, do Status Quo:

— Os babacas do rock é que puseram a mão na massa. Fico irritado quando lembro. Acho que se todos tivessem trabalhado em equipe — se, na época, tivéssemos enxergado a magnitude do que poderia ter sido alcançado —, as petroleiras da vida, como a BP e a Shell, e sei lá mais quem, poderiam ter feito a parte delas. Poderíamos ter arrecadado vinte vezes mais. Não venha me dizer que o governo não podia ter agido para contornar os problemas referentes à publicidade e tudo mais. Com a participação de todas as grandes empresas, o resultado teria sido gigantesco. Na época, aquilo era um território desconhecido. Hoje temos outra visão do Live Aid. Mesmo assim, todo o mérito é do Bob. Ele conseguiu uma proeza digna de poucos.

Como Geldof convenceu o Queen a participar?

— Bob me pediu para perguntar à banda se ela aceitava, e tive a oportunidade de fazer isso na turnê do Queen na Nova Zelândia — diz Spike Edney. — E eles responderam: "Por que ele mesmo não pergunta?" Expliquei que ele estava com medo de receber um "não". Não pareceram muito convencidos, mas disseram que poderiam pensar a respeito. Contei a Bob, que falou oficialmente com Jim Beach (empresário do Queen).

Mais tarde Geldof explicou como os persuadiu.

— Procurei Jim até encontrá-lo... num resort de praia onde ele estava hospedado, e perguntei: "Ei, pelo amor de Deus, qual é o problema deles?" Jim respondeu: "Ah, Freddie é muito sensível." Então retruquei: "Diga à bicha velha que vai ser o maior acontecimento de todos, um evento monstruoso." Eles acabaram voltando atrás e aceitando. Iriam, sem dúvida, e eu achei ótimo. Quando participou do Live Aid, o Queen foi absolutamente a melhor banda do dia. Não importava o gosto pessoal. Chegada a hora, eles tocaram melhor, tinham o melhor som e aproveitaram o tempo ao máximo. Entenderam exatamente a ideia: era um jukebox global, como descrevi. Entraram no palco e detonaram um sucesso atrás do outro. Foi inacreditável. Eu estava no andar de cima do estádio de Wembley, no setor de doações, e de repente, escutei um som. Pensei: "Meu Deus, quem está tocando assim?"

Geldof não tinha como saber, assim como ninguém na época, que um pouco antes da apresentação da banda às 18h40, o engenheiro de som do Queen, James "Trip" Khalaf, foi "conferir o equipamento" e mexeu sorrateiramente nos limitadores de áudio.

— Tocamos mais alto do que todo mundo no Live Aid — confessou Roger Taylor. — Num estádio, temos que surpreender o público!

— Saí — disse Geldof — e vi que era o Queen. Olhei a multidão enlouquecida lá embaixo, e a banda estava incrível. Acho que eles ficaram maravilhados, principalmente Freddie. Era o palco perfeito para ele: o mundo todo. E ele pôde se exibir enquanto cantava "We Are the Champions" e tudo mais, sabe? Tinha como ser melhor?

— Não conhecíamos Bob — comentou John Deacon numa entrevista rara. — O "Do They Know It's Christmas?" foi lançado com muitos artistas mais novos. Para o show, ele queria o pessoal já estabelecido. Nossa primeira reação foi não saber o que fazer. Vinte minutos sem ninguém dar um pio! Quando ficou claro que ia rolar, tínhamos acabado de concluir a turnê no Japão e, durante uma refeição no hotel, discutimos se deveríamos participar... e aceitamos. Naquele dia, tive orgulho de fazer parte da indústria da música. Sem dúvida, há muitos dias em que não nos sentimos assim! Mas foi fabuloso, as pessoas deixaram a competitividade de lado... Também foi bom para levantar nosso moral, pois vimos o quanto nos apoiavam na Inglaterra e percebemos o que a banda tinha a oferecer.

— A escolha do repertório não foi nenhuma mágica — admite Spike Edney. — Estávamos sentados discutindo quais músicas íríamos tocar, até que surgiu a ideia de fazer um medley de hits. Não tem mistério. Se há várias canções e você não consegue escolher, é a solução óbvia. Foi tudo muito automático, apesar do timing perfeito, é claro. Todos os integrantes da banda são um pesadelo de tão perfeccionistas... e têm alguma qualidade também. Naquele dia, acabou sendo incrível.

— O Queen havia ensaiado com afinco no teatro Shaw (Londres), na Euston Road, durante uma semana inteira, enquanto os outros simplesmente chegaram e tocaram — lembra Peter "Phoebe" Freestone, assistente pessoal de Freddie. — Por isso eles tiveram a melhor atuação do dia. Lembro que Freddie ficou impressionado quando começou a cantar "Radio Ga Ga" e viu milhares de mãos acompanhando. Ficou admirado, nunca tinha visto nada parecido. Eles só haviam tocado essa música à noite.

No entanto, as recordações de Spike Edney são um pouco diferentes. Ele insiste que Freddie estava "disposto a dar tudo de si" e que ele e a banda fizeram tudo com naturalidade. Pelo que vi, tenho que concordar. Aquele era o grande momento do Queen, era o que eles haviam almejado durante toda a carreira.

— Estava um caos organizado nos bastidores — recordou Spike. — Todos estavam engajados e abertos demais. Não havia ninguém sendo maldoso nem tentando ser melhor do que os outros. Até chegar a vez do Queen, tudo parecia um piquenique de verão.

Não estou dizendo que o pessoal da banda tenha sido calculista e malicioso. Só agiram como de costume, esperando que os demais fizessem o mesmo. Fiquei impressionado ao ver certos artistas tocando lançamentos. Não é o público de vocês! O Queen não fez isso. Eles fizeram o que Bob pediu. "O melhor show de rock de todos os tempos", como costumam afirmar até hoje. O que isso realmente significa? Na verdade, era uma banda que estava com tudo em cima, fazendo o que fazia de melhor e surpreendendo todo mundo.

— Ninguém estava preparado... só o Queen —, recorda Pete Smith, coordenador do evento a nível global e autor de *Live Aid*. — Vi a apresentação nos monitores dos bastidores. A BBC havia instalado televisões por toda a área dos artistas. Harvey havia determinado uma série de horários, e as TVs faziam com que todos soubessem em qual estágio o evento estava. O Queen rasgou o manual e o reescreveu em exatos vinte minutos. O efeito foi visível. O Live Aid agora estava a todo vapor.

No auge do desempenho musical e técnico — não existia banda de rock mais profissional até então —, a reputação do Queen no palco mundial estava, infelizmente, em declínio. Eles haviam perdido popularidade devido a uma série de erros de cálculo, lapsos e a uma mudança geral e profunda de estilo musical. A banda começava a sentir que seu tempo havia passado. A separação permanente era o mais provável, eles já haviam conversado a respeito. Graças ao Live Aid, tudo estava prestes a mudar.

Mas por que as pessoas ficaram tão encantadas com a apresentação eletrizante? Spike Edney estava entre os que não conseguiam entender.

— O Queen era assim! — riu. — Eles eram famosos no mundo todo pelos shows maravilhosos, por darem tudo de si. Estavam acostumados a se apresentar em estádios, não eram exatamente novatos. Esse era o habitat natural deles, e quanto maior a plateia, melhor. Podiam fazer aquilo de olhos fechados. O Queen se surpreendeu com a surpresa de todos, de verdade! Para eles, era só mais um dia de trabalho. Sendo assim, quando deixamos o palco, sabíamos que havíamos arrebentado. A banda saiu do Live Aid achando que tudo havia mudado.

Bernard Doherty, organizador da cobertura do evento, foi o responsável por toda a mídia no dia.

— Sabíamos que tínhamos que agradar à imprensa para garantir o máximo de cobertura. Eu tinha apenas oito credenciais de acesso irrestrito, mas havia centenas de jornalistas. Eles teriam que se revezar. Eu disse a todos, de um em um: "Muito bem, vocês têm 45 minutos para ficar lá. Façam o que puderem e voltem. Nos encontramos no Hard Rock Café." Havia uma "filial" da rede nos bastidores. Parecia uma caravana de filme de faroeste: os artistas embicaram seus trailers e o Elton preparava um churrasco em meio a tudo porque não gostava das opções da lanchonete. David Bailey montou seu estúdio fotográfico num cantinho fedorento e não ficou satisfeito. Ninguém estava em condições ideais. Tudo foi feito às pressas, mas, de alguma forma, funcionou. Todos entraram no espírito da coisa, a maioria deixou o ego em casa e deu tudo certo.

Na época, Doherty tinha David Bowie como cliente e também precisava atender às necessidades dele.

— É sempre um pouco estressante ter que cuidar do seu artista e executar duas funções ao mesmo tempo. No meu caso, naquele dia, eram umas 18 funções. David e Elton não iam muito com a cara um do outro. Era óbvio que haviam se desentendido.

A apresentação de David foi razoável. Elton foi bem. Freddie foi o único músico que David ficou de fato feliz em ver. Os dois estavam radiantes com o reencontro. Ficaram de papo, como se tivessem se visto ontem. O carinho entre eles era evidente. David usava um belíssimo terno azul e estava com uma aparência incrivelmente elegante e saudável. Pouco antes do show de David, Freddie piscou para ele e disse: "Se eu não o conhecesse tão bem, querido, teria que devorá-lo." Não foi à toa que David entrou no palco com um sorriso enorme estampado no rosto.

Freddie permaneceu tranquilo o dia todo.

— Ele chamava atenção com aquele jeito perfeitamente afetado, porém muito humilde — concorda Bernard. — Sabia do poder que exercia sobre os outros, mas isso não lhe subia à cabeça. Se ele estivesse sentado na frente de uma barraca de praia em Southend-on-Sea, teria deixado as pessoas estupefatas. Era um verdadeiro astro, de qualidade indescritível. Eu não sabia de John Deacon. Onde ele estava? E não vi Brian May e Roger Taylor se falarem o dia todo. Parecia um casal divorciado que estava na mesma festa.

Francis Rossi, do Status Quo, discorda:

— Não defendo a teoria de que o Queen estivesse a ponto de se desmembrar. Para mim, eles pareciam estar numa boa, e conhecíamos muito bem os rapazes do grupo. Toda banda tem suas divergências. Eles, certamente, estavam unidos em prol da causa do Live Aid.

No entanto, a área dos bastidores estava contaminada por boatos de que a separação do Queen era iminente.

— Era visível — insiste Bernard Doherty.

— Mas não durante o show. Se havia divergências, eles foram inteligentes a ponto de deixá-las de lado e prosseguir com o trabalho. Subiram ao palco e arrasaram. O Queen foi o fator surpresa. Do que mais nos lembramos do Live Aid? Da falha de som na apresentação do The Who. Da entrada do Bono, que perdeu o controle e confundiu os outros ao quebrar as regras da apresentação naquele dia. Todos os integrantes do U2 ficaram sem falar com ele depois disso.

O show no Live Aid firmou o U2 como um grupo digno de se apresentar em estádios e lhe rendeu o supestrelato, mas poderia ter sido um desastre. Além de tocarem uma versão comodista de 14 minutos da "canção heroína" "Bad", do álbum *The Unforgettable Fire,* de 1984, Bono mesclou arriscadamente partes de "Satellite of Love" e "Walk on the Wild Side", de Lou Reed, além de trechos de "Ruby Tuesday" e "Sympathy for the Devil", dos Rolling Stones. Só sobrou tempo para mais uma música, e o fechamento, que seria com "Pride (In the Name of Love)" — que acabou virando um mega-hit global —, teve que ser cortado. Então Bono avistou uma jovem sendo esmagada pela massa quando o público, reagindo ao carisma do cantor, se moveu em direção ao palco. Os seguranças do estádio não entenderam os sinais desesperados que ele fez para que a salvassem. Bono, na cara e na coragem, se jogou de 9 metros de altura no meio da multidão para resgatá-la, e acabou dançando com ela. A experiência mostrou a excelente empatia de Bono com a plateia. A dança breve, selada com um beijo, tornou-se uma imagem inesquecível do Live Aid, e todos os álbuns do U2 retornaram às paradas de sucessos britânicas.

— No dia, contudo, eles acharam que haviam pisado na bola — disse Doherty. — O Simon Le Bon, de fato, vacilou, com o maior desafino da história. Os críticos babaram no Bowie. O Phil Collins tocou tanto no estádio de Wembley quanto no JFK, graças à cortesia do Concorde, apesar de eu achar que muitos preferiam que ele não tivesse se dado o trabalho, como foi o caso do Led Zeppelin que, reunido às pressas, teve o Collins como baterista no Live Aid da Filadélfia. Quanto ao Queen, eles fizeram exatamente o que Bob havia pedido. Assisti do Backstage e fiquei maravilhado. Eu estava atrás de Freddie, olhando para ele sentado ao piano, a menos de 1 metro de mim. Eu observava a plateia com uma certa angústia. Nunca se sabe. Até os melhores artistas do mundo podem se sair mal, e não sabemos por quê.

Não precisávamos nos preocupar. O Queen usufruiu de todas as influências, de todas as formas possíveis. Eles deram tudo de si. Naquele momento, vários outros artistas extraordinários vieram à minha cabeça: Alex Harvey, o astro do glam rock da Sensational Alex Harvey Band. Ian Dury e os Blockheads. Mick Jagger. Ziggy Stardust & The Spiders from Mars. Freddie exibiu, talvez melhor do que em qualquer outra ocasião, uma qualidade instintiva de astro, além da capacidade fenomenal de fazer um show imperdível. Ele incorporou toda a genialidade do Vaudeville. Era como se tivesse estudado e absorvido os segredos mais bem-guardados dos melhores artistas que o antecederam e inserido um pouco de todas essas maravilhas na própria apresentação. Era uma fórmula e tanto. Como um pavão magnífico, Freddie seduziu todos nós.

Doherty admite que não sabia que o Queen faria história naquele dia.

— Não. No dia, não. Eu estava com um fone de ouvido e um walkie-talkie, pois ainda não existia telefone celular. Eu estava nervoso com Dave Hogan e Richard Young no fosso. Eu tinha que me preocupar com Bob e Harvey. Tudo acontecia ao mesmo tempo e eu estava com a cabeça cheia. Eu sabia que a banda estava indo bem, sem dúvida. A plateia estava ensandecida. Todo mundo nos bastidores parou de falar para assistir. Foi bizarro. Não é normal isso acontecer... Quem se apresentou antes ou depois do Queen? Quase ninguém se lembra. Do que eu me lembro? Que Freddie Mercury foi o melhor intérprete do dia. Talvez o melhor de todos os tempos.

David Wigg, jornalista veterano que na época escrevia para o *Daily Express*, era amigo de longa data de Freddie.

— Fui o único jornalista autorizado a ficar com Freddie no camarim enquanto ele se preparava para a apresentação do Queen no maior show do mundo — declara. — Ele estava muito tranquilo, mas ansioso para sair e fazer sua parte.

— Vamos tocar músicas que provoquem uma identificação nas pessoas para que seja uma ocasião feliz — explicou Freddie.

Freddie e David discutiram as razões por trás do Live Aid e falaram das próprias experiências do cantor na infância.

— Ele disse ter percebido que era mais sortudo do que muitas crianças quando frequentou um colégio interno inglês na Índia e descobriu, através dos olhos de um menino, o sofrimento dos pobres do país.

— Mas — insistiu Freddie — não estou fazendo isso movido a culpa. Não me sinto culpado só porque sou rico. Mesmo que eu não fizesse, o problema continuaria existindo. É algo que, infelizmente, sempre existirá. O objetivo disso tudo é abrir os olhos do mundo para o que está acontecendo. Com esse show, estamos fazendo algo positivo para que as pessoas vejam, ouçam e, quem sabe, doem. Não devemos encarar isso como sendo "nós" e "eles". A fome deve ser abordada como um problema concernente a todos.

Freddie admitiu abertamente a "Wiggie" que, quando via na TV filmes mostrando milhões de pessoas famintas na África, tinha que desligar o aparelho.

— Me incomoda tanto que simplesmente não consigo assistir. Às vezes, me sinto impotente, e esta é uma ocasião em que posso fazer a minha parte. O que Bob fez foi maravilhoso, pois foi ele quem começou tudo. Tenho certeza de que todos tinham vontade de fazer isso, mas precisávamos de alguém como ele para ser a força motriz e, de fato, reunir todos nós.

Para um espectador em particular, aquele dia foi o mais emocionante, por ser sua primeira vez num show de rock. Jim Hutton, o cabeleireiro humilde que havia se tornado parceiro de Freddie pouco antes do Live Aid, ficou com ele até o fim da vida. Mal sabia Jim que, apenas seis anos depois, ele ajudaria a preparar o amante para o funeral. Levado ao evento em grande estilo na limusine de Freddie como companheiro do astro, ele nunca tinha ido a shows de qualquer espécie, muito menos visto o Queen tocar ao vivo.

— Fui pego de surpresa — riu Jim. — Fiquei um pouco deslumbrado com todos os superastros glamourosos, para ser sincero. Cada integrante da banda tinha seu próprio trailer. Todas as esposas estavam lá, assim como os filhos de Roger e de Brian. Freddie conhecia todo mundo. Ele me levou a David Bowie, que, na verdade, eu já conhecia, pois havia cortado o cabelo dele. Freddie até me apresentou ao Elton John como "meu novo homem". Ele não precisava de tempo para se arrumar, subiria ao palco do jeito que estava vestido quando saímos de casa: uma camiseta regata branca e uma calça jeans desbotada. Também usava o tênis favorito, um cinto e um amuleto recheado de pedras preciosas. Quando chegou a vez deles, Freddie virou outro copão de vodca-tônica e disse "Vamos lá".

"Eu o acompanhei até o palco e lhe dei um beijo de boa sorte. Não que ele precisasse. Ouvi-los tocar aquelas músicas ao vivo — um trecho de 'Bohemian Rhapsody' com Freddie ao piano, 'Radio Ga Ga' com o público enlouquecido batendo palmas em uníssono, 'Hammer to Fall', depois Freddie com sua guitarra em 'Crazy Little Thing Called Love', 'We Will Rock You' e 'We Are the Champions', com um som arrebatador... Para um cara simples como eu, foi tudo emocionante. Mais tarde, quando anoiteceu, Freddie e Brian voltaram ao palco juntos, só os dois, e tocaram aquela balada maravilhosa: 'Is This the World We Created?' Eles a gravaram bem antes do Live Aid, não foi? Mas parecia que ela havia sido feita especialmente para a ocasião. Eram as palavras certas, e o jeito como Freddie as cantou foi simplesmente mágico. Caí no pranto, como ele costumava fazer comigo."

Finalmente, Jim, que morreu de câncer em janeiro de 2010, 19 anos após Freddie, viu sua paixão roqueira em ação.

— Ele deu tudo de si lá em cima. Me impressionou. Depois, quando saiu, parecia feliz por ter acabado. "Graças a Deus terminou", riu. Tomou outro copão de vodca e se acalmou. Ficamos até o fim para falar com todo mundo, mas Freddie não quis se dar o trabalho de ir à festa pós-show na boate Legends. Em vez disso, fomos embora para a Garden Lodge, como um casal de velhinhos, para assistir ao resto da versão americana na televisão.

A ausência dos pais de Freddie foi sentida. Apesar de irem com frequência aos shows do Queen no Reino Unido, eles preferiram assistir ao espetáculo em casa.

— O evento era enorme, teria sido complicado demais — recordou Jer, mãe de Freddie, sugerindo que ela e o pai do astro, Bomi, teriam se estressado com a multidão e a logística para ir ao estádio e voltar. — Então assisti pela televisão. Fiquei muito orgulhosa. Meu marido se voltou para mim e disse: "Nosso menino conseguiu."

Do ponto de vista dos profissionais encarregados de transmitir e gravar o evento, a contribuição de Freddie foi simplesmente sensacional. Mike Appleton, ex-produtor executivo da *The Old Grey Whistle Test* — a influente série de TV sobre rock da BBC —, lembra que a apresentação de Mercury foi "fascinante".

— Para começar, ele nem devia ter ido. Os médicos já haviam dito que estava doente demais para se apresentar. A garganta dele estava péssima devido a um resfriado, ou algo do tipo. Não estava bem o suficiente, mas fez questão de ir. Acabou que ele e o Bono, do U2, foram os intérpretes mais aclamados do dia.

"Foi muito interessante ver Freddie nos monitores, pois passei o dia inteiro trancado numa abafada unidade móvel de transmissão. Estávamos literalmente montando um programa ao vivo à medida que as coisas aconteciam. Às 17 horas pulamos para a transmissão ao vivo do JFK, alternando vinte minutos aqui, vinte minutos ali, uma entrevista aqui, um trecho anterior ao vivo lá, alguns destaques da primeira hora neste bloco... Esse aspecto da televisão é muito empolgante, e só gosto de trabalhar assim. Freddie simplesmente entrou, se apossou do palco de imediato com toda a calma e então começou a dominar o público.

"Na época, o Queen andava um pouco apagado, fazia tempo que não lançava um álbum de impacto significativo. O Live Aid acabou colocando a banda de volta no mapa, e surtiu o mesmo efeito na indústria da música como um todo. De maneira geral, as vendas subiram. O Live Aid serviu de fortificante para o setor inteiro. Como Freddie foi o artista mais completo do dia, ele, sem dúvida, foi o principal ingrediente desse fortificante. Eu nunca o tinha visto tão dominador. No quesito emocional, o dia pode ter pertencido a Bob, mas, musicalmente, com certeza, foi de Freddie."

Mais tarde Mike recebeu o prêmio Bafta de produtor da melhor transmissão externa pelo Live Aid.

Dave Hogan, que registrou o show em stills, concorda com Appleton.

— Só seis de nós foram escolhidos como fotógrafos oficiais do Live Aid — revela o lendário fotógrafo do *Sun* conhecido como "Hogie" (o próprio sabe o que é estampar uma manchete bombástica: "Maimed by Madonna"* rendeu a ele seus 15 minutos de fama).

— Estávamos fazendo as fotos do livro souvenir do Live Aid, então não nos impediam de ir a lugar algum — recorda. — No dia, ficou claro para todos que Freddie era a atração principal, mas só quando ele de fato subiu ao palco. Freddie não era de chamar atenção quando não estava cantando. Era educado e reservado, se comparado à maioria. Só nos demos conta do poder que ele tinha quando se apresentou. A essa altura não restavam dúvidas. Lembro quando ele introduziu "Radio Ga Ga". Nem havia anoitecido, ele fez toda essa mágica de dia. Aquele mar de fãs batendo palmas ao mesmo tempo dava frio na espinha. Para nós, era o paraíso. É o momento que todos almejam. Ele roubou a cena. O dia foi repleto de momentos fantásticos: o Bono se jogou na plateia e foi a primeira apresentação ao vivo de Paul depois do assassinato de John. Mas o que vi o Freddie fazer naquele dia foi de tirar o fôlego. Ele se comunicou com todos os presentes. Foi um uníssono. Ninguém

* Título da matéria publicada no *The Sun* quando o fotógrafo foi atropelado pela cantora. (*N. da T.*)

fez isso, nem antes nem depois. Acho que ele era o único capaz de tal proeza.

Sendo assim, a nata do rock cantou e dançou para alimentar o mundo. As pessoas cansaram de repetir que a apresentação do Queen foi a mais empolgante, comovente, inesquecível e duradoura, superando as tentativas de seus maiores rivais.

— Eles foram, de longe, os mais extraordinários — concorda o radialista Paul Gambaccini. — Dava para sentir o frisson nos bastidores à medida que as cabeças se aproximavam das televisões como cães que ouviam um assobio. Eles estavam roubando a cena, e recuperaram um prestígio que nunca mais perderam.

Os outros integrantes do Queen foram os primeiros a elogiar o vocalista.

— Nós fomos bem, mas Freddie elevou o patamar — disse Brian, com sua típica modéstia. — Não foram só os fãs do Queen. Ele atingiu todo mundo.

Mais tarde consegui mais detalhes durante uma entrevista emocionada no escritório da banda na Pembridge Road:

— O Live Aid *foi* o Freddie. Ele foi único. Quase dava para ver nossa música fluindo através dele. Não dava para ignorá-lo. Ele foi original. Especial. Não estávamos tocando só para os nossos fãs, e sim para os fãs de *todo o mundo*. Freddie realmente deu tudo de si.

Dos 704 shows ao vivo que o Queen fez tendo Freddie como vocalista, esse continua sendo o mais icônico, o melhor momento deles. O Live Aid deu à banda a oportunidade perfeita para demonstrar que, mesmo desprovidos de adereços, do próprio equipamento de luz e de som, de fumaça e de outros efeitos especiais, e até da magia natural do anoitecer, além de terem menos de vinte minutos para provar o seu valor, eles eram soberanos indubitáveis que ainda tinham capacidade de sacudir o mundo. Agora iriam aceitar o fato indiscutível de que o Queen era mais do que a simples soma de suas partes. Eles não tinham como saber que o melhor momento da banda já havia acontecido. Unidos pelo júbilo, outra vez comprometidos com a causa, todos os planos de carreira solo estavam arquivados — pelo menos momentaneamente —, mas em breve descobririam que a segunda chance, o futuro brilhante com Freddie, seria tragicamente curto.

CAPÍTULO DOIS

Zanzibar

A empregada me acordava. Segurando firme o suco de laranja, eu, literalmente, saía e pisava na praia.

FREDDIE MERCURY

Ele era muito misterioso em relação à sua origem. Nunca sequer me contou seu nome verdadeiro. Sua pele puxava para o moreno, uma mistura de oriental com asiático, então, não tinha como esconder que vinha de algum lugar mais afastado, ou pelo menos tinha pais exóticos. Talvez ele negasse isso. Não por motivos escusos ou por ser racista. Não se considerarmos o quanto idolatrava o Jimi Hendrix.

TONY BRAINSBY, PRIMEIRO RELAÇÕES-PÚBLICAS DO QUEEN

Talvez Freddie acreditasse que o público musical da década de 1970 não estivesse preparado para um astro do rock de origem africana e indiana. Hoje não faria diferença. Pelo contrário, muitos até considerariam uma vantagem. Atualmente, quanto mais mesclada e obscura é a herança cultural e musical do artista, maior é o apelo. Naquela época, a situação era outra. Não é difícil imaginar que ele considerava os fatos de sua vida não condizentes com a imagem que almejava criar. Um astro do rock, por definição, era idealmente americano, nascido na Califórnia (The Beach Boys), em Nova York (Lou Reed), na Flórida (Jim Morrison), no Mississipi (Elvis Presley) ou no estado de Washington (Jimi Hendrix). Liverpool também era legal, graças aos Beatles, assim como Londres, cortesia de Mick Jagger e Keith Richards, dos Rolling Stones. A preferência era ser branco e anglo-saxão, mas ser afro-americano era quase tão bom quanto. Naquele tempo, era comum os músicos mascararem os detalhes do passado, pois isso propiciava glamour e mistério. Os relações-públicas recebiam verdadeiras fortunas para inventar esse tipo de coisa. Havia tantas informações conflitantes sobre o nascimento e a infância de Freddie que percebi que eu mesma teria que ir procurar.

Voei para Dar-es-Salaam via Nairóbi e peguei um barco para a cidade de Zanzibar num porto repleto de *dhows* (barcos a vela de origem árabe) e simples canoas de pesca. Tudo parecia exótico. Para alguém como eu, nascida no lugar mais sem graça de todos, o fato de Freddie rejeitar Zanzibar começou a ficar intrigante. É irresistível imaginá-lo diante dos convidados para o jantar dramatizando histórias de Ali Babá e Simbad, de violentos príncipes árabes e das abundantes promessas do Oriente. Por que ele não fez isso? Tinha que haver um motivo. Um "passado encantado" era a cara de Freddie.

Zanzibar não passa de um pontinho no atlas, e fica logo ao sul da linha do equador, ao largo da costa leste africana. Mais de perto vemos que, na verdade, são dois pontinhos: a ilha principal, Unguja, e outra, mais afastada, Pemba, que hoje é um destino muito procurado por europeus em lua de mel. Unidas à vizinha Tanganica — ex-colônia britânica que antes pertencera à Alemanha —, elas agora compõem a República Unida da Tanzânia. Para um território tão pequeno, Zanzibar já enfrentou mais corrupção, rupturas e massacres do que talvez lhe coubesse. Invadida ao longo dos séculos por assírios, sumérios, egípcios, fenícios, indianos, persas e árabes, além de malásios, chineses, portugueses, holandeses e britânicos, sua história lembra um conto de *As mil e uma noites*. Alguns, em particular os persas shirazis, do que hoje é o Sul do Irã, os árabes omanis e, bem mais tarde, os britânicos ficaram para colonizar e governar. A civilização suaíli da região data dos primórdios do islamismo. Com a introdução do cravo-da-índia em 1818, nasceu a indústria de especiarias de Zanzibar. Gengibre, noz-moscada, baunilha, cravo e cardamomo começaram a ser exportados para o mundo todo. Graças a missionários e exploradores que atravessavam seus portais com destino ao Continente Negro, contos de haréns, intrigas palacianas e casamento às escondidas na realeza floreavam ainda mais o romance. Por ser um próspero centro comercial de marfim e de tráfico humano, Zanzibar adquiriu péssima reputação. Até a abolição, em 1897, cerca de cinquenta mil africanos por ano — trazidos de lugares tão distantes quanto os lagos centrais do continente — foram arrastados pelo mercado bárbaro para serem vendidos e chicoteados como escravos.

No litoral de Unguja encontram-se imponentes palácios de sultões, um antigo forte árabe com canhões enferrujados, construções coloniais e mansões de comerciantes, algumas mais bem-conservadas do que o esperado, outras tão dilapidadas que não há conserto que dê jeito. Atrás delas estão labirintos de bazares e ruas estreitas apinhadas de residências. Durante os primeiros 18 anos de vida, o lar de Freddie foi um apartamento com vista para o mar na Cidade de Pedra.

A mãe dele, Jer, era quase uma criança quando deu à luz no hospital público de Zanzibar, na quinta-feira do dia 5 de setembro de 1946. Coincidentemente, também era o ano-novo parse. Era uma bênção o primogênito da pequenina jovem de 18 anos ter nascido homem. O marido, Bomi, ficou radiante quando soube da notícia no trabalho. O nome da família perduraria. Pelo menos foi o que pensaram, ainda ignorando as escolhas de vida que o futuro distante reservava. Os dois refletiram juntos sobre qual seria o nome do filho. Como eram parses, seguidores do zoroastrismo — religião monoteísta fundada no início do século VI a.C na Pérsia —, as opções eram limitadas. Escolheram Farrokh, e o nome foi devidamente registrado por Bomi em cartório, de acordo com a lei.

— Eu me lembro nitidamente de quando Freddie nasceu —, contou Perviz Darunkhanawala (Bulsara é o nome de solteira) quando a visitei em sua casa, no distrito de Shangani. Perviz era sobrinha de Bomi Bulsara. Seu pai, Sorabji, e Bomi, pai de Freddie, pertenciam a uma família de oito irmãos.

— Tanto o meu pai quanto o de Freddie nasceram e cresceram em Bulsar, uma cidadezinha ao norte de Bombaim (atual Mumbai), no estado indiano de Gujarat — explicou. — É daí que vem o sobrenome Bulsara. Todos os irmãos se mudaram para Zanzibar, um após o outro, à procura de trabalho. Meu pai arranjou emprego na Cable & Wireless. Bomi foi trabalhar no Supremo Tribunal como caixa do governo britânico. Quando ele veio para Zanzibar, ainda não era casado. Só mais tarde voltou à Índia e se casou com a mãe de Freddie, Jer, em Bombaim. Depois a trouxe para cá, e Freddie nasceu.

"Ele era bem pequeno, parecia um bichinho. Mesmo ainda muito novo, costumava ir à minha casa com os pais. Eles o deixavam com a minha mãe e saíam. Quando cresceu um pouco, passou a brincar pela casa. Era muito desobediente. Eu era bem mais velha e gostava de cuidar dele. Era um menino muito miúdo, uma criança muito boa. Eu o amava demais. Todas as vezes que vinha, eu queria que ele ficasse, mas os pais sempre o buscavam e o levavam embora quando voltavam do programa noturno."

Perviz descreveu como os Bulsara desfrutavam de uma vida social relativamente sofisticada dentro dos limites da rigidez religiosa e cultural. Com um salário um pouco melhor do que o de um modesto funcionário público no Reino Unido, Bomi conseguia ter uma casa confortável e empregados domésticos, inclusive a aia (babá) de Freddie, Sabine. A família não passava nenhuma necessidade. Além disso, o clima era bom. Em 1952, quando Freddie tinha 6 anos, sua irmã Kashmira nasceu.

Bomi Bulsara trabalhava num escritório na não residencial Beit-el-Ajaib, a Casa das Maravilhas, construída para fins cerimoniais pelo sultão Sayyid Barghash no fim do século XIX. Na época em que foi erguida, era o edifício mais alto da África Oriental e exibia viçosos jardins botânicos. Sobreviveu ao bombardeio de uma frota britânica após uma breve rebelião. Mais tarde foi submetida a uma ampla reforma para se converter no principal museu de Zanzibar. O emprego de Bomi exigia que ele viajasse pela colônia e para a Índia, o que pode ter influenciado sua decisão de mandar o único filho para uma escola tão distante. Além disso, havia outra questão: qual era o nível do ensino disponível para o garoto na Tanzânia? Enquanto os pais continuavam seguindo o zoroastrismo, aos 5 anos matricularam Farrokh na Escola Missionária de Zanzibar, onde as professoras eram freiras anglicanas. Considerado mais inteligente do que a média, ele revelou uma aptidão precoce para pintar, desenhar e modelar.

— Ele se transformava a olhos vistos num menino encantadoramente gentil, sério e meticuloso — recorda Perviz. — Tinha um brilho no olhar e um lado maroto que, às vezes, o dominava. Mas nas minhas recordações mais vívidas ele era misterioso e tímido. Tímido de doer. Não falava muito, nem quando ia com os pais nos visitar. Era a personalidade dele. Quando cresceu, deixamos de nos ver com frequência, pois ele saía para brincar na rua ou na praia com os outros garotos.

— Quando criança, ele era muito feliz e adorava música — lembra a mãe, Jer. — Folk, ópera, música clássica… Gostava de tudo. Acho que sempre quis ser artista.

Perviz ficou surpresa ao saber que as minhas tentativas de obter uma cópia da certidão de nascimento do primo por fontes oficiais tinham sido em vão. Nem uma audiência com o tabelião-chefe rendeu boas notícias.

— Então você veio atrás da certidão de nascimento do Freddie Mercury? — sorriu. — Não está aqui. *Estava*. Há alguns anos, uma argentina veio procurá-la. Fizeram uma cópia para ela, mas a original não é vista desde então, apesar de ter sido solicitada em inúmeras ocasiões, imagino que por fãs. O problema é que em 1946 e 1947 os registros ainda não eram feitos adequadamente. Eram apenas folhas de papel, que agora estão amontoadas por todos os lados. Vou lhe mostrar.

Por detrás do balcão da sala principal o tabelião revirou os arquivos e voltou com um punhado de certidões de nascimento soltas. Talvez uma dúzia delas tenha caído no chão e lá ficado.

— Existe uma pessoa, um médico, o Dr. Mehta. Ele está em Omã no momento, mas volta na semana que vem. Sei que tem uma cópia da certidão de nascimento do Freddie.

No entanto, por mais que eu tenha tentado, não consegui localizar o Dr. Mehta.

Minha investigação sobre as raízes da família não foi aprovada por todos os envolvidos. Diana, a bela filha de Perviz, não se impressionou e insistia que não estava nem um pouco interessada no "Freddie *Mercouri*". Por quê?

— Ele deixou Zanzibar quando eu ainda era um bebê. — Deu de ombros, com o rosto ruborizado. — Ele abandonou o nome da família. Não vivia como nós. Não tinha absolutamente nada a ver conosco. Nunca voltou. Não se orgulhava de Zanzibar. Era um desconhecido. Pertencia a outra vida.

Ela se recusou a dar detalhes. Então havia algo mais nessa história.

O comportamento de Diana condiz com o que vi por todos os lados. Apesar de muitos zanzibaritas alegarem morar em residências que pertenceram à família Bulsara, ninguém podia apresentar provas concretas. Ninguém tampouco parecia se importar. Como explicou um lojista indiano:

— Não sei de nada, assim como ninguém sabe. Quem diz saber, está chutando, principalmente esses guias que fazem passeios pela ilha e mostram os pontos turísticos. Eles só querem dinheiro. Não restou ninguém que saiba. Muitas pessoas foram embora ao mesmo tempo, há muitos anos. Mas se por acaso você descobrir, pode voltar para me contar, por favor? Porque estou cansado dessa gente sempre me fazendo perguntas. Americanos. Sul-americanos. Ingleses. Alemães. Japoneses. Nós, locais, não entendemos. Quem foi essa pessoa, afinal?

Quem foi o filho mais famoso de Zanzibar? Para os peregrinos do Queen, a ilha é o principal destino. Agências de turismo especializadas fazem pacotes caros para os fãs que queiram visitar a terra natal do cantor, onde alguns restaurantes de vista bonita e meia dúzia de lojas de presentes acabam lucrando também. Mas em nenhum momento da vida Freddie foi tratado como astro em Zanzibar. Nada de Cidadania Honorária. Nenhum registro oficial no arquivo. Nenhuma referência no museu local na época em que o visitei. Nenhuma ex-residência transformada em santuário pessoal. Nenhuma estátua, réplica de cera ou busto, nenhum cinzeiro nem ímã de geladeira produzidos em larga escala, muito menos um cartão-postal com um retrato dele, apesar de haver cartões-postais de praticamente tudo. Talvez nem os termômetros tenham mercúrio (*mercury*, em inglês). Se havia alguém à procura da antítese da Graceland de Elvis Presley, em Memphis, aí está.

O mistério da certidão de nascimento desaparecida deu as caras novamente quando voltei para casa. Do nada, Marcela Delorenzi, uma argentina — *a tal* argentina —, fez contato. Ela me disse que estava a caminho de Londres com um presente para mim. O que a apresentadora e jornalista de Buenos Aires me levou foi uma cópia da certidão de nascimento de Freddie. Eu não havia pedido. Nunca tínhamos conversado. Eu não havia tentado localizá-la, nem ela me pediu nada em troca. Se existia culpa, não vinha ao caso. A moça insistiu em dizer que, na época em que obteve o documento, o manuscrito original ainda estava guardado no cartório. Ela viu. Talvez, no fim das contas, a certidão tenha trocado de mãos por uma soma alta e esteja malocada em alguma coleção particular.

Em 2006, a Associação pela Propagação e Mobilização Islâmica (Uamsho), um grupo muçulmano de Zanzibar, fez protestos fervorosos contra os planos de se comemorar na ilha o aniversário de Freddie. Sob a alegação de que ele havia violado as leis islâmicas com seu estilo de vida extravagante e assumidamente gay, até sua morte prematura em 1991, em decorrência da Aids. O grupo revoltado exigiu que se proibisse uma festa na praia para "turistas gays" e que os milhares de fãs que haviam se deslocado dos quatro cantos do mundo para a comemoração fossem mandados de volta.

Mal chegava a ser uma surpresa. Quando em 2004 Zanzibar tornou as relações homossexuais oficialmente ilegais, a manobra atraiu críticas de comunidades gays de todos os lugares. No entanto, o líder da Uamsho, Abdallah Said Ali, insistiu em tom desafiador que o evento "passaria a mensagem errada".

— Não queremos que a nossa geração de jovens pense que a homossexualidade é aceita em Zanzibar — declarou. — Temos a obrigação religiosa de proteger os princípios morais da sociedade, e devemos impedir os que queiram corromper a moral islâmica.

Muito antes dos princípios islâmicos, era preciso levar em consideração a fé da própria família de Freddie. Ele amava e respeitava os pais e a irmã profundamente. Também tinha plena consciência de que os zoroastristas ortodoxos defendem a supressão da homossexualidade, e talvez tenha sido essa a principal razão pela qual Freddie tentou por tanto tempo esconder sua orientação sexual. O texto sagrado do zoroastrismo, o *Vendidad*, estabelece que "O homem que se deita com outro, como os homens se deitam com as mulheres, ou como elas se deitam com os homens, na verdade é um *Daeva* (demônio). Esse homem venera os *Daevas*, é um amásio dos *Daevas*".

Para os parses, a homossexualidade, além de pecado, é uma forma inimaginável de satanismo.

Vamos contextualizar. A relação homossexual consentida entre adultos continua sendo ilegal em cerca de setenta dos 195 países do mundo. Em quarenta deles, apenas o sexo entre homens é proibido. A atividade sexual entre dois homens adultos foi legalizada na Inglaterra e no País de Gales em 1967, mas o mesmo só ocorreu na Escócia em 1980 e na Irlanda do Norte em 1982. Durante as décadas de 1980 e 1990, organizações em defesa dos direitos dos gays lutaram para que a maioridade sexual fosse a mesma para heterossexuais e homossexuais. Atualmente, a maioridade sexual na Inglaterra, na Escócia, no País de Gales e na Irlanda do Norte é de 16 anos.

— Freddie não vivia como nós — havia declarado a prima Diana. — Pertencia a outra vida.

A verdade nua, melhor do que a mais bem-vestida das mentiras. Aparentemente, Freddie havia abandonado a terra natal africana pelo motivo mais básico.

Talvez o que ele sentisse no peito fosse *hiraeth*. Nenhuma palavra traduz o significado desse antigo termo galês. Suscita melancolia, uma saudade profunda do que passou. Será que

Freddie, como a maioria de nós, lamentava em segredo a perda da inocência, desejando capítulos de um passado que não podia recuperar?

Às vezes, voltamos no tempo. Revivemos. Consolamos nosso espírito adulto relembrando em silêncio. Para Freddie, isso não era possível. Tinha sempre que preencher o vazio de outra forma. Alguns acreditam que ele tenha feito as pazes com o passado em "Seven Seas of Rhye", o primeiro sucesso da banda, de 1974. Um hino hard-rock de um álbum todavia progressivo, a letra baseia-se num reino encantado criado pelo jovem Freddie com a irmã caçula, Kashmira. Será que os mistérios das raízes persas, em especial a jornada do profeta Zaratustra, alimentaram seus devaneios e inspiraram os contos de fadas de Rhye? É bem provável, de acordo com Phil Swern, produtor da Radio 2, arquivista musical e renomado colecionador de discos.

— Sempre tive a impressão, a partir de comentários que ele fez em entrevistas ao longo dos anos, de que "Seven Seas of Rhye" era sobre a vida dele em Zanzibar — diz Phil. — Era para onde ele fugia, pelo menos em pensamento. Podia recorrer a isso quando a realidade ficava dura demais.

Numa entrevista de rádio, Freddie descreveu o tema da canção como "fruto da imaginação".

— Minhas letras e canções são, em grande parte, fantasias — declarou. — Eu as invento. Não são realistas, são delírios, na verdade. Não sou desses compositores que andam pela rua e, de repente, têm uma visão. Também não sou do tipo que faz safáris para se inspirar cercado de animais selvagens ou que escala montanhas e coisas do gênero. Não. Consigo me inspirar sentado na banheira.

Seja como for, Rhye mostrou ser um tema recorrente. Outras músicas do início da carreira da banda também incluem a terra da fantasia, como "Lily of the Valley", "The March of the Black Queen" e "My Fairy King". Seu encanto viria a ser ainda mais contagiante e duradouro. No musical jukebox futurista do Queen, *We Will Rock You*, que estreou em Londres em 2002, o "Seven Seas of Rhye" é um lugar para onde os boêmios rebeldes são transportados depois de sofrerem lavagem cerebral nas mãos de Khashoggi, o chefe de polícia da Globalsoft.

Ao fim das últimas notas de "Seven Seas of Rhye" uma velha cantiga inglesa que exulta um dia na praia ecoa brevemente na voz dos fregueses baderneiros de um bar: "Ah, como eu gosto de ficar à beira-mar." Será outra alusão à vida despreocupada de Freddie na praia, à juventude e seus recifes de corais cercados de palmeiras e água cristalina?

Não há como saber. Mas uma coisa é certa: o homem que infringiu o código religioso da família jamais teria uma recepção calorosa.

CAPÍTULO TRÊS

Panchgani

Fui... uma criança precoce, e meus pais acharam que um colégio interno me faria bem. Quando eu tinha uns 7 anos, me puseram em um na Índia. Minha criação sofreu uma mudança radical, mas parece ter dado certo, eu acho.

FREDDIE MERCURY

Os pais de Freddie o enviaram a uma escola na Índia, e foi uma tristeza enorme vê-lo partir. Mas aqui em Zanzibar, naquele tempo, o padrão de ensino para os meninos não era muito bom. Além disso, acredito que tenha sido na mesma época em que os pais dele se mudaram para a ilha de Pemba, por causa do trabalho, e lá, com certeza, o padrão educacional não era elevado o suficiente. Eles acharam que a melhor solução era mandá-lo para Bombaim, onde moraria com a minha tia que era irmã de Bomi e também se chamava Jer. Lá ele receberia um ensino adequado."

Perviz Darunkhanawala, prima em primeiro grau de Freddie

Em novembro de 1996 recebi um convite para o coquetel e a pré-estreia da "Mostra Fotográfica de Freddie Mercury" no Royal Albert Hall, em Londres, em comemoração ao quinto ano de sua morte. Todos os presentes no salão naquela noite tinham uma relação direta com Freddie e com o Queen — desde Marje, a faxineira do cantor, e Ken Testi, o primeiro empresário da banda, a Denis O'Regan, fotógrafo do Queen. Os pais de Freddie, já bem frágeis e idosos, também compareceram. Quando me apresentei, eles me cumprimentaram calorosamente. O pai, Bomi Bulsara, segurou minha mão:

— É maravilhoso ver todas essas fotografias em exibição e essas pessoas homenageando nosso filho querido. Estamos muito orgulhosos — declarou.

A mostra rodaria o mundo, visitando várias cidades relevantes, como Paris, Montreux e Mumbai. Após a estreia em Londres, uma série de colegas jornalistas resolveu "desmascarar" o Great Pretender (o grande farsante) por ter "escondido as raízes indianas". Em manchetes do tipo "Rapsódia de Bombaim" e "Astro da Índia", Freddie foi "exposto" como o primeiro pop star asiático do Reino Unido. Apesar de haver só um pingo de verdade nessa história, a lorota rendeu vários leads sensacionalistas. Com isso, questionou-se a origem persa de Freddie, o que resultou numa discussão generalizada. A comunidade parse de Londres sentiu-se ofendida. O que não significa que a nata da imprensa britânica desse a mínima.

— O fato de o nosso povo não viver na Pérsia desde o século IX não significa que sejamos menos persas — declarou um porta-voz da comunidade parse londrina. — Enquanto os parses são descritos como "zoroastristas indianos", descendemos dos zoroastristas persas que fugiram para a Índia nos séculos VII e VIII devido à perseguição muçulmana. Termos migrado para a Índia *não* nos torna indianos. Se você é judeu, mas a sua família vive fora da Palestina há dois mil anos, isso o torna menos judeu? Há uma diferença enorme entre raça e nacionalidade. Entre origem e cidadania. Os parses podem não ter uma nação (o território que pertencia a eles é o atual Irã). No entanto, nosso coração continua sendo persa.

No que diz respeito a Freddie, bastava olhar para ele. Era indiscutível que suas feições tipicamente persas não condiziam com o que se costuma considerar "indiano". Todas as fotografias, apesar dos dentes salientes, entregam o jogo.

Nascidos na Índia colonial, antes da independência, os pais de Freddie, Bomi e Jer, eram súditos britânicos de nacionalidade britânico-indiana. Há registros oficiais, tanto na certidão de nascimento deles quanto na do filho. Vale ressaltar que os dois declararam ser da raça parse. Freddie nasceu em Zanzibar, então era considerado zanzibarita. É preciso argumentar que ele era mais africano do que indiano. Era forçação de barra chamá-lo de "o primeiro pop star asiático do Reino Unido": mais um prego para pendurar fotos antigas. Por que a família não se opôs a essa omissão do passado, a essa rejeição da herança sagrada? O comportamento deles era, por vezes, intrigante.

O casal Bulsara era calado, diligente, caseiro, desapegado de bens materiais e satisfeito com o que tinha. Eles agiam com cautela, seguindo os rituais, as regras e as restrições da religião e da cultura. Os dois tinham porte pequeno, eram de estrutura quase delicada. No quesito aparência, Freddie puxou mais à mãe, herdando em especial os lábios carnudos, o sorriso largo e os dentes singulares. Educadamente reservados em público, Bomi e Jer sempre foram gentis e extrovertidos entre quatro paredes, mesmo que de forma um pouco controlada. Apesar de cumprirem as obrigações familiares, de seguirem a tradição com afinco e de serem conformistas, Bomi não exercia influência dominante no filho, tampouco era o arquétipo do herói viril. Mais à vontade entre as matriarcas da família, Freddie nunca mostrou a mínima intenção de seguir a carreira burocrática do pai. A mãe havia demonstrado o desejo de que ele estudasse direito , mas Freddie ficava entediado só de pensar em trabalhar num escritório.

Por ser muito reservado e contido, o casal Bulsara tinha pouco contato físico com os filhos, como Freddie revelou mais tarde à namorada Barbara Valentin e ao companheiro Jim Hutton. Quando a família ainda morava em Zanzibar, quem cuidava das crianças todos os dias era a babá, Sabine. Se, por um lado, Freddie e Kashmira não levaram palmadas, também não receberam muitos abraços. De acordo com Jim, Freddie às vezes se questionava se a falta de afeto na primeira infância não teria sido a responsável pela "Obsessão desmedida por amor físico na fase adulta... Um desejo que, com muita frequência, se manifestava na forma de sexo casual, pois ele geralmente não conseguia separar uma coisa da outra. O sexo nunca substituiu o que ele mais ansiava: afeição... uma prova de que alguém o amava. Ele era bem infantil em relação a isso. Por exemplo, todo o carinho e o afago que fazia nos gatos, na verdade, era o que esperava receber."

No dia 14 de fevereiro de 1955, segundo registros oficiais da escola, com apenas 8 anos, Freddie — ainda Farrokh — foi matriculado como "Farookh Bomi Bulsara" (repare que a grafia do nome é diferente da que consta na certidão de nascimento) na St Peter's Church of England School, em Panchgani, no terceiro ano do ensino fundamental. Lá permaneceria durante uma década, vendo os pais apenas um mês por ano, durante o verão. Não é nenhuma surpresa que ele tenha se distanciado dos pais, como é evidente nas cartas respeitosas, porém nada sentimentais, que lhes escreveu. Freddie era incentivado a se manter firme e corajoso, mas é impossível imaginar que ele não tenha se sentido vulnerável e sozinho estando tão longe de casa, sem mesmo o luxo de um telefone que lhe permitisse falar com os pais quando sentisse saudades, o que era frequente.

— Ele tinha 6 anos quando nasci, então só passamos um ano juntos. Mesmo assim, eu sempre soube o quanto o meu irmão mais velho e orgulhoso me protegia — recordou a irmã, Kashmira, durante uma entrevista ao *Mail on Sunday*, em novembro de 2000. — Não era sempre que ele vinha passar as férias. Às vezes, ficava com a irmã do meu pai em Bombaim, ou com a irmã da minha mãe, e foi ela quem o fez começar a tocar piano e a desenhar. Ele tinha talento para tudo. Eu sentia inveja, é claro. Meus pais guardavam todos os boletins dele.

Para o menino de 8 anos, a viagem de casa à nova escola foi árdua.

— Ele foi de navio com o pai, depois pegou o trem para Poona (atual Pune) — relembra Perviz, prima de Freddie. — A viagem era muito longa e cansativa. Havia navios regulares de

Zanzibar para Bombaim (que já era a cidade indiana mais povoada, industrializada e avançada), e íamos com frequência, pois tínhamos parentes lá. Freddie passava as férias escolares na casa de tia Jer, irmã de Bomi. Era uma senhora muito boa e gentil que também cuidava dos filhos pequenos de outros irmãos do meu pai na Índia.

Panchgani ("cinco colinas"), uma típica cidade serrana do tempo do império britânico localizada no oeste da Índia, a 296 quilômetros da Bombaim da época, é famosa pelos charmosos bangalôs antiquados, pelos prédios públicos, pelas antigas residências parses e pelas viçosas plantações de morango. A tranquila cidade colonial foi fundada durante o governo britânico para servir de sanatório e resort. Não é difícil entender por quê. As planícies costeiras a perder de vista, a mata fechada e o rio Krishna, a altitude elevada, a água rica em ferro e o denso solo vulcânico vermelho fazem do lugar um recanto popular entre os turistas. Muitos fazem o trajeto de quatro a cinco horas de carro desde Mumbai para "fugir das monções". Uma vez em Panchgani, eles caminham, cavalgam e relaxam longe da poeira e do calor das planícies indianas. Alguns até enviam os filhos para os colégios internos ingleses da cidade.

A St Peter's School ainda está em atividade. Fundada em 1904, continua a preservar a cultura e os valores tradicionais indianos e a promover a tolerância religiosa, incluindo desde o catolicismo ao zoroastrismo. O lema da escola é "*Ut Prosim*" ("Que eu tenha serventia"). O brasão, "Um símbolo de esperança e renascimento", exibe uma fênix ressurgindo das chamas, segurando no bico um ramo de oliveira, que representa a paz. O diretor de Freddie, o sr. Oswal D. Bason, chegou em 1947, o ano da independência da Índia. Ele permaneceu no cargo até 1974, quando o Queen estava provando o gostinho da fama. Apesar de a escola não se gabar da ligação com o rock , raramente hesita em abrir as portas para os curiosos. Os funcionários até auxiliaram em pesquisas e filmagens para documentários sobre Freddie Mercury. Ao lado do amigo e contemporâneo Victory Rana — que depois virou general-de-divisão do exército nepalês — e de Ravi Punjabi, filantropo e empresário, Freddie figura entre os ex-alunos mais famosos da instituição.

Quando chegou ao agradável e espaçoso *campus* de 24 hectares, Freddie já havia sido doutrinado nos princípios da fé da família e era um zoroastrista completo. Aos 8 anos, participou da cerimônia *navjote*. Assim como a crisma cristã, abrange meninos e meninas, apesar de o estilo lembrar mais o *bar mitzvah* judeu. Durante o ritual, a criança toma um banho que representa a purificação da mente e da alma e usa uma veste branca e um cordão de lã imbuídos de simbolismo. Além disso, entoam-se orações antigas sobre uma chama considerada sagrada e eterna. O fogo é um elemento central do zoroastrismo. Dizem que em alguns templos, as chamas permaneceram acesas por milhares de anos. No livro sagrado, o Avesta, não há mandamentos formais, apenas as "três boas práticas", que há muito tempo os parses tentam seguir. *Humata, Hukhta* e *Hvarshta:* bons pensamentos, boas palavras e boas ações.

Na época de Freddie, a St Peter's era amplamente considerada a melhor escola pública para meninos de Panchgani. Oferecia um currículo todo em inglês, voltado para os exames de nível médio e avançado da Universidade de Cambridge, e mantinha uma constância de resultados excelentes. A instituição atraía famílias dos EUA, do Canadá e do Golfo Pérsico, assim como de toda a Índia. O ano letivo ia de meados de junho a meados de abril. Por causa do clima indiano, as férias de oito semanas caíam entre abril e junho, além do recesso de duas semanas no Natal. A disciplina era rígida e as condições estavam mais para rigorosas. Havia banho quente às quartas-feiras e no almoço de sábado, mas a água era fria no resto da semana. Os banhos eram supervisionados pela enfermeira-chefe, que também administrava o hospital com o auxílio de uma enfermeira residente e do médico de plantão. A escola tinha sua própria igreja e uma posição nada democrática: apesar de os garotos seguirem as mais diversas religiões e de elas serem respeitadas, a missa de domingo era obrigatória para todos. Nenhum aluno podia sair do *campus*, a não ser na companhia de um funcionário. Por esses motivos, a St Peter's era bem cotada como sendo um estabelecimento de atmosfera agradável e familiar, o que estimulava as qualidades dos estudantes, fazendo aflorar o que tinham de melhor. Seja qual fosse sua opinião na época, Freddie mais tarde admitiu que se considerava privilegiado por ter sido mandado para lá, ciente do sacrifício que os pais haviam feito.

Além da dificuldade em pagar a escola, uma vez que o pai de Freddie era um modesto funcionário público e não tinha muito dinheiro sobrando, era um sofrimento para Bomi e Jer ter que abrir mão do único filho, assim como para Kashmira, que foi afastada do único irmão.

Sentir-se privilegiado não foi o suficiente para apaziguar a angústia gerada pela separação. Quando menino, Freddie era excepcionalmente apegado à mãe e à irmã, e ser enviado para uma escola a milhares de quilômetros de distância numa idade tão tenra deve ter lhe causado uma dor terrível. É impossível imaginá-lo sentindo algo além de solidão e medo, ansiando por um abraço e uma história na hora de dormir, quando se aninhava na cama. De acordo com pessoas mais próximas, numa etapa posterior da vida, Freddie guardava um ressentimento profundo pelo fato de os pais o terem "mandado embora", apesar de ter continuado um filho respeitador e carinhoso quando adulto. Ele, obviamente, tentou ao máximo superar o sentimento de rejeição.

Jer e Bomi devem ter achado que estavam agindo certo. Dar ao filho o melhor início de vida, com certeza, acarretou dificuldades financeiras. No entanto, mandar um garotinho tímido como Freddie para um colégio tão distante foi provavelmente o maior erro que cometeram. Algumas crianças parecem aceitar melhor do que outras o afastamento prolongado da família. Para Freddie, um menino sensível e, de acordo com o próprio, um pouco grudento, a separação com apenas 8 anos foi, de início, insuportável. À noite, ele chorava até dormir na pequena cama do alojamento, cercado por outros 19 garotos trêmulos, também recém-chegados. Sem ter, diariamente, atenção e afeto exclusivos no estágio mais crucial do desenvolvimento, quando a criança é extremamente influenciável, era inevitável que Freddie mudasse de atitude e expectativas.

Ele buscou consolo na companhia de colegas de mentalidade semelhante. Além de Victory Rana, fez amizade com Derrick Branche, que depois se mudou para a Austrália em busca da carreira de ator. Em 1985, enquanto Freddie roubava a cena no Live Aid, Branche atuou no filme *Minha adorável lavanderia*, uma comédia dramática com Daniel Day-Lewis que explorava as relações entre as comunidades branca e asiática, abordando de forma comovente questões como homossexualidade e racismo.

O círculo de Freddie também incluía Farang Irani, que depois abriu um restaurante em Bombaim, e Bruce Murray, cuja última notícia que se teve era de que trabalhava como carregador na estação de trem de Victoria, em Londres. Nos anos seguintes, os cinco garotos se tornaram inseparáveis: dormiam próximos no alojamento e participavam juntos de infinitas travessuras. Mandado para a casa da tia paterna, Jer, ou da tia materna, Sheroo, nas férias de meio e de fim de ano, Freddie reencontrou os pais raríssimas vezes durante a permanência na St Peter's, mesmo quando não estava em período de aula.

— Tínhamos que fazer o que mandassem, então o mais sensato era tirar proveito disso — declarou Freddie anos depois. — Aprendi a cuidar de mim mesmo, e cresci rápido.

Assim, a personalidade do "verdadeiro" Freddie começou a ser moldada, e permaneceria a mesma até o fim da vida.

Perceber que teria que se virar sozinho e enfrentar as provocações na escola foi uma lição difícil de assimilar. Freddie também se deu conta de que precisaria trocar de nome. Era difícil falar "Farrokh" com a pronúncia persa: "Farr**och**", como em *loch*, em oposição à pronúncia africana, "Far**ouk**". Foi um alívio quando os professores e os amigos adotaram o diminutivo de um respeitável nome inglês. Ele passou a ser "Freddie". Por sorte, o apelido pegou. Os pais e os parentes não fizeram objeções, e até hoje se referem a ele como "Freddie". A mudança de sobrenome ocorreu bem mais tarde, por outros motivos.

Quando Freddie tinha uns 10 anos, começou a exibir um certo ar distante, superior, traço que manteve para o resto da vida. Apesar de, às vezes, ser irascível, não era grosseiro nem malicioso.

Ele simplesmente não gostava de trabalhar em equipe. Nos esportes, destacava-se em atividades individuais e em dupla, como xadrez, corrida, boxe e tênis de mesa. Venceu o campeonato escolar de tênis de mesa antes dos 11 anos. Rúgbi e futebol não eram a sua praia, mas dizem que gostava de críquete, apesar de ter negado. Não se sabe se ele achava que declarar sua paixão pelo jogo prejudicaria sua imagem hard-rock. Em 1958, com quase 12 anos, ganhou o prêmio Junior All-Rounder (por se destacar em todas as atividades), e no ano seguinte foi o aluno de melhor desempenho acadêmico. Protagonizou diversas peças teatrais e cantou uma música solo na produção do último ano do ensino médio de "Indian Love Call". Artes era a sua matéria favorita. Ele passava grande parte do tempo livre desenhando e pintando, especialmente para a tia Sheroo e os avós que moravam em Bombaim. Também começou a participar com entusiasmo das aulas extracurriculares de música.

Mesmo no fim da década de 1950 e início da de 1960, Bombaim já desfrutava de uma cultura cosmopolita em que Oriente e Ocidente se encontravam, possibilitando a propagação do rock e do pop ocidentais. Freddie amava a música clássica que estudava, especialmente ópera, só que gostava ainda mais de música contemporânea. Ele fez aulas de piano até o quarto ano do ensino fundamental, passando nas provas teóricas e práticas. Também entrou para o coral. Com os melhores amigos, formou sua primeira banda: os Hectics. Graças ao seu estilo boogie-woogie de tocar piano, em pouco tempo Freddie era o assunto da cidade. Os Hectics começaram a tocar em eventos escolares e no festival anual. As meninas dos colégios locais ficavam na frente e gritavam feito loucas, pois tinham visto que era assim que deveriam se comportar diante de um grupo. Entre os ídolos pop da época estavam Elvis Presley, Cliff Richard, Fats Domino e Little Richard, e era nesses artistas que Freddie se inspirava. Passava muito tempo ensaiando para imitar o estilo deles. No entanto, ainda não tinha condições de ser o líder da banda, cedendo o lugar, de bom grado, ao amigo Bruce Murray, que era guitarrista e vocalista.

— É claro que também havia o coral escolar, que cantava todos os hinos e músicas tradicionais e ensaiava com frequência para se apresentar nos cultos da igreja da escola — recordou Derrick Branche, que estudou com Freddie e integrou a banda Hectics. — O coral tinha uns 25 integrantes, e era comum incluírem meninas de outras escolas da cidade filiadas ao nosso colégio. Além de Freddie adorar o coral, acho que também gostava de uma das garotas: Gita Bharucha, de 15 anos, se não me engano!

Segundo relatos, Freddie iniciou a vida sexual na escola, por volta dos 14 anos, envolvendo-se principalmente com outros garotos e até com alguns funcionários. No entanto, não se sabe ao certo quem foi sua primeira namorada.

— Nunca pensei que Bucky fosse gay — contou Gita. — De jeito nenhum. Nunca vi o menor sinal disso. Talvez os professores soubessem e fossem discretos. Nós, os amigos, com certeza, não tínhamos conhecimento. Ele era um músico bem empolgado e tinha muita presença de palco. Sempre fazia papéis femininos nas peças de teatro!

Não foi fácil localizar Gita, que se casou, adotou o nome Choksi e se mudou para Frankfurt, onde trabalhava numa agência de viagens indiana. Quando a achei, de início, ela hesitou em falar sobre Freddie. Por fim, acabou concordando, e nos encontramos em Londres.

— Conheci Freddie em 1955, quando entrei para a escola Kimmins, em Panchgani — contou.

— A instituição era administrada por missionários protestantes ingleses. Saí de lá em 1963. Fomos amigos durante praticamente os dez anos que Freddie ficou em Panchi. Eu era de Bombaim, mas morava com minha mãe e meus avós em Panchi. Eu não era aluna interna. Os meninos da St Peter's cursavam o jardim de infância na Kimmins e depois continuavam os estudos na St Peter's. Alguns de nós ficamos anos na mesma turma. Eu e o Victory Rana estudamos juntos. E Bucky (coelho). Nós chamávamos Freddie assim porque ele era dentuço. Derrick Branche também estudou conosco.

"Eu e Bucky éramos muito apegados, mas não passava de amizade. Não rolava nenhuma intimidade. Ficávamos de mãos dadas, só isso. Alugávamos bicicletas por 3 rupias por dia e íamos pedalar. Também remávamos no lago Mahabaleshwar. Minha mãe me deixava dar festas ou convidar os amigos para o almoço. Depois, passeávamos ou fazíamos brincadeiras. Bucky costumava nos visitar nas férias e passava um tempo lá em casa. Ele era extremamente educado e tinha bons modos. Minha mãe e meus avós o adoravam."

Janet Smith, uma professora de Panchgani que morou na St Peter's na mesma época que Freddie, pois sua mãe lecionava artes na escola, não tinha dúvida de que o menino fosse homossexual.

— Ele tinha a mania de chamar os outros de "querido", o que soava um pouco afetado. Eu sabia que ele era homossexual já naquele tempo. Admito que não era algo comum naquela época, mas era quase aceitável em um garoto como Freddie. Normalmente, teria sido uma tragédia, mas, de alguma forma, não foi o caso dele. Foi admissível. Não era uma fase, era algo inerente a ele, fazia parte de sua personalidade. Eu não conseguia deixar de sentir pena, pois os outros zombavam dele. O engraçado era que ele não parecia se importar.

Mesmo tendo sido inseparáveis, Gita Bharucha nunca mais teve notícias de Freddie depois que ele foi embora de Panchgani.

— É muito triste, eu sei, mas foi o que aconteceu. Parecia que ele queria se desligar da vida que teve na Índia e passar para o próximo estágio.

No primeiro ano do ensino médio as notas de Freddie começaram a cair. Ele não passou na prova final e deixou a escola antes do segundo ano. Não chegou a atingir a pontuação média para concluir o curso. Possivelmente distraído pela sexualidade confusa, e por dedicar-se a atividades mais criativas, como música e artes, Freddie perdeu o interesse pelos estudos e passou a visar objetivos mais glamourosos. Biografias anteriores relatam que ele deixou o colégio tendo atingido a pontuação média em uma série de disciplinas e se destacado em inglês, história e artes, mas não é verdade. Só entendemos o motivo de os primeiros relações-públicas terem distorcido os fatos quando comparamos o desempenho acadêmico de Freddie ao dos outros integrantes da banda. Brian May cursou física e matemática no Imperial College London, e obteve o título de bacharel, com louvor, em física. O Ph.D. em astrofísica foi concluído trinta anos depois. John Deacon formou-se com louvor em técnico em eletrônica no Chelsea College, que agora pertence ao King's College London; enquanto Roger Taylor conquistou uma vaga no London Hospital Medical College para estudar odontologia. Mais tarde abandonou o curso a fim de se dedicar à música.

— Freddie não queria passar por burro em comparação com os outros integrantes do Queen, que tinham um nível de escolaridade muito alto — comentou Jim Jenkins, biógrafo oficial da banda e coautor de *As It Began* (Como tudo começou). — Talvez tenha sido por isso que ele mentiu sobre a conclusão do ensino médio. É compreensível, dadas as circunstâncias.

Sheroo Khory, tia materna de Freddie, falou comigo a respeito do sobrinho querido durante uma entrevista dada em sua casa, na colônia parse de Dadar, em Bombaim. A cidade passou a se chamar Mumbai em 1995, quando o nome antigo foi declarado uma herança indesejável do império britânico.

— Freddie ficava com Jer, ele ia à minha casa depois do café da manhã. Passava dias inteiros comigo. Era um ótimo desenhista, e eu o incentivava. Aos 8 anos, fez um desenho excelente de dois cavalos numa tempestade e assinou "Farrokh". Ficava pendurado na casa da mãe dele. Não sei se ela ainda o guarda.

No entanto, quando Freddie foi para a Inglaterra, "tudo acabou", disse ela.

— Ele não quis voltar à Índia. Dizia que era britânico, apreciava o estilo de vida mais civilizado de lá. Acima de tudo, gostava do sistema Judiciário, ainda mais se comparado a toda a corrupção aqui da Índia. Mas mantinha contato comigo regularmente. Até me mandou dinheiro para fazer uma cirurgia urgente no olho e quis me levar para conhecer a Europa. Ele nunca se esqueceu da velha tia.

Sheroo revelou que, anos depois, passou a se corresponder com frequência com a ex-namorada do sobrinho, Mary Austin, e trocava fotos dele de infância pelas do famoso astro do rock. Ela também falou dos "inimigos" que Freddie tinha na Inglaterra e que temia por sua segurança. Sheroo disse que discussões sobre religião a chateavam, em especial os boatos de que o sobrinho havia se convertido ao cristianismo pouco antes de morrer.

— A família inteira ficou extremamente abalada com essa notícia — declarou. — Foi um grande baque. Já estávamos cansados de todas as coisas dolorosas que andavam dizendo sobre o nosso Freddie, todas as mentiras que contavam, em particular as histórias de que ele havia virado cristão. Garanto que ele não fez isso. Ao menos não com o meu conhecimento, e tenho certeza de que eu saberia.

Apesar dos relatos sugerindo o contrário, Freddie voltou a Zanzibar em 1963 e cursou os dois anos que faltavam para concluir os estudos no colégio católico romano St Joseph's Convent School. Bonzo Fernandez, um ex-policial de Zanzibar que acabou virando taxista, conheceu bem o cantor nessa instituição de ensino.

— Lembro que ele se relacionava muito bem com a família e tinha uma irmã legal. Freddie era muito comportado. Eram pessoas boas, bem-educadas. Jogávamos hóquei e críquete juntos. Ele era excelente no críquete — declarou. — Eu sabia que ele havia estudado na Índia, mas Freddie nunca falava dos anos que passou lá. Às vezes, depois da aula, pulávamos a janela e íamos nadar no mar, coisa que Freddie adorava. Também costumávamos nadar no Starehe Club, na Shangani Street, que tinha uma praia muito limpa. Pedalávamos até Fumba, ao sul, Mangapwani, a noroeste, onde ficavam as antigas cavernas dos escravos, ou íamos a Chwaka, na longínqua península a sudeste. De vez em quando, íamos em grupo. Nadávamos, lanchávamos, subiámos em coqueiros. Éramos atentados, mas não malvados. Não bebíamos, não nos drogávamos, nem fumávamos. Não naquela época.

"Ainda consigo ver aquele menino esguio e alegre de bermuda azul e camisa branca. Ele andava sempre bem-vestido, ainda mais quando ia jogar críquete, pois suas roupas imaculadas pareciam mais brancas que as dos outros.

"Após a revolução, todos deixaram a ilha. Eu nunca soube do paradeiro de Freddie nem que fim ele havia levado. Mais tarde descobri que moramos no Reino Unido na mesma época. Só depois de sua morte é que eu soube que o meu ex-colega de turma e grande amigo havia se tornado o cantor de rock famoso no mundo todo."

A experiência de Gita Choksi foi semelhante.

— Anos depois, quando descobri quem ele havia se tornado, comprei alguns de seus discos e adorei as músicas — relatou. — Contudo, nunca o vi cantar ao vivo. Isso sempre foi uma frustração. Um dos nossos grandes amigos da época da escola foi a um show do Queen e tentou chegar aos bastidores para ver Bucky. Porém, quando ficou cara a cara com ele, Freddie mal olhou para o infeliz e disse: "Desculpe, mas acho que não o conheço."

"Foi então que tivemos certeza de que ele não queria mais nada com a gente. Estava decidido a esquecer o passado."

CAPÍTULO QUATRO

Londres

Sou uma pessoa urbana. Não curto essa história de ar campestre e bosta de vaca.

FREDDIE MERCURY

Muita gente é atraída a Londres por causa do relativo anonimato. É possível se misturar à multidão, conhecer uma grande quantidade de pessoas que pensam como você. Existe uma massa crítica. Londres estava fervilhando na época. Zanzibar teria tolhido alguém com a personalidade do Freddie, de espírito inquieto.

COSMO HALLSTROM, PSIQUIATRA

A década de 1950 presenciou um aumento visível das investidas nacionalistas contra o império britânico. O Reino Unido perdeu a Índia e o Paquistão em 1947, a Birmânia e o Ceilão ganharam a independência em 1948 e a China começou sua revolução social em 1949. Esses eventos causaram um impacto enorme nos movimentos nacionalistas no norte, no nordeste e no leste da África. Zanzibar não estava imune. Os sindicatos haviam começado a se transformar em partidos políticos a fim de efetuar mudanças. O Partido Nacionalista de Zanzibar, fundado em 1956 pelas minorias árabe e shirazi, foi sucedido pelo Partido Afro-Shirazi, liderado, principalmente, por africanos nascidos no continente. A militância trabalhista estava crescendo e as greves desestruturavam várias indústrias. A vitória árabe nas urnas e a frustrante safra de cravo e coco incitaram o povo a se rebelar. Apesar de a independência ter sido conquistada em dezembro de 1963, desigualdades na representação eleitoral enfureceram a maioria negra africana, e a raiva culminou em um radical golpe da esquerda. Com a violenta revolução zanzibarita, ocorrida em 1964, o novo sultão Jamshid bin Abdulla foi deposto e o xeque Abeid Amani Karume, líder do Partido Afro-Shirazi, tornou-se o primeiro presidente de Zanzibar. Milhares de pessoas foram assassinadas em sangrentas batalhas de rua. Os Bulsara, assim como muitos outros, fugiram para se salvar. A família de

Freddie deixou a ilha com poucas malas, rumo à Inglaterra, onde parentes haviam oferecido abrigo. Eles nunca mais voltaram.

— Foi o fim, pelo menos no que diz respeito à relação familiar — relembra com pesar a prima de Freddie, Perviz. — Quando eu soube, bem mais tarde, que Freddie havia se tornado um músico famoso, fiquei muito feliz por termos um gênio na família. Sentimos muito orgulho dele. Mas ele não se comunicou com nenhum de nós. Nunca sequer nos mandou uma fita cassete.

Após a revolução, Zanzibar fez um acordo de união com Tanganica em abril de 1964, segundo o qual se manteria semiautônoma, mas constituindo a nova Tanzânia. Atualmente, os zanzibaritas são um povo tranquilo, pacífico e tolerante, exceto pela aversão quase generalizada à homossexualidade.

Os Bulsara não estavam preparados para o choque cultural quando chegaram a Feltham, no distrito londrino de Hounslow, uma região apagada, localizada a cerca de 21 mil quilômetros a sudoeste da capital e a poucos quilômetros do aeroporto de Heathrow.

— Meu pai tinha passaporte britânico — explicou Kashmira —, então, vir para a Inglaterra parecia a opção óbvia.

— Freddie ficou empolgadíssimo— recordou a mãe, Jer. — Ele me disse: “Temos que ir para a Inglaterra, mãe.” Mas foi muito difícil.

A organização cinza e sem graça dos subúrbios próximos ao aeroporto, sem falar no clima frio, era de um contraste gritante com o que eles haviam experimentado em Zanzibar e Bombaim. Em Londres, a família não tinha status, salário, empregados nem mansão. Apesar dos contatos no governo e do currículo, nenhum cargo oficial de contador aguardava o pai de Freddie. Bomi acabou encontrando trabalho como caixa do grupo Forte, que presta serviços de catering, enquanto Jer se tornou vendedora de uma loja local da rede Marks & Spencer. Mesmo quando o filho ficou famoso, ela ainda permaneceu no emprego por algum tempo.

— Fiquei impressionada com o quanto nós destoávamos — relembrou Kash, que tinha uns 12 anos na época. — Freddie era muito detalhista em relação à aparência. Enquanto estava sempre alinhado, com o cabelo penteado para trás, todos usavam cabelos compridos e pareciam desleixados. Eu costumava andar atrás dele porque não queria que as pessoas pensassem que estávamos juntos.

"Mas seu visual mudou rapidamente" acrescentou. "Ele costumava passar horas na frente do espelho cuidando da cabeleira."

Aos 18 anos Freddie se viu diante de um dilema. Estava ansioso para alçar voo, mas como ainda dependia financeiramente dos pais, não podia sair de casa. Ciente de tudo que a metrópole tinha a oferecer, ter que permanecer sob o teto da família bloqueava seus planos.

— O povo de cidades pequenas tem dificuldade em aceitar qualquer coisa ou pessoa que fuja à regra — observa James Saez, produtor, compositor, multi-instrumentista e ex-engenheiro do estúdio Record Plant, em Los Angeles. — Há muita gente que adora Jesus e armas na Virgínia Ocidental. Como cresceu em Zanzibar e na Índia, Freddie sabia muito bem o que isso significava. Se você vem de lugares assim e sua personalidade pode não ser aceita, você *precisa* ir para a cidade grande. Foi sorte de Freddie ter que se mudar para Londres naquela época.

Enquanto muitos jovens da mesma idade já ganhavam o próprio dinheiro e eram independentes, os pais de Freddie queriam que ele continuasse os estudos. Contudo, o filho não seguiu carreira de advogado nem de contador. O próprio Freddie admitiu que simplesmente "não era inteligente o bastante" para realizar façanhas acadêmicas. Em vez disso, optou por desenvolver os talentos artísticos e em 1966 matriculou-se no Isleworth College, passando nos exames de nível avançado em artes. No outono do mesmo ano foi para o Ealing College of Art, onde cursou ilustração e design gráfico. Em 1969, Freddie se formou em artes gráficas e design. Longe de "equivaler a um diploma", o feito não chegava aos pés do brilhante desempenho acadêmico dos futuros companheiros de banda.

— Entrei para a faculdade de artes com a intenção de conseguir um diploma, e consegui — disse Freddie. — Eu queria virar ilustrador, na esperança de me sustentar trabalhando como freelancer.

— Meu irmão também saía muito — recordou Kashmira —, e passava a noite toda fora. Ele e minha mãe brigavam constantemente por causa disso. E ela sempre insistia na história do diploma, mas ele estava determinado a fazer as próprias vontades. Era um tal de bater porta... Mas quando Freddie se formou, minha mãe ficou muito orgulhosa.

— Só fui conhecê-lo direito nesse período — acrescentou. — Ele me ajudava com o dever de casa e eu servia de modelo para seus desenhos.

Durante as férias da faculdade, Freddie ganhava uns trocados no setor de catering do aeroporto de Heathrow, além de ter arranjado um emprego num depósito de contêineres do parque industrial de Feltham. Em resposta às provocações dos colegas de trabalho, que implicavam com "suas mãos afeminadas e seu jeito afetado e extravagante", ele dizia que, na verdade, era músico, e só estava aguardando sua vez.

Londres, a meca da cultura jovem, estava a pleno vapor. Com o boom do pop prestes a mudar, o mercado de singles começava a dar lugar aos LPs. Os gerentes dos salões de baile, vendo que as noites movidas à "batida" do rock não atraíam mais o público, passaram a retomar as danças convencionais. Os Beatles continuavam sendo o grupo mais famoso do mundo, disputando as paradas de sucessos com os Rolling Stones, The Animals, Manfred Mann e Georgie Fame. Tom Jones, um cantor robusto oriundo dos vales galeses, era a última revelação do pop. Sandie Shaw e Petula Clark eram as cantoras mais populares do Reino Unido, e a explosão folk do ano anterior estava em alta. Joan Baez e Bob Dylan entraram em cena com mensagens políticas sobre o Vietnã. Donovan auxiliou Dylan. Elvis Presley, Peter, Paul e Mary, The Byrds, os Righteous Brothers, Sonny e Cher, entre outros americanos, figuravam nas paradas britânicas. A televisão estava se estabelecendo, e a programação pop era dominada por Cathy McGowan com *Ready, Steady, Go!*

A moda também estava em ascensão. Mary Quant e Angela Cash eram as estilistas da vez, enquanto John Stephen se tornou o "Rei da Carnaby Street", na época o centro que ditava as tendências mundiais. A moda jovem havia ganhado seus próprios representantes. O The Who popularizou as estampas da *Op Art*, vestindo camisetas decoradas com alvos e bandeiras britânicas. John Lennon fez o mesmo com a boina de tweed, enquanto Dave Clark, do Dave Clark Five, que depois se tornou grande amigo de Freddie, transformou a calça Levi's branca em item obrigatório. Freddie, delgado e de quadril sinuoso, preferia calças justas e de cintura baixa, em veludo e tecido canelado. Jaquetas de couro e camurça, camisas de cetim, de seda e com estampas floridas, além das botas de cano curto, completavam o visual.

Morar na periferia da cidade mais interessante do mundo deixou Freddie inquieto e rebelde. Mais do que nunca, ele queria sair de casa, e acabou adquirindo o hábito de dormir sob o teto de diversos amigos.

— Fred vivia que nem cigano — recorda Brian May.

Ele queria tudo, e era para já, bem na porta de casa: as butiques de roupa, as lojas de disco e as livrarias, as casas de show, os pubs e as boates. Em pouco tempo, Freddie se tornaria figurinha carimbada do descolado Kensington Market e do badalado empório Biba. O Ealing College of Art ostentava vários alunos famosos: nada menos do que Pete Townshend, do The Who, e Ronnie Wood, do Faces, que mais tarde integrou os Rolling Stones. O ex-aluno Jerry Hibbert recorda que a instituição era progressista e prática, o tipo de faculdade que formava profissionais prontos para ingressar no mercado de trabalho. Oriundo de Oxford, ele iniciou o curso dois anos depois de Freddie, em 1968, mas veio a conhecê-lo bem por causa dos gostos musicais em comum.

— O Ealing College enfrentava uma série de mudanças — lembra Jerry. — O centro publicitário de Nova York, a Madison Avenue, era a bola da vez. Influenciava nosso estilo de vida, até o que vestíamos. Queríamos ficar parecidos com os publicitários de Nova York. Cortávamos o cabelo baixinho e íamos para a faculdade usando terno e gravata, pois havia hippies por toda parte, e estudantes de artes gostam de ser diferentes. Era tudo muito estilizado. Mudamos até o jeito de andar. Definitivamente, não fazíamos o tipo frequentador do Union Bar, os jogadores de rúgbi que enchiam a cara de cerveja. O restaurante da faculdade era o nosso centro social e o ponto de encontro. Freddie — ele ainda era Freddie Bulsara naquela época — costumava ficar lá conosco. Ele, sem dúvida, entendia de estilo e roupas. Sempre se preocupou muito com a aparência.

— A faculdade de artes nos ensina a ficar mais atentos à moda — comentou Freddie, mais tarde. — Estamos sempre um passo à frente.

Enjoado dos trabalhos do curso, além de não ser disciplinado nem aplicado, Freddie rapidamente perdeu o interesse pelos estudos. No entanto, gostava dos aspectos mais hedônicos da vida universitária. Durante as aulas, passava a maior parte do tempo desenhando os colegas e seu novo ídolo, Jimi Hendrix, cuja influência mudaria sua vida. O afro-americano de Seattle, apenas quatro anos mais velho que Freddie, tinha sido descoberto em Nova York por Chas Chandler, baixista do The Animals. Após convencer os Beatles, Pete Townshend e Eric Clapton a irem aos clubes da moda para verem seu protegido absurdamente talentoso tocar, em pouco tempo, Chandler formou uma legião de seguidores para a Jimi Hendrix Experience, que também incluía o baterista Mitch Mitchell e o baixista Noel Redding. O americano deixou os rivais sem palavras. Fazendo truques que havia aprendido com uma série de músicos anônimos, Hendrix tocava sua Fender Stratocaster branca de cabeça para baixo, atrás do pescoço e com os dentes, exibindo uma gama surpreendente de técnicas. Apesar de vários guitarristas subsequentes tocarem o instrumento de maneira inusitada, poucos conseguiram se igualar à genialidade de Hendrix.

— Jimi Hendrix era um homem lindo, um mestre no palco e um músico dedicado — comentou Freddie. — Eu percorria o país para vê-lo sempre que ele tocava, pois Hendrix tinha tudo que era necessário a um astro do rock: todo o estilo e a presença. Ele não precisava forçar nada. Bastava entrar que o lugar inteiro pegava fogo. Ele vivia tudo o que eu desejava para mim.

A ambição de Freddie ganhou formas claras. Ele continuava empolgado com os músicos que o haviam feito vibrar na faculdade — Cliff Richard, Elvis Presley, Little Richard e Fats Domino —, mas estava maravilhado com Hendrix, e resolveu se reinventar inspirando-se na imagem do roqueiro americano. Da mesma forma que os solos de guitarra de Jimi superavam as expectativas convencionais, as futuras letras, os arranjos e as técnicas vocais de Freddie tinham que fazer o mesmo. A presença de palco e o estilo escandaloso de Hendrix tiravam o fôlego do público. Freddie sabia que precisava agir de forma similar. Hendrix era extremamente original, apresentava-se de um jeito inovador e era tão intenso que exauria a plateia. Freddie estava determinado a, algum dia, causar o mesmo impacto nos fãs. Hendrix era capaz de pegar uma música, até algo corriqueiro, e transformá-la numa composição própria e exclusiva. Em 1986, testemunhei Freddie fazendo o mesmo, numa apresentação ao vivo em Budapeste, quando levou lágrimas ao olhos de milhares de pessoas ao tocar sua versão de uma simples balada folk húngara. A letra, rabiscada na mão em idioma estrangeiro, não poderia fazer menos sentido para ele. A melodia não tinha nada de rock, mas Freddie a cantou com o coração. O público ficou encantado.

Em Kensington, Freddie se dedicava assiduamente ao aperfeiçoamento do estilo Hendrix no minúsculo apartamento, cujas paredes desbotadas eram cobertas de imagens do ídolo. Paletós floridos de cores vivas sobre camisas pretas ou multicoloridas, calça skinny colorida, bota Chelsea, echarpe de chiffon amarrada no pomo de adão e pesados anéis de prata. De acordo com o colega de faculdade Graham Rose:

— Ele não usava nada diferente do que todos nós vestíamos na época. De maneira geral, Freddie era caladão, apesar da tendência a ter crises de riso. Quando isso acontecia, ele colocava a mão na frente da boca para tapar os dentes enormes. Lembro que era um cara incrível, tinha muito carinho e consideração pelos outros. Não havia nada nele que desagradasse. Vários de nós ficaram muito felizes quando ele virou um enorme sucesso.

Jerry Hibbert concorda que Freddie não se destacava na faculdade:

— Exceto pelo fato de adorar cantar. Ele se sentava na carteira e cantava. Estudava na sala ao lado da minha e estava um ou dois anos acima de mim. Ficava de frente para o amigo Tim Staffell, e os dois cantavam juntos, em harmonia. Era muito estranho, pois, naquele tempo, todos nós curtíamos blues. John Mayall e Eric Clapton, pré-Cream. Ficamos muito obcecados pelas influências subjacentes. Por exemplo, não queríamos mais ver Eric Clapton tocando "Hideaway". Estávamos mais interessados em vê-la sendo tocada por Freddie King. Freddie Bulsara sem dúvida era atraído por essas coisas, assim como todos nós, então era meio ridículo ficar na sala de aula cantando harmonias. Destoava do que os outros estavam fazendo, mas nem ele, nem Tim pareciam se importar. Ficavam sentados fazendo o trabalho e cantando juntos.

— A música sempre foi um bico, mas acabou crescendo — ressaltou Freddie.

— Quando concluí o curso de ilustração, eu não aguentava mais. Estava *por aqui*. Achei que não fosse conseguir viver daquilo, pois não estava com a cabeça voltada para aquele tipo de coisa. Então pensei em me dedicar à música por algum tempo. Todo mundo quer ser famoso, então concluí: "Se posso fazer sucesso, por que não tentar?"

Em relação à personalidade de Freddie, Jerry refuta a tese de que ele gostava de chamar atenção.

— Não, ele não era assim. Era o mais gente boa possível. Eu também não fazia ideia de que ele fosse gay. Não dava a menor pinta. Ele era quieto, simpático. Sempre educado, sempre gentil. Era o tipo de rapaz que as mães diriam ser "bem-criado". Fazia palhaçadas e cantava usando uma régua como microfone, mas era só para arrancar risadas.

Depois que os dois saíram da faculdade, Freddie infringiu a própria regra de não manter contato com as pessoas após fechar uma etapa da vida. Ele e Jerry continuaram amigos por um bom tempo.

— Foi por causa da música — explica Jerry. — Eu tocava blues na faculdade, em festas e na casa dos outros. Freddie ia e participava. Naquele tempo, as pessoas ainda não tocavam discos nas festas. Quem quisesse música chamava uma banda.

Por fim, Freddie confessou a Jerry que sonhava em seguir carreira de músico.

— Quando Freddie se formou, fazia uns dois anos que eu tocava numa banda. Certo dia, ele chegou e me contou que ia se concentrar em montar uma banda. Eu disse a ele: "Não faça isso, continue com o design gráfico. Música não dá dinheiro. Dedique-se ao que você conhece."

Mas Freddie estava decidido.

— Cheguei a vê-lo depois disso. Não lembro se comprei alguns equipamentos dele ou se vendi. Ele voltou à faculdade para tocar com um grupo chamado Wreckage. Não achei grande coisa, para ser sincero. Aí simplesmente perdemos contato.

Jerry entrou para o ramo de animação e integrou uma das muitas equipes que trabalharam na produção do longa-metragem, *Yellow Submarine,* dos Beatles.

— Perdi completamente o interesse pela música — admite. — Me peguei odiando tudo. Não comprava mais discos nem ia a shows. Cerca de quatro anos depois, ouvi no rádio um DJ falando sobre uma banda chamada Queen. "Seven Seas of Rhye" foi o primeiro sucesso deles. Nada mau. Mas eu simplesmente não associei o nome Freddie Mercury ao meu amigo Bulsara do Ealing College. De repente, começou a haver muita divulgação. Não tinha como não vê-lo. Certo dia, eu estava passando por uma banca de jornal e vi a foto dele na capa do *Melody Maker*. A foto era enorme e a manchete tinha letras garrafais. Olhei aquilo e pensei: "Caramba, é o Freddie Bulsara."

Por acaso, Jerry acabou participando de um projeto para o Queen, já quase no fim da vida de Freddie, mas não voltou a reencontrar o amigo de faculdade.

CAPÍTULO CINCO

Queen

> Concebi a criação do Queen enquanto ainda estava na faculdade. O Brian, que também era universitário, gostou da ideia e se uniu a mim. Os primeiros traços da banda surgiram com um grupo chamado Smile. Eu os acompanhava muito, então ficamos amigos. Eu ia aos shows deles e eles iam aos meus.
>
> FREDDIE MERCURY

Para início de conversa, ele era totalmente nerd. Um nerd dentuço que se adequou à própria fantasia. É a história clássica do patinho feio que se transforma em cisne. Qualquer banda trocaria o baixo e a bateria por um cantor como Freddie. Ninguém se igualava a ele. Bowie foi o único que chegou perto.

David Stark: editor da Songlink International, aficionado por rock e baterista

A dupla que cantava em harmonia na sala de aula evoluiu para um trio quando Freddie e o colega de faculdade Tim Staffell começaram a andar com outro aluno, Nigel Foster. Os três passavam a maior parte do tempo livre aperfeiçoando versões de "Hey Joe", "Purple Haze" e "The Wind Cries Mary", todas sucessos de Jimi Hendrix que figuravam no Top 10 britânico. Esses encontros musicais particulares que, supostamente, eram feitos só por diversão, logo chamaram a atenção dos garotos que formariam o Queen.

Durante algum tempo, Tim e Freddie foram inseparáveis. Tim e os outros colegas da faculdade sabiam por alto da origem de Freddie e das circunstâncias que haviam levado os Bulsara à Inglaterra. Como Freddie nunca levava os amigos em casa, eles tinham a impressão de que os pais do cantor não gostavam de se misturar e relutavam em se integrar ou se adaptar. Até rolavam boatos, improcedentes, de que mal falavam inglês e estavam determinados a manter a cultura, a religião e a língua inalteradas e separadas. Na verdade, Freddie falava inglês desde que aprendera a andar.

Nessa época, Tim tocava regularmente numa banda semiprofissional chamada Smile. Freddie começou a assistir aos ensaios. O guitarrista do Smile era Brian May, um rapaz comprido e desengonçado que cursava física, matemática e astronomia no suntuoso Imperial College. Sem saber, ele e Freddie tinham sido praticamente vizinhos em Feltham. Brian cresceu numa casa modesta parecida com a de Freddie, a poucas ruas da residência dos Bulsara na Gladstone Avenue. Brian, que era estudioso e filho único, tocava guitarra desde os 6 anos. Ainda na escola e com a ajuda do pai, Harold, ele entalhou sua própria guitarra Red Special a partir de uma lareira de mogno que havia sido descartada e de pedaços de carvalho. Ele a tocava com moedas de seis centavos, em vez de usar a palheta convencional. Mais tarde, a guitarra o acompanharia mundo afora.

Brian, assim como Freddie, havia se aventurado em bandas amadoras com amigos da faculdade.

— Nenhum dos grupos deu em nada, pois não fazíamos shows de verdade nem levávamos muito a sério — disse Brian.

Certa noite, num baile local, ele e os companheiros avistaram Tim Staffell, um garoto da faculdade, cantando e tocando gaita no fundo do salão. Eles o convidaram a entrar para o grupo, e Tim foi o vocalista da 1984 na primeira apresentação oficial, no St Mary's Church Hall, em Twickenham. A banda, mostrando-se consideravelmente promissora, foi contratada em maio de 1967 para abrir um show de Jimi Hendrix no Imperial College. Poucos meses depois, ganhou um concurso no Top Rank Club de Croydon. Já era um passo rumo à carreira profissional.

— A 1984 era uma banda puramente amadora, formada na faculdade. Se bem que, no fim, acho que ganhamos umas 15 libras. — De acordo com as lembranças de Brian.

— Nunca tocamos, de fato, nada significativo no que diz respeito a material original. Era uma mistura estranha de versões cover, de tudo que as pessoas queriam ouvir na época. Foi por volta desse período que os Stones emergiram, e mais tarde tocamos músicas deles e dos Yardbirds... Nunca fiquei satisfeito com isso. Saí porque queria um grupo em que compuséssemos nosso próprio repertório.

Após explicar aos companheiros que os estudos eram prioridade, Brian foi embora, e a banda se desintegrou. Brian e Tim Staffell, a essa altura universitário e colega de Freddie no Ealing College of Art, mantiveram contato. Sofrendo de abstinência musical, logo passaram a discutir a logística de se formar um novo grupo. Ao lado de Chris Smith, outro aluno do Ealing que também era um tecladista competente, eles resolveram tentar mais uma vez, com Smith no órgão, Staffell no vocal e no baixo e May na guitarra. Só faltava o baterista.

Com o cabelo louro-bebê e os olhos de um azul intenso, Roger Meddows Taylor era quase bonito demais para ser homem. Nascido em Norfolk, mas criado em Truro, o rapaz atraente já tinha ficado famoso como baterista na Cornualha, numa banda chamada Johnny Quale and The Reaction. O grupo ficou em quarto lugar no campeonato local de Rock e Rhythm, e atraiu muitos fãs no circuito da região. Quando Quale saiu da banda, Taylor foi eleito vocalista. O nome foi reduzido para The Reaction e a popularidade deles continuou crescendo, com um estilo musical baseado primordialmente no soul, até descobrirem a Jimi Hendrix Experience, em 1967. No outono desse ano, Roger foi a Londres estudar odontologia na London Hospital Medical School. Em pouco tempo, tornou-se o quarto colega a morar nos cômodos alugados em Shepherd's Bush, onde o amigo Les Brown, de Truro, já vivia. Les era um ano mais velho e, assim como Brian May, estudava no Imperial College. Roger, que já perseguia o sonho de se tornar um astro do rock, estava afastado dos companheiros da sua antiga banda, The Reaction, e só voltou a tocar com eles nos poucos shows que fizeram nas férias de verão de 1968. Ele precisava arranjar uma nova banda. Apesar da reputação de Don Juan, Roger era tímido e se dava muito bem com outros rapazes. Por fim, com a ajuda de Les Brown, surgiu uma oportunidade no início das aulas de outono. Certo dia, ao percorrer o quadro de avisos do Imperial College em busca de algo que servisse ao amigo, Les achou um cartão em que procuravam um "baterista estilo Ginger Baker/Mitch Mitchell". Isso era sinal de que Brian e Tim estavam falando sério: Baker tinha atraído uma legião de fãs na Graham Bond Organisation, um "grupo de músicos" que havia gravado com o The Who, antes de abandonar o barco para se juntar à banda Cream, de Eric Clapton. Mitchell era baterista da Jimi Hendrix Experience.

Brian May era o nome de contato no cartão. Roger ligou imediatamente. Brian descreveu o que ele e Tim estavam procurando e logo a dupla já se dirigia ao apartamento de Roger para um encontro musical com violões e bongôs, pois a bateria completa de Taylor ainda estava em casa, na Cornualha, juntando poeira. Pouco tempo depois, o trio começou a ensaiar a sério na casa de jazz do Imperial College. Além de tocarem covers fidedignos de outros artistas, Brian e Tim já compunham canções próprias. Mais metal do que menestrel, essa música inicial mesclava subtons clássicos e incorporava uma gama admirável de influências. Uma mistura de trova elisabetana com rock pesado, o som do Smile abrangia bateria intensa, guitarra insistente, vocal forte e harmonia inteligente, enquanto as letras arrematavam o conjunto da obra. O resultado final era multifacetado, rebuscado e surpreendente. Era apenas o esboço do que estava por vir.

Foi a verdadeira gênese do Queen.

"Posso tocar para você fitas do Smile que têm estruturas gerais idênticas ao que fazemos hoje", declarou Brian numa entrevista de 1977.

A química do Queen já estava sendo criada por personalidades muito diferentes que se complementavam de forma esplêndida. Brian, que fazia o tipo calado e gentil fora do palco, era alto, esbelto e de feições angulosas. A calça boca de sino de veludo deixava seus quadris irresistivelmente sinuosos e, quando tocava, os cachos escuros e rebeldes caíam de um jeito sexy sobre seus olhos. Tim era mais bronco e, com o jeans rasgado, não era exatamente ligado em moda. Assim como Chris, que adorava curtição e era o único integrante do grupo que cursava música por fora. O louro Roger, descrito como "baterista por definição e por natureza" e como "sexo com pernas", era bonito até demais. Com a energia, o entusiasmo, o otimismo infalível e o lado espirituoso, era ele quem tocava a banda. Foram tempos felizes, despreocupados e cheios de esperança.

— Eu e a mãe do Brian May nos perguntávamos: "Será que eles vão conseguir?— recordou Jer, mãe de Freddie.

Em outubro de 1968, Brian recebeu o diploma de bacharel, entregue por Sua Majestade a rainha mãe no Royal Albert Hall. Ele já tinha sido escolhido para permanecer como monitor de pós-graduação no Imperial College enquanto escrevia a tese de Ph.D. sobre o movimento da poeira interplanetária. O objetivo, a longo prazo, era virar astrônomo. Havia uma segunda intenção: continuar na universidade facilitava os shows e os ensaios. Tim Staffell e Chris Smith ainda estavam no Ealing. Enquanto isso, Roger abandonou a faculdade de odontologia na metade do curso. Apenas dois dias após a formatura de Brian, os meninos fizeram o show de abertura do Pink Floyd no Imperial College. O evento é lembrado como tendo sido a estreia do Smile. Eles também abriram para as bandas T. Rex, Yes e Family. Em fevereiro de 1969, o Smile convidou Chris Smith a se retirar do grupo, fato que ele nega sob o argumento de que havia decidido sair devido a divergências musicais. Algumas noites depois, os integrantes remanescentes assumiram seus postos no primeiro show beneficente do grupo, no Royal Albert Hall. O evento, organizado para arrecadar fundos para o National Council for the Unmarried Mother and Her Child (organização britânica que ajuda mães solteiras), foi apresentado pelo DJ John Peel, que já faleceu. Subindo ao mesmo palco que Joe Cocker e o Free, Brian e Roger não tinham como saber que 35 anos depois tocariam com o vocalista do Free, Paul Rodgers (que nesse meio-tempo também cantou nas bandas Bad Company, The Firm e The Law) em duas aclamadas turnês mundiais do *The Cosmos Rocks* — primeiro álbum do Queen em quase 15 anos —, num álbum ao vivo e em dois DVDs ao vivo.

No início de 1969, Tim apareceu em um ensaio do Smile com o colega de faculdade, Freddie Bulsara, a tiracolo. A atração foi instantânea e mútua. Freddie sentia-se à vontade entre músicos talentosos e experientes. Mais do que nunca, ele estava convencido de que era essa a vida que almejava. Brian e Roger ficaram igualmente encantados, seduzidos pela imagem, pelo humor sarcástico e pela sagacidade de Freddie.

Como lembrou Les Brown, amigo de Roger:

— Acho que nunca conheci alguém tão escandaloso. Ele se empolgava muito com tudo. Uma vez, literalmente me arrastou para um quarto e me fez ouvir uma fita de soul que ele adorava. Ninguém mais admitia curtir soul, só se falava de rock. Acho que ele estava mostrando seu gosto eclético.

Frequentador assíduo dos shows do Smile, Freddie começou a fazer comentários sinceros sobre o que deveriam vestir, a avaliar o desempenho e até a dizer como deveriam sentar, levantar, andar e falar.

— Ele dava sugestões de um jeito que não tínhamos como recusar — recordou Brian. — Nessa época, ele ainda não havia cantado nada, nem sabíamos que era capaz. Achávamos que ele fosse apenas um roqueiro teatral.

No verão de 1969, quando se formou no Ealing College, Freddie não tinha emprego em tempo integral nem pretendia arranjar um. Ele e Roger Taylor (que havia abolido o nome do meio, "Meddows") montaram uma barraca minúscula, com dez libras por semana, chamada "Kasbah", no Kensington Market, um centro comercial de três andares. A tenda ficava na galeria de antiguidades conhecida como "Death Row" (corredor da morte). A maioria dos vendedores era composta de artistas e escritores extravagantes e desempregados. Entre os clientes figuravam Michael Caine, Julie Christie e Norman Wisdom. De início, eles vendiam trabalhos de Freddie — basicamente desenhos de moda e retratos de Jimi Hendrix — e de colegas do Ealing College. Venderam até a monografia que Freddie escreveu sobre Hendrix. Hoje em dia, esses itens custariam uma nota, mas, na época, não valiam nada. Eles precisavam ganhar mais dinheiro. A dupla, assumidamente aficionada por roupas, resolveu tentar a sorte vendendo acessórios de moda. Passaram a comercializar peças requintadas: de echarpes e capas exóticas a jaquetas e estolas de pele. Não passava de um monte de roupas espalhafatosas e quinquilharias de brechó, que eles vendiam a preços exorbitantes sem o menor constrangimento. Começaram até a fazer peças de vestuário com tecidos velhos e retalhos, e se tornaram especialistas em "comprar no atacado".

Certa vez, adquiriram de um vendedor de roupas usadas em Battersea uma caixa de casacos de pele comidos por traças. Pagaram cinquenta libras pelo lote e venderam cada item por oito libras.

— Eu e o Roger zanzamos e gastamos a lábia em tudo quanto é canto e, ultimamente, andam dizendo que somos um casal de bichas — escreveu Freddie a uma amiga de faculdade, Celine Daley.

Mais tarde, Tim Staffell recordou que Roger e Freddie se divertiam bancando os comerciantes narcisistas estilo Del Boy.

— Eles realmente adoravam chocar os outros — disse. — Freddie desenvolveu o lado afetado: considerava isso um traço divertido de sua personalidade. Em momento algum se sugeriu que ele fosse gay. Ele não era sexualmente explícito.

Freddie, que agora já fazia parte da comitiva, começou a acompanhar o Smile em turnês.

Em abril de 1969, a banda se apresentou no Revolution Club, em Londres, onde conheceu o diretor da divisão europeia da Mercury Records, Lou Reizner, que já faleceu. Lou havia intermediado as negociações do contrato americano de David Bowie, e, mais tarde, ficou famoso pela produção dos dois primeiros álbuns solo de Rod Stewart. Também produziu a versão orquestrada da ópera-rock *Tommy*, do The Who, e o disco *Journey to the Centre of the Earth,* de Rick Wakeman. O ex-cantor nascido em Chicago ofereceu ao Smile um contrato para gravar um single apenas para os EUA, o qual eles assinaram na hora. Nada de mais aconteceu até junho, quando a gravadora agendou o grupo no Trident Studios, no Soho. Era um começo auspicioso. O Trident, localizado no número 17 da St Anne's Court, uma travessa do Soho no coração do West End de Londres, foi idealizado por Normal Sheffield, ex-baterista do grupo The Hunters, da década de 1960, e o irmão Barry. A "postura desencanada em relação à engenharia de áudio" dos irmãos Sheffield e o equipamento de gravação moderníssimo tornavam o estúdio um ímã de artistas de renome. Em outras instalações, como o Abbey Road Studios, da EMI, os engenheiros ainda trabalhavam vestindo jaleco branco. Outra atração considerável do Trident era o já lendário piano Bechstein, no qual Rick Wakeman havia trabalhado com carinho em muitas gravações e cujas notas ainda ecoaram nos acordes de "Hey Jude", de Paul McCartney.

Com a tecnologia mais avançada do mercado, o primeiro grande sucesso do estúdio tinha sido "My Name Is Jack", de Manfred Mann, em março do ano anterior. Dentre os inúmeros álbuns aclamados gravados no Trident está o *Transformer*, de Lou Reed, produzido por David Bowie, que também gravou suas obras-primas no local, inclusive o *The Rise and Fall of Ziggy Stardust*. Na época, Rick Wakeman era o tecladista da casa: participou de gravações de Bowie, tais como "Changes" e "Life On Mars". O Trident existe até hoje, e recebeu muitos artistas reverenciados em sua época áurea, inclusive James Taylor e Harry Nilsson. O estúdio virou lenda com a gravação de "Hey Jude", dos Beatles, em julho de 1968. A canção, com mais de sete minutos de duração, na época tinha sido o single mais longo a liderar as paradas de sucessos britânicas. Faixas do *Álbum Branco* e do *Abbey Road* também foram feitas no Trident.

Apesar de gravarem várias músicas na St Anne's Court, não havia nenhuma data de lançamento definida. Um contrato com a agência de talentos Rondo garantiu shows durante o verão. Em agosto, a Mercury Records lançou o single "Earth/Step on Me" nos Estados Unidos, só que, por falta de divulgação, afundou sem deixar vestígio. A gravadora, relutante em desperdiçar uma banda com potencial e ciente de que Brian e Tim haviam composto em parceria um material de qualidade, considerou a possibilidade de fazer um álbum ou um EP. A banda foi enviada ao De Lane Lea Studios na Engineers Way, em Wembley (não à filial na Kingsway 129, como dizem por aí). No De Lane Lea, fundado em 1947 e famoso pelo portfólio da década de 1960, que incluiu álbuns dos grupos Beatles, Rolling Stones, The Who, Pink Floyd, Electric Light Orchestra (ELO) e Jimi Hendrix Experience, o Smile trabalhou com o produtor Fritz Freyer (já falecido) em duas canções originais e um cover. Contudo, o EP não foi lançado e as gravações foram engavetadas. Só ressurgiram cerca de 15 anos depois, quando o Queen já havia alcançado o superestrelato. O EP acabou sendo lançado no Japão, onde os fãs nunca se cansam de curiosidades.

No fim do ano, a banda estava frustrada e a ponto de desistir. De fato, foi o que Tim Staffell fez: cansado da vida penosa e miserável das turnês, foi embora sob a justificativa de que o Smile não era o grupo certo para ele:

— Eu estava começando a ter uma visão pessimista da nossa música — disse mais tarde. — Aí ouvi James Brown e pensei "meu Deus!"... Em suma, eu havia mudado completamente de estilo musical.

Tim se uniu a Colin Petersen, ex-baterista dos Bee Gees, num grupo chamado Humpy Bong. Após um single e uma aparição na TV, a banda virou passado. Por fim, Tim seguiu carreira em efeitos especiais e desfrutou de um breve período de fama ao criar os modelos dos trens do programa televisivo *Thomas the Tank Engine*.

Sem o vocalista, a gravadora concluiu que o Smile não era mais uma banda. Roger e Brian tiveram os contratos anulados.

Apesar da decepção, eles não estavam dispostos a desistir. Outra oportunidade de gravação surgiu quando o Smile conheceu Terry Yeardon, ex-DJ da boate Blackburn, através de uma amiga que pode ter sido Christine Mullen, futura mulher de Brian May. Yeardon era engenheiro de manutenção do Pye Studios, em Londres, famoso por ter lançado Petula Clark e pelo trabalho do casal de compositores Tony Hatch e Jackie Trent, principalmente para temas de televisão (*Crossroads, Neighbours*). O Pye também produziu "Hey Joe", de Hendrix, e "Wild Thing", do Troggs, em 1966, além de receber o The Kinks, Richard Harris e Trini Lopez. O estúdio chegou até a exibir Jimmy Page e John Paul Jones como músicos contratados, antes de eles se juntarem a Robert Plant e John Bonham para formar o Led Zeppelin.

Yeardon, aspirante a produtor, arranjou uma sessão no Pye para o Smile, tarde da noite. Eles fizeram acetatos das faixas "Polar Bear" e "Step on Me", e o Smile passou a ter material profissional para mostrar a outros selos. Não que Yeardon esperasse mais do que um sorriso do Smile.

Brian, Roger, Tim e alguns músicos de uma banda chamada Ibex habitavam um apartamento de um quarto num prédio geminado chamado "Carmel", na Ferry Road. As irmãs Helen e Pat McConnell, que tinham visto o Smile tocar no pub local, também se juntaram à trupe. O apartamento apertado e úmido seria lembrado como "boêmio", numa visão distorcida. Na verdade, os residentes viviam numa pocilga fétida. A maioria dormia no chão, em colchões imundos. Para piorar, haviam acabado de receber outro colega de quarto: Freddie Bulsara. O que *ele* achava que deveriam fazer?

CAPÍTULO SEIS

O vocalista

Eu dizia ao Brian e ao Roger: "Por que estão perdendo tempo com isso? Vocês devem fazer mais material original. Vocês têm que ser mais efusivos na forma de apresentar a rnúsica. Se eu fosse o cantor, faria isso!"

FREDDIE MERCURY

Tocamos melhor quando exageramos um pouco. Somos diferentes da pessoa que sobe ao palco. O segredo é deixar de ser o artista quando a apresentação acaba. O Bowie era mestre nisso, praticamente assumia outra personalidade a cada semana.

Freddie captou a ideia e a aprimorou ainda mais. Posso apostar que ele nunca coreografou um passo sequer. A presença de palco, tudo que ele fazia, era por instinto. É uma forma de arte por si só. Não faço ideia de o que ele seria se não tivesse virado cantor.

RICK WAKEMAN

Ainda obcecado por Jimi Hendrix e inspirado ao ouvir Brian tocar, Freddie adquiriu uma guitarra usada e pediu a Tim que trocasse os trastes e a adaptasse às suas necessidades. Depois disso, comprou uns manuais estilo "aprenda em casa" e começou a praticar. Freddie já devia saber que jamais seria um guitarrista fenomenal. No entanto, não era esse o objetivo. Com o anseio súbito de escrever e compor canções originais, ele só precisava saber o suficiente para conseguir tocar os acordes. As primeiras tentativas de composição foram como as de todo mundo: básicas, desajeitadas, dolorosamente pessoais. Em pouco tempo, ele aprendeu a fazer uma abordagem mais abstrata, a vasculhar as emoções a fundo e a enxergar além da própria vivência, experimentando temas universais.

Os integrantes do Ibex que moravam na Ferry Road logo receberam o resto do grupo vindo de Liverpool, que havia se reunido em Londres em busca de um contrato de gravação. O guitarrista Mike Bersin, o baixista John "Tupp" Taylor e o baterista Mick "Miffer" Smith contavam com o jovem gerente de turnê Ken Testi. Às vezes, o Ibex era integrado por Geoff Higgins, que assumia o baixo para Tupp tocar flauta. A banda fazia covers de sucessos de Rod Stewart, Beatles e Yes, e costumava iniciar os shows com "Jailhouse Rock", um mega-hit de Elvis Presley que havia estourado uns 12 anos antes. Por mais impressionantes que fossem,

Freddie não conseguia deixar de reparar que não tinham um vocalista decente. Assim como faria com o Smile, ele passou a frequentar os ensaios e os shows e, de vez em quando, levantava-se para cantar com Mike Bersin.

— Ele fazia o mesmo tipo de apresentação que viria a exibir no auge da carreira — lembrou Ken Testi. — Já era astro antes de ser astro, se é que você me entende. Desfilava pelo palco como um pavão orgulhoso.

A banda ainda estava sediada em Liverpool, onde Freddie virou inquilino da família de Geoff Higgins por um breve período. Os Higgins moravam em cima de um pub chamado Dovetale Towers, na Penny Lane, rua imortalizada pelos Beatles. Freddie dormia no chão do quarto de Geoff, mas nunca reclamou, determinado a honrar os pais sendo o hóspede perfeito. Dizem que a mãe de Geoff, Ruth, o adorava.

— Minha mãe gostava dele porque ele falava direito, pois era do sul — explicou Geoff a Mark Hodkinson, autor de *Queen: The Early Years* (Queen: os primeiros anos). — Freddie era muito, muito gentil com ela.

A banda tocou o máximo que pôde no Reino Unido em 1969, mas não havia nenhum contrato de gravação à vista. Por fim, cogitaram desistir. Miffer tinha problemas familiares e precisava de um salário fixo. Richard Thompson, amigo do grupo, substituiu-o na bateria. A nova formação fez um único show desastroso. Tudo que poderia dar errado — iluminação, som, equipamento —, deu. Nem o microfone atendeu às expectativas. Sempre que Freddie era o vocalista, girava o microfone como se fosse uma baqueta, mas o desse dia tinha um suporte muito pesado. Em determinado momento, ele o agarrou e tentou balançá-lo, mas a base caiu. Sem se abalar, Freddie continuou cantando só com a parte de cima. Nascia uma marca registrada.

As estranhas contradições entre o artista Freddie e a pessoa Fred Bulsara estavam ficando visíveis demais para serem ignoradas. Mesmo que fosse só um quebra-galho e sem nem sequer ter sido escolhido oficialmente como vocalista, Freddie passava uma confiança tremenda. Seus gestos e movimentos eram sempre extravagantes e melodramáticos. Fora do palco, ele se entocava em cozinhas e despensas — os camarins improvisados dos pubs e boates — e se contorcia para vestir os trajes colantes feitos à mão. Eram tão justos que, após vesti-los, ele mal conseguia respirar, muito menos sentar-se. Freddie era relativamente baixo, franzino e não tinha uma beleza convencional. Ele sabia que destoava por causa da pele e dos traços morenos. Às vezes, sentia vergonha da aparência. Passou a esconder os olhos pretos atrás da franja caída e tapava os dentes salientes com a mão sempre que sentia vontade de sorrir. Deixava-se dominar pela timidez de nascença quando tentava conversar com os fãs após os shows. Nunca tinha muito a dizer. Pior: apesar da belíssima pronúncia em inglês, falava numa voz sussurrada e hesitante. Também ceceava um pouco, provavelmente por ser dentuço. Ele tinha uma dolorosa consciência disso tudo. Só quando estava relaxado entre amigos o humor e a personalidade da "vida real" afloravam e Freddie se permitia rir de verdade. No restante do tempo, quando não estava no palco, fazia o possível para chamar o mínimo de atenção. Ainda sem o hábito de se embriagar e de ficar alucinado com drogas — não tinha dinheiro, então se contentava com o drinque "feminino" à base de vinho do Porto e soda limonada que tomava esporadicamente nos pubs —, Freddie nunca dominou a arte de passar confiança estando entre desconhecidos. Por mais que ficasse feliz e à vontade nas festas que dava, sentia-se um peixe fora d'água nos eventos dos outros.

Freddie se cansou das viagens a Liverpool, de não conseguir pagar as contas, de desmaiar no chão da casa dos outros em seja lá qual fosse a cidade que a banda estivesse. Ele saiu do Ibex pouco depois de completar 23 anos, voltou de vez para Londres com Mike Bersin e começou a procurar anúncios. De acordo com Ken Testi:

— Acho que o Ibex teve alguma serventia para Freddie. Ele queria cantar numa banda, e o Ibex se beneficiou demais ao recebê-lo. Foi um casamento de conveniência para todos os envolvidos. Éramos muito ingênuos... Para Freddie, foi como o primeiro carro usado, o tipo de coisa que compramos quando conseguimos juntar algum dinheiro. Com o tempo, queremos algo melhor.

Ninguém culpou Freddie por ter saído da banda. Apesar de tudo, todos o adoravam e se comoviam com sua ambição, sua ousadia e sua contagiante vontade de viver. Ken Testi falou em nome do grupo quando fez o seguinte comentário:

— Conhecer Freddie foi um aprendizado. Ele era muito dedicado a tudo. Tinha uma certa tenacidade, uma obstinação, um desejo de se superar.

Bersin e Taylor voltaram para Liverpool. Thompson evaporou no cenário musical londrino. Os demais continuavam espremidos no apartamento superlotado na zona oeste de Londres. Freddie sem banda, Roger e Brian sem vocalista. Por que simplesmente não o aproveitaram?

— Para o pessoal do Smile, Freddie era uma piada — admitiu mais tarde Chris Dummett, amigo dos integrantes do grupo.

Implicavam com ele, zombavam um pouco... mas de brincadeira, imagino.

É comum enxergarmos a solução mais óbvia por último.

Como se já não tivesse preocupações suficientes, Freddie começou a sofrer por causa de sua orientação sexual. Apesar de ter namorado garotas, em especial uma jovem do curso chamada Rosemary Pearson, algumas pessoas lembram que ele demonstrava grande interesse em conhecer homossexuais, mas não se sentia confiante para ir em frente.

Segundo explicou um ex-colega da faculdade de artes:

— Ele achava que gostava de mulher, mas demorou um bom tempo para perceber que era gay... Acho que não conseguia aceitar a sensação que isso gerava dentro dele. Era óbvio que estava tremendamente interessado pela homossexualidade, mas também a temia. Suponho que fosse uma pessoa sensível e que estivesse com medo de aceitar que era gay.

Outro amigo recorda que Freddie visitava com frequência um grupo de gays que dividiam apartamento em Barnes. Ele escondia tais visitas dos colegas de quarto, incapaz de explicar aos amigos algo que não compreendia. Sempre preocupado com a impressão que passava, Freddie de tempos em tempos se fechava na própria concha, isolando-se. Nesse mesmo período ele começou a revelar características menos atraentes. Podia ser egocêntrico e egoísta, sem falar na petulância e no mau humor, como se estivesse sendo consumido por um aterrador conflito interno.

Todos têm um lado negro. De maneira geral, Freddie era um ser humano bom, generoso e atencioso. Era contra usar os outros para obter o que queria, mas parecia feliz em se deixar usar sem esperar nada em troca. Talvez sua pior característica fosse a vaidade. Ele não parava de arrumar o cabelo e as roupas, e a obsessão com o visual era exaustiva. Vivia repetindo que seria "uma lenda", e isso, às vezes, dava nos nervos.

A preocupação em manter as aparências não ajudava: mesmo vivendo apertado, como a maioria dos companheiros, Freddie se recusava a usar o transporte público e preferia gastar os últimos trocados pegando táxis, quando deveria comprar comida. Os amigos começaram a temer por ele. O que seria de Freddie — pensavam — se não conseguisse seguir a carreira de músico? Apesar do diploma de designer gráfico, a turma sabia que ele jamais permaneceria num emprego fixo de oito horas por dia.

Com a falta de estabilidade e de rumo em todos os aspectos da vida, era de se esperar que Freddie se sentisse inseguro. Ele sabia que não era como a maioria. Também estava ciente das contas a pagar. Apesar de ainda ter o quarto na casa dos pais em Feltham, ao qual poderia recorrer quando quisesse, ele relutava em admitir a derrota e voltar com o rabo entre as pernas. Freddie sabia que a família teria dificuldade em aceitar seu estilo de vida e nunca levou amigos em casa para apresentar aos pais e à irmã.

— Nós, pais, sempre nos preocupamos, mas temos que deixar os filhos seguirem a própria vida — declarou a mãe, Jer.

Freddie continuava jantando em casa mais ou menos uma vez por semana. A mãe preparava sua comida favorita: *dhansak*, um elaborado prato indiano muito apreciado na comunidade parse que une aspectos das culinárias persa e gujarati. A receita consiste em legumes, lentilha, alho, gengibre, especiarias e carne — normalmente de carneiro —, acompanhados de abóbora comum ou do tipo cabaça. Considerando a miséria em que vivia, é provável que essa fosse sua única refeição decente da semana.

Nas primeiras semanas frias de 1970, Freddie arrastou-se pelas agências londrinas munido do portfólio de artes. A Austin Knight, na Chancery Lane, aceitou representá-lo e procurar trabalhos de design para ele. Mas Freddie perdeu a paciência: não suportou ficar sentado esperando o telefone tocar. Virou freelancer e começou a espalhar anúncios. No entanto, passava tanto tempo acompanhando o Smile em ensaios e shows que acabava perdendo o foco. Não conseguia concentrar-se em arranjar emprego fixo. Só havia uma saída: montar a própria banda. Após convocar Richard Thompson, ex-baterista do Ibex, Mike Bersin e Tupp Taylor, Freddie reinventou o grupo, transformando-o no Wreckage. O primeiro show ao vivo foi no Ealing College of Art, e na plateia estavam o aturdido Brian May, Roger Taylor, os colegas de quarto e um barulhento contingente de moradores de Kensington que foram dar uma força. Brian e Roger, que ainda não haviam percebido que o rapaz afetado e dono da verdade realmente "tinha um quê" de vocalista, ficaram completamente perplexos. No quesito musical, a banda deixou a desejar, mas ao menos Freddie atraiu os olhares. O show foi um sucesso e o Wreckage conseguiu ser agendado para tocar no Imperial College, com uma série de apresentações em clubes de rúgbi.

Freddie continuava frustrado. Ele sabia que tinha vocação, mas sentia que havia algo errado. Não conseguia determinar qual era o problema: a expectativa de um contrato imediato com um selo de renome para gravar três álbuns ou se simplesmente discordava do estilo musical e das pretensões do Wreckage. Em pouco tempo, saiu do grupo, resolveu esperar que as fichas de Brian e Roger caíssem e fez um teste para uma banda chamada Sour Milk Sea.

"Sour Milk Sea" era uma canção que George Harrison havia composto durante a produção do *Álbum Branco* dos Beatles.

Gravada por Jackie Lomax, artista da Apple Records, e lançada como single em 1968, foi uma das poucas músicas sem ser dos Beatles a contar com a participação de ao menos três integrantes da banda. Com George Harrison e Eric Clapton na guitarra, Paul McCartney no baixo, Ringo Starr na bateria e Nicky Hopkins no piano, a canção impressionou tanto Chris Dummet (que depois trocou o sobrenome para Chesney) e Jeremy Gallop, dois amigos que estudavam no colégio St Edward's, em Oxford, que eles mudaram o nome da banda de Tomato City para Sour Milk Sea. A formação também incluía o baterista Robert Tyrrell, que havia se apresentado na Charterhouse School com Mike Rutherford e Anthony Phillips no grupo The Anon, pré-Genesis. A estreia do Sour Milk Sea ocorreu no Guildford City Hall, onde fizeram o show de abertura dos emergentes Deep Purple, Taste, Blodwyn Pig e Junior's Eyes, cujo feito mais famoso foi ter sido banda de apoio de David Bowie em 1969. Mick Wayne, fundador e guitarrista do Junior's Eyes, e Rick Wakeman colaboraram como músicos convidados no primeiro grande sucesso de Bowie: "Space Oddity". O Sour Milk Sea tornou-se uma banda profissional em junho de 1969, ciente de que não tinha nada demais. O diferencial veio na forma de Freddie Bulsara, que apareceu na cripta de uma igreja em Dorking para fazer o teste de vocalista e líder. Com o cabelo preto esvoaçante e a sofisticada indumentária de veludo, ele transbordava indiferença e estilo. Era muitos anos mais velho que os garotos do Sour Milk Sea, e dava para notar. Apresentou-se como "Fred Bull".

— Ele tinha um carisma imenso, e foi por isso que o escolhemos — recordou Jeremy "Rubber" Gallop, que mais tarde virou professor de guitarra e morreu de câncer pancreático em janeiro de 2006. — Se bem que ficamos em dúvida. Nos testes, era normal receber quatro ou cinco candidatos péssimos, só que tivemos outros dois concorrentes fortes: um rapaz negro que tinha a voz de Deus, mas não o visual de Freddie, e a cantora folk Bridget St John, que depois ficou conhecida como "a versão feminina de John Martyn".

Freddie entrou para a banda e pôs as mãos na massa. Em pouco tempo o Sour Milk Sea conseguiu fazer um show de alta visibilidade no salão do Randolph Hotel, frequentado por jovens da alta sociedade em vestidos chiques.

— Nosso som não foi grande coisa — admitiu Gallop. — Freddie conseguiu ter total controle sobre o público apenas com sua imensa agressividade e a boa aparência. Era muito cheio de pose, afetado e vaidoso. Lembro que, um dia, ele foi à minha casa e se olhou no espelho, mexendo no cabelo comprido. Disse: "Estou bonito hoje. Não acha, Rubber?" Eu só tinha 18 anos, e não achei muito engraçado.

O único outro show importante que o Sour Milk Sea fez tendo Freddie como vocalista foi em um evento beneficente da organização Shelter, em prol dos sem-teto, realizado no Highfield Parish Hall, em Headington, Oxford, em março de 1970. A banda deu uma entrevista ao *Oxford Mail*, que também publicou a letra da canção "Lover", de Freddie, com o imortal verso de abertura: "*You never had it so good/the yoghurt-pushers are here.*" No entanto, após o começo promissor, os velhos amigos de escola Chesney e Gallop se desentenderam.

— Rapidamente, Freddie quis nos mudar — explicou Gallop. — No palco, ele assumia outra personalidade. Já era elétrico como veio a ser no futuro. Fora isso, era muito calmo. Sempre me lembrarei dele como um rapaz de uma quietude estranha e de bons modos. Minha mãe gostava dele. Com muito pesar, desfiz a banda.

Jeremy Gallop era tio de Jonathan Morrish. Ex-executivo da CBS Records e da Sony, Jonathan, que se tornou relações-públicas e confidente de Michael Jackson por 28 anos, recorda que foi ao show em Oxford quando era adolescente.

— Naquela fase, Freddie, para mim, era o Martin Peters — conta Jonathan, referindo-se ao lendário jogador de futebol da seleção inglesa que ganhou a Copa do Mundo de 1966, descrito pelo técnico Sir Alf Ramsey como "dez anos à frente de seu tempo". Peters era tão versátil que jogou em todas as posições no West Ham United, inclusive como goleiro.

— Freddie foi um artista extravagante num tempo em que as bandas subiam ao palco com a roupa que usavam durante o dia todo — declarou Jonathan. — Desde aquela época, já estava na cara que Freddie sabia entreter o público. Para quem não viveu naquele período, é difícil entender como foi o desenvolvimento do rock. Você entrava no ramo para ser músico. Era um estado de espírito, um estilo de vida. O que Freddie dominava, intuitivamente, era a regra de ouro do showbiz: fazer um show. Era o que Epstein exigia dos Beatles. "*Mach Schau!*", gritavam os organizadores alemães com os garotos no Star Club, em Hamburgo. Em outras palavras, não bastava cantar. Também eram precisos paletós sem lapela, penteados, sorrisos tímidos. Os Beatles passaram os oito anos seguintes se rebelando contra tudo isso, como que para provar que só o que importava era a música. Freddie, mesmo com a vida artística em estágio embrionário, sabia que era o oposto.

Jonathan foi muito íntimo de Michael Jackson até o fim da vida. Segundo ele, as razões por trás do vínculo entre Freddie e Michael eram óbvias para quem conhecia bem os dois.

— Nenhum deles era simplesmente músico ou cantor. O que Freddie fez com "Bohemian Rhapsody" Michael recriou com

"Thriller". Quero mostrar com isso que os grandes artistas simplesmente sacam. É do instinto deles ser multimídia. Freddie era um gênio porque, além de entender a canção para a qual compunha a letra e a melodia, e como isso soava, sabia apresentá-la de um jeito contemporâneo que o público compreendia e absorvia. A maneira de gravar, a presença de palco, o estilo do vídeo, a indumentária. Dá para imaginá-lo durante a sessão: "Pessoal! Maquiagem, roupa, ação!" Quem usava maquiagem? Não eram os homens. Em 1970, se você passasse hidratante, era considerado "bicha", o xingamento da moda. Agora, tantos anos depois, a indústria de cosméticos para homens move bilhões. Como eu disse, ele estava muito à frente de seu tempo. Já em 1970, Freddie insistia: "NÃO, pessoal, *esta* é a essência do showbiz!"

Desde o surgimento do Queen, prevaleceu um erro em relação a nomes alternativos cogitados pela banda.

"O Brian e o Roger tinham lido a mesma trilogia de livros de C. S. Lewis na infância: *Além do planeta silencioso*, de onde saiu a expressão Grand Dance (Grande Dança)", explicaram Jacky Gunn e Jim Jenkins na biografia oficial do Queen, *As It Began* (1992). Essa informação foi repetida em tantos livros sobre Freddie Mercury e a banda que acabou virando um "fato", constando até no site oficial do Queen, no qual um especialista no grupo, Rhys Thomas, declara no artigo "A Review" (7 de março de 2011) que The Grand Dance, The Rich Kids (mais tarde adotado por Glen Matlock, do Sex Pistols, como nome de seu novo grupo) e Build Your Own Boat foram outros nomes cogitados pelo Queen. Numa entrevista para a revista Q, em março de 2011, Brian disse: "Tínhamos uma lista de sugestões, e Queen foi ideia de Freddie. Outra opção era Grand Dance, que eu não acho que teria dado muito certo..."

Na verdade, a referência está errada. *Além do planeta silencioso* é o primeiro romance da trilogia de ficção científica de Lewis conhecida como "Trilogia espacial", "Trilogia cósmica" ou "Trilogia de Ransom". Os outros dois volumes da coleção, que foi inspirada em *A Voyage to Arcturus* (Viagem a Arcturus), de David Lindsay (1920), são *Perelandra: viagem a Vênus* e *Aquela força medonha*. No *segundo* romance, *Perelandra*, Lewis introduz um novo Jardim do Éden no planeta Vênus, uma outra versão de Adão e Eva e um personagem para tentá-los no lugar da serpente. O autor aborda o que poderia ter acontecido caso Eva tivesse resistido à tentação e evitado a Queda do Homem. A referência da banda está em *Perelandra*: uma descrição da experiência mística ao avistar diretamente a "GREAT Dance", não "Grand", do *continuum* multidimensional de consciência tempo-espacial que é o cosmos temporal: "Assim é com a Grande Dança. Ponhamos os olhos num movimento e ele levar-nos-á através de todos os esquemas e parecer-nos-á o movimento base. Mas o que parece, será verdade... Parece não haver plano algum porque tudo é plano: parece não haver centro nenhum porque tudo é centro. Bendito seja Ele!"*

— Títulos com uma palavra funcionam melhor — argumentou Freddie. — São infinitamente mais marcantes. Causam mais impacto.

Ele mesmo deu uma sugestão chocante: "Queen". Os outros resistiram com risadas e escárnio, principalmente por causa das conotações homossexuais da palavra. Quase não se ouvia o termo

* *Perelandra: viagem a Vênus*, tradução de Silva Horta, editora Europa-América, 1991. (*N. da T.*)

"gay" na época. É provável que tenha emergido em contraposição a "queer", adjetivo pejorativo usado anteriormente. Apesar de Freddie ainda não ter "saído do armário" — nem chegaria a fazê-lo de forma oficial —, ele estava acostumado a ser chamado de "old queen" (bicha velha). Até gostava. Ficava em êxtase com a androginia da expressão e adorava o toque de realeza. Melhor ainda: o nome era a desculpa perfeita para ser o mais afetado possível no palco. Brian e Roger logo mudaram de ideia, após captarem o lado cômico. Isso porque nenhum homem poderia ser mais macho, mais hétero nem mais assediado por mulheres do que esses dois. Para eles, ser chamado de "Queen" era irônico, e funcionou.

Após decidirem a identidade da banda, Freddie resolveu mudar de nome. Trocou o Bulsara por Mercury: Mercúrio, o mensageiro dos deuses da Roma Antiga. Assim como Hermes, seu correspondente grego, Mercúrio é representado com sandálias aladas e um cajado enroscado por serpentes. Também o nome do metal líquido há muito utilizado nas culturas chinesa e hindu e encontrado em tumbas egípcias antigas, "Mercúrio" é como se chama o planeta sem luas que fica mais próximo do Sol.

Ao longo dos anos, surgiram muitas teorias explicando o porquê de Freddie ter escolhido tal sobrenome. De acordo com Jim Jenkins, biógrafo e fã do Queen:

— Freddie me disse, em 1975, que era uma referência ao mensageiro dos deuses. Eu me lembro como se ele tivesse acabado de me contar. Desde então, há quem diga que foi por causa de Mike Mercury, personagem da série de TV *Fireball XL5*, mas eu garanto que não teve nada a ver com ele.

Segundo recorda Brian May:

— Freddie havia composto uma canção chamada "My Fairy King", e um dos versos dizia "Ah, mãe Mercury, o que você fez comigo?" — (Na verdade, na letra está: Mãe mercúrio/veja o que fizeram comigo/não posso correr, não posso me esconder).*

Foi depois disso que ele disse:

— Vou passar a me chamar Mercury, pois a mãe nessa canção é a minha mãe. E nós respondemos: "Você está maluco?"

— Mudar de nome fazia parte da nova personalidade que ele iria assumir — acrescenta May. — O jovem Bulsara continuava existindo, mas, diante do público, ele seria esse deus.

Apesar de ser amplamente declarado que Freddie tenha alterado o nome por vias legais em 1970 (ou algo em torno disso), não existem provas. O Public Records Office, agora chamado National Archives, em Kew, zona oeste de Londres, é o órgão responsável pelo processo. A alteração de nome feita por Elton John consta no arquivo, mas não há nenhum registro oficial de Freddie. Segundo um funcionário da instituição:

— Apenas dez por cento das alterações de nomes eram feitas através do Supremo Tribunal e constam nos nossos registros. Hoje em dia, na verdade, são cerca de cinco por cento. Não é um requerimento legal, você pode se chamar como quiser. É provável que o Sr. Mercury tenha mudado de nome através do advogado. Uma vez redigida a documentação, cada um fica com uma via.

Mais tarde, Freddie revelou seu fascínio por mitologia e astrologia ao desenhar a logo do Queen, agora lendária. A principal figura é uma fênix de asas abertas, o símbolo da imortalidade que Freddie lembrou com carinho por figurar no brasão da St Peter's, a escola de Panchgani. A logo também incorpora os signos de

* Tradução livre do trecho da letra original: *Mother mercury/look what they've done to me/I cannot run, I cannot hide*. (N. da T.)

todos os integrantes da banda: dois leões para os leoninos Taylor e Deacon, um caranguejo para o canceriano May e duas fadas para o virginiano Mercury, finalizado com um "Q" estilizado e uma coroa elaborada.

Outros compromissos à parte, o grupo estava pronto para fazer a primeira apresentação como Queen: um show beneficente da Cruz Vermelha na Prefeitura de Truro, na Cornualha, a cidade mais a sudoeste do Reino Unido. O evento, realizado em 27 de junho de 1970, foi coorganizado pela mãe de Roger, Win Hitchens, e a banda contou com Mike Grose no baixo (que só permaneceu por três apresentações). Eles abriram com "Stone Cold Crazy", tendo como base um número vigoroso do Wreckage. Mas a música não empolgou muito o público, que ocupou apenas a metade da capacidade do local. Alguns espectadores lembram que a banda ainda não estava totalmente em sintonia nem Freddie coordenado o bastante.

— Freddie não era o que veio a ser depois — comentou Win, mãe de Roger. — Não dominava bem os movimentos.

No entanto, recorda a irmã Kashmira:

— Freddie tinha planos ambiciosos para a banda. Estava totalmente determinado a fazer sucesso.

O próximo show do grupo foi no Imperial College, no dia 18 de julho. O repertório foi elaborado basicamente com versões cover — de James Brown e Little Richard a Buddy Holly e Shirley Bassey —, incluindo apenas duas composições originais: "Stone Cold Crazy", da qual todos os integrantes eram coautores, e "Liar".

— Na vez do Queen, tocamos rock mais pesado para chamar a atenção das pessoas: entramos, detonamos e saímos — comentou Brian.

Mike Grose foi substituído pelo baixista Barry Mitchell, que tocou com o Queen em 11 shows, do verão até o Natal, em universidades de Londres, no famoso Cavern Club, em Liverpool, e em alguns salões de igrejas. A banda ainda não havia encontrado o músico ideal.

Após matricular-se na North London Polytechnic para estudar biologia, Roger passou a receber uma bolsa para complementar a ninharia que ganhava. Com isso, Freddie era o único integrante do Queen a não fazer um curso de nível superior. Não que isso incomodasse alguém. A banda entrou de cabeça no circuito ao vivo com energia renovada. Em setembro, Brian organizou um showcase no Imperial College e convidou uma série de agentes de renome de Londres. Muitos compareceram, mas nenhum se impressionou a ponto de oferecer-lhes uma turnê. Sedentos de fama e sucesso, eles não levaram o fato numa boa.

Uma tragédia assolou a vida de Freddie (e muitos compartilharam da tristeza), em 18 de setembro de 1970, quando o ídolo Jimi Hendrix faleceu. O maior músico do rock, que havia tocado o hino nacional americano durante uma aclamada apresentação no festival de Woodstock no ano anterior, que tinha acabado de abrir uma gravadora de última geração, a Electric Lady, em Greenwich Village, Nova York, e que, um mês antes, havia tocado para seu maior público — 600 mil pessoas no festival da ilha de Wight — foi encontrado morto numa poça de vinho tinto vomitado no apartamento da namorada Monika Dannemann, no hotel Samarkland, em Notting Hill. Enquanto pessoas próximas ao astro defenderam durante anos que Hendrix tinha sido assassinado, o mais provável é que ele tenha morrido devido a uma overdose do sedativo Vesparax, ingerido com uma quantidade excessiva de álcool. Mais tarde, Dannemann se suicidou.

Freddie ficou inconsolável. Arrasados demais para trabalhar, ele e Roger fecharam a barraca em sinal de respeito. No fim do dia, enquanto ensaiavam no Imperial College, praticamente na soleira do local onde Hendrix morreu, Brian, Roger e Freddie fizeram um tributo pessoal tocando "Voodoo Chile", "Purple Haze", "Foxy Lady" e outros sucessos, agora imortais, do ídolo.

O trio continuava sem o baixista perfeito. Só em fevereiro de 1971 eles conheceram John Deacon por acaso, numa discoteca de Londres. Nascido em Leicester, Deacon já havia participado de bandas desde os 14 anos e cursava eletrônica no Chelsea College. Era um homem de poucas palavras, o que compensava com o ritmo aguçado e o cérebro inquieto. Também entendia de amplificadores e outros equipamentos musicais e estava à procura de uma banda.

Mais que isso, como declara Roger:

— Nós o achamos ótimo. Como estávamos muito acostumados uns com os outros e éramos extravagantes demais, pensamos que, por ele ser quieto, se encaixaria no grupo sem muito alvoroço. Também era um excelente baixista, e o fato de ser mestre em aparelhos eletrônicos foi, sem dúvida, um ponto decisivo.

De janeiro de 1971 até o último show do Queen, em 9 de agosto de 1986, a formação da banda permaneceu a mesma.

Foram seis meses de ensaio intenso para Brian, Roger e Freddie ensinarem o repertório a John. Na época, John ainda era estudante e Brian estava redigindo a monografia. Os dois consideravam o Queen um passatempo extracurricular. Apenas Roger e Freddie podiam dedicar-se totalmente à banda e haviam decidido batalhar por uma carreira integral de músicos de rock. Em 11 de julho de 1971, o Queen deu início a uma turnê de 11 shows na Cornualha, culminando no Festival de Música Contemporânea de Tregye em

21 de agosto. O evento foi ao ar livre. As atividades continuaram ao longo do último trimestre, entre elas outro show no Imperial College, em 6 de outubro, uma apresentação no centro aquático de Epsom, em 9 de dezembro, e um show de ano-novo no clube de rúgbi Twickenham, em Londres.

Enquanto isso, Roger perdeu o interesse pela tenda de roupas. Havia deixado de ser novidade e, pior ainda, ele começou a considerar aquilo um trabalho "indigno". Roger deixou a Kasbah, e Freddie se uniu a Alan Mair, outro lojista. Freddie continuava empolgado como nunca com o Kensington Market. Além de ser um comerciante de mão cheia, ele estava apaixonado.

CAPÍTULO SETE

Mary

Todos os meus amores me perguntaram por que não conseguiram substituir Mary, mas era simplesmente impossível. Eu a considerava minha esposa. Para mim, era um casamento. Acreditamos um no outro, e isso já me basta. Eu não conseguiria me apaixonar por um homem da forma como me apaixonei por Mary.

FREDDIE MERCURY

O processo de autorrealização teria sido tão importante para ele... Freddie veio de uma cultura em que não se pode amar homens. Sendo assim, você tenta se conformar, mesmo se torturando por dentro. Não é raro. O Elton fez isso duas vezes. Durante o percurso de autodescoberta, é comum gays de família repressora arranjarem uma namorada. Pode ser por uma questão de necessidade ou, às vezes, uma tentativa de fazer o que os outros esperam.

PAUL GAMBACCINI

Com o cabelo cor de damasco, os olhos verdes e os cílios do Bambi, Mary Austin era a personificação de um pôster de Hulanicki Biba. Quando a estilista fundou o empório em Kensington, de onde surgiu um próspero movimento da moda, Barbara Hulanicki deveria ter escolhido Mary como sua musa. Pequena e delicada, o que faltava a ela em termos de estatura e confiança era mais do que compensado com o estilo quase clássico da década de 1970.

O londrino Mick Rock, formado em línguas modernas pela Universidade de Cambridge e ex-aluno da escola de cinema London Film School, virou fotógrafo profissional quando Syd Barrett (ex-vocalista do Pink Floyd, já falecido) pediu a Rock que o fotografasse para a capa de seu álbum solo *The Madcap Laughs*. Rock — seu nome é esse mesmo — foi catapultado para o mundo das drogas da década de 1970 e fez amizade com David Bowie, tornando-se seu fotógrafo oficial. Além de ter registrado o cenário musical — "o homem que fotografou os anos 1970" —, ele também ajudou a criá-lo. Rock tirou algumas das primeiras fotos publicitárias de Freddie e do Queen, além de assinar as icônicas produções artísticas dos álbuns *Queen II* e *Sheer Heart Attack*. O fotógrafo mora em Nova York desde 1977, após ter mergulhado no cenário underground criado pelos Ramones, pelos Talking Heads e por David Bowie.

— Freddie já vivia com Mary quando fomos apresentados, então passei a conhecer e a amar os dois com a mesma intensidade — conta Rock. — Eu sempre aparecia no pequeno apartamento deles para o chá da tarde. Freddie adorava chá. Em pleno auge do glam rock, Mary era uma moça muito bonita que poderia ter ficado com qualquer um e feito o que quisesse. Mas ela nunca se achou especial. Jamais gostou de se impor, de forma alguma. Ela era modesta, meiga e encantadora. Simplesmente dava vontade de abraçá-la.

Pálida, tímida e com as madeixas viçosas caindo pelo rosto, ela tinha os trejeitos da xará Mary Hopkin: a garota prodígio de Paul McCartney que havia lançado o sucesso "Those Were the Days". As Marys compartilhavam um jeito casto, intocável e etéreo que complementava o estilo boêmio da época. O futuro "visual Stevie Nicks", cunhado assim por causa da cantora da banda Fleetwood Mac, já era comum na Kensington High Street: vestidos longuetes, sobretudos, bota plataforma de camurça, echarpes de chiffon, gargantilhas de veludo, lábios roxos e olhos esfumaçados.

— Ela teve uma vida difícil — recorda David Wigg, um jornalista próximo ao casal. — Os pais, que eram surdos-mudos e se comunicavam através da linguagem de sinais e de leitura labial, não tinham dinheiro. O pai trabalhava cortando papéis de parede para especialistas no ramo, enquanto a mãe era empregada doméstica de uma empresa pequena. Mas Freddie não se incomodava com isso. Ele não se interessava por dondocas. De alguma forma, preferia pessoas um pouco abaixo de seu nível social. Sempre achei que fosse por causa da insegurança. Freddie gostava de conviver com pessoas artísticas ou que tinham começado do zero. Ser artista e divertido era o segredo: ele adorava rir. Mary era tímida, mas arrancava risadas dele.

Mary, que era uma secretária trainee de 19 anos quando conseguiu o emprego na Biba, foi considerada relações-públicas, secretária, vendedora, gerente de setor e gerente-geral. Independente do cargo, ou dos cargos, que ela ocupasse na famosa boutique, a carreira no ramo varejista parecia uma escolha inusitada para uma jovem tímida que tinha dificuldade em conversar, considerando que havia crescido numa casa extremamente silenciosa. A loja, repleta de incensos e decorada com samambaias, era como uma caverna do tesouro barulhenta e lotada, apinhada de roupas, sapatos, maquiagem, joias, bolsas e belas vendedoras. As muitas celebridades da música e do cinema que eram atraídas pela muvuca se misturavam livremente às moças que apenas seguiam a moda, muitas das quais estavam apenas "dando uma olhada" para ver se encontravam um Jagger ou um McCartney.

Apesar da timidez, Mary acabou se envolvendo na cena rock Londres. Brian May foi o primeiro a reparar nela, durante um show no Imperial College em 1970, e a dupla passou a noite conversando.

Em vários aspectos, ela era exatamente o tipo de garota para Brian. O moreno alto e atraente não pensou duas vezes antes de convidar Mary para sair. Ela aceitou, mas os encontros eram mornos. Em pouco tempo Brian percebeu que a relação não passaria de amizade. Freddie, por outro lado, pensou o contrário. Depois de perturbar Brian para que os apresentasse, ele conquistou a garota (de alguns) dos seus sonhos.

A atração entre os dois foi imediata, mútua e duraria uma vida. O curioso é que Mary passou os seis meses seguintes tentando evitá-lo, chegando a ponto de se envolver com outros homens, mas nada a sério. Só anos mais tarde explicou que tinha feito aquilo por achar que Freddie estivesse interessado em sua amiga, não nela. Certa noite, após um show da banda, ela o deixou no bar com a amiga, tendo dito que ia ao banheiro, e desapareceu. Freddie ficou passado, mas não estava disposto a desistir. Quando a convidou para comemorar com ele seu aniversário de 24 anos, no dia 5 de setembro de 1970, Mary mentiu que estava ocupada naquela noite.

— Eu estava tentando ser legal — disse ela a David Wigg. — Não que existisse realmente um motivo para eu não ir. Mas Freddie não se intimidou. Acabamos saindo no dia seguinte. Ele queria ver a banda Mott the Hoople no Marquee Club, no Soho. Naquela época, Freddie não tinha muito dinheiro, então fazíamos programas normais, como qualquer jovem. Não jantávamos em lugares caros. Isso veio depois, quando ele ficou famoso.

O casal tornou-se inseparável e começou a ter relações sexuais quase que de imediato. O namoro passou a ser prioridade em detrimento de qualquer caso que Freddie viesse a ter, fosse com homem ou com mulher.

Em vários aspectos, Freddie e Mary tinham muito em comum. Os dois haviam se distanciado dos pais e respondido ao chamado de independência. Os dois tinham uma personalidade "ponta de iceberg", tendendo a revelar pouco de quem realmente eram. Os dois podiam passar a impressão de serem fúteis, levianos e frívolos, com tendências materialistas e um estilo de vida voltado para o presente, em especial quando eram mais jovens. Mas grande parte disso se devia à preocupação com a imagem e à tentativa proposital de esconder a timidez congênita. Eram muito sensíveis, reservados por natureza e mais profundos do que aparentavam. O fato de se identificarem um com o outro se tornou a base de um vínculo fascinante e eterno. À medida que amadureceram, os aspectos mais contrastantes e contraditórios de suas personalidades começaram a uni-los. Mary parecia uma alma gentil, incapaz de fazer mal a uma mosca, mas a imagem frágil escondia uma força interior e uma serenidade que Freddie admirava intensamente, talvez por temer que o "grande farsante" dentro dele não tivesse essas qualidades. Apesar de Mary saber que a família de Freddie morava em Feltham, ele demorou para levar a namorada em casa. Não é difícil entender por quê: Mary era tudo que os Bulsara poderiam desejar numa nora. Eles possivelmente teriam se apressado em pressionar o filho a se casar e a lhes dar os netos com que tanto sonhavam. Freddie ainda não estava preparado para nada parecido com o casamento. Mal sabia a família que jamais estaria.

Com o passar dos anos, Mary tornou-se o porto seguro de Freddie, que dependia dela para ser forte por ele. Quando Freddie sentia que sua vida regada a sexo, drogas e rock lhe fugia ao controle e não conseguia aguentar a pressão das gravações e das turnês, era a Mary que ele recorria. Sólida e confiável, sempre perdoando e aceitando, ela era a figura materna que o acolhia.

— Mary Austin *era* a mãe de Freddie, de certa forma — conclui Bernard Doherty, relações-públicas da indústria musical. — Ela ficava à disposição dele o tempo todo, dia após dia, deixando a própria vida de lado em função disso. Onde ele fosse, ela o acompanhava. Quase nunca saía do seu lado. Não é à toa que ele era tão dedicado a ela. Era evidente que Mary preenchia o vazio enorme deixado pelos pais quando Freddie era criança. Em vez de cumprirem o papel, eles o enfiaram num navio e o mandaram para uma escola a milhares de quilômetros de distância, uma viagem que, na época, demorava cerca de sessenta dias. Ele tinha 8 anos. Dá para imaginar? Lá no fundo do subconsciente, esse assunto sempre ficaria mal resolvido. Até que surgiu Mary. "*Mother Mary comes to me*" (Mãe Maria me socorre), cantou McCartney em

"Let It Be" em 1970, não foi? Por coincidência, foi o ano em que Mary e Freddie se conheceram.

"Poderia ter sido o tema musical deles, com a conotação matriarcal da Santa Virgem Maria. Mary era a Maria daquela canção. Era pura. No fim, nem mesmo Freddie dormia com ela..."

Por que, a essa altura, Freddie havia escolhido ser gay, fazendo Mary voltar a ser virgem?

— O mito foi preservado — afirma Bernard. — Na cabeça dele, ela era perfeita e lhe pertencia. Mary só existia em benefício de Freddie.

— Sem dúvida, Mary era uma figura materna — concorda o psiquiatra Dr. Cosmo Hallström. — Mais precisamente, ela era a figura materna *idealizada*: a representação exata daquilo que ele esperava numa mulher. Freddie era sexual em demasia e não era muito exigente em relação aos parceiros. Podia fazer amor com ela, mas também escapava e tinha vários casos e encontros casuais fora de casa. Essas relações eram frágeis e efêmeras. Era para Mary que ele sempre voltava, e ela, é claro, estava sempre à sua espera — conservando-se apenas para seu homem.

"Ela cuidava dele, o protegia, lidava com o lado bom de Freddie. Servia de alicerce e de força. A relação entre os dois permitia que ele saísse e se envolvesse com outras pessoas. Ela então se transformou em esposa sofredora e matriarca, aturando os maiores absurdos. Mas Mary tinha um papel fundamental: o sentimento de culpa que ele carregava por conta do que fazia quando não estava ao lado dela era a chave de sua criatividade. Uma pessoa feliz não sente necessidade de fazer nada, de criar nada. Gente feliz se contenta com o que tem, com o jeito como as coisas são.

Freddie estava sempre angustiado. A causa disso era o que sentia em relação a Mary, o que também lhe servia de inspiração."

Alguns consideram que o sentimento de Mary por Freddie era "amor materno". Não é nenhuma surpresa que "Mother Love" seja o título de uma faixa melancólica cantada por Freddie e Brian no álbum *Made in Heaven*, lançado pelo Queen quatro anos após a morte de Mercury, em 1991.

— Sou um homem de extremos — Freddie uma vez se descreveu. — Tenho um lado brando e outro rígido, sem muita coisa no meio. Se a pessoa certa me encontra, posso ficar bem vulnerável, um verdadeiro bebê, e é nessas horas que pisam em mim. Mas, às vezes, sou rígido, e quando sou forte, ninguém consegue me abalar.

Mary também sabia que, desde a infância, Freddie sofria de algo que raramente admitia: mania de perseguição. Ou seja, temia que as pessoas estivessem zombando dele pelas costas e que ele fosse, de fato, ridículo. Esse continuou sendo um de seus maiores tormentos até o dia de sua morte.

O medo podia não ser tão irracional. De acordo com Peter "Ratty" Hince, que foi roadie do Queen durante muito tempo e atualmente trabalha como fotógrafo:

— Para ser sincero, todo mundo achava Freddie meio bobalhão. Ele era exagerado até para os padrões do glam rock. Todos aqueles figurinos esvoaçantes... Eu não o considerava o integrante mais forte. Eles eram um conjunto.

Talvez a frustração causada pela mania de perseguição fosse a responsável pelos eventuais rompantes de raiva. Freddie tinha crises inexplicáveis de mau humor, podendo ser desagradável e até cruel, esnobando os outros e fazendo comentários maldosos sem necessidade. Insinuam que Mary tenha desenvolvido um lado defensivo para proteger primeiro Freddie e depois ela mesma da mídia e dos aproveitadores, e que, por vezes, ficasse ressabiada e desconfiada, mas será que não estava protegendo os dois do próprio Freddie?

Por mais que a união fosse um encontro de coração, mente e alma, a parte carnal não podia ser ignorada. Freddie teve relações sexuais com Mary durante seis anos. Isso é praticamente uma vida para quem tem vinte e poucos anos, além de demonstrar um verdadeiro compromisso. Em pouco tempo, os dois foram morar juntos num quarto xexelento e apertado, pagando dez libras por semana, na Victoria Road, bem perto da Kensington High Street, região de Londres que Freddie nunca deixou de frequentar. Hoje em dia, a rua é oficialmente a mais valorizada da Inglaterra e do País de Gales, e o valor estimado de uma residência média é 6,4 milhões de libras.

Dois anos depois, o casal se mudou para algo maior: um apartamento cheio de infiltrações na Holland Road que custava mais nove libras por semana.

— Nós crescemos juntos. Eu gostava dele, e tudo evoluiu a partir daí — lembra-se Mary. — Demorei uns três anos para me apaixonar de verdade. Nunca senti isso por mais ninguém, nem antes nem depois… O meu amor por Freddie era enorme e muito intenso Eu me sentia muito segura ao lado dele — ela revelou mais tarde a David Wigg. — Quanto mais a fundo eu o conhecia, mais eu o amava como pessoa. Ele tinha qualidades humanas, o que considero raro hoje em dia... Sabíamos que podíamos confiar um no outro… e que jamais magoaríamos o outro de propósito.

Certa vez, no Natal, ele me comprou um anel e o pôs numa caixa gigantesca. Abri a caixa, mas havia outra dentro e assim sucessivamente, até surgir uma caixinha minúscula. Quando a abri, havia um lindo anel de escaravelho egípcio. Dizem que traz sorte. Ele me deu o presente cheio de doçura e timidez.

— Não importa o que mais estivesse acontecendo — diz Mick Rock. — Freddie levava uma agradável vida doméstica com Mary. Era tudo muito aconchegante e encantador. Ele estava sempre de pijama e chinelo quando eu os visitava. Nós nos sentávamos e passávamos horas conversando.

Mary praticamente resolveu que se recusaria a discutir até aspectos corriqueiros da vida a dois. No entanto, detalhes pessoais escaparam em algumas entrevistas. Por exemplo, durante os anos em que viveram juntos, sempre que Freddie tinha alguma inspiração súbita no meio da noite, posicionava-se no piano ao lado da cama e começava a compor. Uma mulher normal não teria aguentado isso por muito tempo.

Se acaso Mary tivesse, de início, dúvidas quanto à sexualidade de Freddie, tentou negar.

— Certa vez, eu disse a ela: "É claro que você deve ter se perguntado se o Freddie era gay" — declarou David Wigg. — Mas aonde quer que fôssemos, as garotas ficavam loucas atrás dele — explicou ela. — Quando ele saía do palco, elas o rodeavam.

Após um show em que as mulheres o cercaram, Mary chegou a se dirigir para a saída, pensando que Freddie não precisasse mais dela. Ele a viu indo embora e foi atrás.

— Aonde você vai? — perguntou Freddie.

— Você não precisa de mim — respondeu Mary — já tem tudo isso.

— Preciso, sim — retrucou Freddie. — Quero que você faça parte disso.

— Depois, ele passou a chegar em casa tarde da noite, e eu comecei a pensar que não dava mais — contou a David.

— Mary me disse que, de início, achou que ele estivesse saindo com outra mulher. Pensou que não a quisesse mais, pois sempre dava alguma desculpa do tipo "Estávamos gravando, querida" ou "Nós nos empolgamos, lamento o atraso". Segundo ela, não parecia haver nenhum problema além do fato de ele continuar chegando em casa de madrugada. Até que, certa noite, Freddie disse: "Mary, preciso lhe contar uma coisa." Ela continuava convencida de que havia outra mulher e se preparou. Mas, para seu enorme alívio, ele simplesmente declarou: "Acho que sou bissexual." "Não, Freddie, não acho que você seja bissexual", respondeu ela. "Acho que você é gay."

"Mary me contou que Freddie ficou arrasado, de certa forma. Mas, vindo dela, ele aceitou quase que de imediato. Ele disse: 'Quero que você faça parte da minha vida para sempre.' Quando, finalmente, ele se mudou para a Garden Lodge, em Kensington, comprou para ela um pequeno apartamento na outra esquina, de onde Mary conseguia ver a casa enorme pela janela do banheiro."

Ela acabou se tornando uma espécie de matriarca da "família" de Freddie: uma comitiva de empregados, na maioria gays, que também serviam de amigos.

— Freddie tinha com Mary o relacionamento aberto e sincero que, por causa da religião e da cultura da família, jamais poderia ter estabelecido com a mãe biológica — afirma Wigg.

Mick Rock lembra que Freddie ficou "atordoado" por causa da questão da sexualidade.

— Foi antes de ele finalmente sair do armário. Sem dúvida, ele era gay, mas não exclusivamente gay, e isso o angustiava. Ficou arrasado. Era quase como se precisasse ter certeza de que era uma coisa ou outra, mas estava no meio-termo, num tipo de terra de ninguém. Ele amava as mulheres. Adorava a companhia delas. Mais tarde, as relações sexuais devem ter sido predominantemente com homens... Ele podia ser mais promíscuo com homens, mas adorava sair com garotas. Mary, é claro, foi o amor da vida dele... o vínculo afetivo mais forte de Freddie. A grande ironia é que, apesar de ser gay em essência, seu relacionamento mais significativo foi com uma mulher. Talvez isso tenha mais a ver com a mulher em questão do que com a preferência sexual. O amor deles era verdadeiro. A parte sexual não era, de fato, tão importante quanto o vínculo afetivo e espiritual que havia entre os dois.

Em pouco tempo, Freddie começou a ter relações com homens, mas nunca os levava para o quarto que dividia com Mary. De início, ele agiu com discrição, mantendo a relação heterossexual de fachada. Esperando que fosse apenas uma "fase", Mary foi permissiva e se fez de cega. Contudo, os dias foram passando e ficou óbvio que ele tinha preferência pelo próprio sexo. Por fim, Freddie não conseguiu mais esconder a verdade e confessou.

— Eu percebia que algo o incomodava — contou Mary a David Wigg. — Então foi um alívio ouvir aquilo. Gostei do fato de ele ter sido sincero comigo. Não imagino que ele tenha pensado que eu fosse apoiá-lo, mas eu não podia negar a Freddie o direito de aceitar a si mesmo.

Mary passou por cima da dor de ver seus sonhos despedaçados e permitiu que a relação entre eles se transformasse numa profunda amizade platônica, o que revela muito da personalidade dessa mulher. A partir desse momento, ela virou o "braço direito" de Freddie, e os dois se viam todos os dias, nem que fosse por pouco tempo. Ela dizia que era seu "faz-tudo". Freddie a chamava de "Old Faithful" (companheira fiel).

Mary estava livre para arranjar outro namorado, mas isso demoraria a acontecer.

Ela não se conformava, e dizem que até sugeriu a Freddie que tivessem um filho juntos, ao que ele teria respondido que "preferia ter um gato". Mais tarde, Mary deu à luz dois meninos: Richard, do qual Freddie foi padrinho, e Jamie, que nasceu logo após a morte do astro. No entanto, muitos de seus namoros pareciam fadados ao fracasso, talvez porque a presença de Freddie fosse permanente e ela não conseguisse cortar as amarras. Nem com o pai dos meninos, o designer de interiores Piers Cameron, a relação foi duradoura:

— Ele sempre se sentiu ofuscado por Freddie — explicou Mary.

Quanto a Freddie, ele se envolveu com outras mulheres, apesar da lista infindável de namorados. Como havia optado por continuar fazendo parte integral da vida de Freddie, a Mary só restava aceitar. A maioria das pessoas que conheceu os dois acredita que nenhuma mulher conseguiu substituir o lugar que Mary ocupou no coração de Freddie. O fato de ele ter lhe deixado a casa e grande parte da fortuna talvez comprove isso.

— Mary não é nenhuma santa — explica Mick Rock. — Ela é fabulosa. Incrível. Muito leal. Despretensiosa. Não é intrometida. É uma pessoa boa, uma das melhores que já conheci. Depois que o Queen se estabeleceu e me mudei para Manhattan, eu via Freddie em Nova York com frequência. Saíamos para bater papo. Certa vez, anos mais tarde, quando eu estava em Londres, tomei um chá com Mary, e ela disse algo muito estranho. Na época, não entendi, mas acho que agora compreendo. Ela declarou: "Primeiro, meu pai, depois Freddie e, agora, meus filhos. Acho que vim ao mundo para cuidar de homem." Parecia dizer que aquele era o papel da vida dela. Uma vida esquisita, se pararmos para pensar. Mas faz sentido.

Para Rock era um alívio saber que Freddie a tratava com decência.

— Ele era único, inigualável, e todo mundo teria dificuldade em lidar com isso. Também gostava mais do trabalho do que qualquer outra coisa. Para piorar, tinha uns momentos de loucura inexplicáveis. Devia ser um pesadelo trabalhar e morar com ele. Freddie sabia disso. Não era burro. Mary teve que aturar mais do que a maioria das pessoas suportaria, mas ela nunca deixou de amá-lo. Até hoje. Podemos dizer que ela abriu mão da própria vida por ele, e o que recebeu em troca nem se compara ao que deu, acredite.

Conforme Mary explicou:

— Ele expandiu demais os meus horizontes ao me apresentar ao mundo do balé, da ópera e das artes. Aprendi muito com Freddie, ele me propiciou um enorme ganho pessoal. Eu jamais teria vontade de abandoná-lo.

Nada disso facilitava o convívio com Freddie. Além de fazer um drama diante de qualquer problema, tudo tinha que ser exato. Até os vasos de flores da casa precisavam ser arrumados do jeito que ele queria, senão eram arremessados com raiva.

— Era uma questão de estilo — declarou Mary. — Freddie queria tudo à sua maneira e podia ser uma pessoa bem difícil. Nós brigávamos muito, mas ele era chegado a uma boa discussão.

Só anos mais tarde, bem depois da morte de Freddie, Mary aceitou a fortuna que ele lhe deixou e reencontrou a felicidade em sua magnífica casa georgiana. Isso aconteceu ao lado de Nick, o empresário londrino com quem ela se casou discretamente em Long Island em 1998, apenas com os filhos de testemunha.

— Acho que Nick foi muito corajoso ao ficar comigo — disse ela a David Wigg. — Carrego uma bagagem enorme... Com os desdobramentos da vida... Sei dar valor ao que tive e ao que tenho agora, e posso seguir adiante. — O amigo Mick Rock acrescenta: — Algumas pessoas a criticaram por ter permanecido lá, e todas questionaram seus motivos. Mas posso afirmar que não foi por causa do maldito dinheiro. Eu apostaria minha vida nisso.

Todos podiam falar à vontade. Quem, de fato, importava, conhecia os dois lados da situação (cada história tendo, ao menos, três versões). Durante 21 anos, Mary não se manifestou. No que dizia respeito a Freddie, a lealdade dela falava por si só. Por que Mary nunca aceitou a verdade, se mudou e começou uma vida nova? Será que seu maior temor era não ser nada sem ele?

— Insistir numa situação da qual a maioria das mulheres teria fugido em busca de um meio heterossexual... é um feito que requer perseverança e, preciso dizer, fingimento — comentou David Evans, grande amigo e confidente de Freddie.

"Acredito sinceramente que ela nunca tenha ficado à vontade na companhia dos gays que rodeavam Freddie", revelou em seu livro de memórias *More of the Real Life* (Mais sobre a vida real), de 1995.

— Eu percebia que ela estava incomodada e, até onde podia, tentava amenizar a situação, contendo meu próprio comportamento para acomodar sua feminilidade de natureza heterossexual. Mary nunca foi "da galera", como muitas das mulheres que participaram da vida de Freddie. Ela parecia não ter a autoconfiança gloriosa e entusiasmada de Barbara Valentin... ou Anita Dobson, ou Diana Moseley... mulheres fortes e extremamente talentosas que não se sentiam intimidadas com a extravagância de Freddie. Na verdade, isso até reforçava a atitude delas.

"Mary estava sempre distante, isolada de corpo e alma da Vida Real (como os íntimos se referiam à vida doméstica de Freddie)."

Apesar de Freddie e os amigos terem ficado radiantes de verdade quando ela se envolveu com Piers Cameron e engravidou do primeiro dos dois filhos do casal, ninguém se surpreendeu com o fato de o relacionamento não ter durado.

— Não dava para negar que ela continuava fazendo parte da Vida Real — declarou Evans.

Ele esperava que Mary deixasse de insistir numa situação nada saudável que só fazia piorar a dor e a decepção inicial, sentimentos que, obviamente, ela nunca superou.

CAPÍTULO OITO

Trident

É mundo difícil confiar nos outros, especialmente sendo como a gente é. Temos pavio curto e somos muito meticulosos e detalhistas. Nós nos desgastamos demais com o Trident e, depois disso, passamos a ser muito cuidadosos e seletivos com as pessoas que trabalhavam conosco e faziam parte da equipe do Queen.

Freddie Mercury

O Queen sempre desfrutou de tecnologia. Desde o início, na primeira gravação, eles conseguiram uma sessão no Trident

Studios, fora do horário comercial. Tiveram a oportunidade única de contar com um estúdio de primeira bem no começo da carreira. Puderam usar o equipamento mais moderno da época: um gravador de 16 canais. É comum as bandas desenvolverem o som no estúdio, onde podem tirar proveito das técnicas de guitarra em múltiplas faixas, predominantes no rock. Com isso, Brian May pôde elevar o patamar. Foi uma experiência muito importante para eles.

STEVE LEVINE, RENOMADO PRODUTOR MUSICAL
E DONO DA GRAVADORA HUBRIS RECORDS

O ano de 1971 já estava quase no fim e o Queen continuava sem sair do lugar, apesar de fazer todos os shows que a grade horária das universidades de Brian e de John permitia e dos esforços assíduos de todos os interessados na assinatura de um contrato. Como ressaltou Brian:

— Se era para abandonarmos as carreiras que nos haviam exigido tanto estudo, queríamos ser excelentes músicos. Todos nós tínhamos muito a perder, e não foi nada fácil. Sinceramente, acho que ninguém se deu conta de que demoraríamos três anos inteiros para chegar a algum lugar. Com certeza, não foi nenhum conto de fadas.

De acordo com Freddie:

— Chegou uma hora, dois ou três anos depois de começarmos, que quase desfizemos a banda. Tínhamos a sensação de que não estava dando certo, havia muitos tubarões no ramo e estávamos nos desgastando demais. Mas algo dentro de nós nos fez seguir em frente, e aprendemos com as experiências, fossem elas boas ou ruins.

Em outra ocasião, ele contradisse a declaração anterior:

— Nunca houve dúvida, querida. Nunca. Eu sabia que conseguiríamos. Eu disse isso a todos que me fizeram essa pergunta.

Roger também se lembrou dessa época com otimismo.

— Durante os primeiros dois anos, não aconteceu nada de relevante — concordou. — Estávamos estudando, mas a evolução da banda era nula. No entanto, tínhamos ótimas ideias e, de alguma forma, acho que todos nós acreditávamos que chegaríamos lá.

O Queen tinha muito o que fazer. Os integrantes, confiantes no talento musical e convencidos da harmonia do grupo, continuaram a bater na porta de todas as gravadoras de Londres. Também aproveitavam todas as oportunidades de tocar ao vivo, aceitando tudo quanto era show universitário que aparecesse. Alguns atraíam um público bom, outros, nem tanto. Tony Stratton-Smith, diretor do selo Charisma, foi um dos primeiros a se interessar pelo Queen e fez uma oferta considerável: vinte mil libras. Eles podiam ter feito pior do que fechar contrato com o fanático por futebol nascido em Birmingham, que era tão excêntrico quanto Freddie. Strat, um ex-jornalista homossexual que bebia demais e era dono de cavalos de corrida, escapou por um triz de morrer no desastre aéreo de Munique em 1958, que fez 23 vítimas, inclusive oito dos jogadores "Busby Babes" do Manchester United. Na última hora, Strat decidiu cobrir uma eliminatória da Copa do Mundo. No final da década de 1960, ele se tornou empresário de rock e dono de gravadora, com um minúsculo escritório na Dean Street, no Soho. Assinou com o Genesis em 1970 e financiou os álbuns do Monty Python, além de Peter Gabriel, Lindisfarne, Van der Graaf Generator, Malcolm McClaren e Julian Lennon. Adorado por seus artistas, Strat era "o homem que transformava sonhos em realidade".

Apesar de terem sido feitos um para o outro, o pessoal do Queen não se deixou levar pelo fabuloso Strat, que já faleceu. De acordo com boatos, a banda suspeitou de que sempre ficaria em segundo plano em relação ao Genesis. Concluindo que se Strat estava disposto a pagar 20 mil libras deveriam valer mais em outro lugar, utilizaram a oferta e o entusiasmo da gravadora Charisma para atrair o interesse de outros selos.

— Assim que fizemos a demo, nos deparamos com os tubarões — recordou Freddie em 1974. — Recebemos propostas incríveis de pessoas dizendo que nos transformariam nos próximos T. Rex, mas tivemos muito cuidado para não aceitar nada logo de cara. Fomos literalmente a quase todas as empresas antes de nos decidir. Não queríamos ser tratados como uma banda qualquer.

— No fundo, a gente se achava o máximo — admitiu Brian mais tarde. — Quero dizer que tínhamos certeza do que estávamos fazendo. Se alguém nos dissesse que estava uma porcaria, nossa reação era achar que a pessoa estava equivocada, não que éramos ruins.

— Queríamos ser os melhores - explicou Freddie. — Não nos contentaríamos com menos.

Em outras palavras, o pessoal do Queen não se achava bom. Sabia que era bom.

Todas as outras fontes consideram que foi por acaso que Freddie conheceu John Anthony, na época um dos jovens produtores musicais mais bem-sucedidos de Londres. No entanto, é mais provável que o encontro, em vez de uma feliz coincidência, estivesse nos planos de Freddie. Muito conhecido em Kensington e Chelsea pelas influências diversificadas em relação à música e à indumentária, Freddie continuava a se vestir de maneira exótica e a perambular pela "Ken High" e pela King's Road nas tardes de sábado, normalmente após ter convencido um colega a cuidar da loja no centro comercial. Andava de peito estufado, bem à vontade, falando de seus ídolos para quem quisesse ouvir. Era fã de Liza Minnelli, The Who, Led Zeppelin e de David Bowie. Ele justificava o tempo absurdo que dedicava à aparência cada vez mais excêntrica dizendo que "nunca sabemos quem vamos encontrar". Freddie queria ser notado, e por alguém em particular.

A perseverança perambulatória valeu a pena. John Anthony e Freddie finalmente ficaram cara a cara durante um dos desfiles de fim de semana. Sem perder tempo, Freddie conseguiu convencer Anthony a convidar a banda a seu apartamento para discutir a carreira.

Foi uma façanha, dada a reputação de Anthony. Ex-DJ de casas londrinas como Speakeasy, Roundhouse e UFO, ele entrou para o ramo de produção após gravar demos para o Yes em 1968. Como associado da gravadora de Strat, trabalhou com o Genesis, Van der Graaf Generator e Lindisfarne. Seu mantra era: "Há uma forma certa de se gravar um álbum e quatrocentas erradas."

Como resultado do encontro, Anthony persuadiu Barry Sheffield, que era dono do Trident Studios com o irmão Norman, a acompanhá-lo, numa sexta-feira, 24 de março de 1972, a um show do Queen na zona sudeste de Londres, no Forest Hill Hospital, que já não existe mais. Até então, os Sheffield só haviam escutado a demo com cinco músicas, mas nunca tinham visto o Queen tocar. Barry queria ver um show ao vivo, e com os próprios olhos, antes de fazer um acordo em nome da empresa. Sheffield ficou tão impressionado com a apresentação do Queen que quis assinar o contrato na hora, principalmente após a versão teatral da imortal "Hey Big Spender", de Shirley Bassey.

— O Trident era o melhor estúdio do mundo — disse John Anthony —, e por isso estava com a agenda lotada 24 horas por dia.

Os irmãos Sheffield haviam acabado de abrir uma subsidiária da empresa, a Trident Audio Productions, com um plano-mestre inovador para contratar artistas, levá-los aos próprios estúdios ultramodernos do Trident e então negociar com as principais gravadoras a prensagem e a distribuição dos discos. Apesar de saberem que quem implora não tem direito de escolher, não era isso que os integrantes do Queen procuravam. Os Sheffield eram uma dupla de empresários inteligentes e astutos que já haviam surpreendido muita gente. Com um tino comercial aguçado, os dois lançavam estimativas para a banda até os olhos dos garotos embaçarem de cansaço. Em meio às letras miúdas, o Queen não aceitava o fato de o contrato oferecido não ser exclusivo, e sim um pacote que envolvia outros artistas independentes: o cantor e compositor irlandês Eugene Wallace e um grupo chamado Headstone. As referências dos Sheffield ao controle empresarial eram igualmente alarmantes. A proposta deles não era uma prática comum: um contrato centralizado segundo o qual o Trident concentraria as funções de empresário, produtor, gravadora e editora musical, além de negociar, em nome do Queen, um acordo com um selo. A banda só enxergava conflitos de interesse. Apesar de insistirem na elaboração de subcontratos para cada ponto do acordo, o Queen continuava incomodado com a ideia de o Trident controlar todos os aspectos de sua carreira. Eles demoraram quase oito meses para tomar uma decisão, e acabaram assinando o contrato em novembro de 1972. Durante esse período, não fizeram um show ao vivo sequer.

— Eu disse a eles para saírem de cena — explicou John Anthony. — Eu queria que se concentrassem em aprimorar a música, aí poderiam voltar e fazer shows maiores.

Como ninguém relevante se lembra, as razões por trás do adiamento prolongado permanecem indeterminadas. Uma vez que não houve disputas legais demoradas, é possível que a banda tivesse voltado a aprontar das suas: segurou a proposta do Trident para atrair ofertas melhores. Se estavam à espera de um negócio mais lucrativo com os Sheffield, ficaram decepcionados. O Queen acabou assinando uma tentativa fajuta de contrato. No entanto, levaram um bom tempo para descobrir o quanto o acordo tinha sido desvantajoso.

Em defesa do Trident e dos Sheffield, eles tinham uma boa reputação. Além de dirigirem um dos melhores estúdios de Londres, usado com frequência por artistas de renome, os dois irmãos não tinham fama de se envolver em atividades desonestas. Como haviam investido tempo e dinheiro no Queen, não só esperavam como tinham direito a algum retorno. Brian foi o único que, anos depois, veio a reconhecer a contribuição dos Sheffield para o sucesso do Queen. O resto da banda nem queria saber.

Como declarou Freddie quando, finalmente, o grupo rompeu relações com o Trident:

— No que diz respeito ao Queen, nossos antigos empresários faleceram. Para nós, eles simplesmente deixaram de existir. Estamos muito aliviados!

Para quem estava de fora, o contrato parecia bom demais para ser verdade: o melhor estúdio de gravação do mundo dando a uma banda que ainda não havia estourado o direito de usar todas as suas instalações. O Queen poderia gravar todo o álbum de estreia debaixo das asas dos produtores John Anthony e de seu amigo Roy Thomas Baker, que depois fariam a parte chata de apresentar o disco aos selos. No entanto, não era tão bom quanto parecia: a banda, que já se sentia humilhada porque nenhuma gravadora havia demonstrado interesse, também enfrentaria a indignidade de ter acesso ao estúdio apenas "fora do horário comercial", quando clientes pagantes, como Bowie e Elton John, não o requisitavam.

— Eles nos ligavam e diziam que o David Bowie havia terminado algumas horas antes, então tínhamos de 3 às 7 da manhã, quando o pessoal da limpeza chegava — admitiu Brian. — Grande parte do álbum foi feita assim. Houve um dia ou outro de período integral, mas, no geral, foi um pouco aqui, outro ali.

Esse arranjo não favorecia muito a criatividade. O irônico é que uma notável gravação da era Trident, e que agora é item valorizado por colecionadores, surgiu por acaso. Certo dia, enquanto fazia hora no estúdio esperando a sua vez, o Queen foi convidado pelo produtor Robin Cable a gravar versões cover de "I Can Hear Music", composta por Phil Spector e Ellie Greenwich — os Beach Boys haviam chegado ao Top 10 com essa música em 1969 —, e "Goin' Back", do casal de compositores Gerry Goffin e Carole King, gravada originalmente pelo The Byrds. Freddie assumiu os vocais, enquanto Brian e Roger tocaram e harmonizaram. Cada integrante da banda recebeu uma módica quantia. Nenhum deles poderia imaginar como essas gravações se tornariam famigeradas e, posteriormente, valiosas. O Queen não havia assinado nada nem concordado com nada, mas por causa da inocência e da falta de iniciativa abriu mão do direito de controle sobre o produto final. A EMI lançou a gravação no ano seguinte sob o nome fictício de Larry Lurex, uma homenagem a Gary Glitter, além de uma paródia. Mas o tiro saiu pela culatra. A maioria dos DJs britânicos badalados se ofendeu com a brincadeira, protegendo com unhas e dentes "o líder"* (muito antes da decadência vergonhosa de Glitter). Por não ter sido tocado com uma frequência significativa, o disco vendeu poucos exemplares e foi relegado às prateleiras

* Referência à música "I'm the Leader of the Gang". (*N. da T.*)

promocionais. Com o relançamento, anos depois, o álbum tornou-se cobiçado e agora troca de mãos por verdadeiras fortunas. Mais familiarizados com os métodos implacáveis da indústria fonográfica, o Queen acabou conseguindo os direitos autorais.

Por fim, a banda se rendeu e, no verão, começou a gravar o primeiro álbum, mesmo que de forma desarticulada. No entanto, não foi com John Anthony. Devido ao compromisso diário de gravar com Al Stewart e incapaz de suportar indefinidamente a pressão contínua, Anthony desmaiou no estúdio certa noite. Após entrar de licença médica com mononucleose, doença debilitante que causa fadiga crônica, ele desapareceu: tirou férias prolongadas na Grécia e deixou o Queen nas mãos aptas de Roy Thomas Baker.

Thomas Baker, ex-engenheiro trainee da gravadora Decca, entrou para o Trident em 1969, no qual já havia contribuído em sucessos como "All Right Now", do Free, e "Get It On", do T. Rex. A relação com o Queen foi um desafio e o álbum "finalizado" não ficou bem definido. Ao retornar da Grécia, e na ausência de Thomas Baker, Anthony foi ao Trident ouvir o disco e descreveu o que escutou como "esquizofrênico".

— Então fui ao estúdio com Freddie e Brian e remixamos a maior parte... Eu queria que o álbum mostrasse a ousadia e a energia dos shows ao vivo do Queen — disse Anthony.

A remixagem e o acabamento exauriram todos os envolvidos, como mostra o comentário a respeito de Freddie feito por um dos engenheiros que participaram do projeto:

— Foi muito estressante trabalhar com um superastro nato.

Thomas Baker e John Anthony começaram a bater na porta dos selos. Continuava não havendo ninguém interessado. Era algo inexplicável. Uma crítica comum era que a música do Queen lembrava demais bandas como Yes e Led Zeppelin, apesar do consenso entre os envolvidos na elaboração do álbum, que defendiam que o som do grupo era único. O Queen continuava sem uma gravadora que imprimisse seus esforços em vinil e lançasse o LP no mercado. Eles tiveram mais sucesso com a editoração musical, fechando contrato com a B. Feldman & Co. Enquanto isso, os Sheffield acionaram Jack Nelson, um tinhoso executivo da indústria fonográfica americana que tinha aprimorado sua prática no mercado mais exigente de todos, para ajudar na busca de um contrato de gravação e de um empresário para o Queen. Empolgado com o que ouviu, mas intrigado com a falta de interesse dos selos e dos empresários, o próprio Nelson passou a empresariar a banda.

— Demorei mais de um ano para conseguir um contrato para o Queen, e todo mundo os rejeitou — declarou Nelson. — Todo mundo mesmo. Não vou citar nomes... mas eles sabem quem são, todos sabem.

Até Nelson se surpreendeu com o talento da banda. Como recordou mais tarde:

— O Queen me remetia à combinação dos Beatles. Cada integrante era o oposto dos outros, eram os quatro pontos cardeais. Freddie... compunha no teclado e tinha estudado música clássica. Era muito complexo e de um talento incrível. Brian era guitarrista de rock 'n' roll e levou essa influência. Era extremamente talentoso. Desorganizado. Concentrado. Tinha um diploma em astronomia infravermelha. John era o baixista e, como tal, dava solidez ao grupo. Ele os situava. Havia se formado com louvor em eletrônica. Roger, o baterista, tinha dois diplomas. Devia ser a banda mais inteligente do mercado. As personalidades eram as mais diversas: se entrássemos no aeroporto, um parava, alguém virava à direita, o outro à esquerda e o quarto seguia em frente. Mas isso originava uma enorme força criativa. Quando se reuniam e sobrepunham as vozes, o resultado era incrível.

Todos estavam no mesmo nível. Ninguém se destacava como líder do bando. Freddie e Roger eram espertos demais para se unirem contra os outros, mas permaneceram cúmplices no que diz respeito à amizade, apesar de Roger comentar que, no início da banda, achava que ele e Brian tivessem mais em comum.

— Nem sempre nos demos bem, mas acabamos percebendo que precisamos um do outro — declarou à revista *Q* em março de 2011. — Brian é meu amigo de longa data, mas eu e o Fred éramos muito apegados. Acho que éramos os bagunceiros. Brian levava quase tudo muito a sério, era paciente, introspectivo, teimoso e raramente cedia o controle.

— Nossa interação era bem complexa e multifacetada — contou à *Q*. — Foi por isso que deu certo, de fato. Por um lado, eu tinha muita afinidade com o Roger, porque já havíamos tocado numa banda juntos. Nós éramos, e ainda somos, como irmãos. Tínhamos ambições e gostos musicais parecidos, mas é claro que, em outros aspectos, éramos muito diferentes. Como dois irmãos, nós nos amávamos e nos odiávamos... De certa forma, eu era muito próximo de Freddie, principalmente no que dizia respeito à composição musical. Uma das coisas que eu mais gostava era acompanhar Freddie na produção vocal, meio que o fazendo seguir várias direções.

Qual era o maior motivo de discussão entre ele e Roger?

— Qualquer coisa que você queira citar. Até a análise de detalhes da música terminava em debate. Passávamos dias discutindo por causa de uma nota específica.

John fazia poucos comentários, mas muitas contribuições, especialmente na supervisão das finanças do Queen. No entanto, eles demoraram anos para resolver o mal-estar gerado por causa da autoria das canções. O nome que figurasse no single (inclusive na composição do lado B) recebia os royalties. A hostilidade em relação a esse assunto só passou quando os quatro integrantes decidiram creditar todas as músicas à banda, assim todos receberiam o mesmo valor com os lançamentos. Eles queriam ter pensado nisso bem antes. Mais tarde, Freddie comentou que foi uma das melhores decisões que o grupo tomou. Além de ser o método mais democrático, impede o surgimento de conflitos. Muitas bandas e amizades terminaram em decorrência de disputas financeiras, como Tony Hadley, velho amigo de Freddie, sentiu na própria pele. Em 1999, ele e outros dois integrantes do Spandau Ballet, John Keeble e Steve Norman, decidiram processar o principal compositor, Gary Kemp, pelo que alegaram ser a parte que lhes cabia de royalties passados. Eles perderam a causa e a banda passou dez anos sem se falar. Os músicos acabaram deixando as diferenças de lado e se reuniram numa grande turnê em 2009.

Cada integrante do Queen contribuía com influências diversas, que se complementavam. Todos tinham talento musical. Enquanto Freddie e Brian eram considerados os "principais" compositores, munidos de estilos que, às vezes, pareciam conflitantes, Roger e John também foram responsáveis por alguns dos maiores hits do grupo. Algo raro para uma banda de rock, os quatro compuseram sucessos do Queen. Entre as músicas de Freddie estão "Bohemian Rhapsody", "Killer Queen", "Somebody to Love" e "We Are the Champions". Brian responde por "Tie Your Mother Down", "We Will Rock You", "Hammer to Fall" e "Who Wants to Live Forever". Roger compôs "Radio Ga Ga", "One Vision", "It's a Kind of Magic" e "These Are the Days of Our Lives", e John contribuiu com

"You're My Best Friend", "I Want to Break Free" e "Another One Bites the Dust".

— Na maioria das bandas, há o vocalista e o resto — comenta Bernard Doherty, relações-públicas da indústria musical. — São poucos os grupos em que quatro músicos entram no palco e você diz "Uau, uau, uau e uau".

— Freddie e o Brian se completavam — explica Paul Gambaccini. — Um não ofuscava o outro, então, não havia motivo para sentir inveja. Só admiração. Eles também se isentavam da responsabilidade de ter que fazer o que o outro fazia. Brian May não era performático. Não como Freddie era. Logo, para ele era conveniente que Freddie fosse. O Brian podia simplesmente fazer o trabalho dele e deixar Freddie encarregado do resto. Por outro lado, Brian não fica ali se achando um deus da guitarra. Ele se concentra no que está fazendo. É algo incrível de se ver. Também aceitou numa boa a relativa popularidade dos singles que Freddie, Roger e John haviam composto. Compare-os a grupos como o Bread, por exemplo, no qual David Gates respondia por todos os hits e os outros compositores não cativavam o público (a hostilidade entre Gates e Jimmy Griffin, que já faleceu, fez o Bread se separar em 1973). Mas no caso do Queen, Brian parecia dar graças a Deus pelo fato de as canções de Freddie fazerem sucesso. Isso propiciava álbuns equilibrados, o que, por si só, já era genial.

Em novembro de 1972, após a assinatura do contrato com o Trident, o Queen fez um showcase para a indústria no The Pheasantry, um ponto badalado na King's Road, em Chelsea, que atualmente é uma filial do Pizza Express. Foi nesse lugar que, mais tarde, Bob Geldof elaborou a campanha Live Aid. Todos os envolvidos cobraram favores, pegaram emprestado e furtaram caderninhos de endereços, surrupiaram números, deram vários telefonemas e imploraram pelo apoio de todos os contatos possíveis e imagináveis do ramo musical. Apesar de tanto esforço, o evento atraiu pouco público e a noite foi um desastre. O equipamento falhou, a banda ficou desanimada... Aconteceu de tudo. Nenhum olheiro de gravadora apareceu.

Cinco dias antes do Natal, o Queen tocou no ilustre Marquee Club, na Wardour Street, no Soho. A casa, que originalmente ficava na Oxford Street, havia sido palco de uma das primeiras apresentações ao vivo dos Rolling Stones, em julho de 1962, além de ter recebido os maiores nomes da música: os Yardbirds, The Who e Jimi Hendrix. A noite foi melhor do que a experiência catastrófica no The Pheasantry, mas, mesmo assim, não resultou em nada parecido com um contrato de gravação. Existia uma ponta de esperança: Jac Holzman, diretor-executivo da Elektra Records nos Estados Unidos. Ele havia recebido de Jack Nelson fitas com o álbum completo do Queen.

— Escutei primeiro nas caixas de som, depois com fones de ouvido — recordou Holzman. — Estava muito bem-gravado e executado. Eles eram completos: era como se eu estivesse com um diamante perfeitamente lapidado em cima da mesa. Fiquei maravilhado. "Keep Yourself Alive", "Liar", "The Night Comes Down", músicas excelentes produzidas de forma suntuosa: o mais puro sorvete sobre uma camada de rock 'n' roll de verdade. Eu queria o Queen.

Após negociações intermináveis, Jack Nelson providenciou a ida de Jac Holzman ao show no Marquee.

— Voei para Londres — lembrou Holzman —, escutei a banda tocar no show organizado por Jack e fiquei tremendamente decepcionado. Não vi nada no palco que chegasse aos pés do que eu tinha ouvido na fita. Mas a música estava lá. Redigi um longo memorando para eles, de quatro a cinco páginas com espaçamento simples, fazendo comentários e sugestões.

É verdade que o estilo afetado de Freddie àquela altura ainda era casual e não agradava a todos os gostos. Holzman, que era americano, deve ter esperado uma apresentação ao vivo mais máscula e com mais elementos típicos do rock. Provavelmente, ele não imaginava ver sapatilhas de balé, boás de plumas e collants. Toda aquela graciosidade decorada com penas, à primeira vista, não condizia com o desempenho que a banda havia mostrado na fita. Simplesmente não ilustrava o som gravado pelo Queen da forma que Jac Holzman devia idealizar.

Pouco tempo depois, no entanto, Holzman mudou de opinião. Começou a enxergar o que havia escutado. Sim, era diferente e bizarro, mas ele estava se acostumando com a ideia. Holzman concordou em fechar um contrato entre o Queen e a Elektra nos Estados Unidos. A banda, apesar de estar prestes a compartilhar um selo americano altamente respeitado com o The Doors, continuava sem gravadora no Reino Unido. A insatisfação com o Trident ainda duraria um bom tempo.

CAPÍTULO NOVE

EMI

"Keep Yourself Alive" foi uma excelente forma de mostrar às pessoas qual era o espírito do Queen naquela época.

FREDDIE MERCURY

Apenas me recordo de dois artistas que, só de olharmos para eles, sabíamos que tinham nascido para serem astros: Phil Lynott e Freddie.

TONY BRAINSBY, RELAÇÕES-PÚBLICAS DO QUEEN

Apesar das várias frustrações que antecederam sua criação, o álbum de estreia do Queen, que levou o nome da banda e foi concluído em janeiro de 1973, virou uma obra-prima. No mês seguinte, eles fizeram uma gravação para o programa de rádio de rock progressivo de John Peel. Isso, por si só, já foi uma façanha, considerando que, naquela época, era raríssimo a Radio 1 tocar músicas de um grupo que não tivesse gravadora. A sorte bateu outra vez à porta do Queen quando sua gravadora, a B. Feldman & Co, foi comprada pela EMI Music Publishing e, por tabela, a banda conseguiu um contrato. Era mais um passo em direção ao sonho.

— A EMI era a principal gravadora na década de 1970 — recorda o ex-diretor de promoções Allan James, que trabalhou para o selo nesse período, antes de se tornar um dos promoters mais badalados da indústria fonográfica.

"Jamesie", conhecido entre os artistas como "o homem de preto", teve uma infinidade de clientes, entre eles Elton John, Alice Cooper, Rick Wakeman, Kim Wilde e a dupla Eurythmics.

— A Warner e a CBS eram americanas — ressalta Jamesie. — A Pye, a Decca e os outros selos do Reino Unido não contavam. A EMI, na Manchester Square, era "a" indústria da música. Também era o filtro britânico para selos alternativos americanos da época, como a Capitol e a Motown. A EMI tinha assinado contrato com os Beatles, concentrava todos os hits pop e os artistas de renome: de Vera Lynn a Cliff Richard. Era a melhor gravadora do mundo, e o Queen almejava ser representado por ela.

"O presidente, Sir Joseph Lockwood, o único 'sir' do ramo naquele tempo, era um fantoche absurdamente teatral que Freddie idolatrava. Sir Joe era a melhor opção. Acontece que ele e Freddie eram farinha do mesmo saco, tinham muito em comum. A começar pela mania de grandeza: quando Sir Joseph passava pela recepção da EMI com sua comitiva, sempre havia um elevador de prontidão para levá-los direto à cobertura dele.

"Depois, foi a vez dos East. Ken East foi diretor-executivo da EMI na década de 1970. Era um australiano grandalhão, careca e descarado que tinha sido motorista de caminhão antes de entrar para o ramo da música. A mulher dele, Dolly, era relações-públicas e, em muitos aspectos, continuava exercendo a profissão. Era uma moça avantajada, uma figura irresistível que lembrava a Mama Cass. Ken adorava artistas, e foi um dos primeiros a descer do pedestal para se misturar a eles. A EMI era cheia de maricas, então Ken e Dolly também adotaram esse meio.

"Saíamos para jantar com Cliff Richard e fazíamos arruaça nas boates do Soho. Era um mundo paralelo, um verdadeiro conto de fadas. Era de se esperar que Freddie almejasse aquilo. Era maravilhoso. Quanto à EMI, por que ela não iria querer o Queen? A banda tinha tudo a ver com a gravadora. Por quê? Porque os integrantes eram muito diferentes, inteligentes e agiam de forma bem criativa. Estavam antenados com o espírito da época, escutavam o que os fãs de música queriam e inovavam. Eles sabiam o que estavam fazendo, assim como a EMI."

O diretor da divisão de Artistas & Repertório da EMI, que decidiria se o selo deveria ou não assinar com o Queen, era Joop

Visser, considerado por Steve Harley, ex-vocalista do Cockney Rebel, "um holandês gente boa e encantador".

— Foi o Joop quem descobriu três dos grupos de maior sucesso da EMI e fechou contrato com todos ao mesmo tempo — conta Steve. — O primeiro foi o Queen. O segundo foi a banda Pilot, formada por dois ex-integrantes da Bay City Rollers: Billy Lyall (que morreu em 1989 de complicações decorrentes da Aids) e Dave Paton. O terceiro, a propósito, era o meu. O Joop fez um contrato de três álbuns para o Cockney Rebel, sem opções. Não havia sequer um single com opções. Sem papo-furado. É o tipo de acordo do qual nem se ouve falar hoje em dia. Ele catapultou minha carreira e mudou minha vida.

"Eu tinha 22 anos e me achava o máximo. Ainda bem que eu estava lidando com o Joop. Qualquer outro teria quebrado a minha cara. Era a ele que a gente recorria e pedia conselhos.

"Eu seguia a minha cabeça, gostava de arriscar, era um pouco inquieto e muito metido. Mas era impossível ofender o Joop. Eu o adorava. Talvez eu tenha cometido erros que o pessoal do Queen foi esperto o bastante para evitar. Eu e o Freddie tínhamos em comum o gosto pelo teatral. Não era 'glam rock', de forma alguma. Não dava para chamar nem a minha banda nem a do Freddie disso. A questão é que o Queen, tendo Freddie Mercury como vocalista, teria sido teatral em qualquer época. Não precisava ser tachado de 'glam rock' para ser legitimado ou contextualizado."

Steve concorda que foi o fotógrafo Mick Rock quem inspirou o lado teatral dele e de artistas como Freddie e Bowie.

— Ele dava o maior apoio. Mick era o catalisador. Estava sempre reunindo as pessoas. Lembro que, um dia, ele levou Mick Ronson (guitarrista já falecido que tocou com o Spiders from

Mars, de Bowie, Mott the Hoople, Van Morrison e muitos outros) ao meu apartamento, perto da Edgware Road, dizendo que precisava nos apresentar porque viraríamos amigos de infância. E foi o que aconteceu, é claro. Os músicos adoravam Mick. Queríamos vê-lo na frente do palco, tirando as fotos. Ele era roqueiro sem ser.

"Mick me fotografou em tudo quanto é canto, e fez um trabalho fantástico com o Queen. Ele entendia a minha personalidade e a do Freddie e estimulava nossa criatividade. Bandas como o Queen e o Cockney Rebel sabiam que precisavam revolucionar o mercado. No fundo, sou um cantor folk, mas, na época, eu negava tudo isso. Dane-se Woodstock. Usar maquiagem e se exibir era o futuro. Sei que Freddie pensava o mesmo, pois conversamos sobre isso algumas vezes enquanto jantávamos no Legends. Também sei que eles deviam amar o Joop tanto quanto eu, principalmente Freddie."

Contudo, não foi amor à primeira vista. Visser estava à procura de uma banda para preencher o vazio deixado por Ian Gillan quando este saiu do Deep Purple, após a exaustiva turnê mundial do álbum *Machine Head*. No entanto, o holandês não havia se impressionado com o Queen. Ele também assistiu ao show no Marquee Club, no dia 20 de dezembro de 1972, mas não se encantou. Além disso, foi a um ensaio do grupo, mas não achou nada de mais. Ele confessou, em particular, que a personalidade dos integrantes da banda "o entediava". Havia muito trabalho pela frente.

Após outro showcase no Marquee Club, em 9 de abril de 1973, e de mais três meses de negociações complicadas com o Trident, que acabou levando a melhor porque se recusou a fazer concessões, Visser conseguiu fechar o contrato entre o Queen e a EMI.

Toda a agonia e a espera valeram a pena. O grupo permaneceria na EMI até o fim da carreira... ou quase. Trinta e oito anos depois, no final de 2010 e na véspera de os integrantes remanescentes, Brian e Roger, comemorarem 40 anos de banda, o Queen abandonou o barco da EMI, que estava afundando, e migrou para o Universal Music Group. Desde janeiro de 2011, as gravações estão a cargo do selo Island Records.

Composto por Brian, o primeiro single oficial do Queen, "Keep Yourself Alive", que é a faixa de abertura do álbum de estreia, foi lançado em 6 de julho de 1973. No entanto, eles estavam fadados a não ter êxito. A campanha de divulgação foi tachada de "hype", termo que atualmente chega a irritar de tão usado na indústria musical, mas que, na época, conotava oportunismo e mau gosto. Freddie não poderia ter ficado mais frustrado, afinal, acreditava que o Queen estivesse fazendo tudo certo. Rejeitado cinco vezes pelos compiladores da playlist da emissora nacional Radio 1 e ainda sem poder contar com o apoio das rádios comerciais licenciadas, que só entraram em operação no final do ano, o single não entrou nas paradas de sucessos. Foi a primeira e última vez que isso aconteceu na carreira do Queen. O único DJ a pôr a música no ar foi o já falecido Alan "Fluff" Freeman, que John Peel descreveu como "o melhor e mais completo disc jockey de todos os tempos" e cujo bordão lendário era "*not 'arf*" (algo como "pode apostar", mas no sentido irônico). O DJ tocou o single em seu novo programa de sábado à tarde, voltado para rock pesado e progressivo.

Inabalada, a EMI insistiu ainda mais. Sem dúvida, na época, a melhor ferramenta de divulgação para uma banda era aparecer no programa de rock cult da BBC TV *The Old Grey Whistle Test*, apresentado pelo DJ Bob Harris. O nome deriva de uma expressão antiga usada na Tin Pan Alley (comunidade de editoras musicais e de compositores): quando chegava a primeira prensagem, os executivos tocavam o disco para os "*old greys*", os porteiros que usavam terno cinza. As canções que impressionavam esses senhores a ponto de fazê-los assobiar as melodias após terem ouvido uma única vez passavam na "*old grey whistle test*" (prova do assobio dos senhores de cinza). Ao contrário do programa televisivo da BBC *Top of the Pops,* que mostrava os artistas de maior vendagem da semana, o *OGWT* só abrangia músicas de álbuns. O quadro permaneceu no ar por 16 anos, enquanto que, hoje em dia, programas equivalentes quase nunca chegam à segunda temporada.

Um exemplar "*white label*" do álbum do Queen — um LP branco de capa fina — foi entregue ao departamento de produção do *OGWT.* No entanto, o promoter não se preocupou em escrever os nomes da banda e da gravadora na etiqueta. Ninguém fazia ideia de quem havia mandado o disco nem quem era o artista.

— Naquele tempo, grande parte dos álbuns vinha dos Estados Unidos — lembra Mike Appleton, produtor do *OGWT.* — Portanto, a maioria das bandas não estava disponível para ir ao estúdio tocar ao vivo. Para contornar o problema, passei a selecionar faixas de álbuns para que o talentoso Phil Jenkinson as sincronizasse com imagens adequadas. Hoje em dia, muita gente diz que essa foi a origem do videoclipe. Agora, pensando bem, posso afirmar que isso tudo, na verdade, prejudicou a indústria musical. A apresentação ao vivo deixou de ser prioridade e perdeu os investimentos. Casas de rock fecharam e, por fim, todos os programas televisivos de rock começaram a ficar com a mesma cara.

Todavia, criar as imagens provou ser uma experiência altamente prazerosa.

— Os fãs passaram a assistir ao *Whistle Test* só por causa das imagens — concordou Appleton. — Entre os artistas frequentes estavam Little Feat, ZZ Top, JJ Cale, Springsteen e Lynyrd Skynyrd, cuja faixa "Freebird" era tão popular que, mesmo que eu a tocasse toda semana, os espectadores continuavam me inundando de pedidos. Exibíamos uma grande variedade de imagens: desenhos, filmes abstratos, projetos experimentais... Havia de tudo. Era incrível como funcionava bem. Certo dia, avistei um disco branco na minha mesa e percebi que estava sem etiqueta. Eu podia muito bem ter ignorado ou jogado direto no lixo, mas resolvi pôr para tocar, sem saber que se tratava da primeira prensagem do álbum de estreia do Queen.

Appleton ficou tão impressionado com o que ouviu que decidiu incluir a faixa "Keep Yourself Alive" no programa da mesma semana.

— Dei vários telefonemas na tentativa de descobrir a autoria e a origem. Ninguém sabia. Por fim, entreguei o disco ao Phil e disse: "Vamos tocar. Avisaremos no programa que não sabemos de quem é, mas, se acaso alguém souber, para fazer o favor de entrar em contato." Phil inseriu uma animação em preto e branco de um trem superprateado e aerodinâmico com o rosto de F. D. Roosevelt estampado na frente, atravessando os Estados Unidos na velocidade da luz. O filme havia sido usado numa campanha política da década de 1930. No dia seguinte, o pessoal da EMI nos ligou para avisar que a banda em questão era o Queen. Pretendíamos contar a novidade aos telespectadores no programa da semana seguinte, mas o público foi mais rápido do que nós. Recebemos uma enxurrada de perguntas de fãs entusiasmados, o que era muito raro.

O álbum foi lançado no dia 13 de julho de 1973, por coincidência, 12 anos antes da apresentação triunfal que a banda fez no estádio de Wembley para o Live Aid. Contudo, o disco não agradou à imprensa musical. A maioria, no máximo, só não levou o disco a sério. Alguns, de fato, detestaram, em especial Nick Kent, crítico do *New Musical Express*, que o descreveu como "um balde de urina", provocando uma rixa duradoura entre o Queen e a respeitada publicação semanal de rock. Pelo menos o público estava começando a escutar o álbum, que permaneceu nas paradas durante 17 semanas, alcançando a 24ª posição e rendendo à banda um disco de ouro.

Após outra gravação na Radio 1, apesar de os compiladores da playlist continuarem torcendo o nariz para eles, o Trident agendou um horário para o Queen no Shepperton Studios a fim de que a banda desenvolvesse novas canções e ensaiasse o material existente. Durante o período em que frequentaram o estúdio, o grupo fez o primeiro vídeo promocional, uma vez que o Trident havia se expandido pouco tempo antes para o ramo de produção audiovisual com outra subsidiária, a Trillion. O videoclipe, destinado a ilustrar as faixas "Keep Yourself Alive" e "Liar", seria dirigido por Mike Mansfield, futuro guru da indústria cinematográfica.

— O videoclipe, ainda em estágio embrionário, se transformou numa ferramenta de divulgação tão necessária à indústria musical que, em pouco tempo, as gravadoras passaram a gastar uma fortuna com diretores de alto nível, locações glamourosas e efeitos especiais impressionantes na tentativa de catapultar os artistas para o topo das paradas de sucessos — declara Scott Millaney, produtor de alguns dos vídeos pop mais emblemáticos da história, inclusive "Video Killed the Radio Star", do The Buggles — primeiro clipe a ser exibido no canal de música MTV, em 1981 —, "Ashes to Ashes", de David Bowie, e "I Want to Break Free", do Queen. No total, sua empresa MGMM responde por dez vídeos clássicos da banda.

— O mercado de videoclipes, com todos os seus truques e técnicas, acabou se esgotando — admite Scott. — Então a indústria fonográfica se lembrou do elemento humano, recomeçando todo o ciclo. Na década de 1970, contudo, ainda era um meio novo e empolgante e impulsionou a carreira de dezenas de músicos, alguns dos quais nem fizeram por merecer a badalação.

Segundo Scott, o sucesso dos vídeos promocionais depende de três elementos básicos: a melodia e a letra da canção, a atuação "ao vivo" e a imagem peculiar do artista. Quando se atinge a combinação adequada desses ingredientes, uma única exibição do clipe pode ser mais útil para a divulgação de um disco e a consolidação de um músico do que qualquer período de veiculação em rádio. Por essa razão, muitos artistas simplesmente pararam de fazer shows, afinal, o vídeo possibilita uma perfeição ilusória impossível de ser alcançada na apresentação ao vivo.

— A desvantagem é que filmar é desgastante e cansativo — ressalta Scott.

"As filmagens, normalmente, começam ao raiar do dia e podem continuar noite adentro. Os artistas penam com os cronogramas puxados. Sem dúvida, empresas como a nossa transformaram a produção de vídeo numa indústria separada e numa forma de arte. Exploramos essa filosofia a ponto de podermos dizer às gravadoras que, para alcançarem o melhor resultado, teriam que pagar uma fortuna. Na época, eu tinha os sócios mais criativos do mundo. Definimos os padrões e demos início às atividades dois anos antes da MTV, que entrou em cena e mudou tudo."

A primeira experiência do Queen nesse ramo não foi das mais estimulantes. A banda não se sentiu à vontade no estúdio e havia se desentendido com Mansfield, que deixou os músicos frustrados ao rejeitar a maioria das sugestões artísticas e "leigas" do grupo em prol de suas próprias ideias "mais experientes". Freddie, em especial, achava que Mansfield não estava captando a essência da música do Queen e considerava suas medidas ultrapassadas, previsíveis e "arrogantes". O produto final, declarado inutilizável, foi abandonado. Quando chegou a vez de "Liar", a banda se recusou a trabalhar novamente com Mansfield. Após concordarem que a única maneira de conseguir o que queriam era fazendo por conta própria, eles se uniram ao técnico Bruce Gowers no Brewer Street Studios, em Londres, para desenvolver algo "diretamente em sintonia com a forma que a banda queria ser apresentada. Essa raridade foi o primeiro vídeo promocional do Queen, apesar de, na fase inicial, ter sido exibido pouquíssimas vezes na TV, então até hoje quase não foi assistido", como está escrito no livreto da coletânea em DVD, *Queen Greatest Video Hits 1*. A faixa "Liar", que Freddie compôs para o mesmo álbum, nunca foi lançada como single no Reino Unido, só na América do Norte, onde a edição deixou a desejar. A versão do clipe que aparece no DVD não tinha sido lançada até então.

A banda se deu conta de que só conseguiria relaxar o suficiente para ousar na criatividade se tivesse controle quase total sobre a obra. Estabeleceu-se, assim, um princípio que o Queen seguiria por toda a carreira.

— Eu não diria exatamente que eram controladores — contou Tony Brainsby, primeiro relações-públicas do Queen, em 1996, quatro anos antes de morrer. — Mas eles sempre tinham certeza do que queriam e achavam muito difícil fazer concessões e se contentar com o que havia disponível. Montavam uma imagem perfeitamente clara do que pretendiam, portanto, de maneira geral, era inútil sugerir algo diferente.

O Trident contratou Brainsby por um valor exorbitante para criar o perfil público do Queen. Celebridade por mérito, Brainsby tinha um estilo que chamava a atenção no cenário musical, e desfilava por Londres num Rolls-Royce. Além de ser magro de doer, alto e desengonçado, usava óculos e vivia com uma jaqueta preta de gola mandarim, calça skinny e botas Chelsea. Era precisamente o tipo de agente com que Freddie podia se identificar. Brainsby não só preenchia o requisito de imagem excêntrica pós-década de 1960 como também tinha passagem pelo mundo do rock. Na adolescência, dividiu um apartamento no Soho com Eric Clapton e Brian Jones, dos Stones. Por causa da coluna na revista *Boyfriend*, ia com frequência a ensaios do programa televisivo de música pop *Ready Steady Go!*, o que o inspirou a abrir a própria empresa de relações-públicas. Quando conheceu o Queen, Brainsby era o profissional mais requisitado de Londres. Ele controlava seu império a partir da casa enorme e desconexa na Edith Grove, localizada entre a Fulham Road e a King's Road. A mansão estava sempre abarrotada de plantas mortas, garotas roqueiras e televisões. Nós, sobreviventes, ainda lembramos que íamos às festas de Brainsby e passávamos vários dias sem sair de lá.

Mick Rock era muito amigo de Brainsby e foi o fotógrafo de seu casamento. Entre seus clientes estavam alguns dos artistas mais aclamados da época: de Cat Stevens e Thin Lizzy a Mott the Hoople e The Strawbs.

— Quem entrou em contato comigo foi o americano Jack Nelson, empresário do Queen no Trident — recordou Brainsby.

— Eu não tinha o hábito de trabalhar com músicos relativamente desconhecidos, mas o Queen era diferente. Lembro que fui vê-los no Imperial College. Não havia palco, apenas uma pista de dança. Lá estava o Freddie fazendo todas as suas poses, munido da capa branca e afins. O show teve pouco a ver com o que a banda passaria a executar, mas Freddie com certeza tinha presença e sabia se apresentar. Já estava no controle da situação.

O que mais impressionou Brainsby foi o fato de Freddie não tentar receber toda a glória.

— Achei louvável a forma como a banda, em momento algum, se posicionou como "Freddie Mercury e Queen". Sempre passaram uma imagem de grupo. Freddie nunca tentou se projetar como líder. Que eu saiba, a relação entre eles era, na maioria das vezes, harmoniosa. Não eram músicos de rock comuns, pois eram inteligentes demais. Dava para se sentir diminuído na presença deles.

Brainsby admitiu que, no início, havia uma tendência de se usar mais o Freddie para dar entrevistas do que Brian, Roger e John.

— Aí percebi que era melhor dividir igualmente. Depois, reservamos Freddie para as entrevistas mais importantes. Mais tarde, foi a vez de Brian. Ele sempre falava que tinha feito a guitarra a partir de uma lareira antiga, o que facilitava as coisas e os colocava em publicações musicais mais sérias. Roger, que era o galã, fazia sucesso em revistas voltadas para adolescentes, como *Jackie* e *19*. Ele era *muito* bonito. Pelo menos a banda não era exigente quanto à cobertura midiática, o que era ótimo, considerando que muitos jornalistas não perdiam tempo com eles. Se bem que eram detalhistas quando se tratava das fotografias. Tinham que aprovar uma a uma pessoalmente antes que eu publicasse qualquer coisa.

Freddie era o mais sensível. Tudo por causa dos dentes. Também era perfeccionista demais, o típico virginiano. Tinha até criado um brasão para o grupo com os signos de todos os integrantes.

Tudo isso antecedeu a banda fictícia de heavy metal de Rob Reiner, que virou tema do pseudodocumentário cult *Isto é spinal tap*, de 1984.

Brainsby, mesmo sendo tranquilo e desencanado, acabou se encantando com Freddie desde o início.

— Ele tinha várias manias estilosas que grudavam na mente. Pintava de preto as unhas de apenas uma das mãos ou então passava o esmalte só num dedo mindinho. Soltava um "Querido!" ou "Meus amores!", frase sim, frase não, e sua atuação afetada era extremamente divertida e muito cativante. Ele era uma ótima companhia. Não sabia o que era tédio. As garotas adoravam quando ele ia ao escritório.

"É claro que, na época, ele morava com Mary. Para começar, a vida sexual de Freddie era um completo mistério para todos nós. Nunca entendemos muito bem. Definitivamente, ele não tocava no assunto."

Brainsby também não saía com nenhum integrante da banda nem ficou muito íntimo de ninguém.

— Jamais gostei de me envolver demais com os clientes. Tratá-los como melhores amigos é o maior erro de um relações-públicas, pois eles sacaneiam você. Os artistas podem virar um pé no saco quando há muita intimidade. Eu deixava esse tipo de coisa a cargo das meninas que trabalham no meu escritório. Era para isso que estavam lá.

— A indústria do rock — concluiu Brainsby em nome de todos nós — é irregular, instável, emotiva e movida por egos, assim como suas celebridades. Trabalhe no ramo por tanto tempo quanto eu e aprenderá a não se surpreender com o fato de que praticamente todos os artistas roqueiros são excêntricos e paranoicos. É o que acontece com eles.

Freddie se salvava por ser um excêntrico adorável.

— Eu, de fato, o admirava — declarou Brainsby. — Aquele homem transbordava de poderes criativos que não eram simplesmente fruto da imaginação. Existiam. Ele sabia dessa capacidade, seja qual fosse a idade dele na época… acho que tinha 27 anos. Eram bem velhos para uma banda em início de carreira, não é mesmo? Ele sempre carregou tudo isso dentro dele. Como deve ter sido frustrante saber que levava jeito, tentar desesperadamente deslanchar e ficar tanto tempo sem chegar a lugar nenhum.

Freddie passava a impressão de que tinha plena consciência de sua capacidade desde criança.

— Ele estava desesperado para expressar a criatividade, e fazer sucesso deve ter sido um grande alívio. Havia momentos em que Freddie lutava com unhas e dentes para conseguir o que queria, o que nem sempre faz aflorar o lado agradável. Ter que chutar, brigar, berrar, socar e gritar para causar impacto e se fazer entender sempre traz algum prejuízo. Era nessa situação que ele se encontrava quando cheguei.

O relações-públicas mais requisitado de Londres não seria o único a cortar um dobrado.

CAPÍTULO DEZ

Aos trancos e barrancos

Suponho que a nossa forma de conduzir a carreira pareça fria e calculista, mas nossos egos não aceitariam nada menos que o melhor. Sempre nos considerei um grupo top de linha. Soa muito arrogante, eu sei, mas é assim que as coisas são.

FREDDIE MERCURY

O que distingue o Queen de outras bandas de rock é que eles sempre se programam para compor hits. Você pode ser o melhor músico do planeta, mas compor uma preciosidade de três minutos e meio que faça o mundo todo cantarolar é extremamente difícil. Quem consegue essa proeza e alia a isso uma bela melodia está no caminho certo. É aí que mora o segredo do sucesso deles.

James Nisbet, guitarrista profissional

Em agosto de 1973, o Queen voltou ao Trident Studios para gravar o segundo álbum.

As investidas incessantes de Tony Brainsby melhoraram a imagem da banda de forma substancial. Finalmente, o grupo conseguiu um horário próprio no estúdio e, se quisesse, podia até usá-lo de dia.

No dia 13 de setembro, eles se reuniram no Golders Green Hippodrome para gravar uma sessão importante para a rádio BBC.

Jeff Griffin, produtor da BBC, conta como foi:

— No Golders Green Hippodrome gravamos a primeira apresentação ao vivo do Queen para a série *In Concert*, apresentada por Alan Black (DJ escocês lacônico já falecido que foi cartunista e animador do filme *Yellow Submarine*, dos Beatles, além de ter concebido a *In Concert*). Eles não usaram os 60 minutos. Peter Skellern fez o show de abertura. Agora admito que essa combinação pareça um pouco bizarra. O Queen era bom. Freddie demostrou alguns sinais de nervosismo, o que era de se esperar, pois acho que eles não haviam tocado muitas vezes ao vivo. O show correu bem e atraiu muito interesse.

No mesmo mês, a gravadora americana Elektra lançou o primeiro álbum do Queen nos Estados Unidos. Depois de tudo que havia passado no Reino Unido, a banda não estava com grandes expectativas, mas teve uma surpresa agradável quando os DJs americanos a consideraram "um novo talento britânico empolgante" e começaram a tocar as faixas do álbum nas rádios. Uma onda de pedidos fez o disco entrar para a parada Billboard, alcançando a respeitada 83ª posição, nada mau para uma banda desconhecida. A conquista não passou despercebida. Brainsby já havia apresentado o Queen a outro fabuloso grupo de sua carteira de clientes: o inabalável Mott the Hoople. O vocalista do Mott era Ian Hunter, um rapaz sarcástico e de cabelo cacheado. Apesar de ter um público fiel nas casas londrinas, a venda dos álbuns era decepcionante. A banda havia desistido em 1972 e só se reuniu novamente a pedido de Bowie, que se encarregou de empresariá-la. O Mott assegurou um novo contrato com a CBS Records (futura Sony), enquanto Bowie compôs e produziu o single de sucesso "All the Young Dudes". O grupo conseguiu emplacar outros hits no Top 20 durante 1973, inclusive "All the Way From Memphis" e "Roll Away the Stone", o que culminou numa grandiosa turnê pelo Reino Unido. Com vinte datas agendadas em espaços de renome, a estreia foi em 12 de novembro no Leeds Town Hall e o último show ocorreu no Hammersmith Odeon, em Londres, na véspera do Natal. Graças a Brainsby, que os apresentou, e à propina ("comprar" participações em turnês de outros grupos estava começando a virar uma prática aceitável), o Queen foi a banda de abertura.

Em 1º de novembro, no Kursaal, em Southend-on-Sea — o primeiro parque temático do mundo, antecedendo os da Coney Island, em Nova York —, Freddie, Brian e Roger fizeram o backing vocal para o Mott em "All the Young Dudes".

Fundada em 1964, a Radio Caroline é uma emissora independente e sem alvará que funciona num navio ancorado em águas internacionais ao largo da costa da Inglaterra. Criada com o propósito de desafiar o monopólio das gravadoras e fazer frente à BBC no mercado britânico, a rádio lançou muitos DJs populares, como Tony Blackburn, Mike Read, Dave Lee Travis, Johnnie Walker e Emperor Rosko. A emissora teve seu período de glória reduzido por uma lei aprovada em 1967 que, em agosto do mesmo ano, tornou ilegais as transmissões feitas a partir de bases marítimas. Isso tirou a BBC da letargia e a rede criou uma nova "estação teen", a Radio 1, lançada no mês seguinte pelo DJ favorito de Caroline, Tony Blackburn. Contudo, a emissora pirata voltaria à ativa. Enquanto isso, a Radio 1 se estabelecia e a concorrente Luxembourg ganhava mercado.

David "Kid" Jensen entrou para a Luxembourg em 1968, com apenas 18 anos. O programa do DJ canadense, *Kid Jensen's Dimensions*, que ia ao ar entre meia-noite e 3 da manhã, tornou-se um dos mais populares das rádios, atraindo diversos fãs, inclusive o futuro primeiro-ministro britânico Tony Blair.

Jensen conheceu o Queen em outubro de 1973, durante uma turnê de divulgação em cidades europeias providenciada pela EMI. Além de França, Alemanha, Holanda e Bélgica, a banda parou em Luxemburgo para fazer um show ao vivo organizado pelo "Kid".

— De 1968 a 1973, a badalada rádio Luxembourg era "o único lugar da Europa" em se podia ouvir rock e música pop — explica Jensen. — Naquela época, a Radio 1 fechava no início da noite, então só restava a Radio 2, e muitos ouvintes trocavam para a nossa estação. Nosso foco era o que chamávamos de "som progressivo". A rádio era bacana, e todos os artistas queriam estar vinculados a ela. Depois que Jimi Hendrix morreu, conheci a namorada dele numa festa e ela me disse que ele adorava meu programa: "Chegávamos dos eventos e escutávamos você."

"Desde o início, o Queen me impressionou. A primeira faixa que ouvi foi 'Keep Yourself Alive', do álbum de estreia. Sempre preferi músicas com base de guitarra, mas aquilo era diferente. Emanava uma tremenda energia. A banda tinha tudo: John, o baixista calado e confiável. Brian, o guitarrista genial. Roger, o baterista incrível que aproveitava ao máximo a vida de astro do rock. E Freddie Mercury, o grande artista performático, talvez o melhor de todos. Apesar das gravações excelentes e das técnicas inovadoras, eles foram rejeitados. Eu sabia que não tinham conseguido espaço na Radio 1. Quando ouvi dizer que viriam numa turnê de divulgação, providenciei um show pequeno para o grupo numa casa chamada Blow Up Club no centro da cidade, com capacidade para cerca de duzentas pessoas.

"Felizmente, os donos do estabelecimento confiavam na minha habilidade de selecionar bandas, então, de certa forma, eu tinha carta branca. O público era composto por jovens de vinte e poucos anos. A noite ofereceria um misto de atrações, com o Queen tocando ao lado de outros grandes nomes do rock, como Status Quo, Wishbone Ash, The Grateful Dead e Canned Heat. A rádio Luxembourg pretendia gravar o show para uma transmissão futura, mas o equipamento falhou e, infelizmente, não há nenhum registro. O Queen foi enérgico e confiante. Foi superior aos demais, mesmo estando no início da carreira.

"Lembro que fomos ao quarto de hotel de Freddie com o promoter deles, Eric Hall, vulgo 'o monstro', depois do show. Ficamos lá até tarde, jogando conversa fora. Freddie era muito falante e simpático, além de ótimo anfitrião. Para ele, não havia tempo ruim."

— Eu gostava deles como pessoas — acrescenta Jensen. — Escrevi um artigo sobre a banda para o *Record Mirror*. Eles desafiavam alguns críticos que não haviam caído de amores pelo grupo logo de cara, o que me causava admiração. Não se preocupavam apenas com sexo, drogas e rock 'n' roll, apesar de fazerem tudo isso. Eles tinham um lado intelectual. Minha impressão era de que todos teriam sido bem-sucedidos em praticamente qualquer coisa que escolhessem. Continuo sendo muito grato ao Queen, que, na verdade, me ajudou e ao meu programa. Eu podia tocar as músicas do grupo de madrugada na rádio Luxembourg, o que me rendeu uma popularidade enorme.

Com a imagem cada vez mais em alta, os shows de abertura que o Queen fez na turnê do Mott the Hoople foram um sucesso entre os fãs. Finalmente Freddie tinha conseguido realizar seus desejos: público garantido, bajulação e plateias pedindo bis. Já na imprensa musical, os elogios continuavam sendo raros e esparsos. Ainda existia o consenso de que o Queen não passava de uma farsa.

— Querido, eles que se danem, se não entendem — retorquiu Freddie ao estupefato Tony Brainsby.

Tony, que costumava ser o alvo da ira e da frustração de Freddie quando a banda recebia críticas negativas, não pôde deixar de perceber o impacto drástico que a idolatria dos fãs provocou em seu cliente.

— Mesmo com os ataques da imprensa, Freddie ficou mais confiante. No entanto, era visível que ele não gostava de dar entrevistas. Com o tempo, praticamente paramos de usá-lo com esse fim, a não ser que se tratasse de um álbum ou de uma turnê. É claro que o sumiço proposital dele só o tornava mais misterioso, e isso agradava Freddie.

Ele tinha o seguinte ponto de vista:

— Acho que, de certa forma, nos fazem de alvo porque ganhamos popularidade mais rápido do que a maioria das bandas — declarou, reescrevendo a história e esquecendo, de maneira conveniente, como o grupo havia percorrido um caminho longo, árduo e frustrante para estar quase no topo. Querer se enganar depois de tanta agonia talvez fosse até compreensível.

— Falaram mais de nós do que de qualquer outra banda no último mês — prosseguiu —, então, é inevitável. Acho que seria errado só recebermos elogios, mas o que me irrita é ler críticas injustas e desonestas vindas de gente desinformada.

Denis O'Regan, o premiado fotógrafo de rock que fez suas primeiras tentativas no mercado tirando fotos de Bowie no Hammersmith Odeon com uma câmera emprestada pelo tio, rodaria o mundo como fotógrafo oficial do Queen. Ao vê-los no show de abertura do Mott no mesmo anfiteatro em 1973, só lhe restava ficar surpreso com "a pretensão e a confiança" do vocalista.

— Freddie já fazia passos e poses, mesmo o Queen sendo apenas a banda de abertura — recorda Denis. — Ele conversou um pouco com o público entre uma música e outra, apresentando-as. O Brian May foi fantástico. Eu nunca tinha ouvido falar do Queen, mas, naquele tempo, era comum assistir à banda de abertura além da atração principal. Eu disse ao meu amigo George Bodnar (que também se tornou um renomado fotógrafo de rock): "Por que ele faz essas idiotices?" É claro que descobri o motivo, cerca de um ano depois, quando o mundo todo já havia aceitado o Queen. Só passei a curtir a música depois de ouvi-los no programa do John Peel. Desde então, sou um grande fã da banda.

— Na minha opinião — observou Joop Visser, mais tarde —, foi só depois da turnê com o Mott the Hoople que o Queen pegou o jeito da coisa, e de forma assustadora. No final da turnê eles deixaram o Mott the Hoople com medo, pois estavam roubando a cena.

Enquanto isso, a imprensa começava a fazer críticas melhores. "Clima eletrizante. " "Banda sensacional." O Queen concluiu essa etapa decisiva abrindo um show do grupo 10cc em Liverpool.

Quando pediram a Freddie que comentasse sobre a turnê que começou como do Mott e terminou sendo do Queen, ele respondeu:

— Tocar com o Mott foi uma ótima oportunidade. Mas eu sabia muito bem que, assim que terminássemos a turnê, pelo menos no que dizia respeito ao Reino Unido, nós viraríamos a atração principal.

A EMI, que não dava mais conta da enxurrada de cartas de fãs e de pedidos de fotos do Queen, tentou transferir a responsabilidade para o estúdio Trident que, por sua vez, também não podia ou não queria assumi-la. Só havia um jeito de resolver o problema. No final de 1973, a banda havia lançado seu fã-clube oficial, administrado por dois velhos amigos que Roger tinha na Cornualha, Sue e Pat Johnstone. Apesar de o fã-clube ter mudado de mãos ao longo dos anos, o Queen continuou acompanhando-o de perto. Além de existir até hoje, a associação ainda organiza e sedia um encontro anual de fãs que atrai um bom público.

Com a venda do álbum aquecida, a EMI expandiu a campanha internacional, agendando uma turnê de divulgação na Austrália em janeiro de 1974. No entanto, ocorreu um desastre. Após tomar a vacina de praxe para viajar, Brian desenvolveu uma gangrena aguda no braço, havendo risco de amputação. O quadro melhorou a tempo de a banda viajar conforme o planejado. Depois, foi a vez de Freddie. Durante o voo para Sydney, o medo de avião se manifestou pela primeira vez e o cantor ficou agitado, quase beirando o pânico. A aflição ainda foi exacerbada por uma dor de ouvido que resultou em perda temporária de audição. Freddie continuou acrofóbico para o resto da vida. A turnê parecia amaldiçoada. Como Freddie e Brian não estavam em condições de se apresentar, os shows foram desanimados.

Pelo menos em Londres a situação estava melhorando. Na pesquisa de opinião da publicação *NME*, o Queen foi eleito o segundo novo talento mais promissor, mesmo sem ter emplacado nenhum hit. Nos Estados Unidos, a Elektra lançou uma segunda faixa do álbum como single, mas a canção afundou sem deixar vestígio. Ainda sem se abalar, a EMI programou o lançamento de mais um single, e quando surgiu uma vaga de última hora no *Top of the Pops* em 21 de fevereiro de 1974 — já que o videoclipe do novo single de David Bowie, "Rebel Rebel", não estava pronto —, o Queen foi levado às pressas aos estúdios da BBC para cantar "Seven Seas of Rhye" com playback, antes mesmo de a música ser lançada.

— Lembro que Freddie correu pela Oxford Street para ver a apresentação deles na televisão de uma vitrine, pois não tinha uma em casa — disse Brainsby.

O single foi lançado com urgência na mesma semana e a maré continuou a virar. O segundo álbum da banda, *Queen II*, tinha sido concluído e já havia planos para a primeira turnê oficial no Reino Unido, que começaria em Blackpool no dia 1º de março e terminaria quatro semanas depois, no Rainbow Theatre, na zona norte de Londres. O anfiteatro, localizado na esquina da Isledon Road com a Seven Sisters Road, foi construído na década de 1930 para ser um cinema. Atualmente, o prédio está tombado e sedia uma igreja pentecostal. Nesse meio-tempo, foi um importante espaço musical onde, em 1967, Jimi Hendrix ateou fogo na guitarra pela primeira vez. Também foi o palco da gravação do álbum *Live in London*, dos Beach Boys, e dos pedidos de bis de apresentações de Stevie Wonder, The Who, Pink Floyd, Van Morrison, Ramones e David Bowie.

No Ealing Studios, o grupo começou a ensaiar a sério para a turnê. De acordo com Brainsby, foi Freddie quem teve a ideia de contratar a jovem e aclamada estilista Zandra Rhodes para desenhar os figurinos extravagantes dos shows, após ter visto algumas de suas criações para Marc Bolan. Os outros integrantes concordaram sem pestanejar. Já a EMI, nem tanto. Afinal, o custo seria exorbitante: 5 mil libras. Se bem que até o pessoal da gravadora tinha que admitir que as batas de seda com manga-morcego confeccionadas por Zandra eram "muito Queen". Só agora Freddie se sentia confiante o suficiente para se despedir da loja do Kensington Market.

"Seven Seas of Rhye" foi direto para a 45ª posição quatro dias após o show em Blackpool. O álbum *Queen II* foi lançado três dias depois e ficou em 35º lugar no ranking, recebendo críticas diversificadas. A turnê foi prejudicada por uma série de incidentes, inclusive um conflito violento ao norte da fronteira com a Escócia, quando alunos da Universidade de Stirling iniciaram uma briga e dois fãs foram esfaqueados. Apesar de a banda ter conseguido se trancar numa cozinha, dois roadies se feriram e foram levados ao hospital. Em decorrência disso, o show da noite seguinte, que seria em Birmingham, foi cancelado, mas o estrago já estava feito. O Queen voltou a ser alvo de manchetes negativas na imprensa musical. A onda de publicidade ruim persistiu após a apresentação na ilha de Man, no fim de março. Mesmo com tantos problemas, o grupo e a comitiva comemoraram em grande estilo, elevando o padrão das futuras festas pós-show do Queen. Em outro dia da turnê, enquanto aguardava a entrada da banda, o público começou a cantar "God Save the Queen", o que se tornou um hábito nas apresentações do grupo.

Com *Queen II* em sétimo lugar na lista de álbuns, um número crescente de fãs começou a ouvir o primeiro disco, que acabou estreando no ranking em 47º lugar, quase no mesmo período em que foi lançado pela Elektra no Japão, onde teve uma recepção eufórica. O Trident, a EMI e a própria Queen não faziam ideia do estouro que a banda seria no país asiático.

Contudo, o sucesso teve seu preço. Sempre tem. À medida que Freddie ficou com o pavio mais curto, se exaltando com qualquer contratempo ou inconveniente, Brian começou a perder a paciência de Jó. Os arranca-rabos entre os dois exauriam todo mundo e costumavam terminar com a saída petulante de um Freddie irritado, enquanto os outros davam de ombros. Para eles, não fazia sentido perder tempo se havia tanto trabalho pela frente. Anos depois, durante uma entrevista para a revista musical britânica Q em comemoração aos 40 anos do Queen, Brian e Roger declararam que Freddie era o pacificador:

— Acho que é contraditória essa imagem de que Freddie era uma diva. Na verdade, ele era o grande diplomata, e quando havia desavenças no grupo, normalmente conseguia resolvê-las".

Nada é mais esclarecedor que o tempo. Segundo Freddie:

— Os integrantes do Queen sempre brigaram por qualquer coisa, até pelo ar que respiram.

Sentindo-se mais confiante devido ao sucesso da turnê oficial de estreia, a banda ficou feliz, mas não surpresa, ao receber um convite do Mott the Hoople para abrir uma série de shows nos Estados Unidos, começando por Denver, no Colorado, e incluindo várias noites em Nova York. Apesar da aerofobia, Freddie foi o primeiro a entrar no avião no dia 12 de abril. Uma vez em terra, eles receberam a notícia de que a Elektra, aproveitando a chegada iminente do grupo, havia antecipado o lançamento do disco *Queen II*. A banda não poderia estar mais empolgada com a primeira turnê americana, afinal, fazia anos que batalhava por esse objetivo. Agora era o Queen que atraía o interesse dos artistas extravagantes dos Estados Unidos.

— Nós nos achávamos excêntricos — comentou Brian —, mas nos deparamos com pessoas que eram surpreendentes até para nós: muitos artistas travestidos, os New York Dolls, Andy Warhol, gente cuja criatividade parecia uma crítica a tudo que já havia sido feito.

Contudo, a aventura não estava destinada a ser um mar de rosas e o Queen vivenciou outra tragédia: Brian desmaiou em Nova York, pois não havia se recuperado totalmente da infecção contraída na viagem à Austrália. A banda teve que abandonar os planos de tocar em Boston. Quando o guitarrista desenvolveu hepatite, ficou claro que eles teriam que cancelar o resto da turnê. Brian ficou tremendamente frustrado e com um enorme sentimento de culpa por ter deixado a banda na mão.

De volta ao Reino Unido, apesar de Brian ainda estar muito doente, o Queen foi transferido para o País de Gales para começar o ensaio das músicas do terceiro álbum no Rockfield Studios, perto de Monmouth, no Wye Valley. Inaugurado na década de 1960, o Rockfield foi o primeiro estúdio de gravação residencial do mundo e recebeu uma enorme gama de artistas nos últimos 40 anos, inclusive Mott the Hoople, Black Sabbath, Motorhead, Simple Minds, Aztec Camera, Manic Street Preachers, The Darkness (banda que era quase um tributo ao Queen) e Nigel Kennedy. O estúdio viria a ser muito apreciado pela banda. Em 15 de julho de 1974, eles voltaram a gravar no Trident, outra vez em parceria com o produtor Roy Thomas Baker. Baker, que a essa altura já era chamado de "o quinto Queenie", tinha sido engenheiro da Decca no início da década de 1960 e havia trabalhado com os Rolling Stones, T. Rex, Frank Zappa e Eric Clapton. Também dirigiu discos de Nazareth, Dusty Springfield e Lindisfarne, entre muitos outros, tornando-se um dos produtores mais respeitados da época. A gravação, que foi dividida entre vários outros estúdios londrinos além do Trident, como Air, Sarm e Wessex, em pouco tempo teve que ser interrompida, pois Brian foi levado novamente às pressas ao hospital, dessa vez com uma úlcera no duodeno. Outra turnê americana agendada para setembro precisou ser cancelada. Brian entrou em depressão aguda, temendo que o Queen procurasse um guitarrista substituto. Ele não precisava ter se preocupado. O restante da banda continuou na labuta, gravando o que podia e deixando espaço para que as sequências de guitarra de Brian fossem inseridas posteriormente.

Em compensação, o grupo foi premiado com um disco de prata da indústria fonográfica: as vendas do álbum *Queen II* ultrapassaram 100 mil cópias. Como era de se esperar, Brainsby organizou um número teatral para a cerimônia de abertura no Café Royal de Londres: contratou a bela atriz Jeannette Charles. A moça ganhava a vida como sósia da rainha Elizabeth e sempre aparecia nos canais de TV do Reino Unido. Ela foi uma excelente escolha, especialmente porque o Queen andava aprimorando uma versão roqueira e inofensiva do Hino Nacional Britânico, com a qual pretendiam encerrar os futuros shows ao vivo.

Em outubro de 1974, a banda lançou seu terceiro single, "Killer Queen", que pertencia ao álbum seguinte, *Sheer Heart Attack*.

— "Killer Queen" é sobre uma acompanhante sofisticada — declarou Freddie na época. — Eu estava querendo dizer que pessoas de classe também podem ser putas — prosseguiu, como se fizesse alusão a si mesmo. — Esse é o tema da canção, apesar de eu preferir que os outros deem sua própria interpretação, que entendam como quiserem. O povo está acostumado a ver o Queen com energia de rock pesado, mas esse single poderia ser cantado até por Noël Coward. É um daqueles números com chapéu-coco e suspensórios pretos — acrescentou, referindo-se a seu filme favorito: *Cabaret*, com Liza Minnelli. — Não que Noël Coward fosse se vestir assim!

— Foi o momento da virada — comentou Brian. — Era a canção que melhor representava nosso estilo musical, além de ser um ótimo hit, e precisávamos desesperadamente que ela fizesse sucesso. Não tínhamos um centavo, assim como qualquer outra banda de rock que lutava para sobreviver. Morávamos em quartos alugados em Londres que nem os demais.

"Killer Queen" disparou na segunda posição, mas não conseguiu alcançar o topo por causa do galã de olhos azuis David Essex, cujo hit, ironicamente, se chamava "Gonna Make You a Star" (Vou transformá-lo num astro). Numa bizarra virada do destino, a turnê seguinte do Queen no Reino Unido seria promovida pelo aclamado organizador de eventos de rock Mel Bush, que havia transformado em celebridade ninguém menos que... David Essex. A turnê prometia ser mais ambiciosa e elaborada do que tudo que a banda já havia feito. As publicações musicais foram obrigadas a admitir que se tratava de um grupo singular que não podia ser rejeitado. Além de *Sheer Heart Attack* receber críticas impressionantes, os três álbuns do Queen figuraram ao mesmo tempo na parada de sucessos britânica.

A capa do disco, mais uma criação de Mick Rock, em nada lembrava o visual de *Queen II*.

— Queremos passar a sensação de que fomos abandonados numa ilha deserta — foi a instrução que Freddie deu a Rock, que a seguiu ao pé da letra.

Após espalhar vaselina no rosto e no peito nu dos músicos e espirrar água, Rock os colocou deitados em círculo e os fotografou de cima. O conteúdo musical do álbum era igualmente inesperado e impressionou os críticos e os fãs.

— Em 1974, meu pai comprou o *Sheer Heart Attack* — recorda Kim Wilde, sensação pop e filha de Marty Wilde, roqueiro da década de 1950. Kim dominou o cenário musical nos anos 1980. Seu primeiro single, "Kids in America", conquistou a segunda posição nas paradas.

— Eu tinha 14 anos, amava música pop e estava começando a comprar discos. Adorava Slade, Sweet, Mud, Elton John e Marc Bolan. Sem falar dos Bay City Rollers: bom, eu tinha 14 anos!

"*Sheer Heart Attack* continua sendo um dos álbuns mais emocionantes que já ouvi. Foi o primeiro disco que baixei no iTunes quando o mundo 'ficou virtual'. Eu amava a voz potente do Freddie, as harmonias e o humor. Também adorava o jeito intenso e apaixonado com que o Brian tocava guitarra, além de ter uma queda pelo Roger Taylor. O John Deacon parecia o ingrediente que dava liga ao bolo. Que banda!"

No fim de outubro, eles se aventuraram em outra turnê pelo Reino Unido, que terminaria com uma única apresentação em Londres, no Rainbow Theatre. No entanto, como os ingressos esgotaram em poucos dias, a banda teve que fazer mais shows em 19 e 20 de novembro. As duas apresentações foram filmadas e gravadas para a posteridade e lançamentos futuros. Na primeira festa de encerramento da turnê, realizada no Holiday Inn de Swiss Cottage e considerada muito decente em comparação aos padrões que estavam por vir, o organizador Mel Bush entregou à banda uma placa em comemoração à venda total dos ingressos. Os primeiros shows na Europa — Escandinávia, Bélgica, Alemanha e Espanha — estavam agendados para o fim de novembro. No continente, os álbuns vendiam como água e os ingressos esgotaram na maioria das apresentações. Em Barcelona, cidade que encantou Freddie de imediato e para a qual ele voltaria diversas vezes, o anfiteatro teve os seis mil lugares vendidos em 24 horas.

Em dezembro, o Queen decidiu que a situação com o Trident estava insustentável. Apesar de o pagamento ter aumentado de 20 libras para 60 libras por semana com o sucesso de *Sheer Heart Attack*, ainda não era o suficiente para que os integrantes se mantivessem. Pior ainda: apesar da projeção dos royalties, o estúdio se recusava a dar um adiantamento. John Deacon pretendia comprar uma casa modesta para morar com a namorada Veronica Tetzlaff, que estava grávida, mas o Trident se negou a emprestar as 4 mil libras do depósito. Freddie queria um piano novo e Roger, um carro pequeno. Todos os pedidos de dinheiro foram rejeitados no ato. A tensão chegou a tal ponto que se fez necessária a contratação de um advogado especializado na indústria musical para desatar o nó. Foi assim que começou a relação entre o Queen e Henry James "Jim" Beach, sócio sênior do escritório de advocacia Harbottle & Lewis. Em 1978, ele virou empresário da banda, cargo que ocupa até hoje. Beach demorou nove meses para livrar o grupo dos vários contratos assinados com o Trident, que, era de se esperar, não queria abrir mão da banda. Enquanto isso, com o single "Killer Queen" e o álbum *Sheer Heart Attack* estreando no Top 10 americano, eles já estavam prontos para lançar a turnê oficial nos Estados Unidos.

Em 18 de janeiro de 1975, John se casou com Veronica, com quem teve seis filhos. Em cinco de fevereiro, a banda embarcou na grande aventura em solo americano. Mais uma vez, apesar do apoio entusiasmado da gravadora Elektra, eles enfrentaram dificuldades, com os críticos comparando-os ao Led Zeppelin de forma desfavorável. Freddie teve seu primeiro problema vocal:

desenvolveu — ou não, segundo diagnósticos conflitantes — nódulos benignos na garganta. O cantor ignorou as recomendações médicas — absurdas! — e, em vez de ficar três meses em silêncio, usou e abusou da voz no show em Washington na noite seguinte. Como Freddie melhorava num dia e piorava no outro, o Queen não teve escolha a não ser cancelar várias apresentações nos Estados Unidos. Começava a ficar claro que Freddie estava se desgastando demais no palco, exigindo além da capacidade do corpo e das pregas vocais. Era essencial que ele desse um tempo nas turnês e nas gravações para se recuperar, mas tanto o vocalista quanto os outros integrantes demoraram a aceitar a ideia.

A banda também escapou de poucas e boas. Durante a viagem pelos Estados Unidos, o Queen marcou uma reunião com o temido Don Arden, que antes se chamava Harry Levy, tinha sido cantor e comediante de casas de show da era Vaudeville e morava em Brixton. O objetivo do grupo era transformá-lo em empresário caso ele os livrasse do contrato abusivo com o Trident. Deviam estar desesperados. O falecido empresário e agente da indústria musical, notório por ter arquitetado a carreira dos grupos Small Faces, ELO e Black Sabbath, tinha o apelido de "o poderoso chefão inglês" devido às práticas agressivas e ilícitas. Arden era famoso por recorrer a métodos violentos quando as negociações não saíam conforme o esperado. Diz a lenda que ele até pendurava artistas da janela do andar de cima para convencê-los a assinar contratos. Quando a filha, Sharon, se casou com o vocalista do Black Sabbath, Arden virou sogro de Ozzy Osbourne. Imagine o Queen caindo nas garras do Al Capone do rock... Será que algum integrante teria sobrevivido por tanto tempo?

CAPÍTULO ONZE

Rapsódia

Na verdade, havia muito tempo que eu sonhava com "Bohemian Rhapsody". Não pensei muito no assunto nos discos anteriores, mas eu sabia que, quando estivéssemos no quarto álbum, eu poria em prática.

FREDDIE MERCURY

"Bohemian Rhapsody" foi inovadora em vários sentidos, e nunca saiu de moda, o que acontece com todas as canções que marcam época. É o caso de "I'm Not in Love", do 10cc, outra faixa que rompeu todas as barreiras da produção sonora e que continua atualíssima. “Good Vibrations”, dos Beach Boys: toque-a neste exato segundo e ela parecerá tão boa quanto da primeira vez em que você a escutou. “Be My Baby”, do Phil Spector: só a primeira batida já dá vontade de dançar... Passar nesse teste do tempo é uma característica das gravações de qualidade. Todo disco, para ser bom, precisa começar com uma canção que preste, mas não dá para separar a música da produção. De certa forma, o que ecoa na nossa cabeça é a produção gigantesca, mesmo quando ouvimos a música sendo tocada sem toda essa parafernália.

STEVE LEVINE, PRODUTOR MUSICAL

O Queen não estava preparado para a "Beatlemania" que o aguardava em Tóquio em abril de 1975. Mais de 3 mil fãs histéricos se aglomeraram no saguão de desembarque do aeroporto internacional de Haneda, muitos munidos de cartazes feitos em casa e de discos da banda. Como o álbum *Sheer Heart Attack* e o single "Killer Queen" lideravam as paradas de sucessos e todos os ingressos dos shows no Japão haviam esgotado bem antes do previsto, serem recebidos como heróis não era para ser nenhuma surpresa. Talvez não tenha sido para Freddie, que lidou com a situação de forma magnânima e, contente, acenava e sorria. Um repórter chegou a brincar, dizendo que ele talvez se sentisse muito à vontade no país por não ter que esconder os dentes de coelho, uma vez que muitos admiradores japoneses também eram dentuços. Além da empolgação imediata com a legião de fãs, Freddie se apaixonou pelo lugar. Nada melhor do que uma região antiga e remota para despertar o gosto exótico adormecido, ainda mais para alguém que havia cortado relações com a própria terra natal. Tudo o fascinava no Japão: desde a história, as tradições e a cultura até o estilo de vida altamente tecnológico. Em pouco tempo, Freddie virou um ávido colecionador de porcelana, pinturas e outras obras de arte japonesas.

O cantor tinha muito em comum com o país. Assim como Freddie, o Japão era repleto de contradições: uma raridade antiga de personalidade complexa e multifacetada. Para o astro, os nomes das milhares de ilhas ecoavam como feitiços mágicos: Hokkaido, Honshu, Kyushu, Shikoku. Freddie se sentia atraído pelos japoneses gentis e estoicos, um povo que sobreviveu a séculos de opressão feudal para se reerguer com tanta serenidade após a Segunda Guerra Mundial. Ele corria de um lado para o outro, absorvendo tudo ao redor. Empanturrou-se de sushi e saquê e barganhou bonecas, quimonos de seda e caixinhas laqueadas. Frequentou as infames casas de banho e as *kage-me-jaya* ("casas de chá nas sombras", popularizadas pelos soldados americanos) e saiu com as gueixas: de ambos os sexos. Freddie fez amizade com Akihiro Miwa, uma bela drag queen que produzia e dirigia o próprio show de cabaré em Ginza (bairro de Tóquio que equivale ao Pigalle de Paris e ao Soho de Londres). Após a primeira visita do astro, Miwa, que aos 75 anos ainda exibia cabelos louros amarelo-ovo na altura dos ombros, passou a cantar músicas do Queen em homenagem ao novo amigo.

— O Japão era o único lugar em que Freddie agia como um típico turista — recordou o assistente pessoal Peter Freestone. — Ele era perdidamente apaixonado por coisas japonesas, mas quando se hospedava em qualquer outro lugar do mundo, só se preocupava em ter uma cama para dormir.

Os shows de abertura e de encerramento da turnê, realizados no Nippon Budokan Hall, em Tóquio, foram inesquecíveis. Nem mesmo o tamanho dos guarda-costas lutadores de sumô foi o suficiente para conter a força da multidão de 10 mil adolescentes histéricas. Em determinado momento da primeira apresentação, Freddie foi obrigado a parar de cantar e implorar que as fãs, para a segurança das mesmas, respirassem fundo e se acalmassem. A história se repetiu em todas as cidades em que o Queen tocou.

A banda recebeu boas e más notícias quando regressou ao Reino Unido. Apesar de ter caído nas graças da volúvel e irritante mídia britânica, após ganhar o prêmio Ivor Novello e um Leão de Ouro belga com "Killer Queen", o grupo continuava enfrentando o conflito com a Trident. Os Sheffield alegavam que haviam investido mais de 200 mil libras em uma banda nova. Só o álbum *Sheer Heart Attack* tinha custado 30 mil libras — um valor irrisório se comparado aos gastos das gravações atuais, mas exorbitante para a época. Agora que estavam emplacando hits, os integrantes da banda esperavam lucrar alguma coisa, mas, infelizmente, viram que ainda deviam uma verdadeira fortuna ao Trident. O Queen não suportava a ideia de estar sem um tostão, mas de, aos olhos do mundo, parecer um grupo bem-sucedido. A única opção era se concentrar e compor mais canções para um próximo disco. No entanto, foi um processo tenso, pois os músicos começaram a descontar as frustrações uns nos outros, alimentando boatos de que haviam decidido se separar. A fofoca era justamente o que o Queen precisava para recobrar a sensatez e dar uma trégua, afinal, eles estavam nessa juntos. O acordo feito com a Trident consistia em: seriam liberados dos contratos mediante o pagamento de uma indenização de 100 mil libras e de um por cento dos royalties dos próximos seis álbuns. Não que eles tivessem dinheiro para acertar a dívida naquele momento. Contudo, agora poderiam assinar novos contratos com a EMI Records no Reino Unido e com a Elektra nos Estados Unidos. No mais, eles se virariam com uma ajudinha dos amigos.

Em agosto de 1975, numa casa alugada em Herefordshire, o Queen ensaiou as faixas de seu quarto álbum: *A Night at the Opera*. O título foi inspirado na comédia *Uma noite na ópera*, dos irmãos Marx. A banda adorava o filme, que foi um sucesso em 1935. Após os ensaios, o grupo voltou rapidamente ao estúdio Rockfield, que ficaria famoso por ter sido usado para a gravação do acompanhamento de "Bohemian Rhapsody". Brian recorda que, quando Freddie surgiu com a música, "parecia já estar com tudo organizado na cabeça".

A canção, uma verdadeira epopeia envolvendo uma introdução *a cappella*, uma sequência instrumental com piano, guitarra, baixo e bateria, um interlúdio imitando ópera e uma conclusão regada a rock, a princípio parecia inviável.

— Estávamos um pouco confusos, pois não sabíamos como ele ligaria todos esses elementos — declarou Brian.

A canção deu vida a uma série de obscuros personagens clássicos: Scaramouche, um palhaço da *commedia dell'arte*; o astrônomo Galileu; Fígaro, o protagonista das peças de Beaumarchais *O barbeiro de Sevilha* e *As bodas de Fígaro*, que deram origem às óperas de Paisiello, Rossini e Mozart; Belzebu, tido no Novo Testamento como Satanás, o Príncipe dos Demônios, mas que em árabe quer dizer "senhor das moscas" ou "senhor das moradas divinas". Também em árabe, na letra consta a palavra *bismillah* (bismela), que é o substantivo de uma expressão do Alcorão: "*bismi-llahi r-rahmani r-rahiim*", que significa "em nome de Deus, o clemente, o misericordioso".

Certa vez, numa festa na suíte do hotel de Budapeste, em 1986, contei a Freddie a minha teoria sobre os personagens de "Bohemian Rhapsody". Scaramouche só podia ser o próprio Freddie, não é mesmo? A retomada do tema do palhaço choroso em suas composições (Pagliacci em "It's a Hard Life") dava a dica. Galileu Galilei, o astrônomo, matemático e físico do século XVI, pai da ciência moderna, representava o erudito Brian, sem dúvida.

Belzebu com certeza era Roger, o mais farrista dos integrantes do Queen, com "*a devil put aside*" (um demônio reservado) para o amigo. Forcei a barra com uma referência irônica a John, "o tímido", que considerei ser Fígaro: não o personagem da ópera, e sim o gatinho preto e branco do longa-metragem de animação *Pinóquio*, lançado pela Disney em 1940. Bem, Freddie amava os gatos. Ou não... Mas, como disse o próprio cantor, todas as teorias são válidas. Ele nunca tinha dado nenhuma explicação sobre o significado de "Bo Rap", dizendo até ao seu DJ camarada, Kenny Everett, que eram apenas "rimas aleatórias e sem sentido". Então, por que revelaria o mistério a mim? Nunca esperei que o fizesse. Ele ficou me olhando por um momento, antes de responder com um sorriso de Mona Lisa.

O processo de gravação, que parecia eterno, desgastou todos os envolvidos, inclusive a fita, graças à inserção e à sobreposição de vozes que não acabavam mais.

— As pessoas pensam que foi algo de outro mundo — declarou Brian —, mas se puséssemos a fita contra a luz, dava para ver... Sempre que Freddie acrescentava outro "Galileu", perdíamos algum trecho.

Nos estúdios Sarm East e Scorpio, em Londres, deu-se início a um festival de *overdubbing* (sobreposição de gravações). É claro que houve algum percalço, como recorda o amigo e ex-artista Robert Lee.

— Eu tinha acabado de começar as gravações de Levinsky/Sinclair (dupla contratada pelo selo Charisma, de Tony Stratton-Smith, que era frequente no programa de Kenny Everett) — declara Lee, que agora edita o site oficial do The Who. — Freddie era amigo de um rapaz que morava comigo, e costumávamos ir a

Portobello sexta-feira de manhã para comprar antiguidades. Lembro que ele sempre foi de um bom gosto impecável: ainda tenho duas gravuras chinesas que ele me fez comprar quando fui procurar um presente para a minha mãe... Eu as peguei de volta depois que ela faleceu.

"John Sinclair, que agora é rabino e mora em Jerusalém, era dono do estúdio Sarm, localizado no final da Brick Lane. A irmã dele, Jill, também estava lá. Que Deus a proteja (ela até hoje se recupera de um acidente trágico).

"O Queen estava mixando 'Bohemian Rhapsody'. Roy Thomas Baker dirigia e Freddie e companhia estavam na mesa de som. Era uma mixagem enorme, de 24 canais, que incluía fitas secundárias (que contêm submixagens de faixas da fita máster e que são utilizadas para gravar *overdubs*), pré-mixagens e ensaios. Tantos *faders* tinham que estar precisamente ajustados... Era muito complicado. Eles passaram horas a fio tentando acertar tudo, mas sem sucesso. Até que ocorreu um milagre: tudo começou a ficar perfeito e eles estavam quase no fim. Todos estavam tensos, com a adrenalina nas alturas, mas muito felizes. Mas eis que, de repente, as luzes se apagam... e Jill entra, toda orgulhosa, segurando um bolo enorme e cheio de velas, cantando para Freddie: 'Parabéns pra você, nesta data querida!' E eles tiveram que recomeçar do zero..."

— *Is this the real life... is this just Battersea** — canta Allan James com um sorriso. — "Bohemian Rhapsody" foi parodiada desde o primeiro dia, o que é a forma mais sincera de elogio. O Queen virou o jogo com um single de seis minutos.

* *A letra original é Is this the real life? [...] Is this just fantasy? (N. do E.)*

— A gravação era uma obra de arte — declara Frank Allen, baixista do The Searchers —, bem superior ao que a maioria das bandas estava oferecendo. A forma como sobrepuseram as faixas era impressionante, dado que, naquele tempo, só havia gravadores analógicos de 24 canais, o que era avançadíssimo para a época, mas agora é considerado extremamente modesto e limitante. É claro que o trabalho culminou na maior façanha da banda: "Bohemian Rhapsody". Até hoje não se sabe como conseguiram fazer isso. A cada harmonia inserida, a qualidade do som piorava, sendo que a linha entre genialidade e desastre era assustadoramente tênue, mas eles foram mais do que geniais.

Ainda não era óbvio o quanto Freddie Mercury e Elton John tinham em comum. E mal sabiam os dois, em 1975, que Elton seria um dos últimos a segurar a mão do cantor em seu leito de morte, 16 anos depois.

A dupla se encontrou pela primeira vez no fim da década de 1960, quando Freddie assistiu a uma apresentação de Elton, que ainda era um pianista e cantor de pouca visibilidade, no famoso Crawdaddy Club de Richmond, em Surrey. O espaço era conhecido no mundo todo por ter recebido grandes nomes do blues americano e por ter apoiado os Rolling Stones. Fundado pelo cineasta Giorgio Gomelsky no final de 1962, localizava-se originalmente no Station Hotel, de frente para a estação ferroviária de Richmond. Mais tarde, a casa foi transferida para a associação atlética local a fim de acomodar mais fãs. O Crawdaddy serviu de palco para os primeiros shows de Eric Clapton com os Yardbirds, além de Led Zeppelin e Rod Stewart, e era exatamente o tipo de lugar que Freddie almejava. Era algo para sonhar enquanto posava nu como modelo vivo nas aulas noturnas da faculdade de artes por dez libras por semana.

Para quem era íntimo de Elton e de Freddie, a dupla tinha semelhanças misteriosas. Os dois, quando meninos, eram muito apegados à mãe. Ambos foram crianças introvertidas e sensíveis que, desde cedo, aprenderam a tocar piano. Elton também trocou de nome: de Reginald Kenneth Dwight para Elton Hercules John. Como Freddie, escolheu o nome de um deus da mitologia romana. Tanto um quanto o outro percorreram caminhos longos, tortuosos e repletos de obstáculos até alcançarem o estrelato. Ambos passaram por crises de insatisfação com a aparência e desenvolveram um estilo inusitado para disfarçar a suposta feiura. Elton, no caso, recorreu a óculos excêntricos, botas plataforma e trajes com penas e franjas. Os dois estavam confusos em relação à sexualidade, para dizer o mínimo.

James Saez, músico, produtor e engenheiro em Los Angeles e que trabalhou com Madonna, Led Zeppelin, Radiohead e Red Hot Chili Peppers, acredita que o dilema sexual tenha sido fundamental para o desenvolvimento artístico de Elton e de Freddie.

— Havia, por acaso, algo mais complicado do que ser homossexual na década de 1970 e tentar se expressar sem, digamos, se expressar? — indaga James. — Acho bem plausível que Elton tenha criado um verdadeiro personagem, cheio de figurinos e de trejeitos teatrais, a fim de lidar com esse dilema e, ao mesmo tempo, se abrir. Imagino que "Farrokh" estivesse enfrentando dificuldades semelhantes. O que sempre me intrigou em Freddie é que por mais que ele parecesse forte e extravagante, de um jeito carismático, ainda assim dava a impressão de ser muito frágil e quase inocente.

Tanto Elton quanto Freddie tiveram namoradas e romances que para o resto do mundo pareciam convencionais. Dizem que a engenheira de gravação alemã Renate Blauel continua sentida com o fracasso do breve casamento com Elton em 1984. O cantor, que é gay assumido desde 1988, se uniu no civil ao cineasta David Furnish em 2005. Eles têm um filho, Zachary Jackson Levon Furnish-John, que nasceu de uma mãe de aluguel no Natal de 2010.

As personalidades de Freddie e de Elton se desenvolveram paralelamente e, com o tempo, um passou a depender da amizade do outro.

— O Elton é um bom companheiro, não é? — comentou Freddie. — Morro de amores por ele e o acho fabuloso. Para mim, ele é como uma dessas últimas atrizes de Hollywood que ainda valem a pena. Foi um pioneiro no rock 'n' roll. A primeira vez em que o vi, ele foi maravilhoso, o tipo de pessoa com quem a gente se dá bem logo de cara. O Elton disse que gostava de "Killer Queen", e todo mundo que diz isso entra para a minha lista branca. Minha lista negra já está lotada!

Em pouco tempo, contudo, outro aspecto mais trágico da semelhança entre os dois se fez presente. De acordo com o depoimento dado por um psicanalista sobre Elton em *Tantrums & Tiaras*, documentário para TV produzido por David Furnish:

— Ele nasceu viciado. É totalmente obsessivo-compulsivo. Se não fosse álcool, seriam drogas. Se não fossem drogas, seria comida. Se não fosse comida, seriam relacionamentos. Se não fossem relacionamentos, seriam compras. E quer saber? Acho que ele sofre das cinco compulsões.

O próprio Elton não discordou do diagnóstico. Como resultado da coragem em permitir que declarações desse gênero fossem veiculadas, a popularidade do cantor teve um aumento avassalador. Era praticamente uma imagem espelhada da pessoa que

Freddie se tornou em meados da década de 1980, quando a fama e todas as suas distrações cobraram seu preço.

Em 1975, o que a dupla tinha em comum de mais relevante era um escocês estourado chamado John Reid.

Nascido em Paisley, o organizador de eventos de 26 anos havia traçado um caminho tortuoso até se tornar um guru com sede de poder, controlando um negócio de 40 milhões de libras. Após trabalhar numa loja de roupas masculinas, Reid embarcou na indústria musical como promoter de discos. Ambicioso, ele ascendeu socialmente, cultivou amizades com pessoas notórias e foi companheiro de Elton durante meia década. Com apenas 21 anos, ele virou empresário do astro. Reid era outro homem indeciso em relação à sexualidade. Em 1976, mudou de time, mesmo que por um breve período, e ficou noivo da adolescente Sarah Forbes, relações-públicas da Rocket, gravadora de Reid. Sarah é filha do diretor de cinema Bryan Forbes com a atriz Nanette Newman. Ela sobreviveu ao rompimento e se casou com o ator John Standing (também conhecido como Sir John Ronald Leon Standing, quarto baronete de Bletchley Park). A relação profissional de Reid e Elton durou 28 anos, mas terminou de um jeito amargo. Em 2000, Elton deu início a uma multimilionária batalha jurídica contra Reid alegando negligência empresarial.

Ainda em 1975, Elton se uniu a outro escocês que pretendia fazer nome no mercado: Rod Stewart. Os dois haviam trabalhado com Long John Baldry e concordaram em coproduzir um álbum a fim de ressuscitar a carreira de Baldry, que estava em declínio. Foi durante as gravações desse LP que eles tiveram a ideia de adotar um antigo costume do teatro: usar nomes de mulher. Elton foi apelidado de Sharon Cavendish, pseudônimo que passou a usar com frequência em turnês. Rod virou Phyllis, por causa da atriz

Phyllis Diller. Baldry se tornou Ada e John Reid era Beryl, em homenagem à atriz britânica Beryl Reid. Quando Freddie descobriu, teve que participar, e virou Melina, em honra à atriz grega Melina Mercouri. Cliff Richard, devido à enorme quantidade de discos emoldurados que havia ganhado ao longo das décadas, recebeu a alcunha de Silvia Disc. Neil Sedaka, pelos mesmos motivos, passou a ser Golda Disc. No futuro, a comitiva inteira de Freddie atenderia por nomes femininos. Seu assistente pessoal era Phoebe (Peter Freestone), o ex-amante que tinha virado chef era Liza (Joe Fanelli) e seu empresário pessoal, Paul Prenter, era Trixie. Nem os amigos e os integrantes da banda foram poupados: Brian era Maggie, do hit "Maggie May", de Rod. Roger era Liz, de Elizabeth Taylor. David Nutter, irmão do famoso alfaiate Tommy Nutter, era Dawn, e Tony King, assistente de Mick Jagger e amigo de longa data de Freddie, se tornou Joy. Seguindo a lógica oposta, Mary Austin foi transformada em Steve, por causa do protagonista do seriado *O homem de seis milhões de dólares*, Steve Austin. Ela se importava?

— Ninguém *tinha o direito* de se importar! — riu Phoebe. — Só era aceito no grupo quem tivesse um "nome". O curioso é que John Deacon nunca recebeu um apelido. Talvez porque fosse tímido demais.

Enquanto Elton havia se autoimposto uma semiaposentadoria depois de uma árdua turnê mundial de seis anos, John Reid, que agora administrava o selo Rocket Records que pertencia ao cantor, além de ser seu empresário, estava ávido para expandir seu império. Como era de se esperar, ele aproveitou a chance de empresariar o Queen. Apesar de a banda ter outros candidatos em vista, como Peter Grant, do Led Zeppelin, Peter Rudge, gerente de turnê do The Who, e Harvey Lisberg, do 10cc, acabou escolhendo

Reid por eliminação. Não era a opção considerada ideal, mesmo que, numa primeira manobra impressionante, Reid tenha conseguido levantar as 100 mil libras que o Queen devia ao Trident. Ele conseguiu o dinheiro de forma simples: pediu à EMI um adiantamento dos royalties de lançamentos futuros.

Elton deu sua opinião ao empresário em comum sobre o Queen: seria um verdadeiro fracasso. A EMI e a indústria como um todo não estavam levando fé. As estações de rádio não sabiam o que diabos deveriam fazer com um single de seis minutos. Até o baixista John Deacon expressou seus temores, mesmo que em particular, de que lançar "Bohemian Rhapsody" pudesse ser o maior erro de cálculo da carreira do Queen. A canção, que entraria para a história da música como *o* maior clássico de rock de todos os tempos, não poderia ter tido um início mais incerto. Até quem reconhecia a magnitude da obra estava relutante em prosseguir com a gravação, uma vez que "Bohemian Rhapsody" destoava por completo dos padrões aceitos no rock.

Ninguém sabe o que de fato estimulou a imaginação de Freddie e o inspirou a compor essa canção. Empolgante e decadente, transbordando de agonia pessoal maldisfarçada e êxtase, é um misto inacreditável de barroco e balada, de *music hall* e rock pesado. Seus elementos incongruentes são ligados por uma série de sons cacofônicos de guitarra, sequências de piano clássico, orquestrações rebuscadas e corais ricos e multifacetados, tudo gravado com tantas sobreposições que, dependendo do humor do ouvinte, pode ser insuportável. Deve haver poucos fãs de rock no planeta que não saibam a letra de cor.

— Apesar de ter sido uma obra impressionante, revolucionária e incrível, não aguento mais ouvi-la — admite Phil Swern, produtor da Radio 2 e colecionador de discos. — Aparece com uma frequência alarmante nas playlists e é tocada até não poder mais.

Mesmo assim, não dá para negar que a música seja de uma elaboração excepcional. Com quase seis minutos de duração, infringiu todas as regras. O que chega aos pés? Os Beatles, sempre: "A Day in the Life" (a última faixa do álbum de 1967, *Sgt Pepper's Lonely Hearts Club Band*, de 5m3s). "Stairway to Heaven", do Led Zeppelin (canção de 8m02s e a mais pedida nas rádios FM dos Estados Unidos, apesar de nunca ter sido lançada como single no país) e "McArthur Park" (7m21s), composta por Jimmy Webb e gravada por Richard Harris.

— Distancie-se o suficiente e a mudança de perspectiva altera tudo — destaca Paul Gambaccini.

— É difícil se empolgar com as atuais canções de três minutos e meio de rock ou pop, quando obras-primas de longa duração como "Bohemian Rhapsody", "McArthur Park", "Hey Jude", "Light My Fire" e "American Pie" já foram criadas. Ninguém mais almeja compor músicas desse nível. Atualmente, podemos considerar esses trabalhos realizações artísticas de última grandeza. Don McLean não compôs "American Pie" para ser um single, até porque ele não imaginava que a canção *pudesse* virar um single. Tinha oito minutos e meio de duração. Foi a gravadora que a dividiu em duas partes. Don era um artista puro que nem sequer concebeu que "American Pie" viraria um hit. Sem dúvida, era uma obra-prima, mas ele a gravou como se fosse apenas uma faixa longa de um álbum. O mesmo vale para "Bohemian Rhapsody", última música do disco *A Night at the Opera*, lançado pelo Queen em 1975 — afirma Paul, que acrescenta: — Tudo bem, foi Freddie quem compôs a canção, mas Brian fez aquela incrível passagem de guitarra no meio, o Roger cantou os agudos e John colaborou, é claro. É fantástico dividir as contribuições dessa maneira, prática que eles cultivaram nas futuras composições individuais e que tenho certeza de que ajudou a manter o grupo unido. Foi preciso que o gênio Kenny Everett a ouvisse para que "Bohemian Rhapsody" fosse considerada um clássico.

Everett, conhecido como "Ev", era um grande amigo de Freddie. Nascido em Merseyside, o ex-apresentador da rádio Luxembourg também era amigo dos Beatles e tinha ganhado fama como DJ da Radio 1 e apresentador e comediante dos próprios programas: *Kenny Everett Video* e *Kenny Everett Television*. Ev foi diagnosticado soropositivo em 1989 e morreu de complicações decorrentes da Aids em 1995, aos 50 anos. Em 1966, ele se casou com a ex-cantora pop "Lady Lee" Middleton, ex-namorada do cantor Billy Fury, que acabou se transformando na vidente e praticante de cura espiritual Lee Everett Alkin. O casal se separou em 1979, quando Everett assumiu a homossexualidade. Acredita-se que ele tenha sido contaminado pelo promíscuo amante russo Nikolai Grishanovitch, que era infame nos círculos gays ("aquele imbecil descuidado do Nikolai") por ter contribuído como ninguém para a disseminação do vírus HIV em Londres no início da década de 1980. Ex-soldado do Exército Vermelho, Grishanovitch também sucumbiu à doença em 1990 e às vezes é citado como a pessoa que infectou Freddie, apesar de muitos dos meus entrevistados acreditarem que tenha sido o falecido Ronnie Fisher, ex-relações-públicas da CBS/Sony.

— Não acho que Nikolai tenha contaminado Freddie. As datas não batem — argumenta Paul Gambaccini. — Não me lembro de ter visto o Nikolai antes do ano (1987) em que o governo lançou a primeira campanha de conscientização da Aids (1987), pois recordo que o conheci através do Freddie pouco antes da veiculação dos anúncios. Os primeiros sintomas do Freddie apareceram um ou dois anos depois. Levando-se em conta que, depois de contraída a doença, os sintomas demoravam em média dez anos para se manifestar, era pouquíssimo tempo. Além disso, eu sabia que Freddie tinha sido o que os nossos pais chamavam de "liberal" desde o fim da década de 1970, o que condiz perfeitamente com a média de dez anos. Não é impossível que tenha sido o Nikolai, mas é pouco provável.

"Não sei onde o Freddie e o Nikolai se conheceram" acrescenta Paul "mas não me surpreenderia se tivesse sido no Coleherne, em Earl's Court. Era um dos pubs preferidos de Freddie (o outro era o London Apprentice, em Shoreditch) e tinha a vantagem de ficar a poucas quadras da casa dele. Muitos acreditam que o HIV tenha sido introduzido em Londres através desse pub por um turista americano, cuja roda inteira contraiu a doença."

Como Ev e Freddie eram figuras influentes dos mesmos círculos gays e musicais, era inevitável que seus caminhos se cruzassem.

— Nunca achei que Freddie e Kenny fossem amantes — diz Paul. — Caso fossem, creio que todos do nosso grupo teriam sabido. O motivo pelo qual eu nunca alimentei a ideia de que fossem parceiros é que eles tinham um comportamento sexual muito parecido. É claro que isso não impede dois curiosos de terem um caso de uma noite, mas eu não consigo visualizar isso. Para ser sincero, eles só se divertiam juntos.

Everett teve um papel crucial no lançamento de "Bohemian Rhapsody" como single e ficou famoso por ter sido o primeiro a tocar a música no rádio. Ele recebeu uma demo com instruções claras: não veicular. Só o que deveria fazer era dar sua opinião a Freddie. Everett adorou a faixa e a tocou 14 vezes em um fim de semana, sempre dizendo ao chefe que "o dedo tinha escorregado". Apesar de a travessura ter ajudado a canção mais popular de todos os tempos a atrair a atenção da metrópole, alguns questionam se foi o DJ quem também a transformou em sucesso nacional.

— Em 1975, eu tinha um quadro diário na Radio 1 — declara "Diddy" David Hamilton sobre seu programa de enorme popularidade, que atraía 16 milhões de ouvintes diariamente. — A programação era assim: Noel Edmonds com o *Breakfast Show*, Tony Blackburn no meio da manhã, Johnnie Walker durante o almoço e eu depois do almoço. Todos nós tínhamos a "música da semana". É óbvio que era muito fácil escolher algo do Abba ou do Bee Gees, afinal, todos os singles deles viravam sucesso instantâneo, mas, às vezes, quebrávamos paradigmas. Em outubro, também recebi uma visita do renomado promoter de discos Eric Hall.

— Eu morava em um apartamento na Hallam Street, atrás da BBC Broadcasting House, e era comum deixarem discos na minha casa — recorda Diddy. — Nesse dia, o Eric apareceu com "Bohemian Rhapsody" gritando: "Monstro! Monstro! Isto pode virar um grande hit!" Quando ouvi, lembro que achei totalmente diferente de qualquer gravação pop que eu já tinha escutado. Era inovador, operístico. Empolgava, arrebatava e impregnava. Era impossível não cantarolar trechos. A canção dividiu opiniões no escritório. Tony Blackburn disse que não havia entendido. Ninguém mais parecia ter gostado muito. Se comparada à música disco que estava tocando na época — KC & the Sunshine Band com "That's the Way I Like It" e tudo mais —, era algo único. O Queen era muito incomum. Os Stones eram a banda de rock tradicional. O grupo até tocava rock, mas não se resumia a isso. Há uma diferença.

"Eu disse ao meu produtor, Paul Williams, que a canção seria a minha 'Hamilton Hotshot' (a música da semana). Ele concordou. É claro que a gravação permaneceu no topo da parada de sucessos pelo período recorde de nove semanas e, até janeiro de 1976, vendeu mais de 1 milhão na Inglaterra e gerou vendas multimilionárias no mundo todo. É, sem dúvida, a melhor canção pop de todos os tempos. Gosto de pensar que contribuí para isso. Sempre me orgulhei muito das minhas escolhas de Hotshots, e essa não me decepcionou. Houve muito estardalhaço ao longo dos anos sobre o Kenny Everett ter roubado uma cópia do single antes do lançamento, tocando-o sem parar na rádio Capital e depois alegando ter sido ele quem a apresentou ao mundo. Ele alimentou ao máximo essa história e levou grande parte do crédito quando a música virou um hit. Mas, naquela época, a Capital era uma estação exclusivamente *londrina*. Ninguém mais no Reino Unido ouvia essa rádio. A Radio 1 nunca recebeu o mérito por ter levado o single ao conhecimento da nação!"

A música voltou a permanecer na primeira posição durante cinco semanas em 1991, quando foi relançada após a morte de Freddie. Tornou-se o terceiro single de maior vendagem do Reino Unido e liderou as paradas de sucessos do mundo todo. Nos Estados Unidos, a canção chegou ao nono lugar em 1976, reingressando no ranking americano em 1992, graças à gigantesca popularidade do filme *Quanto mais idiota melhor*, famoso pela homenagem a "Bohemian Rhapsody".

O já falecido Tommy Vance, um dos grandes nomes da veiculação de rock, com programas nas rádios londrinas Capital, Radio 1, Virgin Radio e no canal VH-1, da MTV, descreveu "Bohemian Rhapsody" como "o equivalente do rock ao assassinato de JFK".

— Todos se lembravam do que estavam fazendo quando ouviram pela primeira vez — ele me contou. — Eu estava apresentando o programa de rock de fim de semana da Capital. Ouvi e pensei que se tratasse de um manicômio da música pop. Era tão magnificamente obscura que não tinha como não emplacar. Olhando pelo lado técnico, a música é uma confusão. Não segue nenhuma fórmula convencional nem comercial conhecida. É apenas uma série de sonhos, flashbacks, visões do futuro, vinhetas e ideias completamente desconexas. Muda de sequência, de cor, de tom e de ritmo sem nenhum motivo aparente, assim como ocorre na ópera. Mas a intenção era admirável. Era o cúmulo do otimismo. Tinha uma qualidade indefinida, uma certa mágica extraordinária. É genial e até hoje é venerada como um ícone. Qual outra canção se equipara a ela? Absolutamente nenhuma. Mas tente dissecar a letra de "Bohemian Rhapsody" e verá que não faz sentido.

Há quem discorde, como é o caso de Sir Tim Rice, letrista vencedor do Oscar e cocriador de alguns dos melhores musicais da história, dentre eles *Joseph and the Amazing Technicolour Dreamcoat*, *Jesus Cristo Superstar* e *Evita*, além de ter composto canções em parceria com Freddie para a superprodução *Barcelona*, de Montserrat Caballé de 1988.

— Para mim, está na cara que Freddie "saiu do armário" nessa canção — contou. — Até conversei com Roger sobre isso. Ouvi a gravação bem no início e percebi que continha uma mensagem bem clara. Freddie estava dizendo: "Saí do armário, estou admitindo que sou gay."

"Sim, de início, ele estava admitindo a homossexualidade para si... mas, depois, por tabela, admitiu para o resto do mundo, pois a música fez um sucesso tremendo em todos os lugares. '*Mama, I just killed a man...*' (Mãe, acabei de matar um homem). Ele matou o Freddie que ele tentava ser: a imagem antiga. '*Put a gun against his head, pulled my trigger, now he's dead*' (Apontei uma arma para a cabeça dele, puxei o gatilho e agora ele está morto): 'ele' está morto, o heterossexual que era originalmente. *'Mama, life had just begun, but now I've gone and thrown it all away...'* (Mãe, minha vida mal começou, mas acabei de jogá-la fora). Essa é apenas a minha teoria, mas faz sentido. Ele fuzilou e destruiu o homem que fingia ser e agora tenta conviver com o novo Freddie. Claro que é muito obscuro, mas considere aquele trecho do meio: *'I see a little silhouette of a man...'* (Vejo a pequena silhueta de um homem). É o próprio, que continua sendo perseguido pelo que fez e pelo que é. Para mim, funciona. Sempre que escuto a canção no rádio, eu o imagino tentando se livrar de um Freddie para incorporar o outro, mesmo tantos anos depois de ter morrido. Se acho que ele conseguiu? Acho que estava no *processo* de conseguir, até muito bem. Freddie era um letrista excepcional, e 'Bohemian Rhapsody' é, sem dúvida, uma das melhores músicas do século XX."

Então a canção era uma representação do próprio compositor? Freddie estava determinado a não dar explicações.

— Todos só querem saber se significa isso ou aquilo — suspirou Freddie. — Eles que se danem, querida. Não direi nada além do que qualquer poeta decente contaria a você caso ousasse pedir a ele que analisasse a própria obra: se você enxerga, é porque existe.

Na opinião de Brian, era fundamental que o significado da canção permanecesse um mistério.

— Acho que nunca saberemos, e se eu soubesse, provavelmente não iria querer lhe contar — declarou. — Com certeza, eu não explico as minhas canções aos outros. Penso que, de certa forma, isso as destrói, porque o legal das músicas boas é o fato de identificarmos nelas nossas experiências de vida. Acho que Freddie estava enfrentando problemas pessoais, então, talvez tenha resolvido inseri-los na canção. Ele estava tentando se reinventar. Porém, não creio que, naquele momento, fosse a atitude mais acertada, então ele resolveu deixar para fazer isso depois.

Acredito que Brian quisesse dizer que Freddie estava resistindo ao inevitável: ter que terminar o relacionamento com Mary para dar início a uma nova vida como homossexual. Mas só de pensar, ficava apavorado e acabava adiando. Sem falar que temia o impacto que isso causaria nos pais. Assumir-se poderia ter facilitado muito a vida dele em longo prazo, como aconteceu com Kenny Everett, que foi sincero com os fãs e a mulher. De acordo com Lee Everett: "Era o jeito dele, e isso não me impediu de amá-lo. Continuamos apegados um ao outro até o fim."

— Caso Freddie tivesse se assumido para o mundo, teria sido apenas mais um se assumindo — ressalta Simon Napier-Bell. — Não teria sido como no caso do George Michael, que só saiu do armário quando foi obrigado e, de qualquer forma, nem era um astro do rock, só um cantor pop de classe. Se Freddie tivesse se assumido, teria esfregado narizes homofóbicos na própria hipocrisia, e seria um passo menor do que pensava, pois todos os amigos dele já sabiam. E como!

"Quando Freddie declarou que, na vida pessoal, era diferente do artista que subia ao palco, pretendia dizer, de fato, que era forçado a se recolher na concha por causa do medo que a família tinha de ele se assumir. Caso tivesse abraçado a homossexualidade desde o início, sua morte longa e lenta poderia ter beneficiado a comunidade gay, que a transformaria em algo vantajoso, num espetáculo trágico e extraordinário, fazendo do cantor uma nova Judy Garland. Ele até poderia ter se divertido com isso!"

"Bohemian Rhapsody" pode mesmo ter sido uma alegoria do novo Freddie assumido matando o antigo personagem para se refestelar com sua verdadeira personalidade, finalmente revelada depois de tanto tempo escondida, de acordo com Frank Allen, baixista do The Searchers:

— Mas pode ser algo totalmente diferente. Não tenho essa informação nem nunca perguntei a ele. Quando pediram ao Don McLean que explicasse o significado de "American Pie", ele respondeu: "Significa que não preciso mais trabalhar." Talvez a realidade de "Bohemian Rhapsody" contenha uma inocência comparável e uma verdade mais direta. Não tenho capacidade para julgar. Contento-me em admirá-la como uma belíssima obra que se destaca na música pop. A elaboração magnífica deu origem a uma suíte de três peças, de diferentes compassos e ritmos dignos dos grandes clássicos. No que diz respeito ao pop, o resultado foi inédito.

Segundo Tommy Vance, o que de fato mostrou o valor de "Bohemian Rhapsody" não foi a letra inovadora nem a melodia de fundir o cérebro. Tampouco foi a especulação sobre seu significado ou o espaço sem precedentes que a canção conseguiu nas rádios. A verdadeira responsável pelo grande sucesso da música foi a televisão.

CAPÍTULO DOZE

Fama

O vídeo de "Bohemian Rhapsody" foi um dos primeiros a receber o volume de atenção que os clipes recebem atualmente, e só custou cerca de 5 mil libras. Decidimos filmar "Rhapsody" para que o público visse. Não sabíamos o tipo de opinião que iria gerar nem como seria recebido. Para nós, era apenas mais uma forma de teatro. Mas foi uma loucura. Percebemos que era possível atingir muitas pessoas em vários países sem estarmos presentes e que dava para lançar a canção e o clipe ao mesmo tempo. O vídeo se espalhou muito rápido e aqueceu a venda de discos.

FREDDIE MERCURY

Todo grande artista tem seu momento histórico, mas precisa estar preparado. Tem que saber que a oportunidade surge a qualquer momento e precisa estar pronto para agarrá-la sem deixar a peteca cair. Quando acerta, compõe uma canção que comove homens, mulheres e crianças. O sentimentalismo é universal, entranha na pele e ali permanece eternamente. A genialidade e a mágica estão em criar algo assim e depois ser capaz de transmitir, dando sentido e emoção. De nada adianta ser brilhante e guardar para si mesmo.

JONATHAN MORRISH

— Foi o primeiro hit gerado por recursos visuais — afirma Allan James, ex-promoter de discos. — Antes, a arte visual dos Beatles e afins não passava de filminhos divertidos que acompanhavam os singles. Ninguém sabia como aceitar o Queen, foi por isso que eles precisaram do vídeo para deslanchar. Depois, ninguém mais pôde tachá-los apenas como uma banda de rock excêntrica. Eles mudaram o rumo de toda a indústria.

— A evolução de "Bohemian Rhapsody" nas paradas de sucessos obrigou o *Top of the Pops* a dar uma chance à música — recordou o DJ Tommy Vance. — Porque eles *tinham* que tocar quando uma canção entrava para o Top 30. Quanto mais tocavam, mais a música subia no ranking. O incrível é que o videoclipe, dirigido por Bruce Gowers e produzido por Lexi Godfrey para a Jon Roseman Productions, custou apenas 5 mil libras.

O clipe acabou fazendo a carreira de Gowers, que passou a dirigir o programa de TV *American Idol*. Gowers se tornou o produtor-diretor mais requisitado para especiais de música e comédia, atendendo a clientes como Michael Jackson, Rolling Stones e Paul McCartney, além de Britney Spears, Robin Williams, Billy Crystal e Eddie Murphy.

— O Gowers estava filmando uma apresentação da banda em Elstree — lembra Vance — e filmou o clipe de "Bohemian

Rhapsody" no mesmo dia, em apenas quatro horas. Foi realmente muito criativo. Ele usou prismas, por exemplo, para criar determinados efeitos visuais, bem antes de haver recursos eletrônicos e computadores. De onde tirou essas ideias? A música o inspirou. Era um conjunto de vários conceitos interessantes, então a imaginação de Bruce simplesmente fluiu. Mas o principal conceito tinha como base a capa de um álbum anterior, que ganhou vida nas mãos dele.

Trata-se da capa de *Queen II* (1974), que exibe uma foto chapada e em preto e branco do grupo, mostrando apenas a cabeça dos integrantes, com exceção de Freddie, que aparece no centro com as mãos cruzadas na frente do peito como se fossem asas. O mentor da ideia brilhante foi o fotógrafo Mick Rock.

— O *briefing* que a banda me deu para fazer a capa do álbum *foi* breve — declara Rock. — Eles queriam uma capa dupla com um tema em preto e branco que incluísse o grupo. A partir daí, era problema meu. Eu seria o diretor de arte e o fotógrafo. Acontece que eu tinha acabado de fazer amizade com John Kobal, que era um colecionador aficionado de stills dos primórdios de Hollywood.

Canadense nascido na Áustria, falecido Kobal era autor e historiador de cinema, além de renomado especialista na Era de Ouro de Hollywood.

— Em troca de uma sessão de fotos, o John me deu algumas gravuras de sua coleção — explica Rock. — Entre as fotografias estava uma que eu nunca tinha visto, de Marlene Dietrich no filme *O expresso de Xangai*. Ela estava de braços cruzados e usava uma roupa preta contra um fundo preto, sob uma iluminação sutil. A cabeça e as mãos erguidas pareciam flutuar. Imediatamente, vi a relação. Foi algo instintivo, intuitivo. Muito forte. Muito claro. Glamouroso, misterioso e clássico. Eu adaptaria aquilo a um monstro de quatro cabeças. Eles tinham que concordar, então procurei Freddie. Ele também enxergou. Ele entendeu. Na mesma hora, adorou e convenceu o restante da banda. "Serei a Marlene", riu. "Que pensamento delicioso!"

Se algum outro integrante do grupo hesitasse por achar pretensioso, Freddie cortava logo.

— Ele adorava citar Oscar Wilde — gargalha Rock. — "Normalmente, o que hoje é considerado pretensioso amanhã é considerado de vanguarda. O importante é ser considerado."

A capa serviu de inspiração para Gowers fazer o videoclipe de "Bohemian Rhapsody", que a banda percebeu ser um processo vital, além de ferramenta de divulgação, uma vez que seria impossível tocar a música inteira ao vivo. Gowers incrementou e desenvolveu uma imagem que já havia sido criada, ousando o máximo que pôde.

— Foi a primeira música catapultada ao topo por um videoclipe — comentou Vance. — Atualmente, muitos também citam o Queen como tendo sido a primeira banda a fazer um vídeo promocional surrealista, o que não é verdade. Acho que eles foram precedidos pelo Devos, banda americana de pós-punk e art rock formada em 1973 e uma das pioneiras no lançamento de videoclipes.

"Mas o Queen com certeza, foi o primeiro grupo a criar um vídeo conceitual. O clipe capturou a imagística da música com perfeição. E preciso dizer que não teve nada a ver com Freddie. A canção era a canção. A interpretação visual foi a responsável pelo que ela se tornou, pois sempre que havia um eco, as imagens reverberavam na mente do ouvinte. Em pouco tempo, os dois elementos ficaram inseparáveis. Não dá para ouvir a música sem mentalizar as imagens. Podemos afirmar que 'Bohemian Rhapsody' foi o primeiro single a ser 'visto' em todos os cantos, pois nunca um vídeo havia promovido tanto uma canção."

Mike Appleton recorda a animação que invadiu o estúdio do programa *OGWT* com a chegada do videoclipe.

— O conceito era mesmo maravilhoso — afirmou. — Fiquei totalmente enfeitiçado. Eu só precisei pôr no ar. Lembro que me impressionei com Freddie, pois nunca havia surgido ninguém como ele. Nem veio a surgir. Ele amadureceu com "Bohemian Rhapsody". De repente, Freddie parecia ser o único adulto num mercado dominado por um bando de crianças mimadas e petulantes. Os integrantes do Queen sabiam exatamente o que estavam fazendo, e agiam com delicadeza. Nunca vi uma banda tão dedicada.

A primeira reação de Tony Brainsby ao single foi "bizarro".

— Todo mundo teve a mesma sensação. Adorei sem saber por quê, mas, para mim, representou uma virada. Comecei a trabalhar com eles quando eram praticamente desconhecidos, e os vi lançar um dos maiores hits de todos os tempos. Eu me sentia um pai que acabava de ter um filho.

O êxtase de Brainsby durou pouco. O novo acordo entre o Queen e o empresário John Reid tornou sua permanência insustentável

— O John Reid me impossibilitou de continuar trabalhando com o Queen — afirmou. — Ele preferiu usar sua própria equipe de relações-públicas. A situação ficou inviável.

Brainsby retornaria, mas, naquele momento, se não para sempre, a banda estava sob a influência do homem que não só controlava como também havia lançado a carreira de Elton John, o artista mais famoso da época.

A Night at the Opera foi lançado em 21 de novembro de 1975, acompanhado de uma festa de arromba que, de acordo com Paul Gambaccini:

— [...] foi a forma de John Reid dizer "Pronto, agora o Queen está no mesmo patamar que Elton". O Reid tinha plena consciência do potencial do Queen, mas não fazia ideia de quanto o timing tinha sido perfeito. Não houve momento mais propício para ter a banda como cliente do que durante o lançamento do quarto álbum.

Além da relação profissional que mantinha com o grupo, Gambaccini fez amizades que seriam para a vida toda. Pelo menos foi o que aconteceu com Freddie.

— Eles sempre foram o modelo de músicos de rock que entendiam como funcionava essa loucura. Sabiam que se tratava de um negócio. Não esperavam ser melhores amigos. Eles tinham a noção de que só precisavam se dar bem e se respeitar. Essa postura desencanada e igualitária os fez superar dificuldades que teriam desintegrado outras bandas.

"Eu era mais íntimo de Freddie. Ele era o tipo de pessoa que, depois que você conhecia, passava a ir sempre direto ao ponto. Ele era extremamente crítico e sincero. Não era de jogar conversa fora. Acho que isso se deve, em parte, ao fato de eu, assim como ele, ser mais um gay do mundo do rock."

Será que Freddie invejava a coragem que Gambaccini teve de assumir a homossexualidade em público? Será que ele queria, com todas as forças, ser capaz de fazer o mesmo?

— Talvez. Em certa ocasião, ele me disse: "Algum dia, daremos uma entrevista e contaremos tudo." Nunca contamos. Mas posso afirmar que, perto dele, eu me sentia um turista — declara Paul, insinuando que Freddie era bem mais promíscuo que ele.

— Era como se ele fosse o homossexual *de verdade*. Só que, enquanto eu falava abertamente sobre o assunto, ele não se manifestava, mas agia como um gay com G maiúsculo. Eu, se comparado a ele, não passava de um impostor.

Cinco dias após o lançamento do álbum, "Bohemian Rhapsody" fez o Queen estrear na liderança do ranking de singles. A banda comemorou em grande estilo, numa breve turnê de 24 apresentações antes do Natal que incluiu um show eletrizante na noite do dia 24 de dezembro no Hammersmith Odeon. O evento foi transmitido pelo *OGWT* e pela Radio 1.

Três dias depois, o álbum também alcançou a primeira posição e recebeu um disco de platina pelas mais de 250 mil cópias vendidas, volume que dobrou em semanas. Também permaneceu na parada de sucessos americana por 56 semanas. O ano-novo trouxe ainda mais reconhecimento, inclusive outro prêmio Ivor Novello para "Bohemian Rhapsody". Num gesto atípico, o comedido Reid comprou espaço publicitário na revista *Sounds* para dar os parabéns aos seus "meninos" pelo sucesso.

Estava na hora de planejar a segunda série de shows nos Estados Unidos, dessa vez como grandes astros do rock. A turnê, que foi a mais extenuante até então e que abrangeu quase todos os estados, contou com a orientação do novo gerente, Gerry Stickells, que tinha excelentes referências: havia sido roadie e gerente de turnê da Jimi Hendrix Experience. Supostamente, ele estava com Jimi na noite em que o astro morreu, apesar dos mistérios que cercam a tragédia e de Stickells não ter o hábito de falar sobre o assunto. Ele permaneceu com o Queen até a última turnê do grupo.

Foi durante essa aclamada turnê americana que a banda aperfeiçoou a arte de fazer festas pós-shows. As comemorações do Queen adquiriram o status de as melhores do ramo. Sempre que o grupo tocava, personalidades locais, celebridades e farristas eram convidados a verdadeiras bacanais. O jornalista Rick Sky, que fez uma homenagem pessoal a Freddie com a publicação do livro *The Show Must Go On* (O show tem que continuar), pouco após a morte do cantor, se lembra de "uma festa silenciosa e discreta" em comemoração ao sucesso de um show no respeitado Madison Square Garden, em Nova York.

— Eu tinha sido chamado a Nova York para fazer uma entrevista exclusiva com Freddie, então fui parar nos bastidores — declarou Sky.

— Havia uma dúzia de garçonetes sem blusa e com garrafas magnum de champanhe, enchendo as taças constantemente. Ninguém podia ficar sem beber. Freddie usava uma camiseta regata branca e segurava um cigarro e um copo plástico com champanhe. Ele parecia despreocupado e tranquilo e me disse que o segredo da felicidade era aproveitar a vida ao máximo. "O excesso faz parte da minha natureza. Para mim, tédio é doença. Preciso de perigo e emoção. Não nasci para ficar em casa vendo televisão. Definitivamente, gosto de sexo. Eu costumava dizer que ia com qualquer um, só que fiquei mais seletivo. Adoro me cercar de pessoas interessantes e esquisitas, pois elas fazem com que eu me sinta mais vivo. Gente certinha me dá sono. Amo pessoas bizarras. Sou inquieto e irritadiço por natureza, então eu não daria um bom chefe de família. Lá no fundo, sou muito emotivo, uma pessoa de extremos, e isso muitas vezes prejudica a mim e aos outros."

"'Aproveito a vida ao máximo', acrescentou, provocante. 'Meu tesão é enorme. Durmo com homens, mulheres, gatos… com tudo que se possa imaginar. Eu me deito com qualquer coisa! Minha cama é tão grande que posso acomodar seis. Prefiro sexo sem envolvimento.'"

Com a fama e o dinheiro, Freddie estava livre para curtir o quanto quisesse.

— Ele de fato mergulhou de cabeça — afirmou Sky. — Mas isso deve ter ido de encontro à necessidade de se estabilizar num relacionamento a dois, que é o que todo mundo deseja. Como ele mesmo disse: "Meus namoros nunca são mornos. Não acredito em meias-medidas nem em concessões. Eu me doo por completo, pois sou assim."

Os Estados Unidos, em especial Nova York, viraram a cabeça dos integrantes do Queen, principalmente de Freddie. Ele se apaixonou pela cidade, com toda a sua densidade e intensidade, sem falar no submundo gay. Se de dia o cantor desfilava em luxuosos salões, hotéis e lojas do norte de Manhattan, à noite rondava as ruas de paralelepípedo do Meatpacking District, no antigo centro financeiro. O bairro, que hoje está revitalizado, compreendia as boates e os bares gays mais famigerados da época. Apesar de a maioria ter fechado as portas em meados da década de 1980, em decorrência da epidemia de Aids, esses estabelecimentos atraíam gays e lésbicas de todos os cantos do país. A Revolta de Stonewall, que desencadeou a libertação gay, eclodiu em junho de 1969 no bar clandestino mais popular de Nova York. O malcuidado Stonewall Inn, localizado na Christopher Street, quase na esquina com a Seventh Avenue, no coração do Greenwich Village, ganhou fama mundial por ter sido o berço do poder gay. As novas políticas públicas legalizaram uma lucrativa indústria destinada à comunidade homossexual. Prostíbulos, cinemas pornôs, saunas, redutos de sadomasoquismo e fetiche por couro e bares com "quartos nos fundos", como The Mineshaft e The Anvil, se espalharam em abundância, promovendo relações sexuais anônimas. Naquele tempo, as doenças sexualmente transmissíveis ainda não eram consideradas uma grande ameaça.

De acordo com Mick Rock, que estava presente, foi na boate The Anvil que, certa noite, Freddie viu pela primeira vez um dos integrantes do Village People. O grupo satírico, formado no fim da década de 1970 e que compôs "YMCA", brincava com estereótipos da cultura americana — o caubói, o policial, o construtor, o motoqueiro, o índio e o soldado — e era um tremendo sucesso da música disco. Segundo Rock, Freddie ficou "totalmente enfeitiçado" quando viu o "motoqueiro" Glenn Hughes dançando no bar. Como ressaltou Rock: "Freddie nunca mais foi o mesmo."

Supõe-se que a experiência no The Anvil tenha sido a inspiração para os visuais "couro" e "clone gay" que Freddie passou a adotar. Enquanto a fase "couro" foi passageira, a imagem "clone", tão distante da atitude boêmia da década de 1970, tinha chegado para ficar: cabelo joãozinho, bigodão, membros superiores musculosos e calça jeans justa. Na verdade, esse visual surgiu em São Francisco e era chamado de "clone Castro" por causa do Castro district, um dilapidado bairro de irlandeses que havia acolhido os hippies de Haight-Ashbury. Graças à chegada de refugiados homossexuais, o lugar se tornou um reduto gay. De início, o visual servia de disfarce, pois os heterossexuais não costumavam associá-lo exclusivamente a gays. No entanto, todo um código de conduta homossexual foi desenvolvido a partir dessa única imagem. Um gay podia até indicar a preferência sexual através da cor do lenço que pendurava no bolso traseiro.

O "código do lenço", ou "código da bandana", foi amplamente usado entre os homossexuais no fim da década de 1970. Os lenços eram usados no bolso de trás da calça ou amarrados no cós: do lado esquerdo do corpo para "por cima" e do lado direito para "por baixo", indicando se a pessoa era ativa ou passiva. Apesar de não haver um código universal de cores, entre os mais conhecidos estão: amarelo para "urofilia", marrom para "coprofilia", preto para "sadomasoquismo", roxo para "apreciador de piercing", vermelho para... é melhor deixar para lá, azul-claro para "sexo oral", cinza para "algemas, amarras e afins" e laranja para "vale-tudo".

Para Freddie, que havia acabado de ganhar fama mundial, um dos aspectos mais interessantes da Nova York do fim da década de 1970 era o fato de a homossexualidade ser um triunfo político. Os gays haviam se assumido, se unido e controlavam o próprio estilo de vida e o destino. Era dali para melhor. Pelo menos, esse era o pensamento. Nenhuma outra cidade possibilitava tamanha expansão dos limites da experiência sexual, a não ser Munique, talvez.

— Freddie era muito comportado em Londres, se comparado ao que fazia em Nova York e, depois, em Munique — declarou Paul Gambaccini. — As duas cidades eram as capitais do sexo anônimo só por uma noite, o que nunca me interessou nem um pouco. Sem dúvida, Freddie adorava esses lugares. É um mundo à parte, de uma magnitude similar à da música pop. Freddie me passava a impressão de que suas estadas em Nova York eram sempre uma loucura, mas, naquela época, o circuito gay de lá era muito mais pesado do que em qualquer outro canto.

Durante um debate com John Blake, colunista pop que virou editor, Freddie confessou que "se prostituía" em Nova York.

— É a cidade do pecado — falou com suavidade. — Mas é preciso saber a hora de partir. Fique um dia a mais e será seduzido. É muito hipnótica. Sempre chego às 8 ou 9 horas da manhã trocando as pernas e tenho que tomar injeções na garganta para conseguir cantar. É um lugar incrível. Eu adoro.

Apesar de, nessa declaração, ele admitir de forma vaga a promiscuidade descontrolada, Freddie mantinha um discreto silêncio sobre a paixão por cocaína. Além de a droga ser ilegal na maioria dos países, como na Grã-Bretanha e nos Estados Unidos, o cantor não fazia o tipo drogado, nem queria.

Ele detestaria ser visto como um dependente químico. Não que tenha se viciado: quando resolveu parar de usar a substância, largou o hábito da noite para o dia. Mas, naquela época, ele vivia o clichê "Sexo, drogas e rock 'n' roll". O que atraía Freddie era a onda instantânea, a forma como a bebida em excesso e a cocaína impactavam sua personalidade e sua libido. A droga o deixava mais confiante, fazendo-o criar coragem para ser o Freddie Mercury.

Em Nova York, Freddie se transformava no maior hedonista "consumista e devasso", mas fazia isso simplesmente porque podia. Enjoado até de seus hotéis favoritos — as torres do Waldorf Astoria, o Berkshire Place e o Helmsley Palace —, ele comprou um gigantesco apartamento de segurança máxima com uma vista deslumbrante do edifício Chrysler (seu ponto turístico preferido de Manhattan), das Torres Gêmeas e do Empire State. Localizado no 43º andar do Sovereign Building, na 425 East 58th Street, entre a First Avenue e a Sutton Place e a poucas quadras do Central Park, da loja de departamentos Bloomingdale's e do Carnegie Hall, o apartamento possuía uma varanda da qual se avistava sete pontes, inclusive a da 59th Street, que ficou famosa por causa da canção de Simon e Garfunkel, também chamada de "Feelin' Groovy".

— Ele era a típica pessoa refinada que gostava de baixar de nível — observou Rick Sky. — A maior fantasia dele era levar um garoto de programa à ópera. Rudolph Nureyev era bem parecido com Freddie, pois tinha essa capacidade rara de adorar as culturas alta e baixa ao mesmo tempo.

Apesar de Freddie amar bailarinos e de haver boatos de que o cantor tivesse se envolvido com Nureyev — o russo escreveu sobre o "relacionamento" com Freddie e as visitas à casa em Kensington em cartas pessoais publicadas em 1995 —, o assistente pessoal do astro, Peter Freestone, nega, insistindo que Nureyev nunca foi à Garden Lodge. O romance entre os dois não aconteceu.

Poucos entendiam o motivo por trás da promiscuidade e da decadência de Freddie. Os outros integrantes da banda simplesmente davam de ombros e o deixavam seguir em frente. O mundo havia evoluído no que dizia respeito à aceitação da sexualidade e, de qualquer forma, quem eram eles para julgar? O que Freddie fazia da vida pessoal era problema dele. A orientação sexual era apenas uma das facetas. Os fãs costumavam aceitar o que sabiam e faziam vista grossa para o resto. A única que sempre se empolgava ao menor sinal de escândalo era a mídia. Mais tarde, ficou claro que Freddie estava entre os poucos superastros do rock inteligentes o bastante para perceber que os cidadãos comuns adoravam sua ousadia. Eles o amavam por provar os perigos da vida em demasia, de um jeito que os pobres mortais nem sonhariam. Além de entreter o público crescente com músicas geniais e shows inesquecíveis, o vocalista permitia que as pessoas vivessem essas aventuras através dele.

— Assistíamos ao show do Queen, entrevistávamos Freddie, víamos o tamanho das orgias e comíamos as migalhas — aponta Rick Sky. — Isso nos tornava tão privilegiados quanto eles, relativamente falando. O Queen não era egoísta. Os integrantes sempre se preocupavam em fazer os outros se divertirem tanto quanto eles. Além da incrível generosidade espiritual, a banda compartilhava as riquezas materiais, o que fazia com que o Queen fosse, dentre todos os grupos de rock com que saíamos, o melhor do mundo.

CAPÍTULO TREZE

Os campeões

"O álbum *A Day at the Races*... termina com um lance japonês, uma faixa do Brian chamada "Teo Torriatte", que significa "vamos permanecer juntos". É uma canção muito emocionante, uma das melhores dele. Brian toca harmônio e belos trechos de guitarra. É um ótimo encerramento para o álbum.

FREDDIE MERCURY

A força e a energia da música do Queen eram de tirar o fôlego. Com o avanço tecnológico, as pessoas ficaram muito preguiçosas. É preciso dar o sangue, suar a camisa e fazer das tripas coração. Cabia a Freddie interpretar as canções usando todas as células do corpo. Hoje vemos um artista acompanhado por 18 dançarinos, não sabemos se é uma gravação, se ele está só encenando nem que diabos está acontecendo. Freddie fazia tudo, e era para valer.

LEEE JOHN, DA BANDA IMAGINATION

Em fevereiro de 1976, com os quatro álbuns no Top 20 britânico, o Queen estava preparado para fazer mais apresentações ao vivo no Japão e na Austrália, onde os discos e os shows eram um tremendo sucesso. Uma vez no Reino Unido, a banda voltou ao estúdio para dar início aos trabalhos do quinto álbum, que eles mesmos produziriam devido ao rompimento amigável com Roy Thomas Baker. O novo disco se chamaria *A Day at the Races*, uma homenagem a outro filme dos irmãos Marx: *Um dia nas corridas*. Em março, o grupo lançou o longa-metragem *Live at the Rainbow*. Em maio, Brian entrou de férias para se casar com a namorada, Chrissy Mullen. Em 18 de junho, John Deacon lançou seu primeiro single no Queen. Em "You're My Best Friend", uma canção suave que ele compôs para a mulher, Veronica (com quem continua casado: é o único integrante a permanecer com a parceira original), Deacon toca um piano elétrico Wurlitzer, além do baixo. Apesar de diferir consideravelmente dos lançamentos anteriores, em pouco tempo a música entrou para o Top 10. A filmagem do videoclipe da faixa aconteceu num salão amplo, no calor infernal de mil velas acesas.

No mesmo ano, durante o festival escocês de música popular, do qual John Reid foi um dos patrocinadores, o Queen fez duas apresentações no Edinburgh Playhouse. Depois, a banda rumou para Cardiff, onde tocou ao ar livre. Em 18 de setembro, no sexto aniversário da morte de Jimi Hendrix, o grupo, num gesto tipicamente emocionante, ofereceu um gigantesco show gratuito no Hyde Park, em Londres, para agradecer aos fãs pelo apoio. Quase 200 mil pessoas aproveitaram o evento, que foi coorganizado por Richard Branson, o ambicioso dono da Virgin Records. Quando Branson apresentou à banda sua assistente pessoal, Dominique Beyrand, sem querer arranjou uma nova namorada para Roger Taylor. Em pouco tempo, o casal foi morar em Fulham, antes de se mudar para a luxuosa mansão em Surrey, situada num terreno arborizado de vários acres e equipada com um estúdio de gravação.

O show foi abençoado com um dia lindo, lembrando as apresentações que o Jethro Tull, o Pink Floyd e os Rolling Stones tinham feito no parque no fim da década de 1960. A artista Kiki Dee, também empresariada por John Reid, cantaria seu novo single que estava no topo das paradas de sucesso, uma parceria com Elton John. Apesar de ter lançado vários hits, "Don't Go Breaking My Heart" foi a primeira canção de Elton a liderar o ranking. No entanto, ele não pôde se apresentar e Kiki teve que cantar ao lado de uma gigantesca imagem de papelão.

— Sejam bem-vindos ao nosso pequeno piquenique no Serpentine — disse Freddie, exuberante, de macacão branco, colante e brilhoso.

— "Tie Your Mother Down" é uma das canções heavy metal do Brian — comentou mais tarde. — Lembro que a tocamos no Hyde Park... antes de gravarmos. Tive a oportunidade de me entender com a música diante de um público ao vivo antes de gravar a voz no estúdio. Como a faixa é muito barulhenta, achei ótimo.

O fotógrafo iniciante Denis O'Regan usou a lábia para chegar aos bastidores e, na marra, se posicionou no fosso do palco durante a apresentação do Queen. Ele se empenhou em fazer amizade com os funcionários da Rocket Records a fim de se aproximar da banda e fotografá-la oficialmente. Denis tinha caído nas graças de um dos amigos e fiéis seguidores de John Reid, Paul Prenter, que em pouco tempo começou a liberar o acesso para ele durante os shows.

— Uma das primeiras vezes em que ele me deixou entrar foi em Paris — recorda Denis. — Eu estava na área dos camarins e percebi que haviam construído outro palco pequeno nos bastidores. Na mesma hora, pensei que o Queen fosse fazer uma apresentação improvisada. Havia várias cadeiras enfileiradas. De repente, uma garota apareceu e fez um striptease. Depois veio outra, e mais outra, até que havia uma dúzia de mulheres no palco. Aí elas fizeram uma enorme encenação de lesbianismo na frente de todos nós. Foi só para divertir e entreter quem estava trabalhando e bisbilhotando os bastidores. Era um pouco imoral para a época, mas esse tipo de coisa virou tema das festas do Queen. Eles sempre optavam por peitos, bundas e sexo decadente. Não havia nada de muito sórdido, só faziam isso para se divertir. A preocupação com lances sensuais era cultivada de propósito, e parecia projetar um lado diferente do Queen. Imagino que, na época, isso pusesse fim a qualquer boato de que Freddie fosse gay.

Apesar de terem negado, Freddie e Roger eram, sem dúvida, os idealizadores das farras escabrosas.

— Gosto de casas de striptease, de strippers e de festanças com mulheres peladas — declarou Roger sem nenhum pudor, como se quisesse acrescentar: "Por que não?"

Para Denis, o que mais surpreendia era o fato de o Queen ser uma das únicas bandas famosas em que os integrantes permaneciam juntos após os shows.

— O que eu odiava, já que, acabado o trabalho, eu só queria sair para me divertir. Mas eles sempre jantavam juntos depois do show. As bandas não faziam isso. Saíam correndo: as limusines ficavam esperando na porta, prontas para acelerar rumo ao aeroporto ou de volta ao hotel. Bem mais tarde, me lembro de pensar que havia um verdadeiro espírito de camaradagem. Acho que eles realmente gostavam da companhia um do outro. Depois, surgiram histórias de que não estavam se entendendo, por isso começaram a andar em limusines separadas e tal. Mas todo mundo faz isso quando vira celebridade e tem como bancar. Freddie num ônibus de turnê? Você só pode estar brincando.

Além do mais, como Roger falou à revista Q, em 2011, sobre as "limusines separadas":

— Era o jeito mais fácil. A limusine é o mais burro dos carros. Na verdade, só tem espaço para dois passageiros, e é comum estarmos acompanhados da namorada, da mulher, do assistente ou seja lá de quem for. Podíamos pagar quatro, entende? Essa história de que não queríamos falar uns com os outros não tem nada a ver".

O álbum foi lançado no dia 10 de dezembro, com meio milhão em encomendas antecipadas. Para promovê-lo em grande estilo, a gravadora EMI alugou um camarote no hipódromo de Kempton Park e patrocinou *Um dia nas corridas* especial. Comida e bebida à vontade, além dos shows ao vivo das bandas Tremeloes e Marmalade e do telegrama do próprio Groucho Marx, tornaram o evento inesquecível. O álbum, de certa forma, foi uma decepção, se comparado aos lançamentos anteriores. Contudo, o primeiro single,

"Somebody to Love", outra composição em que Freddie expõe os sentimentos, estreou na quarta posição da parada de sucessos britânica e alcançou a liderança no ranking da rádio Luxembourg.

— Essa faixa foi um surto meu — declarou Freddie. — Eu quis compor algo no estilo Aretha Franklin. Me inspirei na linha gospel que ela adotou nos primeiros álbuns. Apesar de as harmonias parecerem seguir a mesma filosofia, ficam bem diferentes no estúdio, pois a amplitude é outra.

No Natal de 1976, o álbum alcançou a primeira posição e a banda recebeu inúmeros convites para se apresentar na televisão e no rádio. A BBC reprisou o show do *Whistle Test*, feito no Hammersmith Odeon no ano anterior. Freddie se deu um presente de Natal diferente: tomou coragem para ser sincero consigo e com o amor de sua vida, Mary Austin, pondo fim ao longo relacionamento.

— Éramos o casal mais apegado de todos, apesar de estarmos deixando de morar juntos depois de cerca de sete anos — admitiu Freddie. — Nosso romance terminou em lágrimas, mas criamos um vínculo muito forte, e ninguém pode nos tirar isso. É algo inatingível.

Deve ter sido difícil para ele. Apesar de ter passado a preferir relações sexuais sem nenhum envolvimento afetivo, Freddie também adorava o conforto e a segurança que um relacionamento estável propiciava. Conciliar as necessidades conflitantes era uma tarefa árdua. Ao deixar o ninho aconchegante onde moravam juntos, o cantor se mudou para um apartamento no número 12 da Stafford Terrace, em Kensington, Londres, e comprou outro para Mary. Ela continuou ao lado dele quase todos os dias, como sua dedicada assistente e "organizadora", até Freddie morrer, 15 anos depois.

O ano de 1977 trouxe desafios inesperados com o punk rock. Os punks eram uns sujeitos feios e revoltados, o contrário de bandas decadentes como o Queen, que defendiam tudo que os Sex Pistols e grupos afins consideravam errado no cenário musical. Era uma discussão sem vencedores, e só restava uma coisa a fazer: outro ano-novo, outra turnê mundial de três meses na América do Norte, dessa vez tendo Thin Lizzy, de Phil Lynott, como banda de abertura. Esses shows americanos foram tão bem-sucedidos quanto os anteriores, com exceção de alguns cancelamentos na Costa Leste por causa da garganta de Freddie.

— Continuo com os nódulos — disse. — Esses calos inconvenientes estão crescendo dentro de mim. De tempos em tempos, prejudicam minha voz. No momento, porém, estou vencendo. Estou maneirando no vinho tinto e o planejamento da turnê será feito de acordo com os meus nódulos.

Foi nessa turnê que Freddie se envolveu com Joe Fanelli, um chef de 27 anos. Quando o caso entre os dois terminou, Joe, que surgia e desaparecia, trabalhou em uma série de restaurantes, inclusive no famoso September's, na Fulham Road, em Londres, antes de virar empregado em tempo integral de Freddie na Garden Lodge. Assim como o mestre, Fanelli também acabou sucumbindo à Aids.

A turnê pela Europa começou em Estocolmo e terminou no Reino Unido, com um primeiro show britânico no Bristol Hippodrome, em maio. Em junho, a banda se apresentou em Londres, em Earl's Court, e doou o dinheiro arrecadado na segunda noite ao fundo de bolsas escolares Queen Elizabeth II Jubilee Fund. Foi durante esse evento que o grupo estreou sua "coroa" especial de luzes, uma estrutura enorme que emergia do palco em meio a uma cortina de fumaça e gelo seco. Assim que concluíram a turnê, os músicos voltaram ao estúdio para gravar mais um álbum. A essa altura, Freddie, Brian, Roger e John já estavam se aventurando em carreiras solo, além de fazerem participações especiais em discos e singles de outros artistas.

Se, por um lado, a fama e a fortuna começavam a entediá-los, por outro, a música ainda os tirava da cama pela manhã. Dentro do estúdio, os integrantes se sentiam estimulados com a competitividade saudável, pois um sempre queria se destacar mais que o outro. Além disso, os shows ficavam ainda melhores quando a banda tinha acabado de sair de um arranca-rabo.

— Mesmo precisando de estabilidade emocional para gravar, parecia que os conflitos e as brigas eram vitais para o bom desempenho de Freddie no palco — comentou Peter Freestone, futuro assistente pessoal do cantor.

Sem dúvida, isso era decorrente do perfeccionismo.

— Freddie visualizava exatamente o que queria e estava disposto a dar um chilique para fazer com que tudo saísse do jeito dele... Ele tinha noção de como os chiliques eram úteis. Para surtir o máximo de efeito, o escândalo tinha que ser dado diante da banda ou dos colegas de trabalho... Freddie sabia que os outros envolvidos sabiam que "ele" sabia que "ele" era indispensável.

O single de peso seguinte, "We Are the Champions", se tornou um dos hinos mais amados e duradouros da banda. Apesar da recepção sofrível na imprensa britânica, que estava presa no turbilhão causado pelo punk rock, a canção chegou à segunda posição nas paradas de sucessos do Reino Unido e dos Estados Unidos e, pela primeira vez, o Queen conquistou a liderança do ranking americano da publicação *Record World*. O single foi relançado nos

Estados Unidos com "We Will Rock You", e legiões de torcedores de futebol americano adotaram o refrão com canto, enquanto o New York Yankees e o Philadelphia 76-ers tomaram "Champions" emprestada. Foi uma doce vingança. Trinta e cinco anos depois, a canção continua sendo extremamente popular em inúmeros territórios e é tocada com frequência em grandes eventos esportivos no mundo todo.

De julho a setembro, o Queen gravou o sexto álbum, *News of the World*, em Notting Hill, no Basing Street Studios, fundado por Chris Blackwell, da Island Records (mais tarde, o estúdio passou a se chamar Sarm West, ganhou fama mundial com a gravação de "Do They Know It's Christmas?", da Band Aid), e no Wessex (que já fechou as portas), em Highbury New Park, onde Johnny Rotten vomitou no piano. Por mais bizarro que pareça, enquanto o Queen estava lá, os Sex Pistols gravavam *Never Mind the Bollocks* no estúdio ao lado. Em certa ocasião, Sid Vicious passou pela porta e confrontou Freddie com um insulto sobre sua "missão" de levar o balé às massas, fazendo referência a uma entrevista que o vocalista do Queen tinha dado a Tony Stewart, da revista *NME*, intitulada "Is This Man a Prat?" (Esse homem é um imbecil?). Para seu mérito eterno, Freddie respondeu: "Ah, Sr. *Ferocious*! Bem, estamos fazendo o possível, querido!"

Em outubro, o Queen ganhou o Britannia Award, prêmio da indústria fonográfica do Reino Unido, com "Bohemian Rhapsody", eleita o melhor single britânico gravado nos últimos 25 anos. No mesmo mês, a banda também divulgou o *News of the World*, um álbum exuberante que não agradou a todos os fãs (nem críticos). A capa exibe um robô gigante de autoria de Frank Kelly Freas.

Estava na cara que John Reid não tinha tempo para empresariar o grupo de maneira adequada. O Queen, que agora estava no mesmo patamar de Elton em termos de estrelato e status, precisava desesperadamente de um empresário que pudesse se concentrar apenas nas necessidades da banda. O advogado Jim Beach foi acionado de novo, dessa vez para negociar o fim do contrato com a John Reid Enterprises, um processo relativamente doloroso e caro. Como o acordo foi rompido antes de expirar, Reid saiu com uma bela quantia, além da posse perpétua de 15 por cento dos royalties das vendas de todos os álbuns que o Queen havia lançado até aquela data. Pete Brown, que cuidava dos assuntos cotidianos da banda, acompanhou o grupo e virou empresário pessoal. Outro auxiliar de Reid, Paul Prenter, também se juntou à equipe. Beach assumiu toda a parte jurídica e contratual, enquanto Gerry Stickells seria o gerente de turnê. Assim surgiu a Queen Productions Ltd, seguida pela Queen Music Ltd e pela Queen Films Ltd. Finalmente, a banda tinha todos os direitos possíveis sobre sua obra e a vida artística dos integrantes.

Foi um momento decisivo em vários aspectos. Se por um lado a questão empresarial estava resolvida, no que tangia à criatividade o Queen continuava numa encruzilhada. Eles sabiam que precisavam encontrar novos desafios para manter a inspiração e o entusiasmo. Após adquirirem o primeiro jato particular, os integrantes se comprometeram a fazer duas ambiciosas turnês americanas ainda naquele ano. Na primeira delas, que teve início em Portland, no Oregon, em 11 de novembro, Freddie cantou "Love of My Life" ao vivo pela primeira vez e convidou o público a participar, o que se tornou uma característica das apresentações do grupo. Em dezembro, eles voltaram a Nova York, onde o vocalista assistiu ao musical *The Act*, de Liza Minnelli. Após passar tanto tempo citando Minnelli e Hendrix como sendo seus artistas preferidos e sua fonte de inspiração, a admiração entre Liza e Freddie finalmente era mútua. Anos depois, a estrela de *Cabaret* seria uma das primeiras a aceitar o convite para cantar no tributo a Freddie Mercury de 1992.

No Madison Square Garden, Freddie fez o público ir ao delírio ao reaparecer para o bis usando um boné e um casaco do New York Yankees. O time de beisebol havia acabado de vencer o World Series, e os fãs se encantaram com a referência ao jogo que era sagrado para eles. Durante toda a carreira do Queen, o cantor introduziu um toque pessoal nas turnês: uma expressão em outra língua aqui, uma música folclórica ali, a Union Jack britânica servindo de capa, com a bandeira nacional do país onde estivessem bordada no verso... Às vezes, Freddie passava horas tentando pensar no gesto mais adequado. Era a sua forma de retribuir, e os fãs o adoravam por causa disso.

Em janeiro de 1978, na Midem, feira da indústria musical realizada em Cannes, e graças a "We Will Rock You", que ficou na primeira posição da parada francesa por mais de 12 semanas, o Queen foi premiado pelas emissoras de rádio como banda de rock de maior potencial. Até a França — "*vous appelez cela de la musique rock!*" — finalmente havia acordado para o grupo.

Assim como o fisco. Durante o ano de 1978, a banda passou a maior parte do tempo no exterior a fim de burlar a sobretaxa por excesso de renda. O Queen fez outra turnê pela Europa e tocou mais cinco vezes na Inglaterra em maio. Depois disso, eles começaram a trabalhar no álbum seguinte no Mountain Studios, em Montreux. O estúdio foi escolhido porque, na época, era o mais bem-equipado do continente, e a banda sempre procurava o que havia de melhor. O fato de estar localizado num dos recantos mais

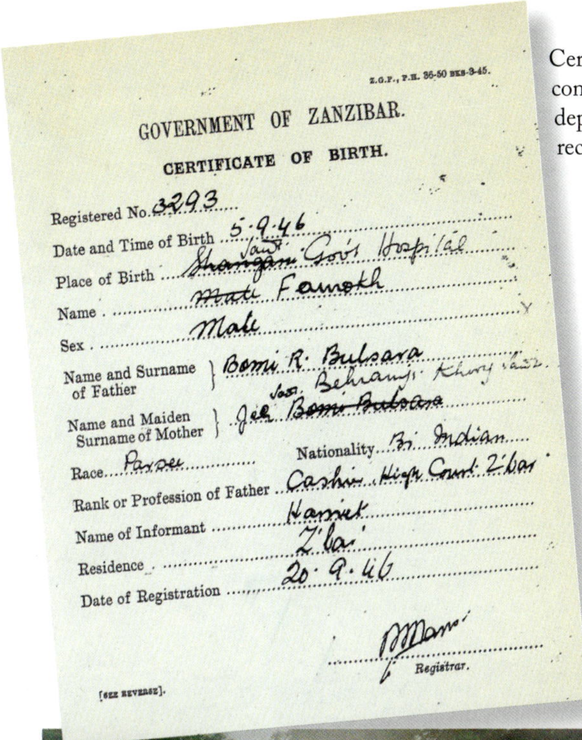
Z.G.P., P.H. 36-50 BKS-3-45.

GOVERNMENT OF ZANZIBAR.

CERTIFICATE OF BIRTH.

Registered No. 3293

Date and Time of Birth 5-9-46

Place of Birth ~~Shangani~~ Govt's Hospital

Name ~~Mati~~ Farrokh

Sex Male

Name and Surname of Father } Bomi R. Bulsara

Name and Maiden Surname of Mother } Jer Behramji Khory ~~Bomi Bulsara~~

Race Parsee Nationality Br. Indian

Rank or Profession of Father Cashier High Court Z'bar

Name of Informant Harriet

Residence Z'bar

Date of Registration 20-9-46

Registrar.

[SEE REVERSE].

Certidão de nascimento de Freddie, confirmando que o registro foi feito 15 dias depois de seu nascimento e que ele foi reconhecido como sendo parse.

Aniversário de quatro anos de Freddie em Zanzibar. Ele está com o chapéu de oração e a guirlanda comemorativa do zoroastrismo.

Local de trabalho do pai de Freddie.

The Hectics, a primeira banda de Freddie (no centro), formada na St. Peter's School no início da década de 1960. Dizem que o nome do grupo foi inspirado no estilo frenético do cantor.

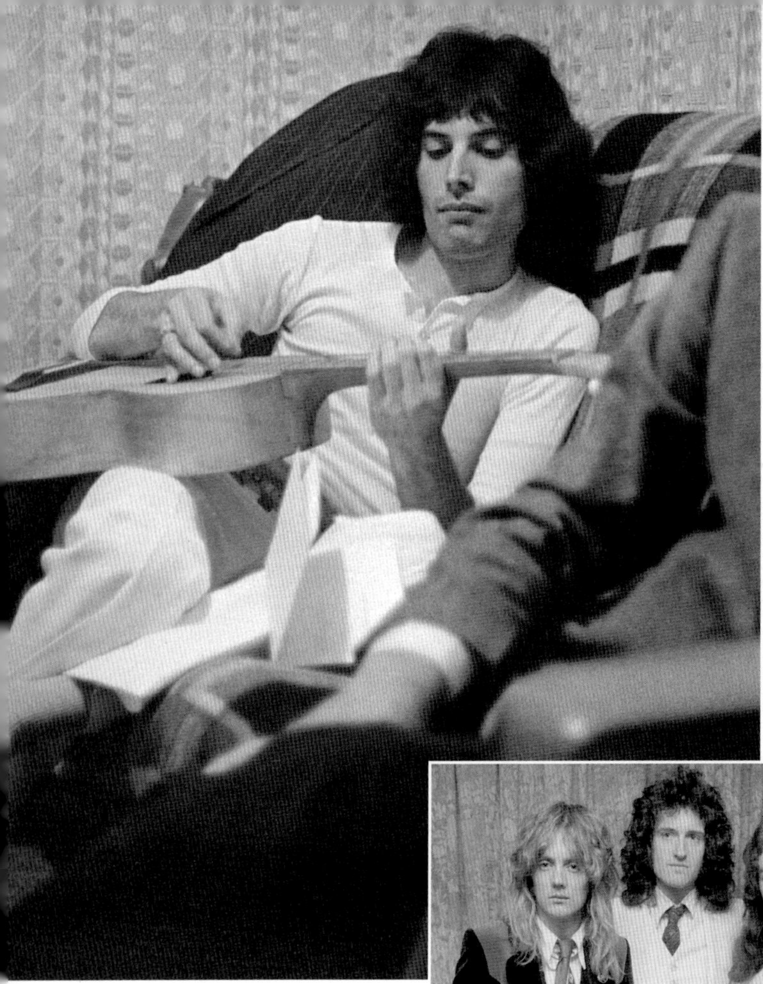

Freddie descansa num apartamento em Shepherd's Bush, 1969.

Queen: o baterista Roger Taylor, o guitarrista Brian May, o baixista John Deacon e Freddie. Foto tirada no início de 1974, quando eles embarcaram em sua primeira grande turnê pelos Estados Unidos.

Freddie na iminência do superestrelato, em 1975, ano do lançamento de "Bohemian Rhapsody".

Promoção de *A Day at the Races* no hipódromo de Kempton Park, em outubro de 1976. Da esquerda para a direita: Mary Austin, Freddie e John Reid. Chrissie Mullen May, esposa de Brian May na época, Roger Taylor e Brian May estão atrás deles.

Halloween de 1977. Freddie comemora com Elton John e Peter Straker. O álbum *News of the World* acabara de ser lançado.

Em janeiro de 1978, Brian, Roger, Freddie e John embarcam numa grande turnê pela Europa. Freddie e Brian estão com os calçados preferidos: sapatilhas de balé e tamancos de madeira brancos, respectivamente.

Ano-novo de 1978 no Maunkberry's Club, em Londres. Da esquerda para a direita: a atriz Britt Ekland, Freddie, um amigo, Ronnie Wood e sua esposa Jo.

Freddie, 1974. © Mick Rock

Freddie posa para a câmera enquanto Mary olha para ele: o casal apaixonado num momento de descanso, 1974. © Mick Rock 1974

Brian e Freddie escutam uma gravação no estúdio, 1974. © Mick Rock 1974

Freddie e Brian, 1974. © Mick Rock 1974

Freddie deitado nos lençóis e travesseiros de cetim cor-de-rosa no apartamento na Holland Road. © Mick Rock 1974

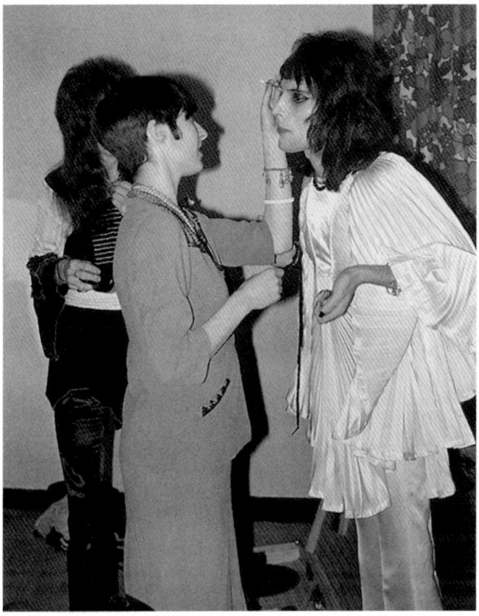

Freddie com John Deacon e a maquiadora nos bastidores do Rainbow Theatre, em Londres, para o encerramento da primeira turnê oficial do Queen no Reino Unido, em 1974. O figurino exuberante foi criado por Zandra Rhodes. "Precisávamos tomar muito cuidado com a maquiagem dele", declarou Rock. "Ele se preocupava demais com os dentes protuberantes e com a aparência do queixo." © Mick Rock 1974

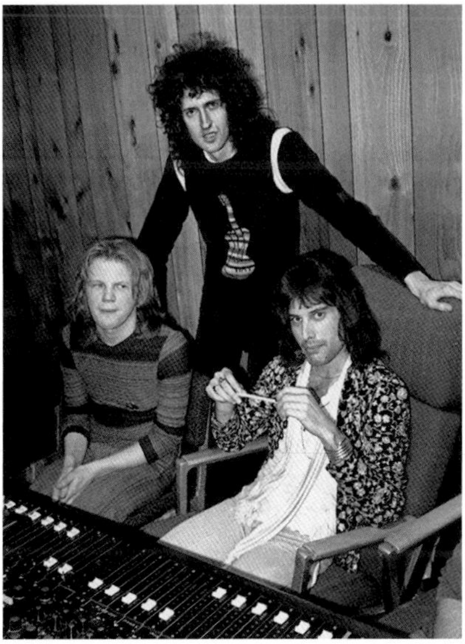

Brian e Freddie na mesa de som com o engenheiro do estúdio, 1974. © Mick Rock 1974

Freddie e John Deacon nos bastidores do show de abertura do Queen para o Mott the Hoople, em 1974. © Mick Rock 1974

Freddie com Mick Rock em 1974: "Os dentes eram a maior preocupação do Freddie na hora de tirar fotos... Ele tinha quatro dentes a mais no fundo do palato, que empurravam os outros para frente. Quando eu disse que era um problema relativamente fácil, apesar de possivelmente doloroso, de resolver, ele respondeu que não podia. 'Tenho medo de que afete a minha voz. Preciso dos dentes a mais.'"

Roger, cheio de energia, sentado no colo de um Freddie sonolento durante uma festa pós-show em 1974.

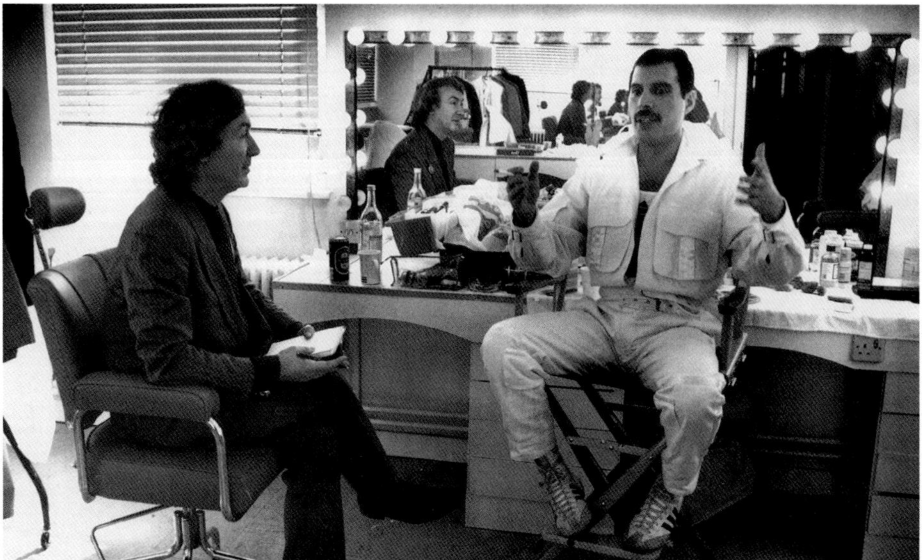

David Wigg entrevista Freddie no camarim durante a turnê europeia do Queen em 1979.

Freddie ensaia com os bailarinos do Royal Ballet, 1980.

Freddie comemora com Elton John o lançamento da trilha sonora de *Flash Gordon*, 1980.

Freddie e Ian Hunter, vocalista do Mott the Hoople. Estados Unidos, 1982.

Freddie no set de filmagem do clipe de “It’s a Hard Life”, em 1984, usando o figurino criado por Diana Moseley. O traje ganhou o apelido de “fantasia de camarão”, pois o vocalista ficou parecendo um camarão gigante cozido.

O renomado cartunista Gray Jolliffe recorda um encontro casual com Freddie na Áustria, no fim da década de 1980.
[*Claro que eu sou o Freddie Mercury, espere até eu colocar meus dentes.*]

O jornalista e apresentador David Wigg com o amigo Freddie num jantar em Munique, 1984.

Freddie Mercury no set de filmagem do clipe de “I Want to Break Free”, 1984.

Barbara Valentin, Freddie e alguns amigos numa boate de Munique, no fim da década de 1980.

Cliff Richard e Freddie, no ano-novo de 1985.

Freddie e a atriz Jane Seymour como "noivo e noiva" no Fashion AID, realizado no Royal Albert Hall em 5 de novembro de 1985, em prol da Etiópia. Nas laterais estão Elizabeth e David Emmanuel, estilistas das roupas da foto e famosos por terem criado o vestido de casamento da princesa Diana.

Freddie e David Bowie batem papo nos bastidores do Live Aid, no estádio de Wembley, em 13 de julho de 1985.

Encerramento do Live Aid.
Da esquerda para a direita:
George Michael, Harvey Goldsmith, Bono, Paul McCartney e Freddie.

Encerramento do Live Aid no palco do estádio de Wembley, em 13 de julho de 1985. Da esquerda para a direita: Bono, Paul McCartney, Freddie, David Bowie, Adam Ant e Bob Geldof.

Freddie comemora o aniversário de quarenta anos ao lado de Mary Austin numa festa estilo Chapeleiro Maluco, realizada na Garden Lodge, em Kensington.

Freddie no elevador da boate Roof Gardens, em Londres, em julho de 1986. A funcionária, nua, teve o corpo pintado para dar a impressão de estar uniformizada.

"Quer brincar?" Encantado com a incrível personalidade da modelo erótica Samantha Fox, Freddie convence-a a subir ao palco para acompanhá-lo num dueto improvisado, durante a festa realizada pelo Queen no Roof Gardens, em Kensington, após o show da banda em Wembley, em julho de 1986.

Sentado num baú, Freddie relaxa sob o sol húngaro antes do show do Queen em Budapeste, julho de 1986.

Freddie sai do camarim no estádio de Wembley. Londres, julho de 1986.

Freddie e John Deacon ensaiam no palco do estádio Puskás Ferenc, em Budapeste, julho de 1986.

Freddie joga água nos fãs durante o show do Queen no estádio de Wembley, julho de 1986.

Freddie cantando no videoclipe de "Who Wants to Live Forever", em 16 de setembro de 1986.

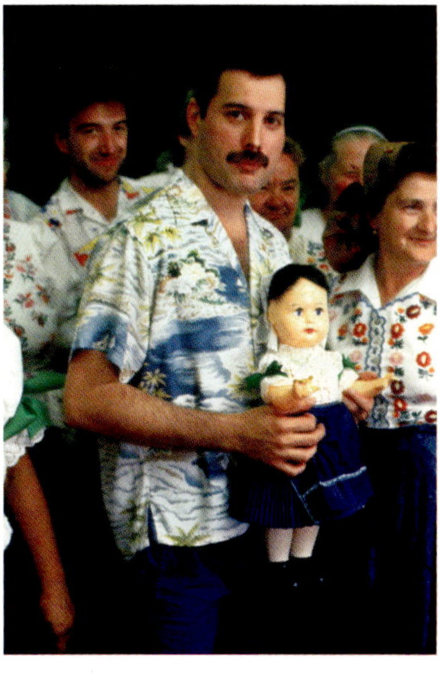

John Deacon sorri quando Freddie ganha uma boneca vestida com o traje típico húngaro. Budapeste, julho de 1986.

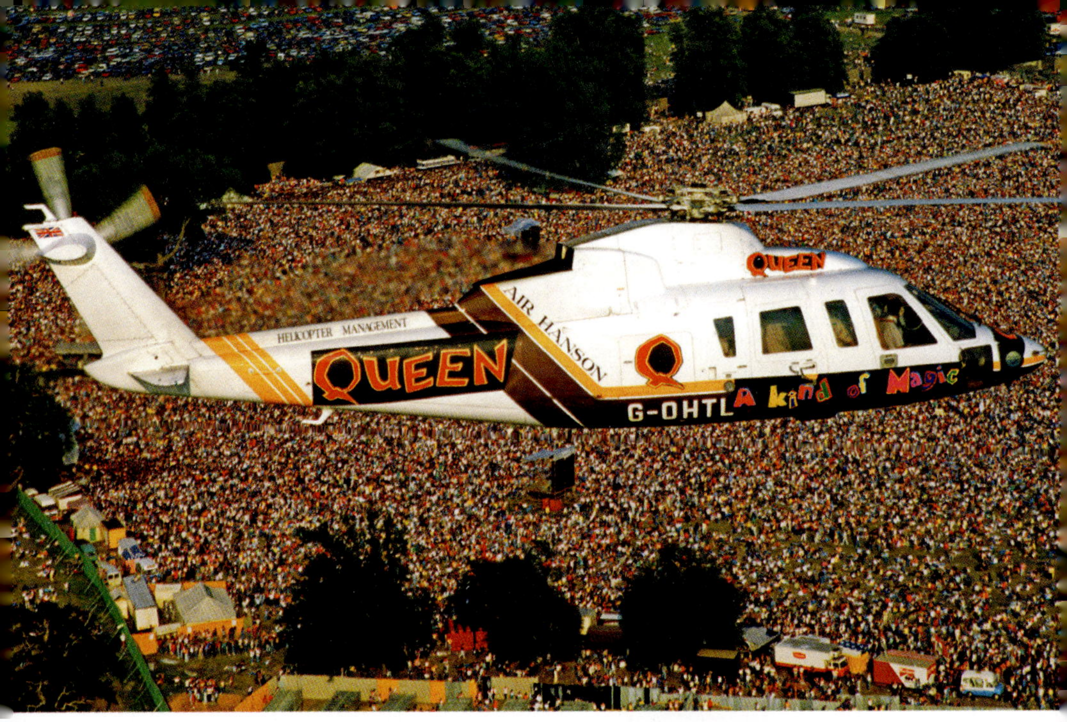

O Queen sobrevoa um mar de fãs, em seu helicóptero personalizado no show que seria o último da carreira de Freddie. Knebworth, agosto de 1986.

Freddie e o falecido compositor e músico americano Michael Kamen durante o intervalo das gravações do clipe de "Who Wants to Live Forever", em 1986. Kamen fez a orquestração da faixa.

Freddie com o manto e a coroa reais criados pela estilista Diana Moseley. Estádio de Wembley, 15 de julho de 1986.

Hotel Pike's, Ibiza, 1987. Fileira de trás, da esquerda para a direita: Peter Straker, um segurança, Freddie, o motorista e amigo Terry Giddings, "Alex", Mike Moran e Jim Hutton. Fileira da frente, da esquerda para a direita: Tony Pike e Barbara Valentin.

O enfermeiro "viking" Thor Arnold descansa com Freddie em Los Angeles.

Foto do "time" na escada de um bar gay em Ibiza. Fileira da frente, da esquerda para a direita: Barbara Valentin, Winnie Kirchberger e Freddie. Fileira de trás, o terceiro da esquerda para a direita: Peter "Phoebe" Freestone.

Casa de Roger Taylor em Ibiza. Da esquerda para a direita: o motorista e amigo Graham Hamilton, Freddie, Barbara Valentin, Jim Hutton e Peter Freestone.

Freddie com Mary Austin e Dave Clark na festa de seu aniversário de 41 anos. Ibiza, setembro de 1987.

Vai encarar? Freddie no hotel Pike's, em Ibiza, na Espanha, setembro de 1987.

Barbara Valentin e Freddie na casa de Roger Taylor em Ibiza.

Freddie, Barbara Valentin e Peter Straker comemoram o último Natal juntos na Garden Lodge.

A cantora Elaine Paige com Freddie no Royal Opera House Terrace Bar. Londres, 1987.

Freddie com a nova sensação do West End, Catherine Zeta-Jones, e a atriz de TV Jill Gascoigne, abril de 1987.

Freddie e Annie Lennox no prêmio Ivor Novello, em 21 de abril de 1987

O "momento de maior orgulho" de Freddie: o lançamento do álbum *Barcelona* com a cantora lírica Montserrat Caballé, em 1988.

Freddie, em casa, com um dos seus queridos gatos, em 1988.

Freddie posa para uma foto com um de seus gatos favoritos no jardim da Garden Lodge.

Roger Taylor, Freddie, Rod Stewart e quatrocentos amigos comemoram o 20° aniversário do Queen no Groucho Club, em Londres, 1990. O bolo tinha o formato de um tabuleiro do jogo Banco Imobiliário, cujas casas continham os hits da banda.

Freddie e Liza Minnelli na festa de vinte anos do Queen, realizada no Groucho Club. Londres, 1990.

Festa de aniversário de 44 anos de Freddie na Garden Lodge, em setembro de 1990. Da esquerda para a direita: Piers Cameron (companheiro de Mary Austin na época e pai dos dois filhos dela), Mary, Peter Freestone, Freddie, Joe Fanelli, Barbara Valentin e Dave Clark.

Sentado entre Mary Austin e Barbara Valentin, Freddie comemora seu aniversário de 44 anos. Atrás deles, Joe Fanelli e Dave Clark observam. O bolo é uma réplica de um dos monumentos preferidos de Freddie: o Taj Mahal, na Índia. Ele gostava da ideia de haver "uma rainha sepultada no Taj Mahal". O mausoléu é mencionado na letra da canção "The Miracle": "All God's creations, great and small/the Golden Gate and the Taj Mahal, that's a miracle."

A última viagem de Freddie, ao West London Crematorium, em Kensal Green, na quarta-feira, 27 de novembro de 1991.

Flores deixadas em frente à casa de Freddie na Logan Place, logo após a divulgação de seu falecimento.

Homenagens diante da casa de Freddie no aniversário de três anos de sua morte.

Freddie Mercury Tribute Concert no estádio de Wembley. Londres, 1992.

A diva da ópera, Montserrat Caballé, com os pais de Freddie, Bomi e Jer Bulsara, na inauguração da estátua comemorativa do astro, em 25 de novembro de 1996. Montreux, Suíça.

Brian May e Roger Taylor com a mãe de Freddie, Jer, na 16ª cerimônia anual do Rock n' Roll Hall of Fame. Nova York, 2001.

Eu, Barbara Valentin e um amigo. Munique, 1996.

O fotógrafo oficial do Queen, Denis O'Regan, e eu. Londres, 1996.

O Teddy Bar, um dos pontos mais badalados da noite de Munique.

HansSachs Strasse, Munique: o prédio no infame distrito do Triângulo das Bermudas em que Freddie comprou um apartamento com Barbara Valentin.

Edifício em Munique onde ficava a Henderson's, uma das boates que Freddie frequentava. Lá, em 1985, ele comemorou seu aniversário de 39 anos com uma festa de gala com o tema preto e branco que custou £50 mil, na qual o astro aproveitou para gravar o videoclipe de "Living On My Own".

Jim Hutton no jardim em County Carlow, na Irlanda, em julho de 1996, cinco anos após a morte de Freddie.

Jim Hutton, Peter Freestone, Barbara Valentin e eu no Groucho Club. Londres, agosto de 1997.

Atrás, da esquerda para a direita: eu, Barbara Valentin, Jim Hutton e Peter Freestone. Na frente, da esquerda para a direita: o filho de Gita Choksi, colega de escola de Freddie, e uma amiga indiana. Groucho Club, Londres, agosto de 1997.

Peter Freestone e Jim Hutton numa festa particular oferecida por mim no Groucho Club. Londres, agosto de 1997.

O disco mais raro e cobiçado do Queen: o LP *The Works* prensado em vinil vermelho na Colômbia.

Edição limitada: duzentas cópias de "Bohemian Rhapsody" prensadas à mão em discos de vinil azul de sete polegadas, para comemorar o prêmio Award to Industry, concedido pela rainha à gravadora EMI Records, em 1978.

Uma réplica da estátua de Freddie Mercury esculpida pela artista tcheca, Irena Sedlecka. A cópia fica em cima da entrada do Dominion Theatre, em Londres, onde o musical *We Will Rock You* está em cartaz desde 2002.

Pichações em homenagem a Freddie e ao Queen nas paredes da entrada do antigo Mountain Studios, instalação que a banda possuía em Montreux, na Suíça. O estúdio não existe mais, mas a entrada e o portão foram preservados como um santuário informal, março de 2011.

No pôr do sol, fãs se reúnem na estátua de Freddie no lago Genebra para venerar o ídolo, março de 2011.

A estátua de Freddie Mercury assinada por Irena Sedlecka, de frente para o amado lago Genebra, no pé dos Alpes suíços, março de 2011.

deslumbrantes do planeta era um bônus. O belo lago Genebra e os majestosos picos nevados dos Alpes eram de tirar o fôlego. De início, Brian e Freddie permaneceram em casa: o guitarrista por causa do nascimento do primogênito, Jimmy, e o cantor para trabalhar num álbum de sua recém-inaugurada Goose Productions, que seria gravado pelo grande amigo Peter Straker.

O ator jamaicano conheceu Freddie em 1975, no restaurante londrino Provan's. Straker estava com o empresário, David Evans, enquanto o cantor jantava com John Reid. Por coincidência, Evans também trabalhava para Reid.

— Eu me lembro do casaco de pele e das unhas pintadas de preto, dos tamancos brancos e do cabelo — Straker comentou com Evans, o amigo em comum. — Ele também tinha uma postura característica: era um pouco corcunda. No entanto, o que realmente me chamou a atenção foi a timidez extraordinária. Ele ficou olhando para o chão, algo que sempre fazia quando era apresentado a desconhecidos.

Após se esbarrarem pela cidade, Straker convidou Freddie para sua festa de aniversário em seu pequeno apartamento na Hurlingham Road, em novembro de 1975. O tema era "seja a sua pessoa preferida". Freddie, que na época estava saindo às escondidas com o jovem assistente de palco David Minns, disse ao anfitrião que, se ele fosse (e foi), não se fantasiaria porque "ele" era a pessoa preferida "dele".

— Freddie chegou mais cedo, com David Minns, levando uma *jéroboam* de champanhe. Moët & Chandon, é claro! Acho que foi nessa noite, em meio à confusão, que pedi a ele que produzisse um álbum para mim.

Os dois marcaram um almoço.

— Pelo que tudo indica, ficamos amigos depois disso. É difícil lembrar datas e acontecimentos com precisão, pois nossas vidas se emaranharam a partir daí. Em outras palavras, viramos unha e carne.

Freddie e Straker, que era filho de uma ex-cantora lírica, passaram a frequentar balés e óperas juntos, além de se enfurnarem em pubs e boates decadentes. Até começaram a jogar tênis no refinado Hurlingham Club, em Londres. Straker, um rapaz bem-educado, dono de uma voz maravilhosa e de uma extensão vocal impressionante, com as quais era de se esperar que tivesse sido mais bem-sucedido, pediu a Freddie que produzisse seu álbum de pós-glam rock e de números vaudevillianos. Freddie não só aceitou como, num ato generoso, investiu 20 mil libras do próprio bolso no disco, intitulado *This One's On Me*. O LP rendeu dois singles: "Jackie" e "Ragtime Piano Joe". Amigos em comum se lembram dos dois como "uma dupla de colegiais safadas" ou como "irmãos", mas nunca como amantes, e a rivalidade fraterna era o alicerce dessa relação.

— Straker servia de válvula de escape para Freddie — afirmou Peter Freestone. — Estava sempre pronto para soltar uma gargalhada.

— A base da amizade profunda entre Freddie e Peter era a paixão por ópera e pelos clássicos — recorda Lee John, amigo fiel dos dois artistas e o fascinante vocalista do Imagination, trio de soul e dance da década de 1980. — Minha origem era soul, R&B e jazz, e eu estava tentando entender o blues e as músicas africanas. Então Freddie me disse que eu precisava reservar algum tempo para aprender sobre ópera, pois isso beneficiaria a minha carreira. Eu só conhecia *Scheherazade* (de Rimsky-Korsakov e baseada no livro *As mil e uma noites*). "Querido", disse ele, "já é um bom começo." Seguindo o conselho de Freddie, passei um verão inteiro assistindo a uma ópera diferente por semana: de *Don Giovanni* a *O anel do nibelungo*. Caí no sono! Me emocionei, ri, aprendi muito. *Veja bem*, eu curtia Motown! Muitas músicas clássicas têm raízes africanas, e Freddie sabia disso. Há uma noção rítmica exclusiva. Ele também me ensinou muito sobre técnicas vocais. Agora, refletindo sobre os anos que passaram, tudo faz sentido. Já no caso de Straker, sempre tive a impressão de que ele e Freddie aprendiam um com o outro na mesma medida. Em termos de amizade, eles eram almas gêmeas.

Brian e Freddie se juntaram a Roger e John em Montreux, onde o trabalho continuou fluindo. No mesmo período, a gravadora EMI recebeu o Award to Industry, prêmio concedido pela rainha para os destaques de exportação, um dos reconhecimentos mais cobiçados pelas empresas britânicas. Para marcar a ocasião, a EMI encomendou uma edição comemorativa de "Bohemian Rhapsody": duzentas cópias limitadas e numeradas à mão, prensadas em discos de vinil azul de sete polegadas. A edição devia ter sido produzida em roxo e dourado, para refletir as cores originais usadas pela banda no *Queen I*. No entanto, de acordo com Paul Watts, gerente-geral da divisão internacional da EMI, as coisas não saíram conforme o planejado.

— Escolhemos uma capa em tons de castanho-avermelhado e dourado e um disco de vinil roxo — descreveu Watts. — Mas quando os exemplares chegaram da fábrica não tinham nada de roxo. Eram azuis!... Alguém se confundiu. Como só havíamos encomendado duzentos (a tiragem mínima costumava variar de mil a 1.500 cópias), não valia a pena trocar.

O prêmio foi entregue à diretoria e à gerência da EMI em julho de 1978, na suíte Cotswold do Hotel Selfridge, em Londres. Nem o Queen nem Sua Majestade compareceram. A banda, que, por ironia, saía do país para não pagar impostos, estava em Montreux, dando uma de suas festas de arromba para Roger, que completou 29 anos no mesmo dia.

Os quatro primeiros vinis azuis emoldurados dessa edição limitada foram enviados aos integrantes da banda na Suíça. Um grupo seleto de executivos da EMI recebeu a remessa seguinte. Os kits com as cópias destinadas à imprensa incluíam dois convites para o almoço. Alguns dos convidados foram presenteados com os exemplares restantes, enquanto outros receberam duas taças de champanhe com inscrições comemorativas ou uma echarpe de seda da EMI. Pouquíssimos felizardos foram agraciados com os três itens.

O vinil azul continua sendo um dos discos do Queen mais valorizados por colecionadores, além de ser uma das lembranças de rock mais requisitadas do mundo.

A gravação foi transferida para outro estúdio: SuperBear, em Nice. Mais uma vez, a máquina Queen teve que se mudar por motivos tributários. Eles não podiam correr o risco de gravar um álbum inteiro no mesmo país, pois temiam a cobrança de imposto de renda em mais um território.

Freddie comemorou o aniversário de 32 anos na belíssima comuna de Saint Paul de Vence, no sul da França, onde o Rolling Stone Bill Wyman tinha um casa. A festança culminou em Freddie e Straker cantando bêbados árias de Gilbert e Sullivan. Dois dias depois, a banda fez um brinde em memória de Keith Moon, baterista do The Who, que teve uma overdose de clometiazol no apartamento de Harry Nilsson na Curzon Place, em Mayfair, o mesmo lugar em que, quatro anos antes, a estrela Cass Elliot, do Mamas & Papas, havia morrido de infarto.

O próximo single do Queen foi "Fat-Bottomed Girls", lançado com a faixa "Bicycle Race", inspirada no Tour de France enquanto a banda estava gravando em Nice. Para divulgar o single, eles alugaram o estádio de Wimbledon, em Londres, e pagaram 65 garotas para simularem, nuas, uma corrida de ciclismo, o que rendeu cenas hilárias. As bicicletas tinham sido emprestadas pela varejista Halfords, que insistiu que o grupo pagasse a substituição dos 65 bancos de couro usados. O single alcançou a 11ª posição na parada de sucessos, mas não sem gerar polêmica: o bumbum de fora da vencedora da corrida, estampado na capa do disco, foi considerado uma ofensa. Nos exemplares produzidos posteriormente, uma "insuficiente" calcinha cor-de-rosa foi desenhada na moça.

Em outubro, a banda voltou a fazer turnê nos Estados Unidos. Na noite de Halloween, em Nova Orleans, o Queen deu uma festa, que só poderia ser considerada uma orgia, para marcar o lançamento do novo álbum: *Jazz*. A lista de quatrocentos convidados continha representantes da imprensa americana, sul-americana, britânica e japonesa. Um salão de hotel foi convertido num pântano fumegante, abarrotado de anões e drag queens, engolidores de fogo e mulheres lutando na lama, strippers e cobras, tambores de aço, dançarinos voduístas e zulus, prostitutas, groupies e pessoas grotescas, algumas fazendo números inimagináveis, e possivelmente ilegais, sozinhas ou entre si, em meio aos foliões. Uma modelo chegou deitada numa travessa de fígado cru. Outros se contorciam em gaiolas suspensas do teto. A loucura rendeu manchetes no mundo todo e, mais uma vez, confirmou o status do Queen de anfitrião das festas mais depravadas do rock.

Em meio a isso tudo, Tony Brainsby estava de volta. O antigo relações-públicas havia reassumido a banda e se sentia em casa. Ele não perdeu tempo: reuniu um grupo de jornalistas sanguinários e os acompanhou de Londres a Louisiana.

— Foi insano — declarou, curto e grosso. — Fomos do aeroporto para a festa e da festa para o aeroporto sem nem chegar perto de uma cama. Eu já tinha visto muitas festas, mas não como aquela. Quando fomos embora, alguns jornalistas estavam com os olhos arregalados. Freddie autografava a bunda de uma stripper, e esse foi o acontecimento mais tranquilo que presenciei. Demorei quase um mês inteiro para me recuperar.

No entanto, o Queen enfrentou danos colaterais nos Estados Unidos. Grande parte do público americano condenou a inclusão de um pôster da corrida de ciclistas nuas na capa do álbum *Jazz*. A imagem, considerada "pornográfica", foi rejeitada e até proibida em alguns estados. A partir daí, os exemplares passaram a conter um formulário para que os fãs pudessem solicitar o item desrespeitoso. O Queen, que tinha achado a brincadeira inofensiva, ficou realmente surpreso com tanta objeção. Contudo, isso não impediu que a banda levasse um grupo de garotas para pedalar e buzinar no palco do Madison Square Garden durante a apresentação de "Bicycle Race".

No Reino Unido, o álbum *Jazz* alcançou a segunda posição e se manteve na parada de sucessos por 27 semanas. Eles agora precisavam superar isso. O que poderiam inventar para o próximo disco? E para o que viesse depois? E depois? Parecia que a banda havia desaprendido a relaxar.

CAPÍTULO CATORZE

Munique

Eu gosto de Munique. Passei tanto tempo na cidade que as pessoas nem notavam mais a minha presença. Tenho muitos amigos lá e eles sabem quem eu sou, mas me tratam como um ser humano qualquer e me aceitaram como tal. Para mim, essa é uma ótima forma de relaxar. Não quero ter que me calar nem que me esconder. Não é o que quero. Eu surtaria. Eu enlouqueceria... ainda mais rápido.

FREDDIE MERCURY

Ele não tinha pudores sexuais, e isso era revigorante. Existiam poucas pessoas assim naquela época.

CAROLYN COWAN, MAQUIADORA DE FREDDIE

Roger, Brian e John haviam sossegado e cumpriam o papel de pais responsáveis e de chefes de família, pelo menos quando não estavam em turnê. Brian já tinha conseguido se apaixonar por uma garota chamada Peaches em Nova Orleans. John, que de maneira geral tinha consciência dos compromissos domésticos, estava bebendo demais. Roger era sempre a alegria das festas de qualquer um e raramente ficava sozinho entre meia-noite e o café da manhã. No entanto, Freddie ofuscava todos eles, se jogando no olho do furacão com mais ímpeto do que nunca. Se, por um lado, os outros integrantes da banda não eram santos quando estavam em turnê, Freddie era a encarnação do diabo. Enquanto a trupe tomou conta da Europa com uma série de 28 shows no início de 1979, incluindo duas apresentações inéditas na antiga Iugoslávia, o vocalista curtiu a vida como se não houvesse amanhã. O Queen lançou o 12º single, "Don't Stop Me Now", em janeiro, causando alvoroço na imprensa musical. Depois, a banda voltou a Montreux para trabalhar com as fitas gravadas durante a turnê para o álbum duplo *Live Killers*. Sempre à vontade nas margens do lago Genebra e satisfeitos com o Mountain Studios, eles nem pensaram duas vezes quando os contadores sugeriram a compra do estúdio, uma vez que isso aliviaria a complicada situação tributária da banda. David Richards, engenheiro do Mountain que se tornaria produtor do Queen, também entrou para a equipe. O convite do produtor Dino De Laurentiis (*Barbarella, Desejo de matar, King Kong, Hannibal e Dragão vermelho*) para compor e gravar a trilha sonora do filme de ficção científica *Flash Gordon*, baseado no personagem dos quadrinhos, deu origem a mais uma ambição coletiva e duradoura da banda.

De volta ao Japão para mais apresentações ao vivo, o Queen foi novamente recebido com histeria e adulação. De lá, a banda partiu para Munique, onde passou de meados de junho a setembro de 1979 no Musicland Studios. O estúdio, que já não existe mais, era famoso por ter sido o ponto de convergência do sucesso da era *disco* do produtor Giorgio Moroder. Ainda gravando no exterior para fugir dos impostos, o Queen trabalhou com um produtor novo: o aclamado músico alemão Reinhold Mack, fundador do Musicland em parceria com Moroder. Marc Bolan, o Deep Purple e os Rolling Stones haviam gravado lá. Para Mack, lidar com os integrantes do Queen não foi uma tarefa muito fácil.

— Eles eram teimosos, pareciam velhos aposentados — recordou Mack. — Seguiam uma doutrina: só faziam o que estavam acostumados... Eu tinha a vantagem de tomar decisões mais rápido do que a banda. Eu fazia experiências enquanto os outros ficavam ponderando detalhes sutis.

De acordo com Mack, a relação com o Queen foi "bem tranquila" do início ao fim.

— A banda havia chegado de uma turnê no Japão e tinha um tempo livre antes de voltar para a Inglaterra... Eles estavam no lugar certo, na hora certa. De início, o projeto não era fazer um álbum (apesar de ter virado *The Game*). Era uma série de sessões de uma e duas semanas. Nossa primeira tentativa foi a faixa "Crazy Little Thing Called Love". Freddie pegou um violão e disse:

"Rápido! Vamos fazer isso antes que Brian chegue." Em cerca de seis horas a canção estava pronta. O solo de guitarra foi adicionado depois. Brian continua me odiando por tê-lo feito usar uma Telecaster. A música foi lançada como um single pré-álbum e alcançou a primeira posição. É claro que isso ajudou tremendamente a melhorar a confiança e a relação profissional.

No que diz respeito à composição, Mack lembra que foi um processo complicado.

— Havia dois compositores: Freddie e Brian. Fred era fácil. Seguíamos uma linha de raciocínio parecida e ele demorava de 15 a 20 minutos para pensar em algo simplesmente genial. Brian, por outro lado, tinha ótimas ideias, mas se perdia por completo em meio a detalhes insignificantes depois do primeiro ímpeto criativo

Quando o Queen chegou para ficar, o lema de Munique ainda era "*Weltstadt mit Herz*": "cidade cosmopolita que tem coração". Em 2006, passou a ser "*München mag Dich*", "Munique gosta de você", mas essa é outra história. O período na cidade causou um impacto profundo, e até destrutivo, nos quatro integrantes da banda, principalmente em Freddie, que, em pouco tempo, adquiriu vícios de caráter mais duvidoso. Qualquer um, durante uma estada prolongada num dos principais centros culturais da Europa, teria mergulhado em sua riqueza histórica e em sua diversidade arquitetônica, desfrutando das muitas atrações que o lugar tinha a oferecer. Munique prosperou culturalmente a partir do século XVIII e encerrou um turbilhão de atividades durante o período entreguerras da República de Weimar. Mozart, Wagner, Mahler e Strauss, o escritor Thomas Mann e o pintor expressionista Kandisnky: todos foram atraídos à hipnótica cidade chuvosa.

No entanto, para Freddie, a principal atração de Munique era o efervescente cenário gay, que se concentrava numa pequena área central conhecida como Triângulo das Bermudas. A região havia se tornado um recanto de homossexuais vindos de todos os países da Europa, da mesma forma que o Village de Nova York e o Castro district de São Francisco haviam recebido refugiados gays de todos os cantos dos Estados Unidos. O circuito de Munique era desencanado e tranquilo. Freddie sentia-se livre para experimentar à vontade, sem jornalistas sedentos batendo ponto na porta da casa dele e publicando todos os seus passos. Outra alegria, dessa vez para a banda toda, era o fato de as discotecas estarem no auge da moda em Munique. Havia bares gays em abundância, todos abarrotados de gente de segunda a domingo. A vida noturna podia ser uma viagem sórdida e de ritmo frenético aos confins ensurdecedores de casas como Ochsen Gardens, Sugar Shack, New York e Frisco. Eram poucos os que prestavam muita atenção no comportamento escandaloso e escancarado dos frequentadores gays do Triângulo, pois as pessoas estavam se divertindo além da conta, fossem héteros ou homossexuais. Como lembrou Mack:

— Freddie adorava se ver rodeado de vários tipos de gente. Ele jamais gostou do mundo puramente gay. Era reservado e não fazia nada que fosse fora do contexto a ponto de chocar. Ele não esfregava a homossexualidade na cara dos outros. Jamais dava escândalo e sempre se comportou de forma impecável diante de pessoas que pudessem se sentir ofendidas. Ele era adepto da filosofia de que "tudo tem o seu lugar".

Como Brian explicou em *As It Began*, a biografia oficial do Queen: "Munique causou um impacto enorme na vida de todos nós. Como passamos muito tempo lá, virou quase uma segunda casa, e era um lugar onde levávamos outra vida. Era diferente de estarmos em turnê, quando tínhamos um contato intenso com uma cidade durante alguns dias e depois íamos embora. Em Munique, nos misturamos à vida dos moradores locais. Ficávamos nas mesmas boates a maior parte da noite e praticamente todos os dias. A Sugar Shack, em especial, nos fascinava. Era uma discoteca de rock com um equipamento de som maravilhoso, e o fato de algumas gravações nossas não soarem boas quando tocadas lá fez com que avaliássemos as mixagens e a música a partir de outro ângulo. Pensando bem, acho que posso afirmar que não éramos muito eficientes em Munique. Por causa da vida social, geralmente começávamos a trabalhar tarde, cansados e, principalmente no meu caso e talvez no de Freddie, as distrações emocionais se tornaram destrutivas."

Apesar da promiscuidade descarada que Freddie exibia na capital da Baviera, Mack achava que esse tipo de estilo de vida gay estava começando a perder a graça.

— Freddie me disse várias vezes: "Talvez, um dia desses, eu desista dessa história de ser gay." Ele meio que decidiu que era gay quanto tinha 24 ou 25 anos, mas, antes disso, era considerado hétero. Em se tratando dele, nada era impossível. Acho que ele poderia ter deixado de ser gay, afinal, adorava mulheres. Eu via como Freddie agia na presença delas, e ele não era o tipo de gay que não gostava de tê-las por perto. Era bem o contrário.

Freddie passou a frequentar a casa de Mack e caiu nas graças de Ingrid, mulher do produtor. O casal o escolheu como padrinho de um dos filhos. Mack descreveu o quanto Freddie não estava imune ao aconchego do ambiente familiar e até insinuou que o cantor tivesse demonstrado vontade de mudar radicalmente de vida. Segundo Mack, o astro adoraria se casar e ter filhos, apesar de, na época, não estar com ninguém em especial.

— O maior sonho de Freddie era ter uma família e uma vida normal — insistiu Mack. — Certa vez, eu estava na pindaíba e tinha que pagar uma fortuna em impostos atrasados. Fiquei muito deprimido e conversei com Freddie sobre isso. Ele me disse: "Dane-se, é só dinheiro! Para que se preocupar com uma coisa dessas? Você conseguiu, tem tudo de que precisa: uma família maravilhosa e filhos. Você tem tudo que eu nunca terei." Foi então que percebi que, quando ele estava na nossa casa, observava e absorvia tudo, via como era a vida em família e como aquilo poderia ter lhe dado alegria.

Contudo, no ano seguinte, em Nova York, Freddie disse a Rick Sky:

— Sou inquieto e irritadiço por natureza, então, eu não daria um bom chefe de família. Lá no fundo, sou muito emotivo, uma pessoa de extremos, e isso muitas vezes prejudica a mim mesmo e aos outros.

A irmã, Kashmira, é da mesma opinião de que Freddie não teria sido um bom pai:

— Não, de forma alguma. Para mimar, ele era ótimo, mas não era tão bom em impor ordem.

Durante o período que passaram juntos em Munique, Mack também descobriu que Freddie tinha vivido uma infância dolorosamente solitária.

— Certo dia, ouvi por alto uma conversa entre Freddie e o meu segundo filho, Felix — contou — Freddie disse a ele: "Eu nunca tive nada disso. Quando era jovem, passei muito tempo longe dos meus pais porque estudei num colégio interno. Às vezes, eu quase não os via." Ele conversava muito sobre a infância com os meus filhos. Freddie adorava crianças. Assim que elas começavam a andar, falar e interagir, ele se entrosava.

Em relação à produção musical do Queen em Munique, Brian foi o primeiro a admitir que Freddie tinha sido o responsável pela mudança de rumo.

— Adotamos outra abordagem e saímos cortando sem piedade, até chegarmos a um álbum coerente, em vez de deixar que nossos devaneios nos levassem por caminhos diferentes. O ímpeto partiu, em grande parte, de Freddie, que achava que estávamos diversificando tanto que as pessoas nem sabiam mais do que a banda tratava. Se o álbum tem um tema, é só ritmo e escassez: nada de tocar duas notas quando basta uma só. Isso, para nós, é uma disciplina difícil, pois nossa forma de trabalhar tende a ser bem exagerada... Estávamos desbravando um território novo porque, pela primeira vez, entramos num estúdio sem ter um prazo final, apenas com o intuito de gravar algumas faixas conforme fôssemos compondo... Isso nos pôs numa situação totalmente inusitada — explicou.

"É uma forma de sair da rotina de produzir um álbum, fazer turnê pelo Reino Unido, pelos Estados Unidos etc. Resolvemos tentar uma mudança para ver o que aconteceria. Depois de um certo tempo, você tem que criar a sua própria motivação."

Mack continuou a se desmanchar em elogios a Freddie, mencionando a técnica de gravação, a criatividade espontânea, a dedicação, o entusiasmo, a velocidade e a destreza com que o cantor trabalhava. Só que a dificuldade de concentração tomava conta do astro, assim como ocorria na vida pessoal. Quando algo parecia muito trabalhoso e complicado, Freddie subitamente perdia o interesse. Como recordou Mack, ele não conseguia se ater a nada por mais de noventa minutos corridos.

— No caso de "Killer Queen", podemos dizer que ele simplesmente se sentou ao piano e a compôs. O final ficou um pouco mal-resolvido. Acho que essa era uma qualidade típica de Freddie. Ele adorava mergulhar em experiências novas e diferentes. Eu me dava incrivelmente bem com ele e gostava do fato de ele ser um gênio. E era mesmo, em termos de percepção musical e da capacidade de visualizar como a canção deveria ficar.

Juntos, eles acrescentaram um novo aspecto ao som do Queen que condizia com o estado de espírito do período e que inspirou a banda a dar novos saltos criativos.

Após fazer shows ao ar livre em festivais alemães em agosto do mesmo ano, Freddie voltou a Londres para participar dos ensaios de uma apresentação beneficente do Royal Ballet em nome da City of Westminster Society for Mentally Handicapped Children, uma instituição voltada ao auxílio de crianças com deficiência mental. Quem convenceu Freddie a participar foi o grande amigo Wayne Eagling, na época primeiro bailarino do Royal Ballet. "Bohemian Rhapsody" e "Crazy Little Thing Called Love" foram coreografadas e o astro as cantou ao vivo. No dia da apresentação, no London Coliseum, ele dançou tão bem que o público aplaudiu de pé.

— Eu só tinha visto balé na televisão — Freddie confessou a John Blake, na época redator de pop do *London Evening News*. — Mas sempre gostava do que via.

"Aí fiquei muito amigo de Sir Joseph Lockwood, da EMI, que também era presidente do conselho de diretores do Royal Ballet, então comecei a conhecer toda essa gente envolvida com balé. Fiquei cada vez mais fascinado. Por fim, vi o Baryshnikov dançar, e ele foi impressionante. Mais do que o Nureyev, mais do que qualquer um. Ele, de fato, voa. Quando o vi no palco, fiquei tão maravilhado que me senti uma groupie."

Referindo-se à apresentação ao lado do Royal Ballet, Freddie comentou:

— Eles me puseram para praticar na barra, alongar as pernas e tudo mais. Tentei fazer em uma semana o que eles faziam havia anos. Foi uma tortura. Após dois dias, eu estava morrendo de dor. Doía em partes que eu nem sabia que existiam, querido. Então, na noite do espetáculo, fiquei encantado com o que assisti da coxia. Quando chegou a minha vez de entrar, eu tive que abrir caminho entre Merle Parke, Anthony Dowell e toda essa gente, dizendo: "Dá licença, sou eu agora!" Foi um escândalo.

Freddie dançou e cantou "Bohemian Rhapsody".

— Pois é, querido, eu dei um salto. Foi um salto maravilhoso, que fez o público ir ao delírio. Então eles me seguraram e eu continuei cantando!

Quando interrogado se gostaria de ter sido bailarino profissional, ele respondeu:

— Sim, mas estou muito satisfeito com o que faço. Não posso simplesmente, ao 32 anos, resolver que quero ser bailarino.

A dança gerou boatos de que ele seria um "exemplo de masculinidade", ao que Freddie reagiu com um suspiro de desdém:

— *Meu Deus*, querido! Deixe que o povo pense o que quiser. Sabe, se eu de fato concordasse ou negasse, não teria graça. Ninguém mais me faria perguntas. Prefiro que continuem perguntando. Ah, é tudo muito tedioso. Meu caro, a vida pessoal depende de cada um. Acho que no caso de alguém como o Elton, por exemplo, o que posso dizer? Ele é mais preocupado com a imprensa, né? Eu não morro de amores.

Freddie ainda fez mais piadas sobre a apresentação com o Royal Ballet na entrevista ao amigo jornalista David Wigg.

— Cantar de cabeça para baixo é fantástico. Eu tremia de nervoso na coxia. É sempre muito mais difícil sair da sua esfera, gosto de desafios. Eu adoraria ver o Mick Jagger ou o Rod Stewart experimentando algo do gênero.

Ele também soltou, no meio da conversa e com a traquinagem habitual, que a lembrança mais viva que guardou da noite foi o beliscão no bumbum que levou da famosa bailarina rodesiana Merle Park:

— Que mulher abusada!

Em breve, o passeio de Freddie pelo mundo dos *pliés* e das sapatilhas de ponta renderia a ele um amigo para a vida toda.

CAPÍTULO QUINZE

Phoebe

Gero bastante atrito, portanto, não sou muito fácil de me relacionar. Sou a pessoa mais legal que vocês poderiam conhecer, queridos, mas conviver comigo é muito difícil. Acho que ninguém conseguiria me aturar e, às vezes, creio que me esforço demais. Por um lado, sou ganancioso, simplesmente quero tudo do meu jeito. Mas quem não quer? Sou uma pessoa bem carinhosa e generosa. Exijo demais dos outros, mas também dou muito em troca.

FREDDIE MERCURY

Fui faz-tudo, garçom, mordomo, secretário, faxineiro... e conselheiro sentimental de Freddie. Viajei o mundo com ele, estive ao lado dele nos melhores e nos piores momentos. Servi de guarda-costas quando necessário e, no fim, é claro, fui um de seus enfermeiros.

Peter "Phoebe" Freestone

Nos bastidores da Royal Opera House, durante os ensaios para a estreia do balé, Freddie conheceu Peter Freestone, um jovem assistente de figurino. Indispensável à primeira vista e na mesma hora rebatizado de "Phoebe", Peter se transformaria em assistente pessoal do cantor. Ele continuou sendo um companheiro dedicado até os últimos dias de Freddie.

— Freddie foi à Opera House para provar os figurinos que usaria durante o espetáculo do Royal Ballet no Coliseum — contou Peter, uma figura amável, extraordinária e para quem não havia tempo ruim. Era fácil de enxergar por que Freddie havia se encantadado pelo rapaz de forma instantânea.

— Freddie foi extremamente gentil e educado no dia em que nos conhecemos — recordou Peter. — Mais tarde, descobri que ele sempre era educado, a não ser quando alguém o irritava de verdade, aí ele perdia as estribeiras. Ele ficou maravilhado com a Opera House. Estava fora de sua esfera normal de conhecimento. Aquilo era um baluarte do Sistema, e Freddie era justamente o oposto. O espetáculo foi incrível. A maneira como os bailarinos o manipularam no palco foi magnífica.

"Ele cantou 'Crazy Little Thing Called Love' e 'Bohemian Rhapsody'. Para a primeira, entrou vestido com toda aquela roupa de couro; depois se escondeu atrás de uma parede de bailarinos e reapareceu coberto de lantejoulas. Foi a primeira vez que o vi em ação. Até então, eu mal tinha ouvido falar do Queen, e só tinha visto Freddie tomando chá com Mary no Rainbow Room, na Biba, em 1973. O cabelo dele vinha até aqui e ele usava um casaco de pele de raposa. Não tinha como ser outra pessoa. Lembro que aquele ser por si só já era um espetáculo", acrescentou.

Na festa oferecida no Legends depois do show, Peter encontrou Freddie com o empresário Paul Prenter e ficou de papo com os dois.

— Três semanas depois, Paul telefonou para o meu chefe perguntando se ele não conhecia alguém que estivesse interessado num contrato de seis semanas para cuidar do figurino da turnê do Queen. Após assistir ao desempenho dele no palco, eu quis viver aquela emoção. Eu já tinha visto *A bela adormecida* e *O lago dos cisnes* mil vezes... Agora eu queria conhecer melhor aquela pessoa interessante, aprender mais sobre rock. Eu não tinha como saber no que eu estava me metendo. Apenas uma coisa me veio à cabeça: cuidar do figurino de quatro pessoas nem chegaria perto da dificuldade de organizar o figurino da companhia do Royal Ballet.

Após largar o emprego fixo "com plano de carreira" para assinar o contrato de curto prazo com o Queen, Peter ficou desempregado. Ele foi obrigado a aceitar um cargo temporário de telefonista na British Telecom...

— Até o Queen voltar a fazer shows e me chamar de novo. Depois disso, eles passaram a me pagar mesmo quando não estavam em turnê. Quando estavam em casa, eu fazia uma coisa aqui outra ali no escritório. Após a turnê nos Estados Unidos, Paul e o Freddie decidiram que eu deveria atender apenas ao vocalista. Eu continuaria cuidando do figurino de todo mundo nas turnês, mas, tirando isso, eu me dedicaria exclusivamente a ele.

Em pouco tempo, os dois descobriram que haviam estudado em colégios internos na Índia, a milhares de quilômetros de casa e longe dos pais. Estabelecia-se, assim, um vínculo, e Freddie começou a baixar a guarda. Uma das primeiras coisas que chamaram a atenção de Freestone foi a aversão que o vocalista tinha a confrontos.

— Ele nunca era grosseiro — disse Peter. — Quando surgia algum conflito, ele parecia recuar e deixar os outros participarem enquanto observava de longe. Dava apenas uma opinião aqui, outra ali. É verdade que ele e Mary brigavam muito, mas era principalmente porque Freddie criava expectativas em cima dos outros, e quando as pessoas não as alcançavam, ele se chateava. A tendência era elas aprenderem a lição. Se algo acontecia, ele reclamava, e a pessoa cuidava para que aquilo não voltasse a ocorrer. Contudo, isso não impedia que Mary repetisse as mesmas atitudes. Quando ela cismava com alguma coisa, simplesmente fazia, e da maneira que considerava mais adequada. Mas se isso não estivesse de acordo com os planos de Freddie, o circo pegava fogo.

Por instinto, Peter sabia agir com discrição e guardar as opiniões para si mesmo. Também percebia quando deveria ou não ultrapassar os limites do profissionalismo com Freddie. O mundo frenético do Queen era um reino desconhecido, e Peter dava passos cautelosos. Por vezes, ele se impressionou com o privilégio e a abundância com que a banda estava acostumada.

— A cada turnê nova, eles precisavam de mais luzes, de um equipamento de som mais potente e de um cenário mais fantástico — recordou Peter. — Tudo que faziam tinha que ser inédito. Era o maior show de todos os tempos. Só isso já os tornava sensacionais. Há alguns anos, em Wembley, vi o Michael Jackson se apresentar dois dias seguidos. O segundo show foi exatamente igual ao primeiro. O Queen era o oposto. Nunca sabíamos muito bem o que esperar. Eles também faziam questão das reuniões de banda mais caras da história: no estúdio de gravação, onde pagavam uma fortuna por hora. Ninguém faz isso hoje em dia. A relação entre os dois era tão harmoniosa e o assistente novo tão discreto e fácil de lidar que em pouco tempo Peter recebeu a incumbência de cuidar de todas as necessidades pessoais de Freddie.

— Eu fazia até as malas dele — conta — Eu chamava o carro para buscá-lo. Conferia se ele estava com dinheiro, cartões, o passaporte e as passagens. Na verdade, era eu quem levava o dinheiro, os cartões e as passagens. Era eu quem, de fato, o colocava no avião. Na maior parte do tempo, era como cuidar de uma criança. Eu estava sempre com ele, literalmente, ao lado dele, sentado no assento colado ao dele quando embarcávamos num avião. Se considerarmos todo o tempo que passávamos juntos, nós nos dávamos bem demais. Quando estávamos em Los Angeles, onde moramos durante o período em que o Queen gravou, sempre havia mais gente por perto, o que aliviava um pouco a pressão sobre mim. Mas quando estávamos em Nova York, éramos só eu e Freddie. A maneira mais fácil que tenho de descrever nossa relação é a seguinte: havia uma linha que separava o funcionário do amigo. No entanto, ela não era fixa. Em pouco tempo, passei a perceber de imediato onde a linha estava, dependendo da situação: se ele queria o funcionário para fazer isso ou aquilo ou se precisava do amigo para desabafar. Tinha que ser assim. Dessa forma, ele sabia que poderia gritar comigo, o que fazia com frequência, principalmente para extravasar as frustrações. Como nós dois conhecíamos o motivo, não tinha problema. Não se tocava mais no assunto e Freddie nunca guardava rancor. Ele dava um ataque e parava por aí.

Estar sempre à disposição de um mestre exigente devia ser difícil às vezes. Será que Freestone se sentia como um criado? Ele afirma que não:

— Acho que, principalmente — e é horrível admitir uma coisa dessas — porque Freddie nunca me deu ordens do tipo "Faça isso, faça aquilo", que era como eu tratava nossos criados na Índia. Na maior parte do tempo, ele era extremamente gentil comigo. É verdade, ele pagava o meu salário, mas nenhum dos funcionários dele tinha que arcar com nada. Ele não esperava que alguém lhe pagasse um almoço ou uma bebida. Se lhe oferecíamos uma bebida, ele ficava muito feliz, mas não era o esperado. Se Freddie fosse a um bar com uma comitiva de dez pessoas, era tudo por conta dele. Mas ele nunca carregava o próprio dinheiro: nós carregávamos. Nesse aspecto, parecia um rei. Mas, não, isso nunca me incomodou.

Numa percepção tardia, Peter acredita ter sido "uma das pessoas mais sortudas do mundo" durante os anos que passou ao lado de Freddie e do Queen.

— Eu praticamente vivia a vida de Freddie sem ter a responsabilidade de fazer por onde. Nunca tive que compor nem que enfrentar a imprensa, mas viajei de Concorde inúmeras vezes, fiquei hospedado nas melhores suítes dos melhores hotéis do mundo e fiz compras para ele nas principais casas de leilão, com cheques em branco assinados pelo próprio. Vivi e gastei no mesmo padrão que ele. Por que diabos eu me sentiria um criado?

Os dois pilares da intensa amizade que a dupla manteve até os últimos dias de Freddie eram o respeito mútuo e a confiança.

— Freddie não confiava nos outros com muita facilidade — afirmou Peter.

"Quando ele não passava a confiar logo, não confiava nunca. O fato de ele ter me aceitado nesse papel era a base da nossa amizade, e isso aconteceu no primeiro ano. Tivemos apenas um desentendimento sério, por volta de 1989 — [quando Peter soube que Freddie achava que ele estivesse fazendo fofoca sobre a sua doença fora da Garden Lodge, coisa que ele não fez].

"Mas foi bem passageiro. Eu disse a ele que não aguentava mais e que queria ir embora. 'Por favor, não vá', ele pediu. 'Quero que fique aqui. Eu *preciso* de você'. Para mim, isso era o suficiente. Na mesma hora, esquecemos tudo e eu fiquei lá até o fim.

"Nós que pertencíamos ao círculo íntimo éramos, de fato, a família dele. Fazíamos tudo por ele. Eu faria qualquer coisa por ele, e não era porque ele estava me pagando. Fiz o que fiz por uma questão de respeito. Eu colocava Freddie em um pedestal, mas não por admirá-lo a ponto de temê-lo, e sim porque tive a sorte de ser amigo dele. Eu não teria feito isso por mais ninguém."

A vida pessoal de Freddie já era tão regada a excessos insanos quando Peter entrou em cena que muitos se indagavam como ele conseguia esconder aquilo tudo da mídia. Segundo Peter, era relativamente fácil. Bastava não fazer alarde.

— Há certos integrantes da fraternidade do rock que se vendem por qualquer preço — comenta. — Quando não há nada acontecendo, eles fazem acontecer, só para se manter sob os holofotes. Freddie fazia praticamente de tudo para não chamar a atenção da imprensa. Ele aparecia quando era necessário, mas não ia a nenhum grande evento do showbiz, como festas ou estreias. Raramente assistia aos shows de outros artistas. Ele era uma pessoa reservada. O trabalho dele era a música e o estúdio era o escritório. Quando não estava no escritório, não queria trabalhar.

Apesar da imprudência e do estilo de vida que Freddie levava, Peter insiste que nunca temeu pela saúde do cantor.

— Fazia parte da época — respondeu, dando de ombros. — Era o início da década de 1980. Valia tudo.

Em outubro de 1979, Freddie estava radiante, e não era pra menos. O 14º single do Queen, "Crazy Little Thing Called Love", composto pelo vocalista e lançado com "We Will Rock You", de Brian, como segunda faixa, foi um tremendo sucesso na imprensa musical e alcançou a segunda posição na parada britânica. Freddie, que já havia dispensado a imagem boêmia fazia tempo, agora estava na fase "couro". Nos shows, usava calças de couro preto ou vermelho e bonés *macho man*, que compunham um visual que, mesmo tendo durado pouco, era mais firme e agressivo. Esse look também ganhou contornos mais suaves, até se transformar na última etapa: regata lisa e calça jeans. Freddie estava com tudo sob controle e adotou uma postura desafiadora. A imagem centrada condizia com a nova década.

— De agora em diante, chega de roupas malucas no palco — declarou Freddie. — Vou transmitir a mensagem da nossa música vestido de forma mais básica. O mundo mudou. As pessoas querem algo mais direto.

A longa carreira do Queen começava a se desgastar. O grupo estava inquieto e entediado. A relação entre os integrantes se deteriorava à medida que perdiam o entusiasmo e a energia. Ao longo dos anos, vi isso acontecer com frequência com bandas do nível do Queen. Chega um momento em que a carreira não é mais a única coisa que importa e os artistas perdem a empolgação inicial. Brian, Freddie, Roger e John estavam envelhecendo. Agora eram adultos e tinham esposas, companheiros, filhos, casas, funcionários, uma imagem pública global, compromissos solo, obras beneficentes...

Cada músico era uma microindústria independente, com inúmeras e exaustivas responsabilidades. O Queen não podia mais ser como tinha sido nos primórdios: uma banda de garotos extremamente talentosos e determinados, porém despreocupados, que pintavam e bordavam pelo mundo fazendo o que quisessem. As personalidades e predileções também deram origem a prioridades diferentes. Fazia tempo que Roger estava à vontade no papel de astro do rock, encabeçando tantas manchetes quanto o vocalista, principalmente por causa da excitante vida pessoal. Brian começou como uma celebridade hesitante, mas aceitou melhor o estrelato depois que se apaixonou pela futura segunda mulher, a atriz Anita Dobson, que entendia o showbusiness. John estava profundamente imerso no tipo de vida doméstica "comum" para a qual Freddie tinha dado as costas e da qual talvez até se sentisse excluído.

Creio que a nova postura tenha partido de um sentimento de culpa. John parecia se contentar em ser exatamente o tipo de homem de família que os pais de Freddie tanto desejavam que o filho tivesse sido. Ele era um lembrete de tudo que o cantor não tinha.

Dos quatro integrantes da banda, Freddie, por incrível que pareça, era o que menos gostava do assédio. Ele se via, primeiramente, como músico e intérprete. Ser astro do rock era consequência. Seu objetivo era aperfeiçoar as gravações até ficarem perfeitas, ser sempre o melhor e fazer shows maravilhosos noite após noite: para os fãs e para ele mesmo.

— Ele era o perfeccionista — concordou Peter Freestone. — Passava horas tentando descobrir a melhor forma de compor a canção ou o tom que expressasse com mais clareza a sensação que queria provocar. Acima de tudo, ele compunha para si mesmo... Buscava a própria perfeição, não a dos outros.

Freddie não estava interessado nas festas "certas" nem nas estreias "importantes". Não se dava ao trabalho de socializar para aumentar a rede de contatos. Não corria atrás dos amigos famosos: deixava que eles o procurassem. Se houvesse algo que pudessem desfrutar juntos, ele avisava. Não fazia a menor questão de "ser visto". Enquanto que atualmente as celebridades menos badaladas só pensam em manter a "imagem pública" e em render as notícias mais bombásticas, para Freddie isso era, no máximo, sem graça e, no mínimo, um objetivo deplorável e sem sentido.

— É preciso ter nervos de aço para aguentar esse ritmo — comentou. — Quando alcançamos o sucesso, tudo fica muito difícil, pois é aí que descobrimos o que acontece por trás dos panos. Nos deparamos com os verdadeiros vilões. Antes disso, não sabemos de nada. É preciso ser muito forte e saber separar o joio do trigo. É como dirigir um carrinho de bate-bate, só que no mundo do rock. Você não pode se deixar atingir com muita frequência. Os bem-sucedidos sempre quebram a cara de vez em quando. Não existe — acrescentou, de forma obscura — uma escada rolante que nos leve direto ao topo.

Quando uma banda vira sucesso global, ela invarialmente se distancia dos fãs que foram os responsáveis por essa conquista. Cientes disso e com medo do efeito colateral inevitável, os integrantes do Queen resolveram mudar de estratégia na turnê seguinte: trocaram os estádios enormes por arenas mais aconchegantes, algumas das quais não tinham a menor condição de acomodar um supergrupo e toda a sua parafernália. Durante a turnê, que foi organizada por Harvey Goldsmith e batizada de "The Crazy Tour" (a turnê insana), devido à falta de estrutura de algumas das casas de show, a banda tocou em Dublin — foi a primeira apresentação na Irlanda —, Birmingham, Manchester, Glasgow e Liverpool, onde Freddie usou uma joelheira vermelha e outra azul para agradar aos torcedores dos times de futebol Everton e Liverpool. Eles também tocaram em Brighton e em modestos anfiteatros de Londres, inclusive no Lyceum Ballroom e no The Rainbow. O Queen, que abraçou a turnê com um entusiasmo deliberado, pôde, pela primeira vez em muito tempo, declarar que havia se divertido de verdade. Isso serviu para que os músicos se lembrassem do quanto haviam gostado de tocar nos velhos tempos, quando a fama e a fortuna ainda não passavam de um sonho.

Após o show em Brighton, Freddie confessou a um amigo que ele era chegado numa "orgia de vez em quando".

— Anteontem, estávamos em Brighton e a equipe deu uma de suas festas — declarou. — Se tem uma coisa que o Queen sabe fazer é dar festas. Havia um monte de mulheres safadas, e todo mundo participou. Não vou citar nomes, mas a frequência estava ótima e havia jogadores de rúgbi e sabe-se Deus mais o quê circulando por todos os lados. Foi maravilhoso.

O que Freddie não confessou foi a noite apaixonada que passou nos braços de Tony Bastin, um jovem courier da transportadora DHL. Com Tony, Freddie teve o primeiro relacionamento homossexual sério, mesmo que isso não tenha servido de antídoto para a promiscuidade. Entre idas e vindas, o namoro durou dois anos, mas nenhum dos dois estava iludido achando que havia encontrado a alma gêmea.

— Tony não fazia nem um pouco o tipo de Freddie — Peter lamentou mais tarde, querendo dizer que a aparência comum do louro sorridente não era o que costumava atrair Freddie.

— Freddie gostava de homens fortões e que fossem relativamente desprovidos de personalidade, alguém em quem ele pudesse deixar sua marca — explicou Peter. — Ele gostava da estabilidade que um parceiro fixo proporcionava apenas porque servia como uma base segura a partir da qual poderia continuar saindo com várias pessoas — acrescentou.

Todos os amantes de Freddie eram pessoas muito simples.

— Apesar de ser um caipira, coisa que não estava disposto a admitir, ele tinha uma sofisticação adquirida que os parceiros acabavam absorvendo e, portanto, criavam expectativas maiores.

Bastin praticamente se mudou para o apartamento na Stafford Terrace, levando até o gato, Oscar, e começou a acompanhar Freddie a uma série de destinos quando a banda saía em turnê. Em pouco tempo, tomou gosto pela vida de luxo, mas nem dava para culpá-lo, uma vez que Freddie bancava passagens aéreas de primeira classe e presentes caros. Não que Bastin parecesse dar valor. Por fim, Freddie se deu conta de que estava sendo usado. Pior ainda: ficou sabendo que Tony tinha sido visto pela cidade com um rapaz louro e esbelto. Essa foi a primeira de muitas traições do mesmo feitio.

— Ele costumava ter grandes decepções amorosas, então passou a tomar um cuidado extremo na hora de se envolver emocionalmente — revela David Wigg. — Depois que ganhavam o bracelete da Cartier ou o carro... sabe como é. Esses "amigos" dele não eram muito espertos. É normal isso acontecer com esse tipo de gente. As pessoas da comitiva têm o ego inflado, às vezes mais do que a própria celebridade para a qual trabalham. Elas começam a crer que também estão podendo e se esquecem do fato de que não têm um pingo de talento e que só estão ali graças a quem lhes paga o salário.

Talvez isso explique o porquê de Freddie ter desenvolvido tamanho gosto por sexo sem compromisso, cada hora com um parceiro diferente, guardando o vínculo emocional para os amigos que eram realmente de confiança.

Por fim, Freddie convocou Bastin aos Estados Unidos, terminou o namoro e o pôs de volta no avião, com instruções claras para que tirasse seus pertences do apartamento, mas deixasse o gato.

O Queen virou de ano e de década com o 15º single, "Save Me", em 11º lugar na parada de sucessos britânica. Enquanto isso, "Crazy Little Thing Called Love", com seu estilo Elvis, seduzia o resto do mundo e, pela primeira vez, a banda conquistou a primeira posição do ranking geral americano, além de liderar as paradas australiana, neozelandesa, mexicana, canadense e holandesa. O grupo voltou a Munique para compor um novo álbum e a trilha sonora de *Flash Gordon*.

Em Londres, no início de 1980, Mary Austin finalmente encontrou a casa dos sonhos de Freddie. Quando ela lhe enviou as especificações da Garden Lodge, localizada na Logan Place, W8, uma rua residencial pequena e silenciosa no distrito real de Kensington e Chelsea, bem perto de sua querida Kensington High Street, o cantor ficou apaixonado.

Cercada por antigos e imponentes muros de tijolo cobertos por grades reforçadas com treliça, que propiciavam uma privacidade quase total, a única parte da propriedade que se via da rua era o telhado de duas-águas da construção eduardiana, que tinha dois andares e oito quartos. Algo incomum para o bairro, a casa situava-se em um acre de jardins de plantas adultas e bem-cuidadas. A entrada era um portão simples de madeira pintada de verde-escuro que, no futuro, seria constantemente entalhado com pichações de fãs do mundo todo.

A casa havia pertencido a um membro dos Hoare, uma família de banqueiros, e Freddie não perdeu a piada: rebatizou-a de "Whore House".* O valor pedido era de mais de meio milhão de libras. Sem a menor cerimônia, o astro ofereceu o pagamento em espécie. Como na época o imóvel estava dividido em duas residências independentes, foi necessário fazer uma ampla reforma para convertê-lo num único casarão. Anos se passaram até que Freddie pudesse chamar a mansão de "casa", mas isso não o impediu de se vangloriar.

— Eu vi a casa, me apaixonei e, em meia hora, ela era minha — contou à ex-reporter, especializada em pop, Nina Myskow. — No momento, ela está num estado deplorável, por causa de todas as alterações que mandei fazer. Só vou conseguir me mudar daqui a mais ou menos um ano. Digo que é a minha casa de campo na cidade. É muito reservada, o terreno é enorme e fica bem no centro de Londres. Uma vez por mês, fico inspirado e vou até lá com o arquiteto. "Por que não derrubamos esta parede?", pergunto. Todo mundo resmunga e o arquiteto morre. Outro dia, fui até lá bêbado, depois de um bom almoço. Há quartos maravilhosos no andar de cima e vou transformar três deles numa suíte magnífica. Em meio à embriaguez, eu disse, inspirado: "Ficaria legal se puséssemos uma cúpula de vidro sobre toda esta área dos quartos." O arquiteto hesitou, mas pegou correndo a caneta e o bloco de desenho. Ainda não vi os esboços, mas já estão a caminho.

Rick Sky ficou sabendo disso numa entrevista para o *Daily Star*.

* *Whore*, que significa "prostituta", tem a mesma pronúncia de Hoare. (*N. da T.*)

— Eu gosto de gastar, gastar e gastar — disse Freddie, empolgado. — Acabei de adquirir uma casa nova. Adoro comprar antiguidades na Sotheby's e na Christie's. Às vezes, vou à joalheria Cartier e compro a loja inteira. Com frequência, começo a esbanjar que nem uma mulher que compra um chapéu novo para se animar. Há dias em que estou muito de saco cheio e só quero torrar o meu dinheiro. Eu surto e saio gastando. Depois, volto para casa e penso: "Ah, Deus, o que foi que eu comprei?" Mas nunca é em vão. Sinto um prazer enorme em presentear os outros.

Freddie confessou a Ray Coleman, do *Daily Mirror*:

— Não gosto que minha vida seja fácil demais. Se gasto muito, tenho que continuar ganhando dinheiro. É assim que me mantenho estimulado. Eu bebo muito, fumo muito, aprecio vinho e comida boa. E nunca mais vou comer hambúrguer.

A obsessão pela casa, assim como a maioria de seus interesses, era só mais uma forma de combater o tédio:

— É a pior doença do mundo — admitiu Freddie. — Às vezes, penso que a vida não pode se resumir apenas a correr pelo mundo feito um louco, se entediando. Mas não consigo ficar muito tempo parado. Tenho esse acúmulo de energia nervosa.

"A gente se acostuma a coisas diferentes. Os padrões e as expectativas se elevam. Se você sabe que precisa de diversão constante, providencia. Quando conto aos outros o que já aprontei, eles ficam impressionados. Mas não sei ser de outra forma. É a minha maneira de me divertir. É por isso que não consigo me sentar para ler um livro. Poderei ler todos os livros do mundo quando tudo acabar e eu estiver com as pernas enfaixadas. Pode até ser ganância, mas eu sou artista. Está no sangue… Trabalho no ramo há muito tempo, querido. Me dê um palco. Mas, de certa forma, criamos um monstro, não é mesmo? E somos os únicos obrigados a conviver com isso."

O Queen lançou o 16º single, "Play the Game", em 30 de maio de 1980. As fãs ficaram chocadas com o que viram no videoclipe: um Freddie bigodudo e mais másculo. Muitas bombardearam os escritórios do Queen com vidrinhos de esmalte. Apesar dos protestos, o single conseguiu alcançar a 14ª posição.

No verão de 1980, a banda fez mais uma turnê americana: uma odisseia de 46 shows com todos os ingressos esgotados. O nono álbum do Queen, *The Game*, foi lançado no Reino Unido e, mesmo condenado pela imprensa musical, alcançou o primeiro lugar das paradas. Em Vancouver, as fãs, que normalmente lançavam calcinhas e flores para o ídolo, jogaram aparelhos e lâminas de barbear descartáveis. O bigode permaneceu. "Another One Bites the Dust", composta por John Deacon e na qual o baixista tocou a maioria dos instrumentos — baixo, piano, guitarra comum e rítmica sem sintetizador, enquanto que a bateria de Roger e os trechos de guitarra e harmonia de Brian foram acrescentados depois —, foi lançada em agosto. A música conquistou a primeira posição da Billboard Hot 100 americana e permaneceu no ranking por mais cinco semanas. Também liderou as paradas da Argentina, da Guatemala, do México e da Espanha, além de alcançar a sétima posição no Reino Unido. A faixa até hoje é considerada o single de maior vendagem do Queen, superando 7 milhões de cópias. John disse que se inspirou em "Good Times", do grupo disco Chic, para compor a linha de baixo.

— Freddie cantou até a garganta sangrar — comentou Brian na revista *Mojo*. — Ele estava muito empolgado, queria transformar a canção em algo especial.

The Game foi o primeiro álbum do Queen a liderar as paradas nos Estados Unidos, superando todas as expectativas. O grupo concluiu sua turnê mais longa com quatro shows esgotados no Madison Square Garden, em Nova York, ainda em choque por causa da morte de John Bonham, baterista do Led Zeppelin. Com apenas 32 anos, Bonham engasgou com o próprio vômito depois de ter tomado quarenta doses de vodca em um dia. A morte dele, em setembro daquele ano, pôs fim a mais uma das bandas favoritas do Queen.

Durante a turnê de 1980, Freddie encontrou seu próprio viking. O louro robusto Thor Arnold, que de dia era enfermeiro e à noite era o queridinho dos pontos de encontro gays localizados no centro financeiro de Manhattan, morava perto do Greenwich Village e conheceu Freddie numa das boates locais. Apesar de o romance ter durado pouco, eles continuaram bons amigos até o fim. A amizade durou basicamente por um motivo: Thor não queria nada do companheiro famoso. Se, de repente, resolvesse voar para outra cidade para surpreender Freddie no trabalho, ele mesmo comprava a passagem e pegava o avião. O astro achava isso encantador e ficava muito feliz. Através de Thor ele fez outras três grandes amizades em Manhattan: Joe Scardilli, John Murphy e Lee Nolan. Em pouco tempo o quarteto passou a ser chamado de "as filhas nova-iorquinas" de Freddie, e o grupo vivia muitos momentos hilários sempre que o cantor visitava a cidade.

As breves férias de outubro não foram o suficiente para a banda relaxar. Se é que os integrantes lembravam o que era relaxar. O décimo álbum, a trilha sonora de *Flash Gordon*, ainda estava incompleto, mas o 18º single, "Flash", já estava em ponto de bala. Além disso, eles precisavam se preparar para mais uma turnê europeia, que incluiria três noites na Wembley Arena.

A morte de John Lennon fez o grupo esquecer todos esses compromissos. Em dezembro, quando ele foi baleado na porta do prédio onde morava em Nova York, as celebridades se deram conta da própria vulnerabilidade. Havia outros Mark Chapmans à solta: John Hinckley Junior, por exemplo, que era obcecado pela atriz Jodie Foster e que tentaria assassinar o presidente americano Ronald Reagan em 1981. O Queen nunca havia se preocupado muito com segurança, mas isso teria que mudar.

Em tributo a Lennon, durante o show na Wembley Arena, a banda tocou o hit "Imagine", de 1971. Ninguém se importou se Freddie esqueceu a letra ou se Brian se perdeu nos acordes? Estupefata, a multidão de fãs desolados cantou o refrão em meio a soluços.

Choveram prêmios. O Queen recebeu duas indicações ao Grammy: de melhor produção pelo álbum *The Game* e de melhor performance de rock em duo ou grupo com vocal por "Another One Bites the Dust" (perdeu para Bob Seger). Essa música, junto com "Crazy Little Thing Called Love", figurou na lista dos cinco singles mais vendidos nos Estados Unidos em 1980, com a primeira superando 3,5 milhões de cópias. O fim do ano se aproximava e a banda, às voltas com o planejamento dos shows de ano-novo no Japão, fez um balanço. Até então, eles haviam vendido mais de 45 milhões de álbuns e 25 milhões de singles no mundo todo. Também estrearam como os "diretores de empresa" mais bem-pagos e como principal ativo no *Guinness: o livro dos recordes*. Resumindo: maiores, melhores e inigualáveis. Para onde um bando de astros do rock poderia ir agora?

CAPÍTULO DEZESSEIS

América do Sul

Originalmente, fomos à América do Sul porque tínhamos sido convidados. Eles queriam quatro rapazes cativantes para tocar um pouco de música boa. Quando acabou, minha vontade era comprar o continente inteiro e me instaurar na presidência. A ideia de fazer uma grande turnê sul-americana já nos rondava havia muito tempo, mas sair em turnê não envolve apenas a banda. Temos um contingente enorme e o custo é muito alto. Por fim, dissemos: Dane-se a despesa, queridos, vamos viver um pouco!

FREDDIE MERCURY

Todo mundo da nossa indústria quer desesperadamente ser amado. Não passamos de uns exibidos inseguros. Fazemos com que pareça fabuloso, usamos toda a nossa capacidade para entreter os outros. Fingimos que sabemos o que estamos fazendo, mas somos como patos: na superfície, parecemos tranquilos, mas nossos pés batem sem parar debaixo d'água.

Francis Rossi — guitarrista da banda Status Quo

Após conquistarem cinco dos seis continentes possíveis — não havia uma quantidade significativa de possíveis fãs de rock na Antártida —, só faltava desbravar a América do Sul. Há anos circulavam falsos boatos de que a banda líder de vendas e mais histericamente venerada na Argentina e no Brasil pretendia fazer uma turnê pela região. Um punhado de artistas já havia se aventurado tão ao Sul, inclusive Earth, Wind & Fire e Peter Frampton, mas não na escala colossal que o Queen tinha em mente. Se tudo podia ser feito nos melhores estádios de futebol disponíveis nesses países e seguindo à risca os padrões da banda, então era só partir para o ataque. Como o futebol é uma religião na América do Sul, não faltavam arenas adequadas. Se, por um lado, a Copa do Mundo era o evento esportivo mais assistido no mundo, o Queen era a banda de rock mais famosa do planeta. Isso foi em 1981, e Freddie tinha 35 anos.

Muitos argentinos que estavam em posições favoráveis fizeram fortuna com a turnê do Queen. José Rota foi nomeado organizador-chefe. O influente empresário Alfredo Capalbo agendou datas no Estádio Jose Amalfitani, do Vélez Sarsfield, em Buenos Aires e também no Estádio Municipal, em Mar del Plata, e no Gigante de Arroyito do Rosario Central, na cidade natal de Che Guevara. A banda ficou encantada com as instalações para a Copa do Mundo e as considerou mais do que apropriadas.

Afinal, como Brian me disse:

— O público do Queen é uma torcida de futebol que não tem time.

Às vésperas da turnê, batizada de "South America Bites the Dust", Freddie voou para Nova York com Peter Freestone para finalizar a compra do apartamento. Foi um grande alívio para o bolso do cantor: pagar mil dólares por noite em quartos de hotel era uma extravagância até mesmo para ele, que chegava a ficar três meses hospedado. A magnífica residência no 43º andar tinha vista panorâmica do norte e do sul de Manhattan.

— Eu me lembro da empolgação de Freddie com as comemorações do centenário da Brooklyn Bridge, em Nova York — recordou Peter Freestone. — Assistimos simultaneamente da varanda e da televisão. O apartamento tinha pertencido a um senador, ou deputado, chamado Gray, e Freddie o comprou da viúva dele. A decoração era toda em cinza: quatro quartos, cinco banheiros e o escritório, tudo revestido num tom de cinza usado em ternos de executivos. O papel de parede da sala de jantar era prateado, acetinado. Apesar de uma das grandes paixões de Freddie ser recriar e redecorar suas propriedades, ele deixou o imóvel exatamente como estava.

Enquanto Freddie concluía a compra da residência na Costa Leste, quarenta toneladas de cabos, iluminação e equipamento de som eram transportadas de navio dos Estados Unidos para o Rio de Janeiro para serem instaladas antes de o Queen fazer seus shows históricos. Outras vinte toneladas foram levadas num DC-8 especialmente fretado para fazer a rota intermunicipal mais longa do mundo: de Tóquio a Buenos Aires.

Quando a banda aterrissou em Buenos Aires num calor escaldante, em 24 de fevereiro de 1981, os integrantes viram pela primeira vez o que era uma recepção digna de heróis. Eles já tinham sido idolatrados, principalmente em Tóquio, mas nem os japoneses conseguiam se igualar àquilo. Desde que a turnê, apoiada pelo governo, tinha sido anunciada, a mídia só falava no Queen. Dias antes da chegada do grupo, dezenas de milhares de fãs começaram a invadir a capital. No dia propriamente dito, parecia que todos tinham ido juntos ao aeroporto. A recepção também incluiu uma delegação presidencial e uma escolta policial. Os acontecimentos do dia receberam cobertura ininterrupta na televisão nacional. Até Freddie ficou sem palavras.

— Quando entramos no aeroporto, não acreditamos no que ouvimos — declarou. — Eles interromperam o anúncio de todos os voos e tocaram a nossa música.

A jornalista argentina Marcela Delorenzi, na época uma fã de 15 anos, descreveu a visita da banda como "o primeiro grande evento de rock do país".

— Aquilo causou uma revolução inacreditável em toda a nação — contou. — Na imprensa, no rádio e na TV, 24 horas por dia durante o mês que antecedeu a chegada deles, o povo só falava do Queen. Depois da turnê, nossos próprios artistas de rock tiveram que mudar de imagem e adotar uma postura totalmente nova. Eles se viram obrigados a aprimorar e atualizar os equipamentos de som, de iluminação, todos os aspectos das apresentações ao vivo. De repente, tudo que antes era considerado aceitável passou a ser patético, se comparado ao Queen. Na Argentina, foi como a versão roqueira do surgimento de Cristo. A partir daquele momento, havia o "antes de Queen" e o "depois de Queen". A banda provocou um impacto profundo na América do Sul. Hordas de chilenos, uruguaios, paraguaios e bolivianos atravessaram a fronteira para assistir aos shows na Argentina. As datas de Buenos Aires estão gravadas na minha memória: 28 de fevereiro, 1º de março e 9 de março.

Marcela, com os olhos marejados, disse que ver o ídolo Freddie Mercury pela primeira vez mudou sua vida.

— Ele estava hospedado no Sheraton de Buenos Aires. Eu estava lá com um bando de outros fãs do Queen aguardando a banda. Eles tinham que sair para dar uma entrevista coletiva no estádio. Havia uma multidão do lado de fora esperando para ver Freddie, berrando e cantando como se fosse o fim do mundo. Eu estava toda vestida de azul-claro — recorda Marcela. — E, para minha grande surpresa, quando a porta do elevador do saguão do hotel se abriu, vi que Freddie estava vestido dos pés à cabeça com exatamente a mesma cor que eu. Ele estava cercado de seguranças, mas senti uma vontade incontrolável de abrir espaço e abraçá-lo. Consegui me enfiar no círculo e lhe dei um abraço e uma carta, dizendo que eu queria me encontrar com "Frederick Bulsara" — não Mercury — e escrevi meu endereço e meu telefone, sem esperar que ele fosse ligar, é claro. Eu o chamei pelo nome de verdade porque sempre considerei que Freddie tivesse dois lados: o bom e o ruim, o claro e o obscuro. Freddie Bulsara era o lado bom, claro. Só anos depois fui descobrir que eu não estava de todo errada.

"Então, um dos seguranças me bateu e eles me empurraram. Não posso culpá-los por terem ficado nervosos, pois alguém poderia querer fazer mal a Freddie, mas é óbvio que não era essa a minha intenção. Eu apenas tive que tocar nele. Imagino que milhões de pessoas no mundo todo se sentissem como eu. A banda saiu do hotel, entrou direto no carro e foi levada embora. O Brian foi o único a ficar para trás, dando autógrafos. Por fim, tiveram que jogá-lo no banco traseiro do carro (um veículo blindado e equipado com metralhadoras). Quando partiram, vi Freddie abrir minha carta e começar a lê-la. Fiquei nas nuvens."

Marcela é a mesma argentina que me entregou uma cópia da certidão de óbito de Freddie em Londres, cinco anos após a morte do astro.

No estádio do Vélez Sarsfield, em Buenos Aires, os fãs fizeram fila desde as 8 horas da manhã para os três shows esgotados. Contudo, devido ao calor insuportável, as apresentações só começaram a partir das 22 horas. Marcela foi a dois shows em Buenos Aires e viu os ídolos subirem ao palco escoltados por guardas armados.

— A Argentina nunca tinha vivenciado nada parecido — declarou. — Na abertura, algo semelhante a um disco voador desceu no palco em meio à fumaça e a uma iluminação incrível. Parecia mágica. Todo mundo ficou arrepiado. Havia gente literalmente soluçando por todos os lados. O campo estava protegido por grama sintética e o sistema de segurança foi extremamente rígido, com policiais espalhados por toda parte. Na época, estávamos submetidos a um rigorosíssimo governo militar de extrema-direita, liderado pelo general Viola. O general disse que queria conhecer o Queen e mandou um convite para que a banda o visitasse. Todos os integrantes foram, exceto Roger, que se recusou, alegando que estava na Argentina para tocar para o povo, não para o governo.

Foi uma declaração provocativa. O país estava sob o domínio de uma junta militar comandada por Roberto Eduardo Viola Redondo. Em dezembro do mesmo ano, ele foi deposto no golpe liderado pelo comandante em chefe do Exército, o general Leopoldo Galtieri, e acabou preso sob alegações de violação dos direitos humanos. Galtieri presidiu durante a Guerra das Malvinas, travada entre Reino Unido e Argentina em 1982. Quando os conflitos eclodiram, todas as músicas do grupo foram banidas das rádios.

— Dois anos após a primeira visita do Queen, restauramos a democracia, depois de quase 15 anos — ressaltou Marcela. — O Brasil viveu algo parecido. A banda também foi ao Sun City, na África do Sul, em 1984, o que gerou muita polêmica. Em poucos anos, o apartheid caiu e o povo conquistou a democracia. Além disso, logo depois que o grupo tocou na Hungria, em 1986, o velho regime foi abandonado e os húngaros passaram a ter um novo futuro democrático pela frente. Provavelmente, foi tudo mera coincidência, mas não deixa de ser intrigante: aonde quer que o Queen fosse, parecia levar liberdade e paz para as pessoas. Era como se fosse a banda da liberdade.

Freddie estava com a corda toda, além de parecer em forma com o corpo musculoso e bronzeado. Nas apresentações ao vivo, ele exibiu o novo visual: calça jeans justa e regata branca, além da echarpe amarrada no lugar do cinto. O bigode, espesso e bem-aparado, escondia os dentes protuberantes. Ele manteve essa identidade até o último show da carreira, o qual, apesar de o astro não saber na época, seria dali a apenas cinco anos.

Cheio de energia, Freddie dominou o palco todas as noites. O rugido do público era ensurdecedor, mas o vocalista respondeu à altura.

— Além de enfeitiçar os espectadores — recorda David Wigg, —, ele se enfeitiçou.

Freddie conduziu a plateia enquanto soltava entusiasmados gritos de "É isso aí!", "Muito bom!" "OK!", além de elogiar os fãs: "*¡Cantan muy bien!*" Uma canção em especial roubou a cena: "Love of My Life", que o vocalista havia composto para Mary Austin. Uma gravação ao vivo dessa doce balada, lançada como single por toda a América do Sul em 1979, havia permanecido na primeira posição na Argentina e no Brasil durante um ano. Os fãs sabiam a letra de cor, num inglês perfeito. De repente, a multidão se transformou num mar de chamas que ondulavam nos milhares de isqueiros acesos. Freddie causou ainda mais furor, quando se sentou ao piano para apresentar outra música conhecida.

— Alguns a chamam de "Bo Rap"

A banda tocou a marca registrada, mas saiu do palco durante o playback das sequências do coral. Nem mesmo na América do Sul essa parte da música pôde ser tocada ao vivo.

Freddie deu várias entrevistas em Buenos Aires, inclusive à revista *Pelo* (cabelo), publicação argentina muito vendida no país e que equivale à *Rolling Stone*. Perguntaram a Freddie por que ele parecia estar sempre afastado do resto do grupo, ao que o cantor respondeu:

— Como o Queen toca e grava junto, as pessoas têm essa imagem de que somos superunidos. Mas o Queen é um conjunto musical, não uma família. Cada um faz o que quer.

Na verdade, essa turnê teve uma característica marcante que serviu de molde para o que estava por vir: uma distinta divisão entre Freddie, seus companheiros e os empresários — Peter Freestone, Joe Fanelli, Jim Beach, Paul Prenter e o então namorado do cantor, Peter Morgan (todos homossexuais, com exceção de Beach), e o restante da banda e da equipe (os héteros). Fora do palco, os dois grupos levavam vidas separadas, enquanto Gerry Stickells era o responsável pela organização da turnê.

Freddie, como sempre, enfrentava problemas na vida pessoal. Morgan, um badalado ex-campeão britânico de fisiculturismo, conhecido por ter estrelado um dos primeiros vídeos eróticos para homossexuais, estava numa relação ardente e inconstante com Freddie havia algum tempo e voou para Buenos Aires a fim de acompanhar o amante nessa aventura. No entanto, durante sua estada, Morgan traiu o cantor com um homem bem mais jovem. Freddie descobriu por acaso, ao avistar o casal passeando na rua. Depois de ser novamente enganado por um parceiro, o vocalista tinha motivos para deixar de acreditar no amor. Ele terminou com Morgan e se concentrou no trabalho que tinha pela frente.

Contudo, a experiência não serviu de lição. A próxima decepção amorosa da lista de Freddie foi o americano Bill Reid, um homossexual atarracado que morava em Nova Jersey. Os dois se conheceram num bar em Manhattan. Talvez esse namoro tenha sido o mais conturbado de todos. A comitiva se lembra de pancadarias, vidros quebrados e comportamentos vergonhosos da "era Bill Reid". Segundo Peter Freestone, foi por causa de Reid que Freddie acabou deixando Nova York, sumindo do circuito, e também deve ter sido por isso que optou por uma estratégia "mais segura": "ficar com um cara diferente ao fim de cada show."

— Houve muitos momentos intensos — refletiu Freestone. — Era quase como se Freddie precisasse desses surtos de paixão para fazer a criatividade correr nas veias. Se, por um lado, quando havia muita pressão no trabalho ele terminava os namoros, por outro, arquitetava brigas dramáticas quando precisava de um incentivo extra.

De fato, os conflitos emocionais pareciam estimular a criatividade dele.

Em Buenos Aires, movido pela raiva e pela mágoa que Peter Morgan havia provocado, Freddie mergulhou de cabeça no trabalho de maneira quase inédita.

O que ele esperava da turnê?

— Eu sabia muito a respeito da Argentina — disse —, mas nunca imaginei que fôssemos tão conhecidos aqui. Estou impressionado com a reação do país à nossa presença... A ideia de fazer uma grande turnê sul-americana já nos rondava havia muito tempo, mas, nos últimos seis meses, trabalhamos demais. Sem parar, na verdade. O Queen não se resume à banda. Envolve um enorme contingente, portanto, sair em turnê custa uma fortuna.

Freddie demonstrou indiferença em relação ao preço da fama e aos problemas com a imprensa:

— Isso me incomodou por muito tempo — afirmou, dando de ombros. — Mas, como podem ver, não me incomoda mais.

Em outra matéria, para a extinta revista *Radiolanda 2000*, ele declarou seu amor pelo povo argentino:

— Eu estava acostumado a outro tipo de reação e de comportamento do público, mas os argentinos são fantásticos, e pretendo voltar. Tenho que admitir que adoro o fato de as pessoas me considerarem um ídolo. Eu quero virar uma lenda, mas é preciso entender que o nosso trabalho é feito em conjunto. O Queen não se resume a Freddie Mercury. É a banda. Vale lembrar que "Seven Seas of Rhye", "Killer Queen", "You're My Best Friend", "Somebody to Love" (a favorita de Freddie e da mãe dele) e "Bohemian Rhapsody" — que foi o momento mais satisfatório da minha carreira — são do Queen, não de Freddie. Acho que a melhor forma de demonstrar nosso respeito pelo público é através da nossa obra.

Para evitar sequestros e atentados terroristas, a segurança dessa turnê foi a mais rígida de todas. Cada integrante da banda tinha um guarda-costas e um tradutor locais, além dos seguranças ingleses que agora acompanhavam o grupo. Freddie se divertia fazendo o guarda-costas autografar no lugar dele, pois os fãs deixavam montanhas de objetos para o astro assinar. Ele também enfurecia os guardiões apertando todos os botões do elevador ao mesmo tempo para que a porta abrisse a cada andar. Considerado "um menino arteiro", Freddie fazia flexões no tapete do saguão ou apostava corrida com os seguranças nos corredores do hotel sempre que precisava esperar algo ou alguém, o que era frequente.

Além disso, o cantor passou a insistir com todo mundo que cigarros faziam mal à saúde. Sendo assim, proibiu que os motoristas fumassem. Naturalmente, eles pensaram que Freddie estivesse se referindo à própria saúde. Imagine a surpresa que tiveram quando o astro entrou na limusine e acendeu um cigarro mentolado.

— É pelo bem da saúde deles, não da minha! — berrou, achando graça da própria piada.

Numa noite sufocante, Freddie quis jantar num seleto restaurante de Buenos Aires, o Los Años Locos (os anos loucos). Como se tratava de uma pessoa extremamente famosa, num lugar de muita visibilidade, os seguranças ficaram agoniados, ainda mais quando o cantor implorou para ir ao banheiro masculino sozinho, em vez de dizer "pipi!", como de costume, e esperar que o levassem. Como a mesa do grupo ficava no segundo andar e o toalete era perto, os guarda-costas relaxaram. Não viram problema em deixar que ele se aliviasse sozinho, uma vez que fosse. Sem dúvida, eles notariam se alguém tentasse se infiltrar no sanitário enquanto Freddie estivesse lá dentro. No entanto, depois de quase vinte minutos, o vocalista não apareceu. Os seguranças perceberam que havia algo de errado e correram para o banheiro masculino.

— Encontramos dois homens e duas mulheres espancando a porta de um dos reservados, que parecia trancado pelo lado de dentro — relatou um guarda. — Freddie só podia estar lá dentro. As pessoas estavam aterrorizando o cantor, gritando para que ele abrisse a porta, pois "precisavam" vê-lo, "tinham" que ganhar um autógrafo. Freddie não respondia, então tive certeza de que havia se trancado. Fiquei com medo de que tivesse acontecido alguma coisa com ele. Berramos para as pessoas irem embora. Quando a situação se acalmou um pouco e Freddie percebeu que éramos nós, ele abriu a porta. Parecia horrorizado. "Vocês tinham razão", murmurou, com o rosto pálido. "Não posso nem ir ao banheiro sozinho, né?"

Na véspera do último show do Queen, no estádio do Vélez Sarsfield, a banda foi convidada a um *asado* (churrasco) na *quinta* (sítio) do presidente do clube, o Señor Petracca. A propriedade era enorme e bela e o músicos ficaram encantados. Tudo correu bem até a imprensa chegar. Freddie mudou de humor. Não que ele tivesse algo contra os jornalistas em si. Eu mesma era jornalista quando o conheci, e ele sempre ficou à vontade. O que o tirava do sério eram simplesmente as perguntas sem imaginação que a imprensa estrangeira costumava fazer.

— Eles me fazem as mesmas perguntas idiotas há dez anos — declarou.

Freddie estava espirituoso quando foi abordado por dois jornalistas locais. Um deles trabalhava para a revista *Pelo*, mas nenhum dos dois falava inglês. Sem que eles soubessem, Freddie e o intérprete haviam combinado o seguinte: as perguntas seriam traduzidas para que o astro soubesse do que se tratava, mas Freddie faria declarações sem sentido e o intérprete diria ao jornalista o que lhe viesse à cabeça. Quando o intérprete apareceu com um exemplar da revista, os dois acharam graça ao constatarem que todas as respostas eram precisamente fictícias, com exceção de uma referente a Diego Maradona.

A Argentina era campeã mundial de futebol, tendo vencido a Copa do Mundo de 1978, realizada no país. O futebol era sagrado. Maradona era um deus nacional e o Queen o admirava fazia muito tempo. Como Brian uma vez escreveu sobre ele numa carta que enviou a mim: "O espírito da busca pela excelência vive nesse homem."

Freddie conheceu Maradona numa festa em Castelar, fora de Buenos Aires, e o convidou para subir ao palco durante o último show portenho da banda. O jogador aceitou na hora.

— Freddie não sabia muito bem quem ele era, pois não era, digamos, "fã de futebol" — riu Peter Freestone. — Talvez das coxas dos jogadores de futebol. Se fossem coxas de jogadores de rúgbi, melhor ainda!

Mesmo assim, Freddie não pôde deixar de se divertir com o jovem astro do futebol. De certa forma, ele se identificava com o jogador: os dois eram de estatura modesta e compartilhavam de uma sede insaciável de sucesso. Maradona entrou pontualmente, sob aplausos extasiados, tirou a camisa 10 e a trocou pela camiseta "Flash" de Freddie. Depois, apresentou "Another One Bites the Dust" e saiu do palco, enquanto o Queen introduzia uma das músicas de rock mais adoradas na Argentina.

Talvez a pergunta feita pelo jornalista da *Pelo* no *asado* não tenha sido tão idiota. Ele disse ao cantor que trocar de camisa com o maior ídolo esportivo da nação foi uma "atitude demagoga". Freddie, furioso com a colocação, considerou-a "ridícula". Ele declarou ter se tratado apenas de um gesto simpático, nada mais.

— Se o público achou a minha atitude normal e apreciou a minha intenção, não dou a mínima para a opinião da imprensa — retorquiu. — Vou fazer o que eu quiser, mesmo que os jornalistas rotulem de "demagogo" ou considerem inadequado.

A experiência na América do Sul não foi só alegria. Seguido e assediado tanto pela mídia quanto pelos fãs, que se aglomeravam ao redor dele num piscar de olhos, Freddie passou mais tempo correndo de multidões ensandecidas do que queria. Reconhecido aonde quer que fosse, só encontrou paz e tranquilidade atrás das portas trancadas da suíte do hotel. Dormiu mais do que de costume, raramente saindo do quarto antes das 14 horas. Vez ou outra, pedia para passear de carro pela cidade, mas seus passatempos preferidos eram comer e comprar. A comitiva ficou exausta por ter que procurar um restaurante diferente a cada noite, apesar de Freddie não comer quase nada quando chegava ao lugar. Pelo menos, as compras foram frutíferas. Numa única saída, ele comprou 25 pares de meias, dez camisetas idênticas e vinte calças da mesma cor. Os seguranças perguntaram por que ele havia comprado tantas peças repetidas, e ficaram surpresos quando Freddie explicou que, na adolescência, ele não teve a oportunidade de ser um garoto comum e de se vestir como queria. Aquilo era um mecanismo de compensação.

— Vez ou outra, ele bancava a criança, como no dia em que visitamos o Jardim Japonês de Buenos Aires — contou um segurança — Havia um viveiro de plantas, caminhos e pequenas pontes. Freddie achou encantador e disse que queria fazer um jardim parecido em Londres. De repente, ele subiu numa cachoeira para tirar uma foto. O guarda japonês viu e o mandou descer. Tive que explicar quem ele era e persuadir o guarda a deixá-lo ficar lá em cima para tirar fotos. Freddie só desceu quando quis, depois de alimentar as carpas koi e de deixar dois autógrafos no livro de visitas.

A exaltação do Queen com a histórica turnê argentina foi interrompida pela notícia de que a ambição de tocar no estádio mais famoso do Rio de Janeiro não seria realizada por questões burocráticas. O lendário Maracanã tinha capacidade para 180 mil pessoas, portanto, era o maior estádio do mundo. As dificuldades técnicas, legais e políticas encontradas pelos organizadores da turnê no Brasil não podiam em nada ser subestimadas. O governador do Rio de Janeiro não permitiu que a banda tocasse no Maracanã porque o espaço era destinado apenas a eventos esportivos, religiosos e culturais importantes. O local havia recebido o Papa um ano antes, assim como Frank Sinatra. No entanto, o Queen levou um intrigante "não".

Como o show tinha que continuar, eles aceitaram se apresentar no estádio do Morumbi, em São Paulo, onde tocaram para 131 mil pessoas. Foi o maior público pagante já recebido por um único evento no mundo. Na noite seguinte, mais 120 mil espectadores apareceram para assistir à mágica, enquanto a tropa de choque montada a cavalo e agentes à paisana armados circulavam pela multidão. Outra vez, numa cidade em que poucos falavam inglês, ver mais de 100 mil fãs cantando "Love of My Life", o hino do Queen na América do Sul, foi um espetáculo comovente. Em duas noites, 251 mil pessoas assistiram ao grupo tocar ao vivo. É mais público do que a maioria dos artistas pode esperar numa carreira inteira.

O sucesso imbatível do Queen na América do Sul foi a maior das façanhas de Jim Beach, o advogado que havia se tornado empresário da banda e a quem os integrantes chamavam de "Miami". Depois de ter passado cinco meses convencendo as autoridades dos dois países de que todos se beneficiariam com essa pioneira turnê de rock, ele estava de alma lavada.

— Em sete apresentações, o Queen foi visto por mais de meio milhão de pessoas que não sabiam o que era um show de rock — declarou Beach no Brasil. — O custo para fazer a turnê aqui é tão alto que a margem de lucro da banda é bem pequena, mas a visibilidade que isso proporciona é maravilhosa. Durante a nossa última semana na Argentina, os dez álbuns do Queen ocuparam as dez primeiras posições das paradas de sucessos. Antes de virmos, todos diziam que nenhum grupo conseguiria tocar com êxito na América do Sul, mas nós provamos que é possível.

— Não fazíamos ideia de qual seria a reação — acrescentou Brian. — Na Europa e nos Estados Unidos, sabemos o que esperar, mas para os fãs daqui, era um fenômeno inédito. Na Argentina, onde o povo é relativamente mais sofisticado, eles tinham uma certa ideia de como seria, mas para os fãs brasileiros foi tudo uma tremenda novidade. Um dos momentos mais emocionantes da minha vida foi ver 130 mil pessoas esperando por nós.

Os críticos resolveram provocar. O Queen não tinha a obrigação moral de se recusar a fazer shows em países oprimidos e de situação política instável, como era o caso da Argentina? Não estava, por tabela, apoiando os mesmo regimes que o mundo condenava? Jim Beach respondeu, sem mostrar arrependimento:

— Se adotássemos essa postura, restariam pouquíssimos países fora da Europa Ocidental e da América do Norte em que poderíamos tocar.

Freddie não se manifestou, depois de aprender, a duras penas, que era melhor se manter em silêncio diante das críticas.

— Ele não se pronuncia mais porque está um pouco cansado de ver as próprias palavras e as do Queen sendo mal-interpretadas — comentou Brian. — Acho que qualquer um que conhecesse Freddie se surpreenderia. Ele não é exatamente a diva que vocês imaginam. É óbvio que ele é uma figura imponente, mas todos nós somos. Depois que tudo está resolvido, ele se dedica ao extremo e dá um show.

Aonde a inquietude do Queen os levaria agora?

CAPÍTULO DEZESSETE

Barbara

Barbara Valentin me fascinou porque tem peitos incríveis! Eu e Barbara criamos um vínculo que é mais forte do que quaisquer das relações amorosas que tive nos últimos seis anos. Realmente consigo conversar com ela e ser eu mesmo de um jeito muito raro.

FREDDIE MERCURY

Foi um período muito louco, bem melhor e pior do que qualquer um poderia imaginar.

BARBARA VALENTIN

Com o lançamento do álbum *Greatest Hits* adiado para o fim do ano, abril de 1981 foi o mês de Roger. *Fun in Space*, seu primeiro trabalho solo, tinha sido gravado em Montreux no ano anterior e já estava finalizado. Ele admitiu ter achado o processo desgastante, pois estava acostumado com a presença e o apoio dos três músicos com quem havia trabalhado ininterruptamente durante dez anos. No entanto, dar esse tempo era inevitável, após a década intensa e exaustiva que passaram juntos.

— Eu queria fazer certas coisas que não se enquadravam no formato do Queen — declarou. — É como um processo de desintoxicação. Enquanto você não faz, não se sente realizado.

Os outros integrantes do Queen, cada um a seu tempo, seguiram o exemplo.

Após o nascimento da filha Louisa, em maio, Brian se juntou a Freddie, Roger, John e Mack em Montreux para a elaboração de *Hot Space*. Em julho, a tranquila cidade suíça se preparou para receber as massas durante o festival anual de jazz.

— Eu vivia acima de Montreux na época em que o Queen comprou o Mountain Studios — conta Rick Wakeman, que foi para lá em 1976 para gravar o álbum *Going for the One*, do Yes, após reingressar na banda. Em Montreux, ele conheceu uma assistente do estúdio, Danielle Corminboeuf, e largou a mulher, Ros, para ficar com ela.

— A Suíça é um país muito formal — diz Rick —, mas o povo sempre aceitou as pessoas como elas são. Os moradores ficaram radiantes quando o Queen comprou o estúdio. Ninguém dava a menor bola para o que você fazia entre quatro paredes. A imprensa suíça também não estava nem aí. Sendo assim, era um ótimo lugar para os músicos de rock morarem e trabalharem.

"Havia um pub na rua principal, o White Horse, que nós chamávamos de Blanc Gigi (continua sendo na Grand Rue, 28). Era o ponto de encontro de todos que trabalhavam no Mountain Studios. Quando havia mais de uma banda querendo usar o estúdio, no mesmo horário, ou quando o Queen estava lá, acabávamos parando no Blanc Gigi. Eu costumava ir mais com Roger e Brian, mas Freddie aparecia com frequência, sempre na companhia de um garoto francês. Mas e daí? Ele não era gay assumido, é claro, mas ninguém comentava nada. Os tempos eram outros. O Queen adorava Montreux. Ter o próprio estúdio era bom para os negócios. Além disso, eles podiam ir para lá quando quisessem.

"Naquela época, de maneira geral, as bandas eram muito preguiçosas. Aparecíamos no estúdio, que custava milhares por dia, quando dava na telha. Um saía para esquiar, o outro ficava na cama curando a ressaca da noite anterior... Eu e Jon (Anderson) aparecíamos, compúnhamos parte de uma canção, descíamos até o pub e só pegávamos no batente de fato lá pelas 19 horas. Era raro alguém trabalhar um dia inteiro. O que deveria ser feito em cinco ou seis semanas demorava de cinco a seis meses. Os estúdios ganhavam uma fortuna. Hoje em dia, não seria possível gravar assim. Com a tecnologia disponível atualmente, dá para fazer um álbum sem sair do quarto.

"Durante anos, fui vizinho do David Bowie na Suíça. A noite em que David apareceu no pub, jantou com os rapazes do Queen e depois voltou com eles para o estúdio entrou para a história."

David Richards, engenheiro do Mountain Studios e que estava trabalhando no disco do Yes, havia auxiliado Tony Visconti em Berlim na produção do álbum *Heroes*, lançado por David Bowie em 1977. Bowie havia agendado um horário com Richards no Mountain para gravar a faixa "Cat People (Putting Out the Fire)". Ele chegou ao estúdio depois de ter ido ao pub e encontrou o Queen em plena sessão musical.

— Foi uma noite extremamente longa — afirmou Brian.

— Estávamos tocando músicas de outros artistas só por diversão — contou Roger.

— Até que David disse: "Que tolice, por que a gente não compõe uma canção?"

O resultado foi a coprodução "Under Pressure", inicialmente intitulada "People On Streets".

— Aconteceu por acaso, meus queridos — Freddie explicou mais tarde. — Começamos a tentar criar algo juntos, e foi tudo muito espontâneo e rápido. Nós dois ficamos felicíssimos com o resultado.

"Pode ter sido algo totalmente inesperado, mas, como um grupo, acreditamos piamente em fazer coisas inusitadas, que ninguém espera de nós, fora do comum. Não queremos cair na mesmice nem virar uma banda batida, e é um risco que corremos depois de termos passado tanto tempo juntos. Há o perigo de nos contentarmos com o que já conquistamos e de nos acomodarmos.

"Foi um verdadeiro prazer trabalhar com David", acrescentou Freddie. — Ele é de um talento excepcional. Quando o vi atuar na versão da Broadway de *O homem elefante*, fiquei com vontade de ingressar nas artes cênicas. Talvez eu faça isso no futuro, mas, no momento, estou analisando outros projetos com o Queen. Não queremos ficar parados. Ainda há muitas possibilidades a serem exploradas."

Brian recorda a gravação de outra forma:

— Foi muito difícil, pois éramos quatro garotos precoces, além do David, que já era precoce por todos nós. Houve muita exaltação... Só uma ou outra sugestão minha foi acatada. Mas David tinha tudo em mente e assumiu a letra da música.

Duas semanas depois, Freddie, Roger, Bowie e Mack se reencontraram no famoso estúdio Power Station, em Nova York, para remixar a faixa. Brian havia abandonado o projeto.

O Power Station, conhecido por receber uma diversidade de artistas, como Tony Bennett, o Aerosmith e, mais tarde, o Duran Duran, era uma usina de energia que funcionava na West 53rd Street e que tinha sido transformada em estúdio de gravação pelo produtor Tony Bongiovi. A acústica do lugar era fantástica. Quando Bongiovi abriu as portas da indústria musical para o primo de segundo grau, oferecendo a ele um emprego de faz-tudo no estúdio, além de cobrir as despesas de suas demos e das aulas de canto, sem saber, forneceu a Freddie e Bowie um servente que, um dia, seria tão famoso quanto eles. Jon, o jovem primo de Bongiovi, mais tarde trocou o sobrenome para Bon Jovi e lançou uma banda homônima. Os primos se desentenderam e o Power Station virou Avatar, mas a lenda sobreviveu.

"Under Pressure" acabou sendo um dos maiores desafios de gravação que eles já haviam enfrentado. A mesa de som deu pane, Bowie quis refazer a faixa desde o início e a situação ficou crítica. Ele chegou a proibir que a canção fosse lançada, mas acabou voltando atrás.

— "Under Pressure" é importante para nós — declarou Brian quase trinta anos depois — graças ao David e ao seu conteúdo lírico. Na época, isso teria sido difícil de admitir, mas agora consigo. Eu adoraria, algum dia, sentar sozinho num canto e remixar essa música.

O single, de outubro de 1981, foi a primeira gravação lançada por Bowie em parceria com outro artista. A canção conquistou a 29ª posição nos Estados Unidos e se tornou o segundo single do Queen a alcançar o primeiro lugar nas paradas britânicas. Também foi o último até o lançamento de "Innuendo", quase uma década depois e meses antes da morte de Freddie. "Under Pressure" também figurou no décimo álbum de estúdio da banda, *Hot Space*, lançado em maio de 1982. Mais tarde, sem a autorização do Queen, o rapper Vanilla Ice inseriu um trecho da música em seu single "Ice Ice Baby". A canção também foi usada na estreia dos Jedward, os gêmeos idênticos do programa *The X Factor*, da ITV. A versão da dupla alcançou a segunda posição no Reino Unido e ficou em primeiro lugar na Irlanda.

Em setembro, Freddie estava pronto para festejar. Ele comemorou o aniversário de 35 anos em grande estilo: com um custo de 200 mil libras, levou um grupo de amigos, inclusive Peter Straker e Peter Freestone, para Nova York de Concorde. Freddie reservou uma suíte enorme no Berkshire Place Hotel, na East 52nd Street, numa esquina de frente para a loja da Cartier. Os cinco dias de esbanjamento envolveram o consumo impressionante de 30 mil libras em champanhe vintage.

— Eu me lembro da bagunça que a nossa suíte ficou — suspirou Peter Freestone. — E me lembro de Freddie esparramado num mar de gladíolos. Aquilo, sim, era uma festa.

Esse aniversário foi um marco para o cantor. Numa rara entrevista à imprensa, ele explicou o quanto havia mudado e como a visão que passou a ter da fama e da fortuna divergia da postura que havia sustentado quando era mais jovem.

— Odeio me misturar a um bando de personalidades do showbusiness — confessou. — Eu poderia ser como o Rod Stewart e fazer parte dessa turma, mas quero ficar longe disso. Quando não estou no Queen, prefiro ser só mais um na rua.

"Eu mudei. No início, eu gostava de ser reconhecido. Mas, agora, não. Passo longos períodos em Nova York, onde muita gente não me conhece. Posso até ser muito rico, mas a fase em que eu andava cheio de pose e fingia ter dinheiro já passou faz tempo. Ando de calça jeans e camiseta pela casa e por todos os lados. Parei de encenar fora do palco, pois agora me sinto seguro com o que sou e com o que tenho. A vontade que eu sentia de entrar num recinto e chamar atenção a ponto de interromper a conversa de todos ficou para trás. Não posso prever o que será de nós, mas enquanto continuarmos inovando, a chama do Queen permanecerá acesa. Se, amanhã, eu perdesse tudo o que tenho, arranjaria um jeito de voltar ao topo."

Será que foram as palavras mais sinceras já ditas pelo astro em público? Com a declaração, Freddie estava confirmando que passava por uma metamorfose proposital? Ou será que só estava fazendo o possível para se convencer? Alguns consideraram isso uma tentativa esfarrapada de mostrar ao mundo que, finalmente, ele se sentia bem do jeito que era. Será que, de fato, ele conseguiu? Tendo ou não aceitado a verdadeira personalidade ou mesmo que isso tudo não passasse de um desejo, uma coisa era certa: a nós só cabia especular.

Após a festa de aniversário, Freddie se reuniu com o restante da banda em Nova Orleans para dar início a outra aventura latina.

Essa segunda turnê, apelidada de "Gluttons for Punishment"* por todos os motivos óbvios, foi a antítese da excursão anterior. Primeiro, eles viajaram à Venezuela para fazer três apresentações no Poliedro de Caracas, mas o cronograma teve que ser interrompido por causa da morte do ex-presidente e herói nacional Rómulo Betancourt, o que resultou no cancelamento de vários shows no país. Como teria que esperar dez dias para se apresentar no México, o Queen partiu para Miami.

Não havia explicação para a onda de contratempos que se seguiram no México: caso de doença grave na equipe, corrupção alarmante, ameaças à segurança pessoal, a prisão do organizador do evento e, ainda por cima, a queda de uma ponte do lado de fora do gigantesco Estadio Olímpico Universitario de Monterrey — o "Volcano" — depois de um show, o que resultou, em fãs feridos. A segunda apresentação foi cancelada e a banda se dirigiu a Pueblo, onde estava agendada para tocar duas noites no Estádio Ignacio Zaragoza. A experiência foi desastrosa.

— Nós achávamos que conseguiríamos repetir o que havíamos feito na América do Sul — disse Brian. — Mas escapamos por um triz.

No mesmo ano, o *New York Times* havia publicado que 41 homossexuais saudáveis tinham desenvolvido um tipo raro de câncer de pele. Pelo menos nove deles manifestaram imunodeficiência de origem desconhecida. Até então, o sarcoma de Kaposi só havia acometido quase que exclusivamente homens idosos de descendência mediterrânea. Outros casos foram relatados em São Francisco e Los Angeles. No fim de agosto, o número de ocorrências

* Expressão idiomática que significa "alguém que parece gostar de trabalhar muito ou de fazer algo desagradável". (*N. da T.*)

havia subido para 120, a maioria registrada em Nova York. Em pouco tempo, o Centro de Controle de Doenças de Atlanta confirmou que o sarcoma de Kaposi e um tipo raro de pneumonia parasítica, chamada pneumonia por *Pneumocystis carinii* (PPC), se espalhavam rapidamente pelos Estados Unidos e de forma inexplicável. De todas as vítimas diagnosticadas, mais de noventa por cento eram gays. Com isso, surgiu a especulação de que uma nova "peste gay" poderia estar vinculada à promiscuidade homossexual e/ou ao abuso de drogas. Provas conclusivas demonstraram que a doença, a princípio denominada GRID — Gay-Related Immune Deficiency (imunodeficiência relacionada aos gays) —, também havia afetado milhões de homens e mulheres heterossexuais, além de crianças, ocorrendo principalmente em hemofílicos e usuários de drogas injetáveis. Por fim, estabeleceu-se que a doença, então rebatizada de Aids (Síndrome da Imunodeficiência Adquirida), era transmitida através do sangue e de hemoderivados, do uso compartilhado de agulhas e de sexo sem proteção.

Freddie não deu muita atenção. O Queen estava preocupado com outros assuntos. Os produtos do décimo aniversário incluíam o álbum *Greatest Hits,* a coletânea *Greatest Flix*, com todos os videoclipes, e um conjunto de retratos de autoria do fotógrafo lorde Snowdon, ex-marido da princesa Margaret. Os músicos também estrelaram no primeiro longa-metragem de um show ao vivo da banda, filmado em Montreal. Nas últimas semanas de 1981, eles tiveram que voltar correndo para Munique. O Queen, que oficialmente continuava fugindo do imposto de renda britânico, gravaria mais um disco na cidade alemã, e o apart-hotel Arabella-Haus recebeu Freddie de portas abertas.

— Só por uma ou duas noites, porque ele odiava o lugar — recordou Peter Freestone. — Ficava em cima do Musicland Studios e era outro bloco de concreto horroroso. Os corredores eram impregnados com os odores pungentes da culinária árabe. Primeiro, Freddie morou na casa de Winnie Kirchberger (um namorado local). Depois, foi para o apart-hotel Stollbergplaza, que ficava numa área mais elegante do centro de Munique, onde conheceu Barbara Valentin, uma atriz famosa que era a vizinha da frente.

Tendo Peter para cuidar de suas necessidades e acompanhá-lo nas farras noturnas, a vida que Freddie levava em Munique parecia um mar de rosas. No entanto, para angústia dos outros integrantes, o vocalista demonstrava ter perdido o interesse pelo trabalho.

— Ele chegou ao ponto de quase não suportar permanecer no estúdio. Queria fazer a parte dele e se mandar — lembrou Brian.

O retorno do Queen à capital da Baviera marcou o início de um período turbulento e confuso na vida pessoal de Freddie, que se envolveu num estressante emaranhado de relações amorosas.

A primeira foi com Winfried Kirchberger, apelidado de "Winnie", naturalmente: um tirolês de cabelo preto e espesso, bigodudo, agressivo, sem instrução e dono de um restaurante. Era tão curto e grosso que ninguém da comitiva conseguia entender o que Freddie via nele. Não levaram em consideração que "caminhoneiro sem banho" era o novo tipo de homem do cantor.

O segundo caso foi com um cabeleireiro irlandês chamado Jim Hutton, que Freddie conheceu numa boate de Londres. O astro o levou até Munique e desfilou com ele para causar ciúmes em Winnie. Por ironia, Freddie acabou por desenvolver um vínculo bem mais forte com Jim, que permaneceu ao lado dele para o resto da vida.

O terceiro componente da equação amorosa talvez seja o mais inesperado. A austríaca Barbara Valentin, a nova companheira de bebida de Freddie, era uma famosa ex-atriz e modelo de softcore que respondia pelos apelidos de "Jayne Mansfield alemã" e

"Brigitte Bardot". Ela ficou conhecida pela atuação em filmes ousados e estilizados sobre amor, ódio e preconceito do diretor cult Rainer Werner Fassbinder, do movimento do Novo Cinema Alemão. Fassbinder, que morreu no ano seguinte de overdose de sonífero e cocaína com apenas 37 anos, era um homem complicado e de estilo de vida escandaloso. Uma de suas esposas o descreveu como "um homossexual que também precisava de mulher". Portanto, ele parecia ter muito em comum com Freddie. Mas foi Barbara, e não Fassbinder, quem resolveu morar com o músico e se tornou sua companheira quase constante. Em um quarteto bizarro, ela o dividia com Winnie Kirchberger e Jim Hutton, que também eram amantes de Freddie. De acordo com a própria Barbara , "foi um período muito louco".

Visitei Barbara Valentin em Munique, em 1996, no espalhafatoso apartamento que ela e Freddie compraram juntos no terceiro andar de um prédio na HansSachs Strasse, no que, até então, era o sórdido distrito do Triângulo das Bermudas. Era uma casa aconchegante, cheia de tapetes, cortinas e sofás de veludo. Havia quadros que pareciam valiosos, móveis bávaros rústicos e um delicado lustre antigo. O aparador estava repleto de porta-retratos com fotos do cantor e dos filhos e netos de Barbara, além de vários vídeos e CDs do Queen e de Freddie Mercury, os quais ela disse nunca ter conseguido ver nem ouvir. Tarzan, o "filho" (gato) de 16 anos do casal, cochilava numa poltrona acolchoada.

Barbara teve que travar uma longa e amarga batalha judicial com os empresários do Queen para permanecer no apartamento após a morte de Freddie. Como consequência, ela ficou com medo de fazer revelações além da conta, e demorei muitos meses para convencê-la a me conceder uma entrevista.

— Os outros precisam tocar a vida — declarou Barbara, que foi casada três vezes e morreu em decorrência de um derrame em 2002, aos 61 anos. — Não quero magoar ninguém falando de Freddie. Eu sempre disse: "Deixem que Mary Austin seja a viúva." Até agora, eu tinha me recusado a falar sobre ele.

Barbara, que já tinha mais de 50 anos quando nos conhecemos, ainda conservava o encanto que deve ter seduzido o astro. De estrutura larga e seios fartos, a ex-baronesa, título que adquiriu num dos casamentos, tomou conta do recinto. De acordo com ela, o brilhante de um quilate que exibia na orelha direita tinha sido o primeiro presente de Freddie. Nas ruas, a atriz famosa ainda provocava viradas de pescoço.

O que Freddie viu em Barbara foi uma mulher que não tinha como ser mais diferente de Mary Austin: forte, determinada e dona do próprio nariz. Como ele, Barbara era um poço de contradições. A imagem imponente escondia um lado intensamente frágil e sensível. É provável que, pela primeira vez na vida, Freddie tenha se relacionado com outro ser humano que lhe permitia ser ele mesmo, com todos os defeitos. O casal não tinha segredos. Ele não sentia necessidade de protegê-la de certos aspectos de sua personalidade e de seu comportamento, como fazia com Mary.

Barbara o compreendia. Ela era do mesmo jeito, não se importava com a opinião dos outros. Sua forma de encarar as pessoas, a vida e o mundo, de maneira geral, era uma lufada de ar puro para Freddie. De aparência perfeitamente feminina, a atriz agia feito um homem: não hesitava em tirar alguém do caminho à força, fazendo até seguranças baixarem a cabeça. Freddie ficou enfeitiçado com a ferocidade e a magnitude de Barbara. A alma de um saciava os desejos da alma do outro.

O fato de Barbara estar disposta a abrir mão de uma possível carreira teatral lucrativa para ficar com Freddie, e de ele permitir isso, era, do ponto de vista dela, a maior prova de amor eterno. A atriz acompanhou o cantor a destinos como Rio de Janeiro,

Montreux, Ibiza e Espanha, em compromissos com o Queen e em assuntos pessoais. Ela ficou com ele em Londres "quarenta ou cinquenta vezes" e até ganhou um quarto na Garden Lodge.

— Eu costumava vê-lo com a patota dele nas boates de Munique, principalmente na discoteca Nova York, noite após noite — lembra Barbara. — Eu sabia por alto quem era Freddie Mercury, mas ser um roqueiro famoso não queria dizer muita coisa em Munique. Provavelmente, aqui, eu era mais conhecida do que ele. Freddie estava sempre acompanhado de uma comitiva, era uma indústria ambulante. Ele tinha até o próprio espaço na boate: "o cantinho da família." Na época, ele estava com o Winnie. Eles moravam juntos na casa de Winnie. Os dois namoravam havia muito tempo e já tinham terminado várias vezes. Não conseguiam ficar longe um do outro. Formavam um casal esquisito e tinham brigas terríveis. Eles ficavam com homens nada a ver só para provocar ciúmes.

Winnie tinha um restaurante rústico e simples, o Sebastian Stub'n, onde os clientes sempre reclamavam da comida. O estabelecimento foi destruído num incêndio, e Freddie, que parecia estar sempre investindo nos sonhos dos amigos, arcou com uma parte da reforma.

— Winnie foi uma desgraça na vida de Freddie — declarou Barbara. — Sem dúvida, eles estavam apaixonados, mas viviam brigando e se magoando. Isso me fez pensar: "Por que quem ama tem que ferir?" Para mim, essa é uma das maiores tragédias. Winnie era uma pessoa muito bitolada. Tinha pouca instrução, baixo nível de escolaridade e tudo mais, e acho que se sentia inferior por causa disso. Havia momentos em que era óbvio que ele realmente queria mostrar ao Freddie: "E daí se você é um maldito astro do rock? Eu sou Winnie Kirchberger, o machão." Ele expunha o Freddie em público de maneira horrível, o maltratava, fazia coisas estúpidas, terríveis, só para magoá-lo e humilhá-lo. Chegou a me ocorrer que Freddie adorava Winnie porque ele o destratava a maior parte do tempo. Freddie não conseguia de Winnie a aprovação e a idolatria que parecia obter com tanta facilidade do resto do mundo, e isso fazia com que ele se esforçasse ainda mais para conquistá-lo. Talvez Winnie, com sua simplicidade, enxergasse que a única forma de ter Freddie Mercury nas mãos era tratando-o que nem lixo e fingindo que não estava nem aí para ele. De um jeito ou de outro, dava certo. Freddie sempre voltava correndo.

O namoro teve suas compensações.

— Foi a única vez na vida adulta que Freddie soube o que era ter um relacionamento relativamente comum com outro homem — afirmou Peter Freestone.

Bem depois, quando terminaram, Freddie foi embora de vez e Winnie enlouqueceu, tendo o corpo e a mente consumidos pelo vírus da Aids.

— Por fim, eu o encontrei passando fome no apartamento — suspirou Barbara. — O gato estava comendo os próprios pelos para sobreviver. Eu o levei ao hospital e paguei as despesas médicas, mas era tarde demais para ajudá-lo.

Nos bons tempos, contudo, Winnie, Freddie e Barbara formaram um trio memorável na cidade.

— Certa noite, eu e Freddie fomos beber numa boate barulhenta e nos sentamos ao lado do toalete feminino, onde dava para conversar. Foi aí que tudo começou. Ele me contou tudo sobre Zanzibar, sobre o colégio interno, o pai, a mãe, e falou de como acreditava que eles jamais fossem aceitar o fato de ele ser homossexual. Se bem que, mais tarde, fiquei com a impressão de que os pais haviam se conformado com a ideia. Sem dúvida, no fim da vida de Freddie eles se aproximaram. Mas gostavam de Mary. Freddie dizia que alimentavam a esperança de que ela teria um filho dele. Ele me falou da irmã, Kash, e dos filhos, Natalie e Sam, que ela adotou com o marido, Roger. Freddie me disse que não costumava conversar sobre esses assuntos, nem mesmo com os amigos, mas que comigo era fácil.

Na verdade, Freddie sempre manteve uma relação "remotamente próxima" com a irmã, o marido dela, Roger, e os filhos, e fazia o mesmo com os pais. Nunca negou a existência deles nem lhes virou as costas. Ele os via com pouca frequência, mas sempre com amor. Simplesmente se achava no dever de protegê-los de seu estilo de vida insano e do assédio do público.

— Nunca frequentamos "aquelas festas"! — declarou o cunhado de Freddie numa entrevista ao *Mail on Sunday* em novembro de 2000, nove anos após a morte do astro. — Só íamos às reuniões de família. Freddie dividia a vida em compartimentos bem-definidos e que raramente se sobrepunham. Costumávamos comemorar o aniversário dos nossos filhos na casa dele. Ele sempre comprava bolos e ovos de Páscoa enormes para os dois. Ele não teve filhos, então acho que gostava da novidade, imagino que teria adorado ver os sobrinhos crescerem.

Naquela noite em Munique, Freddie e Barbara não conseguiam se desgrudar um do outro.

— Ele riu muito de mim, quase sempre cobrindo o rosto com a mão para esconder os dentes. Mas quando ficou bêbado, passou a dar altas gargalhadas.

Apesar da coragem em admitir que viviam uma rotina perigosa, Barbara insistiu em afirmar que ela e Freddie conseguiam obter prazer com o louco e excessivo estilo de vida que levavam de forma deliberada e despudorada em Munique.

— Era a melhor defesa. Contra o quê? Não sei dizer. Contra uma série de coisas. A cada dia, era algo novo. Eu e Freddie estávamos sempre com algum problema, por diversas razões, mas, pelo menos, tínhamos um ao outro. Não deixávamos que mais ninguém visse as nossas feridas, mas mostrávamos um para o outro. Por exemplo, nós dois tínhamos o que esconder da família. Freddie protegia os pais e a irmã, enquanto que eu, obviamente, não queria que meus filhos soubessem de todos os detalhes da vida que eu levava. Vez ou outra, eu acabava encontrando meu filho numa discoteca e dizia: "Ah, meu Deus! Discoteca errada!" Freddie se tornou minha segunda família e vice-versa. Sempre preservamos nosso núcleo familiar.

No dia 26 de novembro, no aniversário de Winnie, o trio foi parar na mesma cama.

— Os três estavam pelados quando tocaram a campainha, às 7 horas da manhã: "Polícia fiscal!" "Voltem mais tarde!", berrou Freddie. "Se não nos deixar entrar, vamos arrombar a porta agora!", gritaram de volta. Freddie entrou em pânico. Ele voltou correndo para o quarto, aos berros: "Levantem! Levantem!" Um minuto depois, a polícia invadiu e se espalhou por todos os cômodos. Freddie estava nu, apenas com uma toalhinha amarrada na cintura. Nós três recebemos ordens para ficar exatamente onde estávamos. Eles reviraram o apartamento. Por fim, Freddie disse: "Preciso muito fazer xixi, pessoal." E eles o deixaram ir. De repente, o policial que estava perto do banheiro o reconheceu: "É o Freddie Mercury!" Aí Freddie resolveu abusar. Era mais forte do que ele. Disse ao agente: "Se for gentil com a minha namorada, canto uma música para você. Venha, amigo, vamos tomar uma taça de champanhe." Não eram nem 8 horas da manhã, e o policial respondeu, constrangido: "Lamento, estamos trabalhando." "OK, então vá se foder!", replicou Freddie. "Vocês são mesmo feios demais para me ouvirem cantar!"

Barbara afirmou que não restavam dúvidas de que ela e Freddie estivessem apaixonados.

— Sim, é bem provável — concordou Peter Freestone. — Eles eram bem apegados um ao outro. Eu gostava demais dela. Os dois tinham muito em comum: status, fama. Barbara não estava nem aí para nada. Ela tinha um jeito de ser maravilhoso, meio que "Ame-me ou deixe-me", que Freddie achava revigorante. Eles gostavam das mesmas coisas e eram cheios de classe. Barbara foi muito, muito importante para Freddie.

Freddie conversava constantemente com Barbara sobre Mary Austin.

— Ao que parece, ele havia prometido se casar com ela. Por causa disso, sentia-se culpado. Ele cumpria os deveres e tinha consciência de suas obrigações. Criou-se uma expectativa e ele não cumpriu com a palavra. O sentimento de culpa nunca passou... Se bem que eu me indagava até que ponto não era ela quem fazia com que ele carregasse esse peso. Freddie não tinha culpa de tender mais para a homossexualidade. A vida é assim. No entanto, ele não conseguia esquecer a decepção que havia causado a Mary. Ele disse que não era gay, não no início, pelo menos. Mas aí tudo mudou e ele se transformou por completo, passando a viver como gay. No caso dele, foi por opção, não foi uma questão biológica.

— É a mais pura verdade — concordou Peter Freestone — Freddie ficou muito abalado na época.

Apesar de Mary ir a Munique com frequência, as duas mulheres nunca se tornaram amigas.

— Ela era fria e muito desconfiada em relação a mim — disse Barbara. — Não que ela não fosse gentil. Ela era, ao extremo. Mas de um jeito reservado e educado, não caloroso. Chegamos, inclusive, a trocar presentes de Natal. Mas uma coisa preciso admitir: ela sempre quis o bem de Freddie.

"Uma vez, ela me ligou de Londres para informar que um dos gatos dele havia morrido. 'Você dá a notícia, Barbara. Mas com calma, espere o momento certo.' Fiquei agoniada e, por fim, contei. Ele ficou descontrolado: 'Vamos para Londres agora mesmo.' 'Freddie', eu disse, 'o gato está morto.' Mas ele nem quis saber, então voltamos para Londres."

Barbara acreditava que a homossexualidade era um papel que Freddie havia decidido interpretar.

— Ele era o Great Pretender (o grande farsante). Era uma situação empolgante, pois se tratava de um fruto proibido. Enquanto isso, nós dois nos amávamos da forma mais verdadeira. Sim, fazíamos sexo com frequência. Sim, demorou um pouco. Quando aconteceu, foi bonito e inocente. A essa altura, eu já estava completamente apaixonada e ele tinha dito que me amava. Até fizemos planos de casamento. É claro que ele ainda ficava com dezenas de gays e os levava para casa noite após noite, mas eu não me importava. Parece loucura, não é? Mas era essa a vida que levávamos e, mesmo que eu quisesse, não conseguiria impedi-lo. Eu continuei tendo amantes. Até certo ponto, pude. Então Freddie começou a aparecer e a expulsá-los.

Segundo Barbara, no fim das contas, Freddie não ligava para sexo.

— Ele se encontrava com as pessoas só pelo carinho e o afeto. O desejo já não tinha mais nada de carnal. Ele parecia uma criança. Chorava como um bebê. Dizia: "Barbara, você é a única coisa que eles não podem tirar de mim."

Se com "eles" Freddie estava se referindo à máquina do Queen, à indústria musical cada vez mais variada, aos fãs ou até ao onipresente Jim Beach, Barbara nunca soube.

— Falar nisso agora soa muito artificial. Só quem estava lá consegue entender.

"Às vezes, eu dizia a ele: 'Querido, você não se resume ao seu pau, sabia?' Ele com frequência reclamava que não se divertia dormindo com aquele bando de homens. Mas Freddie não estava disposto a receber ordens de ninguém."

Do ponto de vista de Barbara, a ameaça mais letal à sanidade do cantor era a dependência dos outros.

— Ele não sabia a diferença entre um marco alemão e mil dólares. Dinheiro não significava nada para ele. Tinha pavor de avião, de ficar preso no elevador e, acima de tudo, de ficar sozinho. Não ia a lugar algum desacompanhado, nem mesmo ao banheiro. Eu sempre tinha que ir com ele. Onde quer que Freddie estivesse, havia bagunça. Mas ele sabia como ninguém delegar pessoas para limpá-la.

"Nós dois estávamos nos esforçando demais para sermos felizes" admitiu. "Porque não éramos felizes. Você enche a cara, cheira pó, faz macacadas, dorme com quantas pessoas puder como se testasse os limites de sobrevivência do corpo. É um tipo de desejo suicida. No final, tudo isso só aumenta a solidão e o vazio. Eu era tão perturbada quanto Freddie. Nós nos identificávamos. Pensando bem, só tínhamos como recorrer um ao outro. Se ele não tivesse contado comigo e eu não tivesse contado com ele, acho que teríamos morrido bem antes.

CAPÍTULO DEZOITO

Jim

Estou muito satisfeito com o meu relacionamento atual e, sinceramente, não poderia ser melhor. É uma espécie de... consolo. Sim, é uma palavra adequada. Não vamos chamar de menopausa! Não tenho que me esforçar demais. Não tenho que provar o meu valor. Estou num namoro repleto de compreensão. Soa muito sem graça, mas é maravilhoso.

FREDDIE MERCURY

Freddie foi o amor da minha vida. Nunca houve ninguém como ele. Ele sempre dizia que era preciso seguir em frente. Eu sei que, quando eu morrer, Freddie estará do outro lado, à minha espera.

Jim Hutton

John Travolta deu um empurrãozinho quando transformou o vendedor de loja Tony Manero num improvável herói em *Os embalos de sábado à noite*. Lançado em 1977, o filme, baseado num artigo de uma revista nova-iorquina inventado pelo britânico Nik Cohn, que era jornalista de rock, conta a história de um adolescente ítalo-americano que frequenta uma discoteca do bairro para fugir de sua dura realidade. O álbum dos Bee Gees se tornou a trilha sonora mais vendida de todos os tempos. Nasceu, assim, a febre da discoteca, e Nova York foi o berço. O Studio 54, o Le Jardin e o Regine's eram "os" pontos badalados, onde todas as criaturas possíveis davam as caras à noite. Foi a época áurea dos playboys, das supermodelos, das limusines, do champanhe e da cocaína, com a contribuição de Halston, Gucci e Fiorucci. As boates mais famosas da cidade viraram uma vitrine da emancipação sexual e refletiam o cenário gay decadente melhor do que um espelho.

O Le Jardin, na West 43rd Street, no centro de Manhattan, atraía o público mais descolado: Andy Warhol, Bianca Jagger, Liza Minnelli e Lou Reed. Os bares eram equipados com balcão espelhado para que se pudesse preparar o pó. A luz negra iluminava os sofás brancos, cercados por palmeiras. Nos colchões d'água do terraço, os clientes se recostavam e inalavam substâncias ilegais enquanto admiravam a vista panorâmica da Times Square.

Em comparação a Nova York, o circuito gay de Londres ainda tinha um longo caminho a percorrer. Oferecia pouco mais que "alguns pubs imundos e um ou outro minúsculo café subterrâneo" quando Jeremy Norman chegou de Cambridge no fim da década de 1970 para trabalhar no *Burke's Peerage*, o guia mais completo da realeza e da aristocracia britânicas. Norman ouviu falar da nova onda de discotecas que inundava o circuito gay e a vida noturna de Nova York e resolveu fazer uma visita. No Le Jardin, ele conheceu o promoter de boates Stephen Hayter, e os dois voltaram juntos para Londres para abrir o Embassy Club na Old Bond Street. Lá, Hayter era o maioral, a "rainha da noite", e enchia a boca para dizer que guardava num banco na Suíça as matérias que saíam nos jornais. Também vociferava contra "as bichas escandalosas" que tinham "o péssimo hábito de se chamarem por nomes de mulher". Hayter foi o primeiro proprietário de boate famoso a morrer de Aids.

O Embassy foi uma revelação: um mundo de fantasia sexualmente ambíguo que agradava a todos os gostos e servia de antídoto e de distração para os que queriam esquecer a inflação alta e a corrupção do governo. De repente, o povo voltou a se arrumar para dançar. Mas não eram só as pessoas de sempre. Havia transexuais, astros do rock, divas, drag queens, príncipes da coroa europeia, condes milionários e modelos eróticas. Os garçons usavam shorts de cetim vermelho e branco, inspirados no uniforme dos rapazes do Studio 54. Os posudos fingiam transar nos balcões, enquanto os mais atirados faziam de verdade atrás da porta do banheiro. A cocaína e o nitrato de amila eram consumidos em doses cavalares. A luz estroboscópica, o gelo seco e o globo prateado potencializavam o efeito. Nenhuma outra casa atraía tanto o público fashion. Pete Townshend, Mick Jagger, Marie Helvin e David

Bowie eram frequentadores assíduos. Até neorromânticos descolados trocaram o Blitz Club pela pista de dança do Embassy.

— Quando Hayter dava uma festa, fazíamos o possível para entrar — recorda Dave Hogan. — Freddie, Kenny Everett, a nata da máfia gay londrina, comparecia. Presenciávamos cenas fantásticas e participávamos de tudo, mas só estávamos lá para nos divertir. Sabíamos que, se tirássemos alguma foto, não sairíamos vivos.

O Embassy foi o protótipo de um projeto ainda mais ambicioso de Jeremy Norman: uma casa noturna que atenderia quase que exclusivamente às necessidades do público gay. Situada ao largo da Trafalgar Square, debaixo da estação ferroviária de Charing Cross, a Heaven ocupava 2.000m² sob os arcos. Como era uma das primeiras boates assumidamente gays do mundo quando foi inaugurada, em 1979, não só rendeu manchetes como tornou aceitável esse tipo de balada.

Freddie adorava o lugar e, acompanhado da comitiva, ia com frequência.

— Para os gays, a pista de dança era, de fato, uma libertação — lembrou Jeremy Norman, que mais tarde, revelou tudo em seu livro de memórias *No Make-Up: Straight Tales From a Queer Life* (Sem maquiagem: histórias diretas da vida de uma bicha). — Era um lugar em que podíamos ficar à vontade para expressar nossa sexualidade e a união da nossa tribo. A danceteria era, de certa forma, o nosso templo.

Também foi, para muitos, a derrocada. Apesar de Norman, que fundou duas instituições beneficentes de combate à Aids, não poder, de forma alguma, ser acusado de ter introduzido a doença no Reino Unido, não há dúvidas de que sua boate exercia uma atração fatal.

Paul Gambaccini se lembra nitidamente da noite de 1984 em

que percebeu que Freddie iria morrer:

— Nós estávamos num lugar específico da Heaven, e eu perguntei se ele havia mudado de comportamento diante dos acontecimentos recentes — conta Paul. — Ele, com aquele jeito de jogar os braços, respondeu: "Querido, toquei o foda-se. Estou fazendo de tudo, com todo mundo." Tive um mau pressentimento. Eu já tinha visto o suficiente em Nova York para saber que Freddie ia morrer. Há fantasmas demais. Não posso simplesmente fingir que a Heaven seja um ambiente livre de preocupações.

No entanto, Paul não estava preparado para especular se Freddie, então ciente da epidemia de Aids, tomava ou não precauções para que outras pessoas não morressem, mesmo que ele estivesse disposto a morrer.

— Como os sintomas demoram, em média, dez anos para se manifestar após contraída a doença, Freddie deve ter sido infectado antes de a Aids ser divulgada — explica Paul. — Ou seja, ele sofreu uma exposição medonha e injusta. Houve um curto período na história, entre a sífilis e a Aids, em que não se morria por ter relações sexuais. As pessoas experimentavam todas as formas de sexo, fosse por prazer ou por curiosidade. Não *havia* estigma na época. Na indústria musical, em particular, valia tudo. Ninguém julgava ninguém. Até que, de repente, você poderia matar alguém através do sexo, então todos adquiriram uma responsabilidade moral. E havia consequências.

"No caso de Freddie, imagino que ele soubesse, e que tenha se conformado... Também acho que ele pensava que, de alguma forma, fosse sobreviver. Ele ainda estava bem saudável em 1983 (a essa altura, em Nova York, a doença tinha virado epidemia) para seguir em frente. Mas quando chegou o Live Aid (julho de 1985), o médico recomendou que ele não se apresentasse porque estava com a garganta muito inflamada. Na época, pensei: 'Será que é o começo?'"

Freddie ficava e transava com dúzias de homens por semana enquanto divulgava abertamente o namoro com Barbara Valentin, o que indica que ele havia passado a se considerar bissexual em vez de gay. Contudo, Paul ressalta:

— Lembre-se de que o conceito de homossexualidade só surgiu na década de 1860, quando um psicólogo alemão inventou a palavra "homossexual". O espectro sexual é amplo. Entre os dois extremos, existem muitas pessoas que fazem amor com os dois sexos. Para aqueles que fogem à atividade principal, o que parece ter sido o caso de Freddie com Barbara, normalmente, há um envolvimento afetivo intenso. Não acho contraditório declarar que durante a vida Freddie transou mais com homens do que com mulheres — o que, provavelmente, é verdade —, apesar de, no fim das contas, ele se lembrar do amor que sentia por Mary. Não são afirmações contraditórias. Isso apenas significa que ela foi, para ele, uma exceção à regra. Significa que, além de desejo, houve sentimento. Não estou dizendo que Freddie não tenha amado alguns dos homens com quem se envolveu, mas ela pode muito bem ter ocupado um lugar especial no coração dele.

Freddie traiu tanto Barbara quanto Winnie, se é que isso era possível, quando se deparou com Jim Hutton na Heaven numa noite de 1985. Ele não resistiu. A dupla havia se conhecido dois anos antes, no Copacabana, um bar gay perto da casa do cantor. Na época, Jim era comprometido, então o encontro não deu em nada. Dessa vez, o humilde barbeiro estava solteiro e a fim. Freddie sentiu uma atração imediata pelo cabelo preto e lustroso e pelo bigode espesso de Jim. Era visível a semelhança entre ele e Winnie Kirchberger, o amante alemão. Surpreso com a maneira com que Freddie puxou conversa — "Qual é o tamanho do seu pau?" —, Jim foi persuadido a se unir ao grupo, que incluía Peter Straker e Joe Fanelli. Ele passou o resto da noite dançando com Freddie antes de os dois voltarem, de manhãzinha, para o apartamento do cantor em Kensington. Depois disso, Jim passou três meses sem ter notícias do astro, que ainda morava em Munique para fugir dos impostos e havia saído em turnê com o Queen pela Austrália, Nova Zelândia e Japão.

Quando o encontro já tinha sido esquecido, Freddie ligou para Jim do nada, convidando-o para um jantar em casa. Ao chegar, Jim ficou perplexo ao ver Peter Freestone. Os dois haviam trabalhado juntos na loja de departamentos Selfridges da Oxford Street, em Londres. Eles jamais poderiam imaginar que se reencontrariam graças a Freddie Mercury.

Jim, que morreu de câncer pulmonar no réveillon de 2010, três dias antes de completar 61 anos, foi o parceiro mais improvável de Freddie. Ele era um dos dez filhos de uma confeiteira irlandesa e católica e havia sido criado num conjunto habitacional, numa minúscula casa de dois quartos. Antes de conhecer o cantor, Jim ganhava 70 libras por semana trabalhando como barbeiro no Savoy Hotel. Segundo ele:

— Freddie era sensível, tímido, tinha oscilações de humor terríveis e exigia que tudo fosse do jeito dele. Eu, por outro lado, sou quieto e não tenho muita personalidade, a não ser que derramem alguns galões de cerveja na minha goela.

Para Jim, foi amor à primeira vista:

— Eu me apaixonei por muitas coisas nele — contou — que nada tinham a ver com a carreira. Ele tinha enormes olhos castanhos e uma personalidade quase infantil. Não era o tipo de homem que costumava me atrair. Eu gostava de caras fortes e de pernas grossas. Freddie era franzino e tinha as pernas mais finas que já vi num homem. Ele também demonstrava ser totalmente sincero. Era um encanto. Eu estava enfeitiçado. Para uma pessoa tão realizada, ele me parecia bem inseguro — declarou Jim, contrariando a impressão que Barbara teve de Freddie e comprovando o que os amigos mais íntimos suspeitavam havia muito tempo: o cantor revelava diferentes aspectos de si mesmo dependendo da pessoa, mas nunca se abria por completo.

A maneira como agia nas relações pessoais indicava a descrença de que alguém pudesse suprir todas as suas necessidades. Da mesma forma, Freddie nunca conseguia se entregar totalmente a um único parceiro. Isso talvez explique o porquê de seus relacionamentos mais intensos e longos terem sido com pessoas que não estavam no mesmo patamar financeiro, educacional e social. Com quem era "inferior", Freddie podia ficar no controle. Ele sempre viria em primeiro lugar.

O casal embarcou num caso de amor que exigia uma rotina por causa dos períodos em que Freddie precisava se ausentar. O cantor voltava para Londres num fim de semana e esperava Jim em Munique no outro. Na primeira visita à cidade alemã, o barbeiro foi recebido por Freddie, Joe Fanelli e Barbara Valentin no aeroporto. Ele mal soube o que pensar. Quando percebeu que estava apenas sendo usado por Freddie para causar ciúmes em Winnie Kirchberger, o que, de início, era óbvio, Jim ficou desolado.

— Jim era uma marionete — revelou Barbara. — Freddie o maltratava muito naquela época. Ele o trazia de Londres, depois o mandava de volta, às vezes, no mesmo dia. Ouvi várias histórias lamentáveis naquele período. Jim estava sempre chorando. Eu dizia a ele: "Resista. Recuse-se pelo menos uma vez. Não permita que usem você." "Sim", ele respondia. "Sim, mas eu o amo."

Por causa disso, ele era tratado feito um cachorro. Fazia tudo que Freddie mandava. Tudo tinha que ser do jeito que Freddie queria, e o Jim sempre ia correndo. Era bem patético, e Freddie costumava ser cruel.

A relação entre os dois era mais profunda e relevante do que parecia aos olhos de praticamente todo mundo, apesar de ser Mary, não Jim, quem acompanhava Freddie a eventos de celebridades e em aparições públicas e que, no fim, foi considerada a "viúva". Peter Freestone, que observou de perto todas as relações amorosas do astro, via o namoro como sendo legítimo.

— Acredito que Jim e Freddie se amavam, só que do jeito deles — contou. — O livro que Jim escreveu sobre o relacionamento deles é, de certa forma, idealizado. Jim queria uma relação feliz a dois, mas acho que ele jamais entenderia que a vida de Freddie e, mais tarde, o dia a dia na Garden Lodge, envolviam muito mais do que um namoro. Freddie tinha a vida dele, que era intensa, extravagante e multifacetada. Todos sabiam que teriam que se adaptar à vida de Freddie, pois ele jamais se adaptaria à vida de ninguém. Parte do problema era que Jim era teimoso demais para aceitar isso. Consequentemente, o relacionamento deles era cheio de "altos e baixos". Jim queria que Freddie descesse, mas Freddie queria que o Jim subisse. Contudo, Freddie não teria vivido tão bem seus últimos anos sem a companhia de Jim. De maneira geral, Jim surgiu na vida de Freddie na hora certa e tinha bem mais importância para ele do que muita gente percebeu.

Com a Garden Lodge finalmente concluída e o período de fuga dos impostos quase no fim, foi Jim, não Barbara, quem Freddie escolheu para viver com ele quando pôde voltar para Londres. Apesar de Jim falar de um "relacionamento de oito anos", eles ficaram juntos durante seis anos. Mesmo assim, isso indica que o barbeiro significava mais para Freddie do que quis acreditar Barbara, que ficou arrasada.

— Jim não tinha nada a dizer — ela desdenhou. — Quando se mudaram para a Garden Lodge, ele prestava para cuidar dos gatos, dos peixes e do jardim de Freddie. Nada mais. Às vezes, Freddie perdia a paciência por estar frustrado com aquilo tudo. Um dia, quando eu estava hospedada na casa, Freddie se descontrolou totalmente e correu para o jardim. Arrancou todas as tulipas que Jim havia plantado e as jogou no chão. Eu disse: "O que você está *fazendo*? Coitadas das plantas!" E ele respondeu: "Eu *odeio* aquele imbecil." Em mais de uma ocasião, ele disse que Jim não servia para nada.

De qualquer forma, era óbvio que havia algo entre Freddie e Jim que outros amantes não foram capazes de propiciar — nem mesmo Mary. Até Barbara admitiu isso.

— Costumávamos achar que Jim não passava de um criado, mas, por um lado, eu sabia que Freddie o amava. Ele humilhava Jim, mas algumas pessoas precisam ser humilhadas. Até ficam gratas por isso. No fim das contas, foi bom ele estar lá. Seis anos juntos é bastante tempo. Freddie voltou para Londres e Jim ficou com ele até o último minuto. Dou graças a Deus por isso, de certa forma.

Enquanto isso, os Estados Unidos tinham sido assolados por uma epidemia de Aids de proporções catastróficas que, em pouco tempo, castigaria o mundo inteiro. A maioria das vítimas eram gays jovens e sexualmente ativos que sofriam de afecções vinculadas ao HIV: perda de peso, lesões, inchaço dos gânglios linfáticos, herpes, meningite criptocócica e toxoplasmose, caracterizada por icterícia, fígado e baço aumentados e convulsões. A cada dia, surgiam mais relatos de imunodeficiência. Novas manifestações de distúrbios imunológicos, que incluíam fadiga, herpes-zóster e sudorese noturna apareciam o tempo todo. O número de pacientes com candidíase na garganta só aumentava e, em alguns casos, a infecção fúngica estava num estágio tão avançado que a vítima mal conseguia respirar. Paranoia, lapsos de memória e confusão mental também eram queixas comuns. Nova York respondia por metade de todos os casos de Aids registrados nos Estados Unidos. Vinte e cinco anos depois, a doença virou uma pandemia e continua sem vacina nem cura.

Barbara foi a primeira a perceber, em Munique, que Freddie estava com a saúde debilitada.

— Começou com pequenas coisas — contou. — Não dava para dizer que Freddie estava perdendo o apetite, já que ele nunca foi de sentir fome. "Eu como e cago feito um passarinho", dizia. O prato preferido dele era caviar com purê de batata, além de uns biscoitinhos de queijo que a mãe lhe enviava. Ele gostava de culinária italiana, indiana e chinesa, mas nunca comia muito e sempre acompanhava as refeições com vodca Stolichnaya.

"Freddie começou a adoecer sem motivo aparente. Certa vez, quando passou mal no meu apartamento e eu não sabia o que fazer, liguei para o meu ginecologista, em quem eu confiava como se fosse um amigo. Ele veio correndo e o encontrou delirando. De repente, Freddie acordou num estado deplorável. Eu disse: 'Calma, ele é meu ginecologista.' 'Meu Deus, não acredito', respondeu. 'Estou grávido?'"

Segundo Barbara, foi por volta desse período que o cantor começou a reclamar dos outros integrantes da banda, algo que, para ela, era inédito. Depois, houve o famoso desentendimento entre Freddie e o querido amigo Peter Straker. A amizade de muitos anos acabou num piscar de olhos e os dois nunca mais fizeram as pazes.

— Straker era engraçado, um verdadeiro palhaço. Ele fazia bem a Freddie, porque o deixava de bom humor e arrancava risadas — declarou Barbara. — Mas Straker não era uma pessoa estabelecida. Não tinha rumo. Estava sempre "morando com uns amigos". Por fim, ele arranjou um apartamento em Londres, num dos prédios de Jim Beach. Mas o banheiro precisava urgentemente de reforma: azulejos, banheira, pia, tudo. Por cinco vezes Freddie deu dinheiro a Peter para consertar o banheiro, só que a obra nunca foi feita. Freddie acabou perdendo a paciência e cortou relações com ele de vez. Straker nunca entendeu o motivo. Freddie passou a agir assim com frequência. Ele dava sem contabilizar os custos, até que, um dia, era a gota d'água.

Talvez as atitudes radicais decorressem do estresse de saber que era portador de uma doença grave, apesar de não confessar. Contudo, Barbara acreditava que ele estivesse ciente do estado de saúde, confirmando as suspeitas de Paul Gambaccini de que, em 1983, Freddie já tinha conhecimento do que estava por vir. Um belo dia, Barbara não pôde mais ignorar o caroço que havia aparecido na goela de Freddie.

— Surgiu do nada, no fundo da garganta. Nós o chamávamos de "cogumelo". O calombo crescia e sumia, até que, depois de um tempo, nunca mais desapareceu. Ele dizia que se sentia apodrecendo de dentro para fora. Certa noite, eu estava deitada na cama com Freddie e um de seus namorados quando, de repente, ele teve um acesso de tosse terrível, que era o que o caroço costumava provocar. Ele se sentou para tossir em uns lenços, depois se debruçou no rapaz para jogá-los no lixo. O homem acordou e disse: "Ah, meu Deus! Nunca pensei que estaria numa cama com um astro do rock morrendo pelado em cima de mim!"

Ciente das informações divulgadas em Nova York, Barbara suspeitou que Freddie já fosse soropositivo quando os dois começaram a namorar.

— Quando nos conhecemos, ou ele estava se recusando a acreditar ou apenas não sabia — declarou.

Depois de finalmente fazer o primeiro exame (ela acredita que tenha sido em 1985, ao contrário do que afirmam outras fontes, mas não pôde confirmar o que o motivou a fazer o teste), o diagnóstico mudou a vida dele.

Barbara temeu pela própria saúde? Ficou com raiva por ele ter posto a vida dela em risco?

— Não. Eu o amava, simples assim. Fiz um exame, deu negativo, e ponto final. Como não teríamos mais relações sexuais nem haveria mais riscos, não precisei repetir o exame. Descobri por acaso que ele estava com Aids, numa noite em que saímos juntos. Freddie foi ao banheiro e cortou o dedo sem querer. Sangrou muito. Eu tentei ajudá-lo e sujei as mãos de sangue, então ele berrou: "NÃO! Não toque em mim! Não toque em mim!" Foi então que percebi. Ele nunca me contou, mas, depois disso, eu soube. É claro que eu já suspeitava havia algum tempo. Ele tinha marcas no rosto. Pareciam hematomas bem roxos. Eu as cobria com a minha maquiagem sempre que ele aparecia num programa de TV ou gravava um vídeo, mas isso foi antes da chegada da maquiadora.

Barbara e Freddie nunca discutiram o fato de ele ter Aids.

— Ele sabia que eu sabia, e eu sabia que ele sabia disso. Às vezes, ele comentava que achava que não viveria muito tempo, mas parava por aí. Concluí, a partir das coisas que ele falou, que ele nunca descobriu de qual dos amantes havia contraído Aids. Mas quando um dos primeiros americanos gays com quem ele se relacionou morreu da doença, Freddie disse "Ah, meu Deus, já era!" e ficou muito preocupado. A partir desse momento, ele sabia que estava com os dias contados.

Barbara e Freddie pararam de ter relações sexuais. Como já havia terminado com Winnie, o cantor passou a ter contato sexual apenas com Jim.

A forma como Freddie se mudou de Munique quase no fim de 1985 foi abrupta, inexplicável e insuportável para a mulher que ele deixou para trás.

— Num minuto, éramos inseparáveis e fazíamos literalmente tudo juntos. No outro, ele foi embora — Barbara contou entre lágrimas. — Ele simplesmente desapareceu da minha vida. Não consegui entender. Mandei um cartão no aniversário dele, escrevi, liguei. Ele nunca estava. Não fazia sentido. Aquilo era uma farsa. "Mas tudo bem", pensei. "Se ele quer acabar tudo, então que assim seja." Foi, de fato, um término sem motivo.

Alguns meses após Freddie ter deixado Munique "de vez", Barbara Valentin estava em casa no fim da tarde, se arrumando para ir à inauguração da butique de uma amiga, quando ouviu alguém tocar a campainha.

— Eu praguejei: "Quem será a esta hora?" Então me dei conta de que deveria ser o táxi. Berrei pelo interfone: "Já estou indo! Já estou indo!", mas ninguém respondeu. Imaginei que a porta da rua estivesse aberta, então tive que descer correndo. Havia um homem parado bem ali, na minha frente, e eu pensei: "Ah, meu Deus, alguém me trouxe um boneco do Freddie Mercury."

Ela mal conseguiu crer no que viu.

— Resmunguei baixinho: "Não pode ser... Será?" Achei que fosse uma alucinação. O homem segurava algumas pequenas flores brancas… e disse: "Não, sou eu!" "Eu sei! Eu sei!", respondi. Mas eu não queria que fosse verdade. Fui expulsá-lo. Eu tinha que ir à inauguração da butique. Pensei que fosse coisa da minha cabeça, até que toquei nele... e não pude aguentar. Saí correndo para a butique, tirei fotos para a imprensa com a proprietária e alguns atores... e voltei para casa. Freddie ainda estava lá, sentado no sofá, brincando com o controle remoto da TV. Foi então que a minha ficha caiu. Eu me joguei nos braços dele e chorei. Ele também chorou. Nós choramos e choramos, sem parar.

Freddie demorou semanas para encontrar palavras para se explicar. Ele disse a ela que, quando saiu da Alemanha, estava determinado a cortar relações para sempre. Queria começar uma vida nova. Ninguém podia mencionar Munique nem o nome de Barbara.

— A essa altura, uma centena de amigos nossos já havia morrido de Aids — lembrou Barbara —, e nem nesse assunto se podia tocar. Ele disse que tentar esquecer a vida em Munique e abrir mão de mim era como tentar parar de usar drogas. Se você é viciado em alguma coisa e, um belo dia, decide que quer parar, você diz "não", estabelece um limite e larga totalmente o hábito. "Barbara, eu quase morri", ele me contou. "Por várias vezes, estive com o telefone na mão, disquei o seu número e desliguei."

"Mais tarde, o Phoebe me contou que tudo referente a mim havia desaparecido. Minhas fotografias sumiram da casa e ninguém citava o meu nome. Tudo que poderia fazer Freddie se lembrar de mim e de Munique foi jogado fora. Ele queria se esquecer daquela época insana, levar uma vida diferente, mais calma e, por fim, morrer em paz. Mas não conseguiu ficar longe de mim. Ele disse que uma das coisas que mais o assustavam era o fato de não conseguir ficar sozinho. Ele queria e tentava, mas quando acontecia, simplesmente não suportava."

Barbara e Freddie retomaram a amizade, mas não a relação amorosa. Ela passou a visitar a Garden Lodge com frequência e voltou a viajar com o cantor.

— Jim havia substituído Winnie (depois de cerca de quatro anos de idas e vindas), mas, no caso de Barbara, foi complicado — recordou Peter Freestone.

— Acho que Freddie simplesmente havia se cansado daquilo tudo. Histórias sobre ele e Barbara apareciam na imprensa alemã com uma regularidade alarmante, e Freddie cismou que era Barbara quem estava fornecendo as informações. Não acredito que ela faria isso, mas ele estava convencido. Será que quem pôs a ideia na cabeça dele e alimentou esses boatos foram aqueles que queriam se livrar de Barbara de vez?... Quem sabe? — suspirou Peter. — Só sei que, a partir daí, o único parceiro dele foi Jim. Pouco depois da mudança para a Garden Lodge, Jim foi despejado do apartamento, então Freddie o convidou para morar com ele.

— Eu e Freddie nunca conversamos sobre quanto tempo ficaríamos juntos — disse Jim. — Nos contentávamos em saber que estávamos juntos e que continuaríamos assim. Vez ou outra, ele me perguntava o que eu queria da vida, e eu respondia: "Satisfação e amor." Encontrei os dois em Freddie.

Freddie só foi oficialmente diagnosticado em 1987, fato que ele, a banda e a comitiva só admitiram em público na véspera da morte do astro, em novembro de 1991. Ele confessou o diagnóstico a Jim, oferecendo-lhe a oportunidade de ir embora. Contudo, o barbeiro se recusou a deixá-lo. Os dois resolveram ficar juntos como "marido e mulher", e a palavra Aids nunca mais foi mencionada na casa. Em 1990, Jim fez o exame e descobriu que era soropositivo, mas só contou ao parceiro um ano depois, pouco antes de morrer. Ao contrário das declarações que circularam na época da morte de Jim, ele não faleceu de complicações decorrentes da Aids. Brian May confirmou essa informação em seu site pessoal, escrevendo que Jim havia falecido de uma doença relacionada ao fumo.

Quanto ao restante da banda, Freddie não fez nenhuma declaração oficial. Em maio de 1989, Jim pensou que ele fosse contar. O cantor organizou pessoalmente um jantar especial para os outros integrantes e suas companheiras no bistrô de Fredy Girardet, em Crissier, próximo a Lausanne, na Suíça. Na época, o estabelecimento era considerado o "melhor restaurante do mundo". Foram servidos os vinhos e pratos mais sofisticados do cardápio e a conta, altíssima, foi paga por Freddie. Sobre a doença, nada foi dito. Talvez o lugar majestoso e a paisagem esplêndida tenham feito com que ele perdesse a coragem. Poucos dias depois, contudo, o mesmo grupo se reuniu para um jantar discreto no restaurante Bavaria, próximo ao Mountain Studios, e Freddie decidiu arriscar.

— Um dos convidados estava gripado, então todos à mesa começaram a falar de doença — recordou Jim. — Freddie ainda estava com uma aparência muito boa, mas, de repente, ele suspendeu a barra da calça e pôs a perna direita em cima da cadeira. Todo mundo pôde ver a ferida aberta e viscosa na panturrilha dele. Foi um choque. "E vocês acham que têm problemas!", replicou Freddie, com seu típico jeito blasé. Ninguém disse uma palavra, e acho que todos ficaram perplexos. Mas ele deixou para lá e nós mudamos de assunto.

Brian confirmou a mesma história num documentário televisivo recente.

— Pensando bem, tenho certeza de que os outros integrantes da banda sabiam que Freddie estava muito doente, mas preferiam ignorar. Afinal, o que poderiam dizer? — declarou Jim. — Quando voltamos a Londres, ele deu uma entrevista na

Padio 1 para o DJ Mike Read. Freddie contou que não queria mais fazer turnê. Ele disse que já havia feito a parte dele e que, de qualquer maneira, estava ficando velho demais para se apresentar. Na verdade, ele já estava fraco demais para pegar a estrada de novo. A imprensa, é claro, o interpretou mal e inventou uma história de que ele havia se recusado a fazer turnês, causando conflito com o resto da banda e assim por diante. As baboseiras de sempre.

Nada disso afetou o que Jim sentia por Freddie. Pelo contrário: o carinho entre os dois só se intensificou.

— Freddie era o amor da minha vida — Jim me contou, numa repetição sinistra das palavras de Barbara. — Nunca houve ninguém como ele.

Apesar de eles terem vivido como uma casal até a morte de Freddie, Peter Freestone garante que o astro não considerava a relação um "casamento convencional".

— *Todos nós* éramos muito importantes para ele — afirmou. — Mas havia uma parte diferente no coração de Freddie reservada para Jim. Na verdade, é até estranho dizer isto: Freddie se envolveu com Mary e com Joe, mas nunca comigo. Ele tinha uma capacidade enorme de se sentir culpado, e era por isso que Joe e Mary continuavam por perto. Ele se sentia responsável por eles. Achava que havia atrapalhado a vida deles por ter se relacionado com eles, portanto, tinha o dever de cuidar deles, como que para compensá-los. Pensando bem, parece ridículo, mas era o jeito de Freddie.

Além de Freddie, os moradores permanentes da casa eram Peter "Phoebe", assistente pessoal e mordomo; Jim, que havia largado o emprego de cabeleireiro no Savoy para virar jardineiro do cantor; e Joe Fanelli, vulgo "Liza", ex-namorado que voltou para ser o cozinheiro. Os dois haviam se conhecido anos antes nos

Estados Unidos e o relacionamento, extremamente inconstante, durou pouco. Joe havia passado um tempo como faz-tudo de Freddie no apartamento da Stafford Terrace e, de vez em quando, ajudava Peter Freestone em Munique. A relação com Freddie esquentava e esfriava do nada, e a dupla passou longos períodos sem se falar. Joe trabalhou em vários restaurantes antes de reingressar no grupo como cozinheiro da Garden Lodge. A folha de pagamento também incluía dois funcionários que não moravam na casa: Terry Giddings, o motorista, e Mary Austin, que fazia as vezes de contínuo e tinha um apartamento ali perto.

De todos os amigos íntimos e funcionários de Freddie, Mary era a única que incomodava Jim.

— Parecia que Mary não tinha esquecido Freddie — contou Jim.

Peter compartilhou a mesma opinião:

— Eu tinha a sensação de que ela não havia aceitado o término do namoro. Em vários aspectos, ela servia de força motriz para Freddie. Ela não deixava que ele se safasse de nada. Era muito forte e, olhando por esse lado, era exatamente do que Freddie precisava. De certa forma, ela era como uma mãe para ele. Por causa disso, Freddie confiava nela, e dependia dela. Mary conduzia a vida dele. Foi por isso que o relacionamento entre eles durou. Freddie costumava dizer que, mesmo quando eram um casal, pareciam irmãos. Bem antes de me conhecer, ele tornou pública a promessa de que deixaria a maior parte da fortuna e dos bens para Mary. Freddie era um sujeito que, quando prometia alguma coisa, cumpria, e ele não faltou com a palavra.

CAPÍTULO DEZENOVE

Break Free

Se minha música resistirá ao tempo? Não estou nem aí! Não estarei presente para me preocupar com isso. Daqui a vinte anos... já terei morrido, queridos. Vocês enlouqueceram?

FREDDIE MERCURY

Muitas pessoas que conseguem fazer sucesso no mundo do rock estão totalmente despreparadas para enfrentar as consequências. O que costuma acontecer é que você fica rico, se afasta das pessoas normais e começa a usar o dinheiro para comprar os outros. Você se divorcia da realidade ou então começa a beber, a se drogar ou a fazer os dois. Os integrantes do Queen agiam com muita inteligência em relação a tudo isso. Mesmo assim, cometeram grandes erros.

Dr. Cosmo Hallström

Será que, finalmente, Freddie havia priorizado a vida pessoal? Será que não sabia mais o que fazer em relação à banda? Se, por um lado, o cantor estava ficando menos obcecado pelo trabalho, o mesmo não acontecia com Brian, Roger e John. O trio permaneceu firme no batente, convocando o vocalista quando necessário, e ria dos boatos de que a banda estivesse prestes a se separar. Mesmo assim, ao longo de 1983, a imprensa deitou e rolou, publicando várias matérias sobre o término do Queen. A realidade era que, cansados das turnês, eles haviam decidido passar um tempo fora do circuito, longe uns dos outros, e estavam se dedicando à carreira solo.

— Acho que, com frequência, todos nós pensamos em deixar a banda — admitiu Brian. — Se nos separássemos, cada um poderia fazer tudo do jeito que quisesse, mas sabemos que perderíamos alguma coisa. No momento, teríamos mais a perder do que a ganhar. É um ambiente estimulante, e nos faz bem o fato de nem sempre haver consenso. Se você sai, perde a motivação. Há um certo equilíbrio de talentos, um nome com o qual as pessoas se identificam. Seguir só a própria cabeça nem sempre compensa.

— Eu pensava que ficaríamos cinco anos juntos, mas agora estamos velhos demais para nos separar — disse Freddie. — Imagine formar uma banda nova aos 40 anos. Seria meio tosco, não é?

— Em algum momento, haverá unanimidade, ou seja o que for, e saberemos por instinto que o Queen já deu tudo o que podia e que não restou nada de construtivo nem de criativo — acrescentou. — A última coisa que quero é forçar a barra com o Queen. Prefiro sair enquanto a banda está num nível bom e fazer algo completamente novo. Tenho certeza de que todos nós pensamos da mesma forma.

"Pessoalmente, eu quis dar um tempo porque estava muito cansado de tudo. Passou a ser demais para mim. Resolvi que eu, de fato, precisava de longas férias. Não acho que, algum dia, a gente vá se separar. Pareceria uma atitude covarde. Suponho que, se as pessoas parassem de comprar nossos discos, deixaríamos de tocar. Aí eu largaria tudo e viraria stripper, ou algo do gênero."

A banda tomou a decisão depois de um dos anos mais desgastantes da carreira. Em abril de 1982, eles haviam assinado um contrato com a EMI que previa o lançamento de mais seis álbuns, e isso foi um pouco antes de embarcarem em outra turnê europeia, que incluiu várias apresentações no Reino Unido em maio e junho. Como era de se esperar, a série de shows foi encerrada com uma festança erótica: uma orgia de striptease no Embassy, a boate mais badalada de Londres. *Hot Space*, o décimo álbum de estúdio do Queen, foi lançado em maio. Mais tarde, Brian fez alusão à sua decepção por conta da influência da música disco adotada no álbum, que foi massacrado nos EUA.

— Acho que erramos com *Hot Space*, pelo menos no que diz respeito ao timing. Exageramos no funk, fazendo algo bem parecido com o que o Michael Jackson havia usado em *Thriller*. Não foi o momento adequado. "Disco" era um palavrão.

Ignorando o declínio rápido da reputação nos Estados Unidos, o Queen continuou a turnê e tocou duas noites no Madison Square Garden, uma das casas de espetáculos favoritas da banda. Em Boston, o grupo recebeu das mãos do prefeito as chaves da cidade no dia 23 de julho, e a data foi oficialmente declarada o "Dia do Queen". Em setembro, eles também fizeram participações nos programas americanos de televisão *Saturday Night Live* e *Entertainment Tonight.* No Japão, os integrantes se prepararam para enfrentar a "Queenmania" e, depois, Freddie se recolheu a Nova York. Em novembro, a gravadora americana Elektra remoeu o fracasso aterrador de "Staying Power", o último single do contrato vigente. Renegociar o acordo teria sido complicado e caro. Freddie, em especial, estava insatisfeito com a Elektra, principalmente por causa da negligência com que a gravadora havia tratado *Hot Space*, e disse aos outros integrantes que não estava preparado para gravar outro álbum para o selo. O contrato com a Elektra também abrangia a Austrália e a Nova Zelândia, onde o Queen achava que poderia ter alcançado resultados bem melhores. Após uma discussão exaltada, eles se recusaram a renovar os contratos nos dois países asiáticos. A banda, que também pôs fim ao acordo insatisfatório com a subsidiária da Elektra no Japão, se encontrava numa encruzilhada. Apesar de ter conseguido se livrar do contrato americano, a liberdade custou 1 milhão de dólares. Jim Beach negociou para Freddie um acordo solo não-renovável com a CBS Records no Reino Unido e com a Columbia nos Estados Unidos. Em outubro de 1983, a banda fechou contrato com a Capitol, um selo americano afiliado à EMI.

Enquanto desenvolvia ideias para o álbum solo em Munique, Freddie escapou com frequência para Nova York. Numa das viagens, parou em Los Angeles, onde se juntou à banda para dar início a outro álbum e arranjou tempo para visitar Michael Jackson em sua bizarra mansão de estilo Tudor, pré-Neverland, localizada na Hayvenhurst Avenue, em Encino. A entrada da casa era uma torre cercada por guardas e havia luzes pisca-pisca em todas as janelas visíveis.

— Ele é nosso amigo há muito tempo — explicou Freddie. — Sempre assistia aos nossos shows, e foi daí que surgiu a amizade... Imagine que eu poderia ter participado de *Thriller*. Pense nos royalties que perdi!

Fazia tempo que Michael e Freddie cogitavam a possibilidade de compor algumas faixas juntos e, pela primeira vez, os dois estavam na mesma cidade e tinham um espacinho na agenda.

— Estou sempre muito interessado em trabalhar com outros músicos. Como o Michael Jackson, por exemplo — Freddie declarou mais tarde. — Se bem que ele é preocupante: tem tanto dinheiro e nenhum gosto, meus queridos! Que desperdício! Gravamos três canções ("There Must Be More To Life Than This", que depois figurou no primeiro álbum solo de Freddie, "Victory" e "State of Shock", que foram incluídas no álbum *Victory*, lançado pelos Jackson 5 em 1984 — a última é um dueto com Mick Jagger).

"Mas, infelizmente, nunca as concluímos. As canções eram ótimas, o problema era a falta de tempo, pois estávamos muito ocupados na época. Nunca ficávamos no mesmo país tempo suficiente para, de fato, finalizarmos alguma coisa.

"Michael até me ligou para perguntar se eu podia completar 'State of Shock', mas não deu, pois eu tinha compromissos com o Queen. O Mick Jagger assumiu o meu lugar. Foi uma pena, mas, no fim das contas, é só uma canção. O que importa é preservar a amizade.

O Freddie chegou a fazer algumas faixas demo com Michael no estúdio da casa dele em Encino — confirmou Peter Freestone. "Eu estava lá. Até joguei videogame com Michael. Em uma das canções, dá para me ouvir batendo a porta do banheiro, pois fez um som legal de bumbo. Por causa dos cronogramas, os dois nunca puderam aproveitar a amizade. Mas eles se gostavam e reconheciam a genialidade um do outro."

Apesar de ser bem provável que Freddie tenha se sentido incomodado com a mania de controle do clã dos Jackson, algo que poucas pessoas de fora suportavam, houve outro motivo mais sinistro que fez a dupla se afastar. O mistério foi revelado pela imprensa pouco tempo depois.

Em maio de 1983, em Londres, Freddie, que era apaixonado por ópera, foi à Opera House de Covent Garden assistir à produção de Giuseppe Verdi *Un Ballo in Maschera* (*Um baile de máscaras*). Os astros eram o já falecido tenor italiano Luciano Pavarotti e a encantadora soprano espanhola Montserrat Caballé, que, na época, tinha 50 anos.

— Até então, o Freddie sempre tinha adorado os tenores — conta Peter Freestone.

— Placido Domingo e Luciano Pavarotti eram seus favoritos. Eu possuía uma coleção enorme de discos de ópera e Freddie tinha uma vontade tremenda de aprender tudo sobre o assunto. Um belo dia, eu disse a ele: "Muito bem. Como você gosta tanto assim do Pavarotti e ele vai cantar na Opera House em breve, por que a gente não vai?" Ele achou a ideia esplêndida e me fez reservar os ingressos na mesma hora.

"O Pavarotti entrou, cantou uma ária no primeiro ato e Freddie achou fantástico. No segundo ato, foi a vez da prima-dona, que era a Montserrat. Como estávamos empolgadíssimos com a ideia de ver o Pavarotti, não prestamos muita atenção ao resto do elenco. Ela começou a cantar e pronto: Freddie ficou de queixo caído. Ele esqueceu que o Pavarotti estava no palco. A partir daí, só quis saber dela."

Freddie ficou enfeitiçado, principalmente pela famosa história de amor entre o ardente Riccardo e a belíssima Amelia, uma mulher atormentada pela culpa, mas incapaz de resistir. O cantor entendia bem essa sensação. Ele não conseguia desgrudar os olhos nem os ouvidos da vigorosa, porém delicada, Montserrat Caballé. Após o espetáculo, o astro não parou de se desmanchar em elogios ao "tom límpido", à "versatilidade vocal" e à "técnica impecável" da soprano. "Essa, sim, é uma cantora de verdade", repetiu diversas vezes.

— Se eu tivesse que citar dez cenas de pessoas felizes, uma delas seria o Freddie vendo a Montserrat se apresentar em Covent Garden — conta Paul Gambaccini. — Meu assento era bem diante da orquestra. À minha esquerda, sentado na primeira fileira do camarote, estava Freddie. Os olhos dele brilhavam de emoção e alegria. Com a mão esquerda, ele fez um gesto em direção ao palco. Exibia um semblante feliz como o de uma criança. Foi um momento incrível... e comprovou que, por mais que ele fosse famoso, não havia perdido o respeito e a admiração pelos ídolos. Até os ídolos têm ídolos.

Naquela noite, Freddie não sabia que, em breve, ele e Montserrat se apresentariam e gravariam juntos, formando um dos duetos mais inusitados do mundo da música.

Os músicos, entediados, não aguentavam mais o período de descanso. Os quatro integrantes estavam se coçando para voltar ao trabalho. A banda planejava compor a trilha sonora de *Um hotel muito louco*, adaptação cinematográfica do romance de John Irving, dirigida por Tony Richardson e estrelada por Rob Lowe e Jodie Foster. Contudo, o projeto foi abortado porque o orçamento do filme não era suficiente para bancar os honorários de superastros do rock. Pelo menos, isso incentivou o Queen a voltar ao estúdio. Eles se reagruparam no Record Plant, em Los Angeles, para elaborar o álbum seguinte: *The Works*.

O Record Plant, famoso pelas gravações de Jimi Hendrix e da banda Velvet Underground, foi fundado em Nova York em 1968. A filial de Los Angeles fez um sucesso tremendo durante a década de 1970, quando o pop e o rock migraram para o oeste. Em 1985, o estúdio de LA foi transferido da Third Street para um novo endereço em Hollywood, onde havia funcionado a Radio Recorders "Annex", gravadora conhecida pelos trabalhos com Louis Armstrong e Elvis Presley. Por fim, o estúdio foi adquirido pela Chrysalis Records, sob o controle de Sir George Martin, produtor dos Beatles.

Eddie DeLena trabalhou como engenheiro-assistente na gravação do álbum *The Works*, no Record Plant, ao lado de Mack, engenheiro e coprodutor.

— Mack era um homem educado e de poucas palavras — recorda Eddie. — Mais tarde, descobri que essa era uma das qualidades dele. Ele nunca tomava o partido de ninguém nem se envolvia em qualquer tipo de conflito entre integrantes de banda, empresários e executivos de gravadoras. Mack era neutro como a Suíça, e é por isso que ninguém discutia com ele.

Apesar da tranquilidade de Mack, Eddie achou que gravar *The Works* com o Queen foi "como trabalhar em quatro discos solo diferentes".

— Em vez de pensarem juntos desde o início, cada integrante da banda chegava com suas próprias ideias musicais, as desenvolvia e, mais tarde, os outros faziam o overdubbing de suas colaborações.

Não que ele considerasse isso um problema.

— Os integrantes do Queen estavam entre as pessoas mais gentis e talentosas com quem poderíamos trabalhar. Eram quatro cavalheiros educados, cada qual com sua personalidade. Roger Taylor era charmoso, ligado em moda e mais colunável do que o Brian e John. Brian era esperto, extremamente educado e se dedicava por completo ao que fazia, sendo um exímio guitarrista. Tinha um amplo conhecimento sobre teoria e composição musical e passava longas horas concentrado no desenvolvimento dos trechos que lhe cabiam no estúdio. John era introvertido e se mantinha afastado. Também passava menos tempo no estúdio do que os outros. No entanto, quando era solicitado, sempre aparecia de imediato.

"Freddie Mercury, é claro, era extraordinário. Tinha uma presença tremenda: tomava conta do recinto quando chegava. Seus padrões de fala costumavam ser dramáticos e vibrantes, com entonações dignas de um ator de teatro. O estilo ópera-rock do Queen era, na verdade, uma continuação da personalidade de Freddie. Ele era um vocalista extremamente talentoso, além de ótimo compositor. Às vezes, quando estávamos gravando as vozes, ele cantava o trecho seguinte num arranjo harmônico complexo na mesma velocidade em que mudávamos o canal do gravador. Ele já estava com o arranjo inteiro na cabeça e cantava todas as partes com perfeição, de uma tacada. Acompanhá-lo já era uma tarefa difícil por si só."

Eddie não se surpreendeu ao perceber que Freddie viajava com sua própria comitiva gay.

— Neste caso, amigos e conhecidos da Boystown de West Hollywood. Ele costumava se vangloriar das aventuras da noite anterior… — podemos concluir que Eddie esteja se referindo ao número de homens com quem Freddie ficava ao mesmo tempo, apesar de ele ser discreto demais para divulgar detalhes — ...que não interessavam nem um pouco aos outros integrantes.

As boates preferidas de Freddie na Boystown eram The Motherlode, The Spike e The Eagle, no Santa Monica Boulevard. Durante um desses passeios, Freddie se jogou nos braços de "Vince, o barman" do Eagle, um sujeito alto, moreno, robusto e barbudo que não dava a mínima para o fato de Freddie ser um astro do rock famoso no mundo todo. Vince tinha uma senhora motocicleta, e o cantor, uma queda irresistível por motoqueiros. Em pouco tempo, a dupla tornou-se inseparável, mas quando Freddie pediu ao amante que o acompanhasse nas viagens, Vince não aceitou. Dizer que essa foi a primeira rejeição seria um eufemismo.

— Todos os músicos, exceto Freddie, tinham uma lista bem restrita de amigos autorizados a visitá-los no estúdio — disse Eddie. — Eles estavam lá para gravar um disco sem sofrer distrações. Era de se supor que já houvessem farreado muito em estúdios — outra vez, Eddie é vago e precisamos usar a imaginação — e tivessem passado dessa fase.

Contudo, uma sessão noturna do Queen no estúdio C acabou virando uma festança de astros do rock.

— Rod Stewart estava no final do corredor, gravando no estúdio A — recorda Eddie. — Jeff Beck também estava lá, trabalhando no estúdio B. Todos acabaram tocando juntos no estúdio C. Houve um momento impagável em que Rod Stewart e Freddie estavam lado a lado no piano de cauda Bosendorfer, improvisando letras e zombando dos atributos físicos um do outro num estilo cômico tipicamente britânico. Freddie descrevia o cabelo e o nariz de Rod, que respondia falando dos dentes salientes dele. Foi hilário. Eu estava desnorteado, tentando desesperadamente arranjar amplificadores e microfones adequados para todo mundo, pois seria impossível não registrar aquele acontecimento. Jeff Beck e

Brian May trocaram solos de guitarra, Rod e Freddie cantaram juntos, Carmine Appice e Roger Taylor compartilharam a bateria. Foi um caos, sem dúvida, mas as fitas de gravação multicanal estão em algum lugar. Os empresários do Queen, temendo que alguma cópia vazasse e parasse em mãos erradas, não permitiram que ninguém reproduzisse as fitas. Eles levaram os cassetes do estúdio na mesma noite. Nunca ouvi o playback.

Outro momento inesquecível durante a gravação de *The Works* foi a festa de aniversário de 37 anos que Freddie deu na casa que alugou na Stone Canyon Road. A bela mansão, localizada em Hollywood Hills, havia pertencido a Elizabeth Taylor. Para a ocasião, Freddie encheu o palácio de lírios perfumados. Também resolveu que Joe Fanelli seria o cozinheiro e fez o caso antigo se despencar de Londres. Quando Joe chegou, os dois se beijaram e fizeram as pazes — mas não reataram — e, juntos, elaboraram um cardápio com os pratos favoritos de Freddie, dentre eles Coronation Chicken (salada de frango com maionese) e Prawn Creole (ensopado de camarão).

As garçonetes lésbicas, vestidas de camisa branca e calça preta, foram indicadas por uma executiva da Elektra Records que namorava a faxineira da casa da Stone Canyon.

— Os viçosos jardins externos da propriedade eram magníficos — recorda Eddie, que foi à festa acompanhado de Elton John, Rod Stewart, Jeff Beck e John Reid.

Havia um número relativamente pequeno de rostos famosos entre a centena de convidados, a maioria composta pelos estimados amigos anônimos de Freddie. Naquela noite, o parceiro do aniversariante foi o barman Vince.

— Havia garçons, bartenders, mágicos e músicos clássicos — lembrou Eddie. — Foi maravilhoso. A noite passou voando, até que percebi que o pessoal da esticadinha não tinha muito a ver comigo — Eddie era tão heterossexual quanto Freddie e seus seguidores eram gays.

O primeiro single do álbum, "Radio Ga Ga", foi composto por Roger e lançado em janeiro de 1984. O título original era "Radio Caca", supostamente por causa de um aparte "sanitário" feito por Felix, o filho pequeno de Roger com a francesa Dominique. A canção ficou em segundo lugar no Reino Unido, conquistou a primeira posição em mais 19 países e foi uma das composições mais inteligentes do Queen. A letra, aparentemente sem graça e de refrão fácil, encerrava uma crítica maldisfarçada às rádios pop por terem se vendido. A imagem e a função do rádio não condiziam mais com a sua representação original. A canção épica necessitava de um vídeo promocional igualmente grandioso. Produzido por Scott Millaney e dirigido por David Mallet — a quem Freddie chamava de "Mallet B. DeMille" - o videoclipe incluiu cenas do filme de ficção científica *Metrópolis*, lançado por Fritz Lang em 1927, além de um álbum de fotografias que reproduz trechos de vídeos anteriores, como o de "Bohemian Rhapsody" e o de "Flash". Com a ajuda do fã-clube do Queen, quinhentos discípulos apareceram no Shepperton Studios em Londres, se uniformizaram com macacões prateados e, enfileirados, bateram palmas e levantaram as mãos acompanhando a batida do refrão. Em pouco tempo, fãs do mundo todo passaram a imitar essa sequência nos shows da banda, o que rendeu, no ano seguinte, uma imagem inesquecível durante a apresentação no Live Aid. O videoclipe de "Radio Ga Ga" foi o mais caro e um dos mais impressionantes já feitos pelo grupo.

— David (Mallet) e Freddie passavam horas trocando ideias — recorda o produtor Scott Millaney. — Freddie dizia: "Querido, faça com que fique melhor que o do Elton. Eu quero o melhor." Fiz o orçamento e enviei para Jim Beach, que respondeu: "Não. Está caro demais." Então eu disse: "Não. Você não entendeu. Esse é o orçamento de Freddie."

Millaney e Mallet também foram os responsáveis pelo clipe de uma canção mais polêmica, "I Want to Break Free", no qual os quatro integrantes aparecem travestidos. O vídeo incorporou uma sequência de balé de 45 segundos, inspirada no poema sinfônico "Prélude à l'après-midi d'un faune", de Claude Debussy. Durante a cena, Freddie dança com a companhia do Royal Ballet.

— Freddie não se aguentava de tanta empolgação por causa do vídeo — recorda Millaney. — Ele disse: "Bem, querido, nós temos que nos vestir de mulher, então preciso raspar o bigode", e David respondeu: "NÃO! Você tem que manter o bigode, pois a ideia é essa!" Nunca vi Freddie mais feliz do que quando marcou com os bailarinos do Royal Ballet e pôde passar o dia dançando com eles... Até deslizou por cima deles!

A maquiadora Carolyn Cowan, responsável pela pintura corporal do videoclipe, ficou tão íntima de Freddie durante as filmagens de "Break Free" que foi contratada para uma série de outros vídeos.

— Eu não era uma maquiadora normal, assim como Freddie não era um astro de rock normal (se é que isso existe), então chegamos a um consenso — conta Carolyn. — Nós dois éramos muito fortes, e eu conseguia levantar o astral dele num instante. Em contrapartida, Freddie sempre cuidava de mim. Era uma relação bem simbiótica. Simplificando, gostávamos um do outro.

"A sala de maquiagem é um lugar sagrado. As pessoas estão nuas, permitindo que você as veja como realmente são. Isso requer uma confiança extrema, e Freddie entendeu isso. Pinto um corpo bem rápido. Sou ágil. É preciso ser. Os clientes sentem frio, ficam entediados, se mexem. Eles se lembram do que é inibição. Você tem que capturar o momento e ir até o fim.

"Recordo que cheguei ao estúdio Limehouse para fazer 'Break Free' e que, imediatamente, me dei bem com todos eles.

"Na época, eu consumia uma quantidade gigantesca de bebida, cocaína e maconha, o que pode ter ajudado (ela foi resgatada por David Bowie em 1991).

"Assim como Freddie, me vicio com muita facilidade. Acho que ele detectou isso em mim. Eu tinha longos cabelos pretos e parecia o rei Carlos II. Usava saia curta, bota de cano alto e topava tudo. Acho que eu combinava com a excentricidade generalizada da banda.

"Eu os vesti de mulher, seguindo o estilo da novela *Coronation Street*, e o resultado ficou incrível. O rosto de Freddie já era maravilhoso de qualquer jeito. Naquele dia, tudo se encaixou, tudo deu certo. Tive que fazer orelhas pontudas de cera nos bailarinos, mas eles eram tão atentados que a maquiagem borrava e eu precisava ficar retocando. Enquanto isso, Freddie só dizia: 'Prepare outra carreira de pó, querida, por favor!' Era um escândalo. Lembro que usamos uma quantidade absurda de drogas.

"Não esqueça que estávamos inventando uma forma de arte", afirma Carolyn. — Consequentemente, sofríamos pressão. Mesmo assim, me relacionei bem com a banda, tanto de forma coletiva quanto individual. Eles ainda não tinham ficado cansados, entediados e irritados. Ainda adoravam a loucura, a liberdade e o hedonismo daquilo tudo. E foi divertido. Freddie tinha uma energia criativa extraordinária e um senso de humor que eu nunca vi igual."

Contudo, o videoclipe enterrou ainda mais a reputação do Queen nos Estados Unidos. Para a MTV, os músicos haviam passado muito da conta ao se travestirem.

O canal exercia um controle tão grande sobre a indústria musical e a cultura de massa na década de 1980 que a decisão de não veicular os clipes de determinados artistas causava um efeito devastador. Os fãs americanos não captaram o aspecto irônico nem a paródia de *Coronation Street* e acharam o vídeo ofensivo e inconcebível. A produção chegou a ser vetada em vários estados do país. A banda ficou estupefata.

— Já tínhamos feito vídeos épicos e muito sérios — disse Roger —, então pensamos que estava na hora de nos divertirmos. Queríamos que as pessoas soubessem que não nos levávamos muito a sério, que ainda tínhamos a capacidade de rir de nós mesmos. Acho que provamos isso.

— O Centro-Oeste dos Estados Unidos desconfiava de que Freddie fosse gay, e essa região era muito importante — declarou Brian Southall, o ex-jornalista e relações-públicas da EMI. — Você pode ser terrivelmente artístico em Nova York ou Los Angeles, mas não tente fazer isso no Kansas.

O Queen não demonstrou um pingo de arrependimento e se recusou de forma categórica a fazer um videoclipe alternativo para o mercado americano. O orgulho, que novamente falou mais alto, destruiu a banda nos Estados Unidos.

— Quando o Queen fez "Break Free", gerou problemas aqui — concorda Peter Paterno, advogado americano especialista em direito do entretenimento que virou presidente de gravadora e, mais tarde, fechou um contrato entre a banda e o selo Hollywood Records, da Disney. — As minissaias e a maquiagem foram um insulto para muita gente. Quanto à "Radio Ga Ga", as estações de rádio americanas ficaram muito ofendidas. "Não vamos tocar a música desses caras se estão zombando da gente. Por que deveríamos?" Esse era o consenso. O Queen perdeu popularidade aqui da noite para o dia.

The Works chegou com dificuldade à 23ª posição nos Estados Unidos, enquanto que "Radio Ga Ga" alcançou o 16º lugar.

— Além disso —, acrescenta Paterno —, eles chegaram a um ponto em que a imagem da banda destoava. Naquele período, o pessoal que curtia rock pesado fazia o tipo machão, não parecia em nada com eles. Eu continuava achando a música ótima. Eu era fã. "Hammer to Fall", uma manifestação antinuclear de Brian May, acabou sendo usada na trilha sonora do filme *Highlander, o guerreiro imortal*. A canção é maravilhosa, mas não emplacou nos Estados Unidos. Não existiu aqui. Foi o início do fim para o Queen em solo americano.

A briga da Capitol Records com os divulgadores das rádios independentes não ajudou. Também foi prejudicial a estranha postura adotada por Paul Prenter, empresário pessoal de Freddie e aparentemente o único responsável pelo comportamento cada vez mais sórdido do cantor, que estava saindo com garotos de programa e usando drogas. Alguns acreditavam que Prenter incentivasse Freddie a mergulhar de cabeça num poço de perigo e depravação, para saciar o próprio desejo de decadência extrema.

— Ele era uma péssima influência para Freddie — comentou Roger. — E, consequentemente, para a banda.

Freddie e os amigos nem suspeitavam do quanto a relação entre o astro e Prenter era, de fato, desastrosa.

Em fevereiro, enquanto a EMI organizava o lançamento de *The Works*, que se tornou o álbum de maior sucesso do grupo, apesar do desinteresse do público americano, o Queen, ao lado de Boy George, com o Culture Club, Paul Young e Bonnie Tyler, participou do Festival de San Remo. Apesar de ter sido um belo fiasco para os artistas veteranos, a viagem rendeu alguns dias de diversão no balneário italiano e serviu de divulgação, mesmo com Brian e Roger se estranhando o tempo todo e discutindo por tudo: do repertório ao cenário.

Entrevistado durante o festival, Freddie falou abertamente sobre a amizade com Michael Jackson.

— Eu e Michael nos afastamos um pouco desde o tremendo sucesso de *Thriller* —, confessou. — Ele simplesmente se fechou no mundo dele. Dois anos atrás, nos divertíamos muito indo a boates juntos, mas agora ele não sai daquela fortaleza. É lamentável. O Michael está com tanto medo de ser assassinado que ficou paranoico em relação a tudo.

John e Roger embarcaram numa turnê de divulgação — aparições públicas, tarde de autógrafos e afins — pela Austrália e pelo Extremo Oriente antes de entrar de férias. Brian viajou para fazer uma participação especial numa faixa do novo álbum do roqueiro americano Billy Squier, enquanto que Freddie voltou a Munique para curtir a vida e, de vez em quando, dar as caras no estúdio para continuar o trabalho solo.

Em maio de 1984 a banda regressou a Montreux para tocar, com playback, para um público de quatrocentos milhões de telespectadores no festival de televisão Rose d'Or. Depois, o Queen anunciou outra turnê pela Europa, que começaria em agosto. Roger então fez algumas gravações solo e, no mês seguinte, lançou um single e um álbum que foram amplamente ridicularizados. Freddie voltou correndo para Munique. Em junho, o grupo se reencontrou em Londres para receber o prêmio Silver Clef pela contribuição de destaque para a música britânica, concedido pela Nordoff Robbins, fundação beneficente de musicoterapia.

Em julho, a banda lançou o single "It's a Hard Life", o terceiro do álbum *The Works* a entrar para o Top 10, conquistando a sexta posição na parada de sucessos britânica.

Em "It's a Hard Life", Freddie deixou aflorar seu lado mais comovente, retomando o tema semiexuberante e semitrágico de "Killer Queen" e "Play the Game". O início da letra e a melodia repetem a ideia de "Vesti la giubba", a ária mais famosa da ópera *Pagliacci*, de Ruggero Lenoncavallo: *"Ridi, Pagliaccio, sul tuo amore infranto!"* ("Ria, *Pagliaccio*, do seu amor despedaçado.") Freddie também deve ter se inspirado em Smokey Robinson quando compôs "It's a Hard Life". Em "Tears of a Clown", do álbum *Make It Happen*, lançado pelo The Miracles em 1967, Smokey se compara a personagens como os *Pagliacci*, palhaços que escondem a dor e a raiva atrás de sorrisos vazios. Robinson já tinha usado a referência ao palhaço triste quando compôs "My Smile Is Just a Frown (Turned Upside Down)" para Carolyn Crawford, da Motown. De maneira semelhante, "It's a Hard Life" remetia a "Play the Game" e à busca frequentemente fútil pelo verdadeiro amor. Na canção, Freddie expõe com intensidade o dilema que enfrentava na vida real. Ele tinha sido abençoado com riquezas materiais que a maioria dos simples mortais só poderia vislumbrar em sonho. Mas não era o bastante. O fato é que dinheiro não comprava amor, tema que os Beatles haviam explorado vinte anos antes com o sucesso "Can't Buy Me Love". Como explicou Paul McCartney: "A ideia era dizer que é muito bom ter todos esses bens materiais, mas que eles não compram o que realmente quero." Freddie teve que aprender por mal o quanto isso era verdade.

O fato de o cantor se considerar amaldiçoado por não alcançar a realização afetiva e amorosa que tanto almejava não era nenhum segredo para os amigos mais íntimos, que cuidaram de Freddie e lhe enxugaram as lágrimas ao longo dos anos de sua epopeia de relacionamentos desastrosos. Isso também era óbvio para os fãs, graças às muitas canções melancólicas que ele compôs sobre o tema.

— As letras refletiam a vida dele — diz Frank Allen, do The Searchers. — "I Want It All", "Somebody to Love", "Don't Stop Me Now", "Who Wants to Live Forever", todas ilustram algum aspecto das expectativas e dos anseios dele. É natural que um compositor expresse seus valores e sua personalidade nas letras, e o fato de Freddie ter ficado mais à vontade com a própria sexualidade o deixou livre para se abrir para o mundo. Até me arrisco a afirmar que o envolvimento com mulheres tenha aumentado a autoconfiança dele. A maioria das pessoas tem um lado bissexual, mas pouquíssimas admitem. A culpa e as consequências, mesmo nesse suposto "período liberal", pesam demais.

Milhões amavam Freddie, mas de longe. Poucos se aproximavam. Acredito que os que se aproximavam, e eram aceitos no círculo íntimo, precisassem demais *dele*. A adoração que sentiam por Freddie expressava mais os desejos e sonhos deles mesmos do que os do astro. O jeito exuberante e despreocupado do cantor servia de distração para que o mundo de fora não percebesse o crescente desalento espiritual que o afligia. Lá no fundo, ele temia nunca encontrar "alguém especial para amar", o que era mais uma explicação para o fato de se agarrar a Mary com tanta tenacidade.

Referindo-se a "It's a Hard Life", na qual trabalhou incessantemente ao lado de Freddie, Brian declarou:

— Esta é uma das canções mais bonitas que Freddie já compôs. Ela veio direto do coração.

O suntuoso videoclipe do single foi filmado pelo diretor Tim Pope em Munique. A produção, que contou com a participação de muitos dos companheiros de balada do vocalista, inclusive Barbara Valentin, deixou a banda incomodada e empetecada. Nenhum integrante parecia à vontade com a fantasia de trovador medieval. Freddie, com a roupa colante e cravada de olhos, uma homenagem a Mistinguett, provocante cantora francesa do fim do século XIX, chocou ainda mais o público americano. Além disso, o cantor surpreendeu a todos ao aparecer com a perna engessada e sem dar muitas explicações. Ele apenas se limitou a dizer que havia se machucado durante uma briga em um bar do Triângulo das Bermudas.

O Queen continuava determinado a tocar em novos territórios. O Vaticano se recusou a receber a banda, os russos a consideraram decadente e tanto os chineses quanto os coreanos não estavam a fim de papo. Quando concordou em fazer 12 shows em outubro de 1984 na arena Super Bowl, no polêmico Sun City, na África do Sul, o grupo enfrentou a fase mais politicamente comprometedora da carreira. Localizado no deserto de Bophuthatswana, o complexo multimilionário seguia o estilo de Las Vegas e, em parte, era financiado pelo governo, que ainda estava sob o regime do apartheid. Para o restante do mundo, o lugar representava a vitória da minoria branca e privilegiada sobre a massa de habitantes negros e pobres das favelas miseráveis do país. A British Musicians' Union havia vetado as apresentações de seus sindicalizados no local. A aliança Artists Against Apartheid, fundada por Steven van Zandt, ex-integrante da E Street Band, de Bruce Springsteen, capturou o clima antiapartheid no single "I Ain't Gonna Play Sun City". A música contou com a participação de Miles Davis, Bob Dylan, Ringo Starr e o filho baterista Zak

Starkey, Lou Reed, Jackson Browne, Pat Benatar e Peter Gabriel, além dos Rolling Stones Keith Richards e Ronnie Wood. O single político não emplacou nos Estados Unidos quando foi lançado em dezembro de 1985, mas fez um sucesso tremendo na Austrália, no Canadá e no Reino Unido.

O Queen não recuou.

— "I Want to Break Free" é um hino não oficial do Congresso Nacional Africano, enquanto que "Another One Bites the Dust" é uma das canções líderes de vendas da história negra sul-africana — explicou Roger.

Contudo, a polêmica aumentou enquanto o Queen se preparava para dar início à turnê de *The Works*, quando surgiu um quinto integrante: o tecladista Spike Edney, que subiria ao palco como parte da banda.

Fazia quase dois anos que eles não tocavam juntos ao vivo. Ensaiar não era o passatempo preferido do grupo, mas era um mal necessário. Eles se dirigiram a um hangar de Munique, equipados com o que havia de mais moderno em termos de produção, som e iluminação.

— A primeira coisa que toquei com eles nos ensaios foi "Tie Your Mother Down" — recorda Spike. — Foi tranquilo, pois fazia séculos que eles tocavam essa música. Aí foi a vez de "Under Pressure". Depois, eles quiseram tentar uma das canções novas: "I Want to Break Free". Não pareceu ser muito difícil. Começamos a tocar o primeiro verso, nos perdemos e paramos. Tive a impressão de que eles nunca haviam tocado a canção juntos, ao vivo. Eu tinha tudo anotado, então disse: "Na verdade, é assim..." Aí John se sentou ao piano, depois Brian veio e eles meio que ficaram lá. Até que Freddie chegou. "Você não tem a letra também, né, meu chapa?", perguntou. Estávamos todos em volta do piano, e eu pensei: "Vai dar tudo certo. Eu consigo."

As apresentações no Reino Unido incluíam três noites no Birmingham National Exhibition Centre, onde o vocalista do Spandau Ballet, Tony Hadley, encontrou o ídolo, Freddie, pela primeira vez. A voz de Hadley era tão potente e versátil que ele já estava sendo considerado o Frank Sinatra jovem. O que Hadley não sabia era que Freddie era um de *seus* maiores fãs.

— Sociedade da admiração mútua — riu Tony.

— Cresci escutando os discos do Queen, e Freddie era o melhor vocalista do mundo. Eu estava louco para conhecer a banda. Na época, eu já era famoso o bastante para conseguir acesso a praticamente todos os bastidores. Fomos ao camarim conhecer os caras, que nos receberam com muita simpatia e educação. Eles nos convidaram para a festa que dariam depois do show no hotel vizinho. Cheguei com Leonie (a primeira mulher), e havia um lugar vazio ao lado de Freddie, que me disse: "Vamos, querido. Venha sentar-se perto de mim, meu caro." Leonie acabou parando na cabeceira da mesa. Estávamos batendo papo quando, de repente, algumas strippers entraram para entreter a tropa.

"Parecia que o Queen sempre se divertia mais do que os outros. As festas eram um sucesso, os discos eram um arraso e as personalidades da banda eram melhores que as de qualquer outro grupo. Até John Deacon, o comportado, era uma figura.

"Naquela noite, fiquei sentado conversando com ele sobre o personagem que sobe ao palco, e ele me deu conselhos de graça. 'Não invente justificativas por estar no palco. Nunca peça desculpas. O público foi lá para ver *você*, então pouco importa se você não estiver no seu melhor dia. Apenas encare tudo de frente.' Eu tinha 23 ou 24 anos e cantava numa banda que estava indo bem. Ele era da realeza do rock, não precisava perder tempo com alguém como eu. Contudo, ele estava muito empolgado e disposto a compartilhar o conhecimento e a experiência. Foi o único a fazer isso por mim, o que conquistou o meu respeito. 'Todo artista tem crise de insegurança', prosseguiu. 'Até você?', perguntei. 'Principalmente eu.'"

O show do dia 5 de setembro em Wembley culminou numa festa para quinhentos amigos na boate Xenon em comemoração ao aniversário de 38 anos de Freddie. O bolo talvez tenha sido o mais espetacular até então: um Rolls-Royce vintage de um metro e meio. Naquela semana, o 26º single do Queen, "Hammer to Fall", foi lançado no mesmo dia que o primeiro single solo do vocalista: "Love Kills", gravado para o filme *Metrópolis*. Enquanto a banda voava para Dortmund, nove de seus álbuns figuravam no Top 200 britânico. Em outubro, o Queen e a comitiva, que incluía Mary Austin e seu novo companheiro, Joe Bert, baixista da banda de Tom Robinson, partiram para o Sun City, na África do Sul. No primeiro dia, Freddie ficou sem voz depois de cantar algumas músicas. O velho problema de garganta havia piorado com o calor e a poeira do deserto. Tanto esse show quanto os cinco seguintes foram cancelados e o Queen só se reuniu para as últimas seis apresentações.

Quando retornaram a Londres, Brian e Roger foram ao Musicians' Union para dar explicações.

— A viagem não foi uma completa farra — argumenta Spike. — O Queen participou de vários eventos beneficentes por lá, e até angariou fundos para a escola de Kutlawamong destinada a crianças surdas e cegas. Mais tarde, eles lançaram um álbum especial ao vivo no país e doaram os royalties para a instituição de ensino. O povo reagiu de forma tão fantástica à banda que continuo não acreditando que tenha sido uma atitude errada. É claro que, em poucos anos, a conjuntura política mudou e o mundo começou a ir até lá.

O Queen foi dispensado mediante o pagamento de uma multa pesada, mas entrou para a lista negra do sindicato. Pelo menos eles conseguiram fazer com que o dinheiro fosse investido em obras de caridade, em vez de engordar a conta bancária da associação. Os integrantes demoraram anos para digerir o fiasco.

— Somos totalmente contra o apartheid e tudo o que o regime defende — declarou Brian. — Mas tenho a sensação de que construímos várias pontes. Na verdade, conhecemos músicos de ambas as cores. Todos eles nos receberam de braços abertos. Só fomos vítimas de críticas fora da África do Sul.

Spike admite que a banda tinha a reputação de ser de uma arrogância impressionante.

— É verdade. Eles eram arrogantes. Mas isso porque, na maioria das vezes, tinham razão. Fiquei com a impressão de que eles achavam que tinham sido injustiçados no início da carreira, o que os ensinou a serem autossuficientes e a confiarem no próprio discernimento. O único problema é que a arrogância deles contagiou outros setores da organização. Pessoas que trabalhavam para a banda começaram a ser arrogantes em nome do Queen, apesar de não terem esse direito. Às vezes, a situação ficava insuportável.

Freddie voltou a Munique e, em dezembro, o grupo compôs o primeiro single natalino: "Thank God It's Christmas". Feito com o intuito de ser uma paródia do gênero batido, o 27º single foi produzido em Londres e a voz de Freddie foi inserida na Alemanha. A canção não conseguiu entrar para o Top 20 britânico nem foi incluída em nenhum álbum do Queen. Contudo, a música os persegue todos os anos, sempre que alguma coletânea de Natal é lançada. A líder suprema das paradas de sucessos foi o hit "Do They Know It's Christmas?", da Band Aid. Era o início de um acontecimento histórico.

CAPÍTULO VINTE

Ao vivo

> Encaremos a verdade: todos nós, astros do rock, ainda queremos continuar sob os holofotes, e isso nos servirá de divulgação. Sejamos sinceros. Tudo bem, estamos ajudando, mas, por outro lado, o evento terá um público de escala global e transmissão simultânea. Também nos preocupamos com isso, portanto, não devemos esquecer esse aspecto. Duvido que algum artista que vá se apresentar não tenha se dado conta desse fato.
>
> Freddie Mercury

"A música nem sempre se resume ao que você toca. Também inclui o que você não toca. Freddie Mercury era, no mínimo, três pessoas diferentes: uma no palco, outra fora do palco e uma terceira nesse meio-termo misterioso. Ele incorporava a música. A apresentação refletia perfeitamente todas as canções."

Louis Souyave, guitarrista do Daytona Lights

Rumo ao Rock in Rio, "o maior festival de rock que o mundo já viu". Realizado em 1985, o megaevento de ano-novo teve duração de oito dias e também contou com shows de Rod Stewart, Yes, Iron Maiden, Def Leppard, Ozzy Osbourne, George Benson, James Taylor e alguns dos artistas mais vendidos no Brasil. A superprodução prometia fazer jus até às expectativas do Queen. O fato de o fiel gerente de turnê da banda, Gerry Stickells, vulgo "Tio Rabugento", estar envolvido na organização do evento e de o Queen ter recebido um convite para ser a atração principal garantiu a presença do grupo. No domingo do dia 6 de janeiro, eles voltaram à América do Sul.

A comitiva pessoal de Freddie incluía Mary Austin, Barbara Valentin, Peter Freestone, Paul Prenter e um guarda-costas. De 250 mil a 300 mil fãs viajaram dois dias ou mais, num calor escaldante, para fazer parte do maior público de rock de todos os tempos.

Spike Edney já havia participado de alguns eventos importantes, mas nada comparado ao Rock in Rio.

— Eu sabia que os shows que o Queen havia feito na América do Sul tinham sido aventuras pioneiras, mas aquela foi a maior apresentação de todas.

Contudo, o que mais marcou Edney foi a pena que ele sentiu de Freddie.

— Àquela altura, ele já era um astro famosíssimo na América do Sul. Era um deus. "Love of My Life" não saía da primeira posição na Argentina. Era a "Stairway to Heaven" do Queen. Em consequência disso, Fred virou um prisioneiro quando chegou lá. Não podia ir a lugar nenhum, nem mesmo com seguranças armados. Foi muito estressante. Ele conseguiu escapulir uma ou duas vezes, mas não valeu o sacrifício.

Spike acredita que parte da popularidade impressionante de Freddie se devesse à aparência física do cantor.

— Ouvi dizer que, quando Fred raspou a cabeça e deixou o bigode crescer, ele se tornou o exemplo de padrão de beleza masculina sul-americana, uma espécie de Clark Gable latino. Talvez esse fosse um dos motivos da adoração.

A "Cidade do Rock" na Barra da Tijuca demorou meses para ser construída e o gigantesco palco semicircular exibia uma fonte enorme em cada lateral. Durante o evento, as fontes foram úteis para que os fãs se lavassem, uma vez que a chuva torrencial havia transformado o lugar num lamaçal. A imprensa contou com stands colossais equipados com linhas telefônicas internacionais e cabeamento de transmissão de imagens para os milhares de jornalistas e fotógrafos que fariam a cobertura. À noite, potentes canhões de luz cortavam o céu, como se sinalizassem uma estreia de Hollywood. O heliporto, construído para a ocasião, provou ser mais uma necessidade do que um luxo. Freddie teve que deixar o pânico de voar de lado, pois não havia outra maneira de chegar ao palco. Fazia dias que todas as vias de acesso à Barra estavam congestionadas.

Na primeira noite, o Queen estava marcado para entrar depois do Iron Maiden, mas eles acabaram subindo ao palco com duas horas de atraso.

— Não lembro exatamente por quê — declara Spike Edney. — Talvez tenha simplesmente atrasado.

Por fim, o Queen conseguiu se apresentar às 2 horas da manhã e, a essa altura, a multidão estava praticamente descontrolada.

— Jim Beach arranjou um jeito de me pôr na coxia quando foi a vez do Queen — recorda Peter Hillmore, que estava cobrindo o evento para o jornal *Observer*. — Dei uma bisbilhotada e vi um público colossal. "Qual é a sensação de estar no palco?", perguntei a Brian. "Vá até lá descobrir", respondeu ele.

"Eu fui. Milhares e milhares de pessoas olharam para mim, todas gritando pelo Queen. Senti a energia de Freddie Mercury e provei o que é ter 250 mil pessoas querendo uma única coisa: que você abra a boca e cante. Fiquei com medo, porque, de fato, eu não *podia* fazer nada. O Queen entrou com calma e tudo começou a acontecer. Roadies correndo de um lado para o outro. Ninguém nem percebeu a minha presença. Devagar, me recolhi a uma das laterais.

"A partir desse momento, tive certeza de que, mais do que qualquer coisa no mundo, eu queria fazer parte do Queen. Eu queria ser o Freddie Mercury. Ele levantava a mão e o público cantava junto. Ele abaixava a mão e o público se calava, porque ele tinha mandado. O efeito era inacreditável. Era como ver um reator nuclear dividir um átomo."

Para Hillmore, Freddie foi extraordinário.

— As pessoas pulavam dos carros nos semáforos, babavam na limusine dele e gritavam: "Freddie, nós o amamos! Você é Deus!" Ele e o Queen contavam com uma organização que custava uma fortuna e cuja função era garantir que eles tivessem conforto aonde quer que fossem, antes mesmo de se apresentarem. Eles não desfaziam as malas. Não precisavam se preocupar com excesso de bagagem, com fila em aeroporto nem com as compras no Duty Free. Eram só salas VIP e voos transatlânticos de primeira classe, com sempre alguém por perto para atender a qualquer capricho. Sendo assim, acho impossível que um astro como Freddie tenha vida pessoal. No fim das contas, tudo isso afeta até a sanidade do mais normal dos seres.

A "gafe brasileira" de Freddie, amplamente comentada, na verdade não passou de um exagero da imprensa. Ao entrar no palco vestido com o traje feminino que havia usado no videoclipe de "Break Free", o vocalista se surpreendeu com a reação do público. Quando as pessoas começaram a atirar latas, pedras e outras porcarias no palco, Freddie imaginou que fosse um protesto. Um pedaço enorme de papelão atingiu o cantor e Brian recuou, dando vários passos para trás até subir no tablado da bateria de Roger. No entanto, Freddie permaneceu na frente do palco, numa postura desafiadora, e cometeu um grande erro: perdeu o controle. Ele não entendeu o que havia acontecido e começou a revidar, insultando o público. Vários jornalistas publicaram que os brasileiros haviam adotado "Break Free" como um hino antiditadura e que não aprovavam que a música fosse cantada por um roqueiro travestido. Contudo, não foi esse o motivo da revolta dos fãs.

Dave Hogan, que fotografou o evento para a revista *Mail on Sunday's You*, descreveu o ocorrido como "um completo mal-entendido".

— Normalmente, em shows dessa proporção, os fãs correm para ficar o mais na frente possível — contou Hogie. — Só que, nessa ocasião, os organizadores haviam montado um palco tão alto que as pessoas que estavam muito perto não tinham visão nenhuma. Elas não conseguiam enxergar nada, pois tudo acontecia acima delas. Alguns tentaram subir para assistir à banda, mas os seguranças pisavam nos dedos deles. Aí Freddie entrou vestido de mulher, usando peruca e seios falsos, bem na hora em que um bando de fãs havia sentado nos ombros de outros fãs para tentar ver alguma coisa. Os seguranças começaram a pisar ainda mais nos dedos das pessoas, e as vítimas, com raiva, pegaram o cascalho do chão para jogar neles como forma de protesto. Não havia ninguém atirando pedras em Freddie. Pelo contrário: todos o amavam. Mas houve quem escrevesse que os fãs estavam vaiando e apedrejando Freddie por causa da roupa de mulher. Reportagens inventadas, é claro, por jornalistas que estavam apenas tentando conseguir uma manchete. Tudo bem. Mas preciso dizer que Freddie agiu como de costume e tirou de letra. Ele não foi apedrejado, posso assegurar. Eu estava bem ali, na frente dele. Mas para que deixar a verdade estragar uma boa história?

Instalado em grande estilo na suíte presidencial do hotel Copacabana Palace, no Rio de Janeiro, Freddie foi o centro das atenções.

— Ele estava no quarto em que todos os presidentes americanos haviam se hospedado — recorda David Wigg. — Ele me chamou para tomar uns drinques. Chovia pesado e havia lama por todos os lados, mas, para Freddie, "o show tinha que continuar". Naquela noite, fui convidado para o jantar. Mary Austin estava lá: ela sempre se sentava à esquerda dele, enquanto que o namorado do momento ficava à direita. Depois, fomos todos a uma discoteca (Alaska, a boate gay mais famosa do Rio na época). A noite se estendeu até cerca de 4 horas da manhã. Eu tinha que escrever meu artigo para o *Express*, então achei melhor dormir um pouco. Fui dar os parabéns e agradecer a Freddie antes de ir embora. "Aonde você vai?", perguntou. "Vou caminhar até o meu hotel." "Mas não vai mesmo!", respondeu e estalou os dedos. "Steve! Leve o

David no 'meu' carro. Não o deixe do lado de fora. Acompanhe-o até *o saguão* do hotel." Freddie era muito educado, sensível e atencioso. A família toda era assim: os pais, a irmã, todos eles. Ele era um britânico à moda antiga, algo muito incomum para um astro do rock.

A Paul Prenter cabia o serviço sujo de selecionar homens que pudessem interessar a Freddie. Poucos resistiam ao convite de "acompanhar Freddie Mercury numa festa particular na suíte do hotel". Para a maioria dos espectadores, as funções de Prenter haviam ganhado uma dimensão sórdida. Além de ser o encarregado de caçar talentos — normalmente garotos de programa chamados de "*taxi boys*" —, ele também providenciava quantidades gigantescas de bebida e cocaína.

Patricio, um judeu louro e de olhos azuis que foi *taxi boy*, participou das festas particulares de Freddie em diversas ocasiões. Após viajar de Buenos Aires para o Rio a fim de tentar carreira de ator, Patricio começou a se prostituir por causa da pobreza e do desespero. Ele só fez mais uma viagem importante em toda a vida: a Israel, para morrer de Aids. Patricio admitiu que por várias vezes teve relações sexuais com Freddie.

— Os garotos escolhidos se encontravam com Freddie na privacidade da suíte, que era muito luxuosa e tinha vista para a piscina do hotel — recordou. — Primeiro, bebíamos. Depois, cheirávamos cocaína: havia uma mesinha de madeira com as carreiras de pó já separadas. Tudo preparado. Então, despíamos as roupas e entrávamos no quarto de Freddie, que nos recebia usando apenas um roupão. Durante os procedimentos, Paul (Prenter) permanecia vestido. Freddie tinha relações com um de cada vez e na frente dos demais. Quando se cansava, Prenter nos pagava e pedia que fôssemos embora. Freddie era sempre passivo. No início, os gays tendem a ser ativos. Mas se você é popular e todo mundo o deseja, você acaba virando passivo, pois é a forma mais fácil de se divertir. Fazer papel de "homem" é muito cansativo. A maioria dos gays prefere ser a "mulher".

Freddie estava viciado em sexo sem compromisso. Segundo Patricio, na maior parte do tempo, o astro nem sequer ficava excitado. Quanto mais selvagem fosse a noite, mais impassível Freddie parecia.

— Ele nem demonstrava estar gostando. Apenas agia de forma mecânica.

Muitas dessas festas foram realizadas no Rio, e todas terminaram da mesma maneira. Freddie buscava mais excitação do que conseguia dar conta. Ele continuava tendo desejos escabrosos, mas que não lhe proporcionavam nenhum benefício. A vontade insaciável de se deleitar sempre através de orgias provava uma coisa: ele estava cansado. Freddie podia obter tudo que o dinheiro comprava, mas tinha que se esforçar cada vez mais para sentir prazer. Fazer sexo sem amor era bom, mas a empolgação havia acabado. É difícil imaginar que ele não tenha se odiado por se permitir tantos excessos, mas parecia uma compulsão. Freddie não conseguia se controlar. Em pouco tempo isso traria consequências.

— Quando Paul e Barbara estavam por perto — admite Peter Freestone —, os dois competiam para ver quem providenciava o espetáculo mais absurdo, até que perdeu a graça. Fazia tempo que Freddie não estava mais interessado, mas ele era educado demais para dizer isso. Antes, ele se divertia horrores fazendo essas coisas, então é claro que ninguém esperava que tivesse mudado.

No dia 12 de janeiro, houve uma festança para os artistas no hotel Copacabana Palace. Milhões de pessoas na América do Sul assistiram à arruaça pela televisão, e até Brian, que costumava se comportar, acabou na piscina. O Queen voltou ao palco em 19 de janeiro para encerrar o festival. A banda fez história novamente, e não foi pela última vez.

No dia 5 de abril, o grupo chegou a Auckland para dar início à turnê pela Nova Zelândia. Eles foram recebidos por manifestantes antiapartheid que ainda estavam revoltados com o fiasco de Sun City. A massa se concentrou no aeroporto e na frente do hotel. Freddie mal percebeu, pois estava preocupado com o lançamento de seu segundo single solo no Reino Unido, tirado de seu primeiro álbum solo, o qual muitos acreditaram que jamais veria a luz do dia. Apesar de o disco ter alcançado a 11ª posição nas paradas britânicas, não causou o menor impacto no público americano. Os quatro integrantes começaram a encarar o maior temor: de que o reinado nos Estados Unidos estivesse mesmo no fim.

Houve mais contratempos na turnê neozelandesa, dessa vez por causa de um velho amigo de Freddie: Tony Hadley. Pouco tempo antes, o Spandau Ballet havia concluído uma turnê de dois meses pela Europa e tinha se programado para fazer apresentações na Austrália e na Nova Zelândia. Em decorrência de problemas com a organização do evento, os shows neozelandeses tiveram que ser cancelados, o que causou prejuízo para muitos envolvidos. Em Auckland, Tony havia recebido instruções claras do empresário Steve Dagger para manter a discrição. Ele não aceitou a ordem com naturalidade, ainda mais sabendo que o companheiro Freddie estava na cidade.

— Era muito raro Freddie subir ao palco bêbado — afirmou Spike Edney. — Uma das poucas vezes em que isso aconteceu foi no primeiro show do Queen no estádio Mount Smart, em Auckland, depois de ele ter passado uma tarde ridícula com Hadley.

Tony resolveu surpreender a banda:

— Eu me hospedei no hotel deles, apareci na passagem de som, bati um papo, depois voltei com Freddie para o hotel e acabamos parando no bar. Então Freddie disse: "Vamos tomar um pouco de Stoli." Ficamos lá, sentados, discutindo os problemas do mundo e trocando histórias de guerra sobre rock 'n' roll enquanto matávamos a garrafa de vodca. Pura. Aí ele me fez um convite: "Querido, vamos ao meu quarto. Tenho uma garrafa de vinho do Porto vintage." A essa altura, nós dois já estávamos doidões — declara Tony com uma careta. — Então Freddie veio com esta: "Você tem que subir ao palco com a gente hoje à noite." "Não quero ser intrometido", respondi, apesar de estar a fim. "Não, não e não" ele insistiu, "vai ser ótimo." Freddie ligou para Roger e para John. "O Tony vai se apresentar com a gente hoje, está bem, querido? Maravilha." Eles pareciam ter concordado. "Nosso único problema pode ser o Brian", confessou. "Ele costuma ficar meio cabreiro com esse tipo de coisa." Aí telefonou para o Brian e disse, todo diplomático: "Brian, querido, o Tony vai subir ao palco com a gente hoje à noite para cantar 'Jailhouse Rock', está bem? Tony, meu amor, o Brian topou, não se incomodou nem um pouco" Então eu me lembrei: "Não sei a letra, meu chapa." "Não se preocupe", respondeu cheio de graça. "Eu também não sei!"

A dupla de bêbados se sentou para tentar decorar a letra da canção. Eles inventaram metade das palavras e chutaram o resto. Então, Tony se despediu e foi dormir.

— À noite, cheguei ao show e todo mundo me perguntou: "Que diabos você fez com Freddie? Ele está doidão!" "Bem, nós enchemos a cara." Eles se entreolharam. "Mas Freddie não se embebeda antes de subir ao palco!", alguém falou.

Nunca foi tão difícil arrumar o vocalista para uma apresentação.

— Na época, todo mundo usava um tênis Adidas de boxe que era de cano longo e tinha cadarços até em cima. Era confortável e bom para correr e pular pelo palco — conta Spike. — Naquela noite Freddie estava desmaiado no sofá do camarim. Tony Williams, um dos assistentes de figurino, estava vestindo Fred, com Joe Fanelli, pois ele não tinha condições de se arrumar sozinho. Eles lhe puseram a roupa e lhe calçaram o tênis. Mas quando o cantor levantou e tentou andar para a frente, não conseguiu. Ouvimos o anúncio: "Vão tocar a fita agora!" A essa altura já deveríamos estar na lateral do palco. Freddie berrou: "Seus imbecis, vocês vestiram minha calça colante ao contrário!" Um minuto depois ele estava deitado de pernas para cima, que nem um besouro, enquanto Tony e Joe tentavam feito loucos desamarrar os cadarços para tirar o tênis e a calça colante. Por fim, eles conseguiram vestir tudo direito e nós corremos escada abaixo. A fita de introdução já havia acabado e o palco estava tomado de fumaça. Chegamos em cima da hora. Fred, que Deus o tenha, estava tão fora de si que parecia que ia voar.

"Ele improvisou, inventou coisas e cantou mal durante a primeira meia hora de show. Roger ficou de cabeça baixa, não conseguia encarar ninguém. Brian lançou um olhar estupefato, do tipo 'Que diabos está acontecendo?' Na metade do show, Freddie já estava um pouco mais sóbrio. A partir daí, correu tudo às mil maravilhas. Até Hadley chegar. "

Chateado por causa da conversa que teve ao telefone com o empresário, que ficou possesso ao saber que Tony estava fazendo de tudo, menos agir com discrição, o cantor não via a hora de ficar diante de um público.

— Eu estava de pé na lateral do palco enquanto o Queen tocava, ainda tentando me lembrar da maldita letra de "Jailhouse Rock" — riu. — Freddie se esparramou sobre o piano do Spike e berrou: "Hadley, seu desgraçado, estou muito bêbado!", diante de 45 mil pessoas. Lá estava eu, murmurando sozinho que nem um idiota, com algumas palavras-chave rabiscadas na mão: "*wardens... county jail... party... jailhouse... rock.*" Eu não conseguia decorar a letra. Por fim, Freddie anunciou: "Senhoras e senhores, Tony Hadley!" O público foi ao delírio, entrei correndo e comecei a cantar o bop-bop da introdução de 'Tutti Frutti'. Canção errada! Freddie gritou: "Isso aí! Muito bom!" Já Brian reagiu com um "Que porra é *essa*?" Os outros estavam se mijando de rir. Eu e Freddie nem ligamos. Pusemos mais lenha na fogueira. Fingimos que estávamos transando com a guitarra do Brian enquanto ele tocava e tudo mais.

Em compensação, os shows de Melbourne foram tranquilos. As quatro apresentações no Sydney Entertainment Centre no fim de abril, que seriam seguidas de seis shows no Japão, ficaram ainda mais divertidas com a notícia de que Elton John estava na cidade. Freddie, Elton e Roger não perderam tempo: caíram na gandaia em comemoração antecipada do lançamento do álbum solo do vocalista do Queen.

— Freddie Mercury conseguia ser mais farrista do que eu, o que não é pouca coisa — comentou Elton. — Viramos noites a fio. Ficamos acordados até as 11 da manhã, chapados. O Queen tinha que pegar um avião, e Freddie disse: "Ah, dane-se. Vai mais uma carreira, querido?" Ele era insaciável.

O último show da banda em Sydney calhou de ser no mesmo dia que a Columbia Records lançou *Mr Bad Guy*. Mais uma vez, Freddie expôs seus sentimentos através das canções. Com uma pegada chamativa e dançante, bem diferente do som original do Queen, as faixas mais reveladoras são "Living On My Own", "There Must Be More To Life Than This", e a balada melancólica "Love Me Like There's No Tomorrow", que ele compôs para Barbara Valentin.

Apesar de o álbum ter conquistado a sexta posição no Reino Unido, foi um fracasso total nos Estados Unidos. Enquanto "I Was Born to Love You" conseguiu uma colocação razoável, "Made in Heaven" não emplacou, mesmo com o videoclipe comovente e pomposo dirigido por David Mallet. Apresentado como se fosse um espetáculo de balé, num palco formal, com cortina, o clipe exibe Freddie usando uma roupa de bondage vermelha e preta e uma capa vermelha esvoaçante. O cantor se encontra em cima de uma pedra gigantesca. Bailarinos de trajes simples a escalam e sobem uns nos outros para tentar alcançá-lo, até que ela se parte e revela um belo planeta Terra azul e giratório.

Com a conclusão da turnê de *The Works*, Brian permaneceu Austrália para passar férias com a família. John e Roger foram para a nova casa do baterista em Ibiza e Freddie voltou correndo para Munique, a fim de se divertir e aprontar com os amantes.

Graças a Deus houve o Live Aid.

— Fomos uma merda — Francis Rossi dá de ombros, recordando o ato de bravura do Quo ao abrir o evento realizado no dia 13 de julho, em Londres. — Muito ruins. Havíamos ensaiado pouco. Não havíamos ensaiado nada, para ser sincero. Se tivéssemos entendido melhor a situação, qual era o objetivo e o fato de que seríamos assistidos no mundo todo, teríamos ensaiado. O Queen, é claro, havia acabado de concluir uma turnê e estava mais afiado do que nunca. E havia ensaiado.

"Talvez o Bowie tenha ido bem, mas não houve nenhum outro muito marcante. O Bono pulou do palco. E daí? Foi o dia do Queen, sem dúvida. Vale lembrar que, até então, ninguém havia se dado conta da dimensão do evento. O Bob era um irlandês metido e falastrão que encheu a boca para dizer o que ia fazer. E conseguiu. É claro que é difícil manter o ego totalmente fora do caminho. Afinal, somos astros, querida. Mas, no dia, não rolou muito disso.

"Quando chegamos ao estádio de Wembley, no dia do show, Freddie me esclareceu uma série de coisas sobre os homossexuais".

"Lembro que nos transferiram para uma área reservada aos artistas, e estávamos todos lá, de bobeira. Até que aconteceu algo inusitado. Não tenho nada contra os gays. Nem poderia, considerando que tenho dois primos e um filho gay. Mas sempre fui um desses heterossexuais que acreditam que os gays não são tão machos quanto a gente. Ledo engano. Eu e Freddie estávamos brincando de luta, só por diversão, quando, de repente, ele me deu uma chave de braço e eu não consegui mais me mexer. Ele era forte demais. Naquele momento, um turbilhão de informações passou pela minha cabeça. Aprendi muito em pouquíssimo tempo. Até hoje, consigo ver a expressão do meu rosto — e do dele. Fiquei paralisado. Olhei para ele. Era a pessoa mais forte que eu já tinha conhecido. 'Não se preocupe, querido', Freddie disse, soltando uma risada diabólica. 'Se eu quisesse você, eu o pegaria.' Simples assim.

"Sei que muitas pessoas acham que os homossexuais — na verdade, prefiro a palavra 'maricas', sem pisar em ovos — não sabem brigar. Esses imbecis que aparecem na televisão listando os motivos pelos quais os gays não devem servir nas forças armadas: com quem eles pensam que sempre contamos? Nosso ramo está repleto de gays. Acho as pessoas afetadas extremamente divertidas e, muitas vezes, elas são mais maleáveis que as outras. O Rick (Parfitt) costumava ser muito espalhafatoso na época áurea. Muitos de nós eram assim. Costumo considerar os gays mais ajustados do que os demais. Precisam ser, tendo em vista tudo que enfrentam. Nesse aspecto, não havia ninguém melhor do que Freddie. Ele se conhecia: pelo menos naquele tempo. O Live Aid foi, sem dúvida, o dia dele, e de mais ninguém. Fiquei encantado com Freddie por causa disso."

— O mérito dessa apresentação fenomenal é de todos eles — declara Paul Gambaccini. — Quando o Queen entrou, eu estava nos bastidores entrevistando artistas para a transmissão televisiva. Dava para sentir o frisson. Todos os músicos pararam de conversar, interromperam o que estavam fazendo e se voltaram para o palco. Na mesma hora, eles perceberam que o Queen estava roubando a cena. Freddie dançou com o cinegrafista, num show de sensualidade descarada. Eles haviam ensaiado, estavam preparados e foram extremamente profissionais. Pensamos: "Meu Deus, uma apresentação de rock ao vivo não tem como ser melhor que isso." O Queen foi o destaque. Quando os comparamos aos outros convidados, foram simplesmente incríveis. O Queen estava em decadência. Já tinha vivido seus tempos de glória. Ainda assim, lá estava a banda, se reinventando e dando a volta por cima bem diante dos nossos olhos. Continuo ficando boquiaberto quando lembro. Freddie Mercury, como vocalista, teve o melhor desempenho de todos os tempos. Revigorados com a experiência do Live Aid, os quatro integrantes tinham muito o que ponderar. Talvez eles estivessem se preparando para um fim natural de uma carreira que foi, na maior parte do tempo, extraordinária. Não poderiam continuar para sempre, não é mesmo? As bandas que fazem isso correm o risco de virar uma simples caricatura. O status de lenda só é alcançado quando a carreira é interrompida antecipadamente. Todos os integrantes do Queen haviam se aventurado em projetos solo, obtendo resultados variados. Só Freddie conseguiu um sucesso modesto. Agora, obrigados a aceitar que seria melhor permanecerem unidos do que cada um seguir o próprio caminho, ainda mais naquela altura da vida, eles resolveram adiar a saída de cena e voltar à ativa. O Live Aid tinha dado uma segunda chance ao grupo. Nenhuma banda de rock que se preze perderia essa oportunidade. O Queen mal podia esperar para pôr o pé na estrada. A turnê de 1986, na Europa, seria a mais ambiciosa da carreira deles.

Contudo, a prioridade do momento era a comemoração dos 39 anos de Freddie: uma festa a fantasia com tema preto e branco realizada no Henderson's, uma de suas boates preferidas em Munique. O videoclipe de "Living On My Own" inclui cenas da festança, que teve o custo exorbitante de 50 mil libras e contou com a presença de trezentos amigos, dentre eles Barbara Valentin e Ingrid Mack, mulher de Reinhold. Muitos dos figurantes foram levados de Londres e a maioria estava travestida, com exceção de Freddie, que usou calça colante de arlequim, jaqueta militar com dragonas e luvas brancas, e Mary Austin, que se fantasiou de colegial. Brian apareceu de bruxa e Peter Freestone de cigana.

O vídeo resultante dessa mescla foi uma viagem de ácido: hedonista, alucinante, vibrante e com bundas de fora. O clipe nunca foi exibido nos EUA. No Reino Unido, o single só conseguiu alcançar a 50ª posição.

Barbara Valentin organizou o cardápio preto e branco da festa. — Caviar com purê de batata — prato preferido de Freddie. —, um bolo com formato de piano de cauda e garrafas magnum de champanhe Cristal, que as pessoas levaram embora debaixo do braço. Todo mundo roubou Freddie — suspirou Barbara. — Até duas caixas que estavam com presentes de aniversário desapareceram.

A banda também havia se comprometido com Russell Mulcahy, sócio de David Mallet e Scott Millaney na MGMM, a compor a trilha sonora do filme *Highlander, o guerreiro imortal*, protagonizado por Christopher Lambert. Mais uma vez, o Queen conseguiu provocar a ira da imprensa, com o lançamento do single "One Vision". Acusados de terem "se aproveitado do sucesso obtido no Live Aid" usando o evento como tema do hit, que entrou para o Top 10, os quatro músicos ficaram furiosos. De acordo com Roger, que compôs a canção, a inspiração veio de um discurso famoso proferido em 1963 pelo líder dos direitos civis Martin Luther King na escadaria do Lincoln Memorial. Não teve nada a ver com o Live Aid. A faixa se destaca por causa do verso tocado de trás para a frente logo no início, mas que, na ordem certa, soa compreensível: "*God works in mysterious ways... mysterious ways...*" (Deus escreve certo por linhas tortas).

Em protesto, eles concordaram em fazer um minidocumentário sobre o Queen para usar como vídeo promocional da gravação. Foi a primeira vez que a banda trabalhou com os "gêmeos torpedo", Rudi Dolezal e Hannes Rossacher. Contudo, não foi a última. Em 1987, os irmãos concluíram uma antologia visual da carreira do grupo, intitulada *Magic Years*.

No Fashion Aid em prol da Etiópia, desfile de moda beneficente realizado no Royal Albert Hall em 5 de novembro de 1985, que envolveu 18 dos maiores estilistas do mundo, dentre eles Yves St Laurent, Giorgio Armani, Calvin Klein e Zandra Rhodes, Freddie atuou como o gracioso noivo da atriz Jane Seymour. O casal desfilou com modelitos desenhados por David e Elizabeth Emmanuel, criadores do vestido de noiva usado por Lady Diana Spencer no casamento com o Príncipe de Gales. Depois, Freddie se colocou à disposição do amigo Dave Clark, o ex-vocalista e baterista do grupo The Dave Clark Five, da década de 1960. Dave estava escrevendo e produzindo um musical inovador que entraria em cartaz no teatro Dominion, na Tottenham Court Road. No espetáculo, intitulado *Time*, estrelariam Cliff Richard e Sir Laurence Olivier, o último aparecendo em forma de holograma. Freddie colaborou em algumas faixas do álbum que também incluiu Stevie Wonder, Dionne Warwick e Julian Lennon, além de fazer uma única apresentação no palco. Enquanto isso, a EMI colhia prêmios com uma luxuosa coletânea de álbuns do Queen (com algumas omissões óbvias). Contudo, Freddie continuava sem desfrutar do sucesso solo que tanto almejava. "Love Me Like There's No Tomorrow", quinto single de *Mr Bad Guy* e que ele havia composto para Barbara, nem sequer estreou na parada de sucessos.

A trilha sonora que o Queen compôs para o filme *Highlander* se transformou em um novo álbum. Após se apresentarem no festival de rock de Montreux, os integrantes começaram a ensaiar para a turnê europeia, que estreou em Estocolmo e culminou no estádio de Wembley e no Knebworth Park, rendendo mais de 11 milhões de libras em 26 shows. Durante a turnê, a banda quebrou o recorde de público no Reino Unido, tocando para mais de 400 mil fãs. Será que, de alguma forma, eles suspeitavam de que fosse a última oportunidade de vivenciarem a mágica de Freddie ao vivo?

CAPÍTULO VINTE E UM

Budapeste

Quero ir a lugares que não conheço. Para mim, o que importa são as pessoas. A música deve percorrer o mundo todo. Quero ir à Rússia, à China e a lugares que nunca vi, antes que seja tarde demais, antes que eu acabe numa cadeira de rodas e não possa fazer mais nada. Aliás, vou continuar usando as mesmas calças colantes. Consigo imaginar os outros me empurrando numa cadeira de rodas para dentro do palco, me colocando sentado ao piano e ainda me vejo cantando "Bohemian Rhapsody".

FREDDIE MERCURY

Gostei do surrealismo de ir a uma festa de rock na embaixada húngara, ciente de que eles estavam mais acostumados a receber um tipo totalmente diferente de rainha.

PETER HILLMORE

A *Kind of Magic*, o 14º álbum do Queen e trilha sonora do filme *Highlander*, foi lançado no fim de maio de 1986 para marcar o início da turnê pela Europa. Como era esperado, o disco alcançou a primeira posição. Na alvorada do dia 4 de junho, uma quarta-feira, 13 caminhões enormes carregados de equipamentos deixaram Londres para começarem uma odisseia por 11 países. O Queen faria 26 shows para 1 milhão de fãs em vinte cidades, dentre elas Estocolmo, Paris, Munique, Barcelona e Budapeste. Cada cidade foi escolhida pela banda por motivos pessoais.

Denis O'Regan, que a essa altura já era muito requisitado, foi contratado por Jim Beach através do último relações-públicas da banda, Phil Symes, para ser o fotógrafo oficial da turnê. Ele diz que ficou nervoso, mas não por causa das fotos.

— Eu soube de tudo que eles aprontavam. Tony Brainsby, o primeiro relações-públicas deles, me contou que, certa vez, encontrou Freddie numa lixeira nos fundos do Embassy Club.

"Roger, John e Brian eram os camaradas. Muito tranquilos. Freddie era o mais enigmático. Era comum ele não conseguir expressar o que estava pensando. O cérebro dele funcionava a mil por hora e a boca não acompanhava o ritmo da mente. Ele dizia coisas do tipo: 'O que eu quero é o fluxo do... Ah, dane-se!' Passava conversas inteiras dizendo apenas 'Dane-se, dane-se!', pois não conseguia fazer os lábios pronunciarem o que pretendia falar."

Até Denis, que não era nenhum novato em turnês de rock, se impressionou com o quanto a banda curtia a vida, como se estivesse determinada a parodiar o comportamento esperado de um supergrupo de rock 'n' roll.

— Fizeram festas em bordéis, termas romanas e banhos turcos. Vi strippers lésbicas nos bastidores de Wembley e um monte de mulheres nuas, pintadas como se estivessem uniformizadas, na festa do Roof Gardens, realizada após o show. Sem falar nas coisas absurdas que rolavam nos banheiros.

Nem tudo era divertido. De fato, na maior parte do tempo a equipe parecia curtir o sonho com mais empolgação do que a banda. Tendo em vista o que acompanhou de perto, Denis não pôde deixar de sentir pena de Freddie pelo fato de o vocalista detestar a vida em turnê. Contudo, as obrigações contratuais ditavam o ritmo: compor um álbum e sair em turnê para divulgá-lo. Na época, esse padrão era inflexível.

— Pegar a estrada não era a ocasião mais feliz para Freddie — admite Denis. — Certa vez, ele me contou que adorava se apresentar, mas *odiava* sair em turnê. Ele parecia muito vulnerável. Não era nada do que eu esperava. Podia ser delicado e meigo, como uma criancinha. Sentava-se na cabeceira da mesa e batia palmas, todo empolgado, por causa do jantar. Tudo tinha que estar nos trinques. Era muito fofo. Na maior parte do tempo, ele era quieto, reservado e bem introvertido. Mas passava de um extremo a outro num piscar de olhos. Levando-se em conta que, no palco, parecia um rapaz grande e forte, fora de cena, era bem franzino e, às vezes, afeminado.

Apesar de Denis não ter achado difícil fotografar Freddie, ele se surpreendeu com a timidez do astro.

— Nunca posava de verdade. Fazia palhaçadas ou simplesmente me ignorava e era "ele mesmo". Até aparecia na porta usando uma coroa e fazia uma graça ou outra, sabendo que eu estava presente, mas não me convidava para tirar fotos. É claro que ele tinha plena consciência do que estava fazendo.

O temperamento de Freddie era algo que Denis não esperava.

— Ele se irritava com frequência e, às vezes, agia com muita indiferença. Estava sempre dizendo: "Mande todos eles se foderem!" Por outro lado, vivia pedindo desculpas. A mágica de Freddie girava em torno da apresentação ao vivo. Acho que é preciso nascer com esse tipo de dom para ser astro. Podemos dizer que, como ele não era "hétero", praticamente não tinha tanto o que provar quanto os outros integrantes. Ele subia ao palco e provocava o público, enquanto que os outros talvez achassem melhor não se arriscar. Sem dúvida, Freddie teve seu período de farrista aloprado, mas, em 1986, já havia meio que passado dessa fase.

Spike Edney, tecladista da turnê "Magic", concordou.

— As farras estavam muito mais brandas, a ponto de não ser mais necessário os dois grupos se hospedarem em hotéis diferentes — declarou, referindo-se ao hábito da banda de, às vezes, quando estava em turnê, separar as acomodações por territórios: "homo" e "hétero". Na primeira visita do Queen a Munique, por exemplo, onde eles se hospedaram no Munich Hilton, havia o PPP (Presidential Poofter Parlour — suíte presidencial dos maricas) e o HH (Hetero Hangout — ponto de encontro hétero).

— Na época da turnê "Magic", todos já se hospedavam no mesmo lugar — contou Spike. — Fred estava bem mais sossegado. Não tinha mais vontade de ir a boates e virar noites, como costumava fazer. Além disso, estava cuidando de verdade da voz. Com frequência, acabávamos voltando para a suíte dele, onde tomávamos champanhe e jogávamos Palavras Cruzadas ou Trivial Pursuit. Eu me lembro de várias ocasiões em que ficamos acordados até as 9 horas da manhã, só eu e Fred, terminando uma partida. Ou jogando Palavras Cruzadas de maneira inversa: você tira as letras, mas mantém palavras completas. Antes, as turnês do Queen eram só sexo, drogas e rock 'n' roll. Em meados da década de 1980, eram Palavras Cruzadas.

Mesmo nesse novo ritmo comedido e de meia-idade, o Queen ainda deu mais uma festa para finalizar todas as festas. O maior evento de todos os tempos foi a comemoração de encerramento do show de Wembley, realizada em julho na casa Roof Gardens. O estabelecimento ainda existe e possui o jardim de terraço mais antigo e bonito de Londres. Localiza-se a 30 metros de altura, na Kensington High Street, no topo do prédio onde funcionava a loja de departamentos Derry & Toms. Durante a breve permanência no local, o empório Biba, de Barbara Hulanicki, atraiu 1 milhão de clientes por semana aos seus andares temáticos e ao restaurante Rainbow, onde o público se misturava livremente a astros do rock e celebridades. Para Freddie, o lugar era especial por motivos muito pessoais: foi onde ele viu Mary Austin pela primeira vez.

Nossa, que noite! Extravagância por todos os lados. Anões, drag queens, bundas de fora, peitos de fora. Aliás, a modelo erótica Samantha Fox, que na década de 1980 era tão famosa quanto Jordan/Katie Price, subiu de improviso com Freddie no palco e cantou "All Right Now", hit do Free de 1970. Ela não foi nada mal.

— Foi simplesmente extraordinária — concorda o fotógrafo Hogie. — A festa para encerrar todas as festas. Quem entrou inocente, saiu de olhos arregalados. Gente pelada e com o corpo pintado. Um aquário enorme que não tinha nada dentro além de pessoas nuas, pintadas como pedras e répteis, umas em cima das outras. Mesmo ao subir no elevador minúsculo, não tinha como desviar o olhar. Havia mamilos e umbigos de fora por todos os lados. O Queen sabia dar festas de rock apropriadas.

"Freddie adorou a Sam Fox. Ela tinha uma incrível... personalidade. Tudo que ela fazia saía nos jornais, e ela tinha acabado de virar cantora pop. Naquela noite, Freddie ficou encantado com os peitos dela. Tudo o que ele queria era levantá-la e sacudi-la para ver se conseguia fazê-los pular para fora. Ele estava numa empolgação só. 'Ah, veja, carne nova! Um brinquedo!' Sam, que era atirada, entrou na dança. Ele realmente a agarrou e a sacolejou como se fosse uma boneca de pano. No dia seguinte, essas magníficas fotos foram publicadas em todos os jornais, e isso não prejudicou nenhum dos dois."

— Nunca mais existirá uma banda como o Queen — comentou o americano James "Trip" Khalaf, o engenheiro de som que havia aumentado o volume do grupo no dia do Live Aid. — Eles estavam sempre preparados para orgias sórdidas. As festas eram sempre as maiores, as mulheres tinham os seios mais fartos. Tudo era tão estupendo que, na maioria das vezes, eu mal conseguia acompanhar.

Desde que Trip conheceu Freddie, nunca deixou de achar o vocalista "uma pessoa estranha".

— Ele era um amor, mas não era um de nós... Fred era simplesmente um astro. O que mais ele poderia ter sido além desse bombástico astro do rock? O filho da mãe era muito bom.

Em 9 de agosto, o Queen fez um show ao ar livre para mais de 120 mil fãs no Knebworth Park, em Stevenage. Foi o maior público da banda numa apresentação no Reino Unido, façanha que mereceu comemoração. Só faltou uma pessoa: Freddie, que saiu à francesa no fim do show, de braços dados com Jim Hutton e Peter Freestone. Segundo Peter, Freddie jamais gostou "desse tipo" de festa:

— Ele odiava eventos organizados pelas gravadoras. Sem ofensa, mas não queria ficar de conversa fiada com funcionários.

É possível que Freddie tenha pressentido que a apresentação em Knebworth seria a última. Pena que nós não sabíamos disso.

Na mesma noite, dentro do helicóptero que o levaria de volta ao heliporto de Battersea, Freddie foi informado da morte de um fã, que tinha sido esfaqueado durante o show. Não foi possível transpor a multidão. As autoridades tentaram, mas não conseguiram fazer com que uma ambulância chegasse ao local do incidente.

— Freddie ficou muito chateado — contou Jim. — Ele continuou cabisbaixo na manhã seguinte, quando os amigos chegaram para o almoço de domingo. O show rendeu várias matérias nos jornais, o que pareceu alegrá-lo um pouco. Mas a morte do fã não saiu da cabeça dele. A única coisa que ele queria era que sua música proporcionasse felicidade.

Se os bons momentos estavam fadados a acabar, pelo menos as lembranças foram preservadas. De todos os shows da última turnê do Queen com Freddie, um permanece vivo na memória dos que tiveram a sorte de estar presentes.

A apresentação da banda no Estádio Puskás Ferenc, em Budapeste, no domingo 27 de julho de 1986, foi mais do que um simples show. Elton John, Jethro Tull e Dire Straits já haviam feito apresentações modestas na Hungria, mas era a primeira vez que um grupo de rock ocidental tocava ao ar livre, num estádio, sob o regime da Cortina de Ferro. O evento atraiu 80 mil fãs, entre húngaros e habitantes de países vizinhos. O ingresso custou o equivalente a cerca de duas libras, o que, para muitos, era mais do que o salário do mês. Mesmo assim, os organizadores tiveram que lidar com uma procura surpreendente: foram mais de 250 mil solicitações.

À medida que o grande dia se aproximava, a imprensa húngara enlouqueceu. Os jornais até sugeriram a "imposição de restrições menos severas ao comportamento do público", o que nos fez supor que eles teriam permissão para aplaudir. Com certeza, os fãs não estariam bêbados, drogados nem fariam arruaça ou agiriam de forma agressiva, uma vez que a arena seria patrulhada por policiais armados com submetralhadoras. A única bebida disponível era laranjada. Até fumar no local era proibido. Esperava-se uma ocasião formal e bem controlada. Ainda bem que tínhamos acesso aos bastidores.

Os principais assessores de imprensa do Queen, Roxy Meade e Phil Symes, bombardearam os jornalistas, com fatos e números. A filmagem no estádio seria feita com 17 câmeras, uma delas operada por Gyorgy Illes, um cinegrafista veterano de 71 anos que era um aclamado professor da Academia Húngara de Cinema. Illes ficou famoso porque o aluno Vilmos Zsigmond havia recebido um Oscar pelo trabalho no filme de 1977 *Contatos imediatos do terceiro grau*, de Steven Spielberg. O Queen e a equipe navegariam pelo azul do Danúbio, de Viena a Budapeste, no hidrofólio oficial do presidente soviético Mikhail Gorbachev. De acordo com outras planilhas da turnê "Magic", o palco media até 560m2, dependendo da inclusão da parte interna ou externa; toda a área da apresentação seria forrada com carpete Axminster cinza; 14 metros de cabos seriam usados em cada show para conectar os instrumentos, os equipamentos de som e de luz e outros aparelhos utilizados no palco, a cinco geradores de 5 mil amperes; o equipamento de som consumiria mais de 500 mil watts, com um revolucionário sistema de alto-falantes. Não recebíamos esse tipo de press release de Michael Jackson ou de Elton John.

A apresentação do Queen passou a ser vista como um enorme passo rumo ao estreitamento das relações entre Ocidente e Oriente. O encarregado dos negócios, David Colvin, que atuava como embaixador britânico na Hungria, fez jus à ocasião, oferecendo uma recepção pré-show para a banda e um grupo de convidados cuidadosamente selecionados. A festa foi realizada num local bem diferente do Embassy Club de costume.

A noite na embaixada húngara reuniu uma combinação incongruente de ingleses expatriados, músicos do bloco soviético, astros do rock do lado ocidental, jornalistas de Sua Majestade britânica e o punhado de aproveitadores de sempre. Freddie, apesar de parecer confuso diante de tudo aquilo, confessou que "preferia fazer compras" a ficar lá ouvindo as pessoas "matando umas às outras de tédio" com as peculiaridades da história do Leste Europeu. Fazia tempo que ele mantinha uma postura apolítica. Enquanto que, às vezes, suas opiniões pessoais eram quase imperialistas, ele sabia que era melhor não se envolver em discussões sociopolíticas em público. Uma celebridade internacional deveria "deixar a política para os camaradas que são pagos para fazer esse serviço, querida".

— Esse era Freddie, sem tirar nem pôr — disse Peter Freestone. — Para ele, até o U2 era politizado demais. Ele sabia que havia chegado àquela posição porque era um artista. Não estava lá para liderar o pensamento político do povo.

Poucos dias depois, Freddie ofereceu à imprensa britânica uma festa elegante em sua suíte presidencial no hotel Duna Intercontinental, "presidencial" por falta de palavra melhor, apesar da declaração blasé do vocalista de que "todas as suítes são iguais".

— Bem, esta aqui é muito mais igual do que a minha — Roger respondeu quando passou para conferir o cômodo.

Anfitrião cortês, Freddie trocou apertos de mão e lugares-comuns ao nos receber. Mais franzino do que o artista do palco e mais musculoso e em forma do que muitos jovens com metade da idade dele — faltavam menos de dois meses para o astro completar 40 anos —, ele estava asseado, cheiroso e usava uma camisa floral chamativa e uma calça jeans clara e justa. O cabelo, penteado de forma impecável, revelava entradas sutis começava a brilhar na coroa.

— Agradeço a presença de todos — disse Freddie. — Vocês estão se divertindo? — Falava baixo, com um meio-sorriso educado, enquanto fazia sinal para que trouxessem mais taças de cristal cheias de champanhe.

Freddie meneou a cabeça e riu baixinho enquanto contamos nossas aventuras em Budapeste: banhos nas águas do balneário de Gellért e massagens com ácido fênico feitas por gelatinosas "lutadoras de sumô". Se bem que, mais tarde, chegamos à conclusão de que, para Freddie, nada disso deveria ser novidade. Ele perguntou se havíamos "comprado" alguma coisa. Descrevemos, com entusiasmo, as esquisitices que adquirimos.

— Muito bom, muito bom — sorriu, atravessando conosco outra sala de estar em direção a um suntuoso bufê repleto de lagostas, camarões, caviar, frutas cristalizadas e sorvetes exóticos. Sentado a um lustroso piano de cauda, um músico vestido de smoking tocava melodias de saguão.

As portas de correr de vidro estavam abertas, dando acesso a uma varanda tão ampla quanto o cômodo. Em meio ao azul distante, despontavam as silhuetas de famosas atrações turísticas:

o Bastião dos Pescadores, a cidadela do Monte Gellért e a altíssima e iluminada torre da igreja de Matias. Mary Austin conversava baixinho com Jim Beach, talvez discutindo, depois de alguma piada, os benefícios de uma alimentação mais rica em fibras. Jim Hutton estava num canto, chamando o mínimo de atenção possível, assim como Brian, Roger, John e alguns integrantes da equipe.

No domingo, munidos das credenciais de acesso irrestrito, passamos de ônibus pelos subúrbios de concreto rumo ao Estádio Puskás Ferenc. Dançarinos de música folclórica húngara usando roupas típicas nas cores vermelha, branca e preta sacudiam lenços ao som da batida para nos atrair ao evento principal. Quando começou, foi um verdadeiro tsunami. Pompa, circunstância, cortina de fumaça e luzes ofuscantes: a experiência ensurdecedora e envolvente que o Queen proporcionava.

O que ficou marcado na memória? Brian, mais ávido do que um novato que participa de um teste. Com os dedos frenéticos, usando uma moeda como palheta, fez chorar as cordas da guitarra construída com uma lareira antiga. O momento em que o guitarrista, acompanhado de Freddie, tocou a música popular húngara "Tavaszi Szél Vizet Áraszt" — "O vento da primavera faz as águas transbordarem". A multidão expressou aos berros o apreço pelo trabalho que os roqueiros tiveram para aprender a inocente canção folclórica e quase não reparou que o vocalista conferia a letra de cinco em cinco segundos. Ele havia rabiscado a fonética à caneta na mão esquerda. O público cantou "Radio Ga Ga" com perfeição e as palmas sincronizadas foram um colírio para os olhos. O grand semifinale: Freddie, sem camisa, molhado de suor, as costuras de uma enorme bandeira britânica e, momentos depois, vira de costas, revelando as largas listras horizontais em vermelho, branco e verde da bandeira nacional húngara.

Isso não foi tudo. Para a última aparição espetacular, Freddie desfilou pelo palco envolto na peça de resistência da estilista Diana Moseley: um manto de veludo com o acabamento em arminho e uma coroa de estilo cerimonial. Em acompanhamento, a inigualável versão de Brian de "God Save the Queen" assolou o estádio, arrancando aplausos entusiasmados. A sequência, gravada pela primeira vez para o quarto álbum da banda, *A Night at the Opera*, em 1974, e que, desde então, passou a ser tocada no encerramento de praticamente todos os shows do Queen, era previsível. Contudo, soou ainda mais majestosa naquele pedacinho de território estrangeiro.

— Foi a apresentação mais difícil e emocionante que já fizemos — Brian nos contou nos bastidores.

E nós, os jornalistas? Já tínhamos visto tudo aquilo. Só Deus sabe o quanto éramos indiferentes. Nem sequer pagamos os ingressos. Sabíamos que na manhã seguinte, findado o efeito do champanhe, aquilo que havíamos presenciado não passaria de mais um show arrebatador do Queen. Fazia anos que estávamos acostumados com a genialidade deles. Por que começaríamos a valorizá-la naquele momento? O fascínio, a atmosfera, o encanto típico de uma manhã de Natal, tudo isso emanou exclusivamente do público húngaro. Para os fãs, alguns dos quais abriram mão de um mês inteiro de salário em troca desse privilégio, o show continuará sendo o espetáculo mais fenomenal que já vivenciaram.

O maior cantor de rock do mundo havia triunfado mais uma vez. Não sabíamos, mas foi uma vitória vazia. A ironia do nome da turnê começava a despontar. Para Freddie, o destino já estava traçado. Naquela noite, todos se emocionaram com a mágica, menos ele.

CAPÍTULO VINTE E DOIS

Garden Lodge

Sempre que eu assistia a filmes de Hollywood que exibiam casas suntuosas, decoradas com luxo, eu desejava ter aquilo, e agora tenho. Só que, para mim, foi muito mais importante adquirir a maldita propriedade do que, de fato, morar nela. Sou muito assim: depois que consigo o que quero, perco o interesse. Continuo adorando a casa, mas o que realmente me deixa feliz é a conquista. Às vezes, quando estou sozinho à noite, imagino que, quando eu tiver 50 anos, vou me refugiar na Garden Lodge e, aí sim, vou transformá-la num lar. Quando eu estiver velho e grisalho, tudo tiver acabado e eu não puder mais usar minhas fantasias de costume nem sassaricar pelo palco — não é o caso, ainda —, terei essa casa maravilhosa para me escorar.

FREDDIE MERCURY

De canções nas paradas de sucessos a prêmios, relançamentos e novos videoclipes, a máquina Queen estava a pleno vapor. A magia não acabaria nunca. Os integrantes não seriam capazes de gastar, em vida, toda a receita gerada. Freddie nunca mais precisaria de mais dinheiro do que já tinha. Ele poderia comprar o que quisesse e ir a qualquer lugar que tivesse vontade. Em vez disso, se recolheu ao mundo particular e ao conforto relativamente modesto de casa. Tinha um cozinheiro, um mordomo, um motorista, uma faxineira e um punhado de amigos de confiança. Mary Austin era a encarregada dos assuntos domésticos e das finanças, cuidando até do pagamento dos funcionários e do dinheiro, e o visitava diariamente. Jim Hutton também estava ao lado dele. Se alguém perguntasse — inclusive os pais, Bomi e Jer, quando apareciam no almoço de domingo —, Jim era apenas o jardineiro, e fingiam que ele dormia em outro quarto. Essa farsa não o ofendia?

— Nem um pouco — insistiu Jim. — Eles eram uns amores. Eu entendia o motivo do segredo. Eram religiosos e o zoroastrismo não permitia a homossexualidade. Freddie não tinha se assumido para a família.

Enquanto Freddie era vivo, os pais perceberam que o filho era gay?

"Não", a mãe, Jer, afirmou ao *The Times* em 2006, 15 anos após a morte do astro.

— Esse assunto é delicado demais — acrescentou o genro, Roger Cooke, confirmando que Freddie nunca se assumiu para a família.

Será que ele estava com medo de revelar a verdade ao mundo?

— Naquela época, a sociedade era diferente — disse Jer. — Agora é tudo muito aberto, não é mesmo?

Ela demonstrou acreditar que, se Freddie estivesse vivo, com o tempo, teria conseguido se assumir.

— Ele não queria nos magoar — acrescentou. — Quando vinha para casa, era apenas o "Freddie".

Jer revelou que, de todas as canções que o filho compôs "Somebody to Love" é a sua predileta. Também era a favorita dele.

Peter Freestone se recordou de uma comemoração em particular: a festa que Freddie deu no aniversário de casamento dos pais, pouco antes de se mudar oficialmente para a casa nova. Ninguém da futura equipe da Garden Lodge foi convidado.

— Só a família e Mary, é claro, que ficou linda no vestido escarlate do estilista Bruce Oldfield. Eu a ajudei a escolher a roupa, dentre uma vasta gama de opções, e Freddie o comprou para ela.

Jim Hutton encontrou os pais de Freddie em "várias ocasiões" e se dava bem com eles.

— Era bem raro eles irem à Garden Lodge. Normalmente, só apareciam no almoço de domingo ou nos aniversários dos filhos de Kash — contou Jim. — Mas quando estava em Londres, Freddie os visitava toda semana. Eu o levava de carro toda quinta-feira à tarde à pequena casa do condomínio em

Feltham, a mesma em que eles sempre moraram, e nós todos nos sentávamos na cozinha para tomar chá. A Sra. Bulsara servia o chá no ritmo dela. Não tinha a menor pressa. Era muito independente. Ainda se locomovia para todos os cantos dirigindo o carro humilde. A casa deles era muito simples e aconchegante. Tinha uma coisa que eu achava esquisita: não havia porta-retratos com fotografias de Freddie em lugar nenhum. Era de se esperar o contrário. Eu também estranhava o fato de eles continuarem morando naquela casa minúscula, sendo que Freddie tinha plena condição de comprar algo melhor. Ele havia oferecido, mas os pais disseram que não queriam se mudar. Estavam satisfeitos com o lar que tinham. Na verdade, aquilo era fascinante, pois muitos pais de astros do rock não perdem a chance de se aproveitar de todas as riquezas materiais quando a cria fica famosa.

Jim tinha pouca afinidade com a mãe de Freddie, mas compartilhava com o pai, Bomi, a paixão pela natureza e pela jardinagem.

— Ele tinha orgulho do jardim — disse. — Eu o acompanhava até lá. Ele adorava as velhas roseiras e um eucalipto encantador.

Quanto a Jer, Jim se comovia porque ela sempre preparava os biscoitos de queijo preferidos de Freddie e os guardava numa pequena lancheira para ele levar para casa.

— Conheci a irmã de Freddie, Kashmira, quando ela e a família se hospedaram no Logan Mews.* Estava na cara que eles eram irmãos: os dois tinham os mesmos olhos grandes e pretos. A filha dela, Natalie, era uma criança doce e sapeca. Ela também tinha um menino ainda bebê, o Sam.

---

* Mews são antigas estrebarias atualmente transformadas em residências. (*N. da T.*)

Jim afirma que Freddie sempre valorizou muito a família:

— Quando ele estava viajando, não importava onde fosse, fazia questão de mandar cartões para os pais e para a irmã.

Bomi morreu em 2003. Jer agora vive em Nottingham. Ela resolveu se mudar para ficar mais perto da filha Kashmira, do genro e dos netos. A casa de Jer foi batizada de "Fredmira", uma combinação do nome dos filhos.

— Não posso continuar no ritmo frenético de antigamente — Freddie declarou após o que veio a ser o último show do Queen, em agosto de 1986. — É demais. Isso não é comportamento de um homem adulto. Pus fim às minhas noites de farra. Não é por motivo de doença, e sim por causa da idade. Não sou mais um garotão. Prefiro ficar em casa. Faz parte do processo de amadurecimento.

Ele continuou sendo um bom anfitrião, só que, quase sempre, debaixo do próprio teto. A comemoração do aniversário de 40 anos, no domingo 7 de setembro de 1986, foi modesta para os padrões do cantor: uma festa no jardim, estilo Chapeleiro Louco, para duzentos convidados.

A estilista Diana Moseley preparou uma seleção de chapéus excêntricos para Freddie escolher. Ele optou por um coberto de pelinhos brancos e com antenas de marciano.

— Ele achou a festa sossegada, mas foi ótima mesmo assim — recorda Tony Hadley, que compareceu ao lado de Tim Rice, Elaine Paige, Dave Clark, o comediante Mel Smith, a atriz Anita Dobson, da novela *EastEnders*, Brian, Roger e John.

— Freddie insistiu em me levar ao andar de cima para me mostrar o tapete que ele havia encomendado para o quarto — lembra Tony. — Não havia emenda, então o tear devia ser enorme.

Também tinha uma estrela imensa, tipo de Davi. Ele estava tão orgulhoso do tapete que era até difícil de acreditar.

— Freddie era muito certinho e "britânico" em relação aos assuntos domésticos — revelou Jim. — Lembro que, certa vez, os pais dele iam almoçar com a gente no domingo e Freddie estava quase tendo um colapso nervoso. Parecia uma mãe superprotetora. Entrou e saiu da cozinha a manhã toda para conferir a comida. Meteu o bedelho em tudo. Fez questão de pôr a mesa. Isso era importante para ele. As facas e os garfos tinham que estar perfeitamente alinhados com os talheres da frente, assim como os descansos. Ele era perfeccionista demais.

Apesar de estarem lá basicamente para servir ao mestre, não havia nenhuma política nem hierarquia na Garden Lodge. Todos os moradores eram tratados com igualdade e tinham que seguir uma única regra:

— Não levar ninguém para dentro da casa — disse Jim. — Nada de amigos nem de convidar parceiros para passar a noite. Era o território de Freddie. A segurança vinha em primeiro lugar. Tirando isso, éramos uma família, não meros funcionários. De maneira geral, corria tudo bem. Joe, o chef, sempre se safava de tudo. Ele era um amor, mas também tinha uns ataques de pelanca. Freddie dava broncas com frequência, mas não era autoritário, não se achava o tal. Não era mandão nem saía distribuindo ordens. Era bem mais tranquilo do que isso. Era comum fazermos as refeições juntos, em família, mas na maioria das vezes éramos só eu e Freddie. Não acho que eu desse motivo para alguém sentir algum tipo de ressentimento em relação a mim. Todos tinham o próprio quarto, inclusive Barbara. Na verdade, o quarto dela tinha sido meu. Mais tarde, quando eu e Freddie paramos de dormir juntos, voltei para lá. Nunca houve favoritismo. Sempre que Freddie recebia os amigos para alguns drinques, nós, da casa, éramos incluídos na festa. A Garden Lodge era o lar de todo mundo.

Com toda a diversão, as festas e as aventuras que Freddie e Jim viveram juntos — férias de 1 milhão de libras no Japão, a loucura do Live Aid, a tranquilidade da Suíça —, e o relacionamento carinhoso que deu forças ao cantor até os últimos dias, Jim afirmou que sua maior satisfação era apreciar a criatividade do amado.

— Ele não parava nunca — declarou. — Estava sempre envolvido em alguma coisa. Sempre planejando. O cérebro dele vivia em plena atividade. Primeiro, teve que terminar a Garden Lodge. Depois, adquiriu uma casa bem atrás da propriedade, no Logan Mews. Então, viajou para comprar um imóvel na Suíça. Não sossegava, pois, para ele, nada estava concluído. Tinha sempre que fazer alguma coisa.

Freddie não costumava conversar com Jim sobre música.

— Mas quando se tratava das letras, ele conversava com quem estivesse presente. Dizia "Tive uma ideia", "Pensei numas palavras" ou "Me ajude com este verso aqui". Estava sempre rabiscando, em qualquer lugar. Nunca cantava dentro de casa, só de vez em quando, no banho. Mas não canções do Queen. Tenho um vídeo dele na Jacuzzi (que circulou na internet após a morte de Jim) cantando aos berros.

Freddie havia prometido ao companheiro uma viagem dos sonhos ao Japão no fim de setembro de 1986, e o astro era um homem de palavra. Ele estava feliz porque, pela primeira vez, poderia desfrutar como turista do país que sempre havia adorado. Freddie e Jim visitaram os pontos turísticos, comeram e beberam do bom e do melhor e fizeram compras escandalosas, que incluíram até um enorme suporte para quimono, algo que o cantor sempre quis. A experiência foi inesquecível para os dois. De volta a Londres, eles se acomodaram numa organizada rotina doméstica com os gatos, as carpas Koi e os amigos mais chegados.

No domingo 13 de outubro de 1986, esse mundinho aconchegante foi detonado pelo *News of the World*. Uma nuvem negra pairou sobre a Garden Lodge e nunca mais se dissipou.

As revelações sensacionalistas eram de embrulhar o estômago. De acordo com o jornal, Freddie havia feito em sigilo um exame de Aids em 1985, mesmo ano em que a banda roubou a cena no Live Aid. A publicação também revelou a morte de dois ex-amantes do vocalista: o comissário de bordo John Murphy, uma das queridas "filhas nova-iorquinas", e o jovem Tony Bastin, o courier louro e sorridente com quem Freddie havia ficado muitos anos antes em Brighton. Jim Hutton foi identificado como companheiro do astro. Noites de farra em que o cantor cheirou cocaína ao lado de David Bowie e Rod Stewart foram expostas com detalhes, assim como o motivo do desentendimento com Michael Jackson. O informante do jornal declarou que Michael havia ficado incomodado com o uso abusivo que Freddie fazia da droga e que tinha flagrado o amigo consumindo cocaína em sua sala de estar. Até fotografias pessoais, inclusive de Winnie Kirchberger e de outros parceiros, foram publicadas sob o título "All the Queen's Men" (todos os homens do Queen).

A exposição sórdida também destruiu a percepção da amizade de Freddie com Kenny Everett, revelando que os dois haviam cortado relações depois de terem brigado por causa de cocaína.

— Everett achou que Freddie estivesse se aproveitando da generosidade dele, sendo que, na verdade, era mais provável que fosse o contrário. Não que Freddie, em algum momento, fosse criticá-lo por causa disso — explicou Jim. — Eles não fizeram as pazes e Kenny nunca mais apareceu na Garden Lodge, não depois de eu ter me mudado para lá. Quando o víamos nas boates gays, os dois não se falavam. Todas aquelas matérias sobre Kenny ter ficado ao lado do leito de morte de Freddie foram inventadas.

O músico ficou estupefato quando descobriu que a "exclusiva" bombástica tinha sido obra de Paul Prenter, o ex-empresário pessoal em quem ele confiava e que, supostamente, era um grande amigo. Prenter, que havia sido o braço direito do cantor durante todos aqueles anos, vendeu o que restava da dignidade e da privacidade do cliente por meras 32 mil libras.

— Freddie não suportou a traição — contou Jim. — Ele não conseguia acreditar que alguém que tinha sido tão íntimo dele pudesse ter feito uma maldade daquela. Foram dias a fio de notícias, que tiveram continuidade no *The Sun*, do mesmo grupo editorial do *News of the World*. Freddie e drogas, Freddie e homens. A situação só piorou. Ele ficou mais furioso a cada nova revelação e nunca mais falou com Prenter.

Prenter também levou um gelo de Elton John, John Reid e de outras pessoas do círculo de amizade, que se uniram para proteger o astro.

Por que ele fez isso?

Alguns observadores afirmam que Prenter ressentia a relação entre Freddie e Jim por acreditar que tivesse sido dispensado quando o astro arranjou um companheiro fixo. Ao perceber que sua influência sobre Freddie havia sido destruída, ele quis se vingar. Apesar de Prenter ter ligado para Freddie para tentar se explicar, o astro se recusou a atender os telefonemas.

— Paul tentou se justificar alegando que, depois de passar tanto tempo sendo perseguido e atormentado pela imprensa, acabou cedendo — contou Jim. — Ele tentou se explicar dizendo que havia declarado tudo aquilo sem querer. Alegou que tinham posto palavras na boca dele. Até parece. Só o Paul poderia saber algumas das coisas que foram publicadas.

"Freddie perdeu a capacidade de confiar nos outros, com exceção de um grupo seleto de pessoas lamentou Jim. "Depois do ocorrido, não fez novas amizades.

— Freddie acolheu o Paul quando a banda se livrou dele — contou Peter Freestone. — Mesmo sabendo que Paul se aproveitava dele, financeiramente e tal. Isso tornava tudo ainda mais difícil de engolir.

— Prenter sempre tirou proveito da capacidade que Fred tinha de perdoar — acrescentou Spike Edney. — As pessoas viviam perguntando: "Como é que ele consegue se safar dessa merda?" Mesmo assim, Fred manteve a amizade. Nunca vi ninguém ser tão sacaneado e explorado ao longo dos anos. Levando-se em conta a habilidade que ele tinha de julgar o caráter das pessoas, é impressionante a quantidade de sanguessugas que se deram bem. Fred nunca soube o que era ter privacidade. Gente como o Prenter não deixava.

Nos Estados Unidos, a falsificação de certidões de óbito tomava proporções alarmantes. Muitas figuras proeminentes que estavam por um fio graças a doenças relacionadas à Aids convenceram os médicos a registrarem informações falsas a fim de preservarem a imagem. Mesmo com Liberace, o rei do cabaré, agonizando, o porta-voz dele continuou insistindo que o astro estava "sofrendo as mazelas de uma dieta à base de melancia". O símbolo sexual Rock Hudson, o último galã de rosto quadrado e par romântico da aclamadíssima Doris Day, foi o primeiro grande astro do cinema a morrer de Aids de forma assumida, em 1985. Até então, 264 casos tinham sido registrados no Reino Unido. A doença foi considerada a maior ameaça à saúde da população britânica desde a Segunda Guerra Mundial. Houve a aprovação de novas leis, possibilitando que os magistrados ordenassem a internação de vítimas da Aids para impedi-las de continuar tendo relações sexuais sem proteção. Ataques a homossexuais passaram a ser frequentes e havia muita desinformação. O *Burke's Peerage* que, ironicamente, era a publicação em que Jeremy Norman, fundador do Embassy Club e do Heaven, havia trabalhado, fez uma declaração chocante: a fim de preservar a "pureza da raça humana", o guia não incluiria famílias que tivessem algum integrante soropositivo.

Freddie tinha bons motivos para se manter na sombra, principalmente porque seria uma vergonha ter que admitir para os pais que era gay. Não dava para imaginar a dor e o constrangimento que isso poderia lhes causar na comunidade parse. Além disso, no que se referia ao Queen e a Jim Beach, era preciso levar em conta o contrato de gravação. Como ainda deviam álbuns, a última coisa que eles queriam era cogitar a possibilidade de que Freddie pudesse morrer antes de cumprir as obrigações com a EMI.

No Natal de 1986, o Queen lançou o álbum *Live Magic*, uma coletânea de versões ao vivo de vários dos hits favoritos. A banda tirou o ano seguinte para descansar, avaliar a carreira e se dedicar a projetos solo.

Mesmo com todo o conflito interno, Freddie parecia em paz. Por fim, depois de tanto penar, ele havia alcançado o equilíbrio perfeito entre a vida e o trabalho. Sabia que estava só fazendo hora, mas resolveu vivê-las com estilo. Acordava tarde, convidava alguns amigos para tomar um brunch ou saía para comer pelo bairro, passava um bom tempo sentado batendo papo, descansava um pouco, oferecia um jantar em casa ou levava a comitiva a algum restaurante. Quando voltou a trabalhar, ficava no estúdio até de madrugada. Vez ou outra fazia o curto trajeto até os escritórios de produção do Queen na Pembridge Road, em Notting Hill, comparecia a algumas reuniões de negócios e passava na Christie's ou na Sotheby's para ver quais peças de antiquário e de arte oriental entrariam no catálogo de vendas. Estava "sempre ocupado, mas quase nunca com pressa. Era um estilo de vida agradável e festivo". Contudo, existia um prazo de validade que estava expirando.

CAPÍTULO VINTE E TRÊS

Barcelona

Com o álbum *Barcelona*, tive um pouco mais de liberdade e de espaço para, de fato, testar algumas das minhas ideias malucas. A Montserrat vivia me dizendo que tinha encontrado um novo sentido na vida e uma nova liberdade. Essas foram as palavras dela, e eu fiquei muito mexido com isso. Ela me disse ao telefone que adora a combinação das nossas vozes… e eu sorri do rabo ao cotovelo, meus queridos. Fiquei sentado, em casa, como se tivesse acabado de ver um passarinho verde, pensando: "Aah! Muita gente adoraria estar na minha pele agora."

FREDDIE MERCURY

Dizem que "Barcelona" é, em alguns aspectos, uma canção pop bem trivial, que é imitação de ópera. Não é mesmo. Em outras circunstâncias, com aquela melodia, poderia ter sido parte de uma grande ópera. Não teria sido ridicularizada.

Sir Tim Rice

Como o primeiro álbum solo não tinha conseguido emplacar, Freddie estava mais determinado do que nunca a provar do que era capaz.

Para a produção seguinte ele escolheu o Townhouse Studios da Goldhawk Road, na zona oeste de Londres, principalmente porque o acesso era fácil a partir da Garden Lodge. Um dos estúdios de gravação mais famosos do Reino Unido, o Townhouse, que já fechou as portas, foi construído por Richard Branson em 1978 e, mais tarde, passou a ser controlado pelo grupo EMI/Virgin. Frank Zappa, Bryan Ferry e Tina Turner, só para citar alguns nomes, suaram a camisa no local. O Estúdio Dois pode ser visto em *Corações de fogo,* o estranho longa-metragem estrelado por Bob Dylan. Nas mesmas instalações, Elton John gravou o tributo a Diana, a Princesa de Gales, na tarde do funeral dela, em 1997.

No Townhouse, Freddie fez uma experiência com o clássico "The Great Pretender", de Buck Ram. Lançada pelos Platters, os protegidos de Ram, a canção foi um tremendo sucesso em 1956, e, ao longo dos anos, foi gravada por Pat Boone, Roy Orbison, Sam Cooke, Dolly Parton e The Band. Além disso, deu origem ao nome do grupo The Pretenders, de Chrissie Hynde, e recebeu uma notória versão cover de autoria de Gene Pitney em 1969. Era visível que Freddie havia se baseado na versão de Pitney para fazer a dele, apesar de demos anteriores lembrarem mais a gravação dos Platters.

Freddie estava tão empolgado com o projeto que não via a hora de gravar o videoclipe. O extraordinário empreendimento de 100 mil libras foi filmado em três dias pela MGMM, com produção de Scott Millaney e direção de David Mallet. Freddie até raspou o bigode para fazer o videoclipe, a fim de assumir o visual alinhado que ele e Mallet tinham em mente.

Com uma viagem doce e sentimental pela história do Queen — o filme incorporou cenas icônicas de "Bohemian Rhapsody", "Crazy Little Thing Called Love", "It's a Hard Life" e "I Want to Break Free" —, o videoclipe se tornou um dos mais adorados de todos os tempos. Mesmo não tendo sido o último clipe do cantor, a produção foi amplamente considerada a "despedida de Freddie" depois que ele morreu. Ele voltou a se travestir ao lado de Roger Taylor e Peter Straker, que aparecem como "backing vocals". Contudo, Taylor e Straker são vistos, mas não ouvidos. Apesar de receberem o crédito pelo backing vocal do single, no videoclipe, eles só fingem. Freddie gravou todas as vozes para a faixa. Numa série de sequências, o astro exibiu os mesmos figurinos usados nas cenas originais, que estavam guardados com Diana Moseley. As roupas continuavam servindo perfeitamente. Um mês depois, houve o lançamento de um vídeo ainda mais escandaloso, que mostrou o *making of* de "The Great Pretender" em detalhes gráficos.

O single "The Great Pretender" foi lançado em fevereiro de 1987 e alcançou a quarta posição no Reino Unido. Desde então, figurou em inúmeras compilações. Ao lado de "Bohemian Rhapsody", a canção atualmente representa uma comprovação da alma atormentada do astro do rock, uma percepção rara do que se passava na cabeça de Freddie. Em sua última entrevista gravada, na primavera de 1987, o cantor admitiu que essa música, mais do que qualquer outra, era um resumo de sua carreira. O tema do palhaço choroso aparece mais uma vez — "*Just laughing and gay like a clown*" (Sorridente e alegre como um palhaço) — e os versos mais reveladores tocam o fundo do coração: "*Oh yes, I'm the Great Pretender/Pretending that I'm doing well/My need is such/I pretend too much/I'm lonely but no one can tell*".* Ele disse que a música refletia com perfeição a sensação de se apresentar para milhares de fãs ao mesmo tempo. Eu me pergunto se valeu a pena. Jamais saberemos. No entanto, podemos perceber, considerando o talento que Freddie tinha para compor, que a versão que fez de "The Great Pretender" é uma ironia trágica. A canção que, de acordo com o próprio astro, era a que melhor o descrevia, não foi composta por ele.

Durante a turnê "Magic", em agosto de 1986, Freddie deu uma entrevista no rádio e se deparou com a seguinte pergunta: "Quem tem a melhor voz do mundo?" Eis a resposta do cantor:

— Não digo isso só porque estou na Espanha, mas, que eu saiba, de todos os seres existentes, quem tem a melhor voz é Montserrat Caballé.

— Montserrat ficou sabendo da declaração deo Freddie — contou Peter Freestone. — Ela já tinha sido procurada por causa das Olimpíadas de 1992, uma vez que Barcelona é a cidade natal dela.

Ninguém se lembra de quem foi a ideia, mas o projeto de um hino olímpico cantado pela dupla Freddie e Montserrat começou a ganhar forma.

---

* Tradução livre: "Sim, sou o Grande Farsante/finjo que está tudo bem/minha vontade é tanta/finjo demais/estou só, mas ninguém consegue perceber." (*N. da T.*)

— Jim Beach teve algumas conversas com Carlos, irmão e empresário de Montserrat — declarou Peter. — Depois, o esquema foi apresentado a Freddie, que concordou na mesma hora, pois ele finalmente teria a oportunidade de trabalhar com ela. Ele ficou totalmente seduzido pela ideia de outra cobertura televisiva global, uma vez que já havia tomado gosto pela coisa no Live Aid. Eles marcaram uma reunião em Barcelona, em março de 1987. Montserrat enviou alguns vídeos dela a Freddie e, em troca, pediu a obra completa do Queen.

Freddie estava mais nervoso do que de costume quando voou para a Espanha com Peter, Jim Beach e o produtor Mike Moran, com quem o cantor fez amizade no musical *Time*, de Dave Clark. Quando chegaram ao hotel Ritz na terça-feira, ficaram esperando uma eternidade. "Montsy" tinha o hábito de se atrasar.

— Almoçamos numa sala de jantar reservada e com jardim. Havia um piano especialmente posicionado num canto — contou Peter. — Freddie levou uma fita simples que continha uma canção e algumas ideias, e eu tive que cuidar dela como se fosse a minha vida. Havia "Exercises in Free Love", uma música que viraria "Ensueño", e algumas ideias para outras faixas. Percebi que o Freddie e Montserrat se comportavam com um temor reverencial, mas estavam empolgadíssimos com a possibilidade de trabalharem juntos. Eles se deram bem e o almoço foi um tremendo sucesso.

Poucos dias depois, Montserrat foi a um compromisso na Royal Opera House, em Londres, e aproveitou para fazer sua primeira visita à casa de Freddie.

— Estrelas líricas adoram dormir cedo por causa da voz — disse David Wigg. — Mas, certa noite, Montserrat foi jantar na

Garden Lodge e ficou acordada com Freddie até as 5 horas da manhã. Ele e Mike assumiram o piano e ela praticamente só cantou músicas do Queen. Como ela sabia as letras? Nunca vou descobrir. De todos os astros do rock, Freddie era quem tinha a extensão vocal mais incrível, mas ele ficou impressionado com o que ela conseguia fazer. Montserrat e Freddie formavam um par perfeito.

— Mike Moran estava presente, e eles não demoraram a se posicionar ao piano — recorda Peter. — Foi uma noite inesquecível. Freddie e Montserrat estavam completamente à vontade um com o outro. Eles tomaram champanhe e ficaram cantando de bobeira, se é que esse termo se aplica a uma cantora lírica. O trabalho formal no estúdio não foi descontraído como a noite que os dois passaram na Garden Lodge.

No mês seguinte, o Queen foi premiado com outro Ivor Novello pela contribuição de destaque para a música britânica. Depois disso, Freddie se concentrou no que viria a ser seu último álbum solo. *Barcelona* foi produzido por David Richards, do Mountain Studios. Ele teve que cortar um dobrado: "La Stupenda" era muito requisitada por casas de ópera e de shows do mundo todo e já estava com a agenda lotada para cinco anos. Ela não tinha tempo para ficar de papo no estúdio, que era como Freddie gostava de trabalhar. O grosso da produção foi feito a longa distância durante os nove meses seguintes. Freddie enviava fitas de faixas quase concluídas contendo seus falsetes para que ela inserisse o soprano. Apesar de não ser a maneira ideal de se trabalhar, o resultado ficou surpreendente e foi uma das maiores realizações da vida do cantor.

Na época, a companheira de Tim Rice era Elaine Paige, estrela de *Evita*, *Cats* e *Chess*. Ela estava desenvolvendo um álbum de versões cover do Queen com a aprovação do vocalista. Freddie e

Tim se conheceram através de Elaine e se tornaram bons amigos. Tim colaborou com as letras de "The Golden Boy" e "The Fallen Priest" do álbum *Barcelona*. A primeira canção incluiu um coral gospel de celebridades, tais como Madeline Bell, do Blue Mink, Peter Straker (de novo) e a cantora profissional sul-africana Miriam Stockley. A segunda foi basicamente uma obra-prima de Moran, pois ele conduziu a orquestra, compôs os arranjos e tocou piano e teclado.

— Montserrat e Freddie cantaram essas duas canções em dueto — Tim me contou. — As duas eram interessantes. Nenhuma delas era estupenda, mas as melodias eram belas. Freddie era um homem muito culto e que tinha bom gosto e talento musical, além de ser obcecado por ópera. Foi a maior paixão dele nos últimos anos de vida. Quando íamos à casa do Freddie, ele exibia vídeos das divas e ficava empolgadíssimo com elas. Maria Callas, Montserrat Caballé, Joan Sutherland, todas cantando árias maravilhosas. De certa forma, ele me educou, pois eu não tinha muito conhecimento sobre ópera.

"Acho que era uma forma que Freddie tinha de expressar e curtir o amor que sentia pelas mulheres. Porque Freddie adorava as mulheres. Ele se deleitava com a feminilidade, a aparência, as roupas e até com o cheiro delas. Com as diferenças em relação aos homens. Era bem óbvio que ele amava Mary. Quando saíamos para jantar com Elaine, ele se divertia na companhia dela. Não existia a menor possibilidade de Freddie excluir as mulheres da vida dele, pois gostava da presença delas. Nunca fui a nenhuma das festas insanas que ele dava, mas participei de alguns jantares. Dos vinte ou trinta convidados, pelo menos metade eram sempre mulheres."

Quase no fim de maio, Freddie trocou a Garden Lodge por Ibiza, acompanhado de Jim, Peter, Joe e o motorista, Terry. Depois de ser oficialmente diagnosticado com Aids, ele estava desesperado para viajar. Segundo a orientação do médico, o Dr. Gordon Atkinson, agora era vital que uma maleta com os medicamentos para tratar a doença fizessem parte da bagagem.

Eles passaram as férias no Pike's, um charmoso casarão colonial de quinhentos anos que tinha sido convertido num belíssimo hotel. Lá, Freddie se sentiu em casa. Jogou um pouco de tênis, relaxou na piscina e, à noite, se aventurou em um ou outro bar ou boate gay.

— Ele desenvolveu uma ferida horrível na sola do pé direito — contou Jim. — Estava cada vez com mais dificuldade de andar e teve que suportar isso para o resto da vida.

Durante a viagem, Freddie foi levado ao famoso Ku Club, fora de San Antonio, onde tinha um compromisso com sua nova grande amiga. O festival Ibiza 92 comemorou os iminentes Jogos Olímpicos que seriam sediados na Espanha. O evento contou com a participação de Marillion, Duran Duran, Chris Rea e Spandau Ballet e foi encerrado com Freddie e Montserrat cantando "Barcelona". O champanhe correu solto no Ku Club, assim como na esticada no Pike's. Freddie festejou até de madrugada. Ele sabia que teria poucas manhãs pela frente.

Freddie passou o verão fazendo trabalhos na Garden Lodge, reformando as casas que havia comprado no Logan Mews, em Kensington, e projetando uma estufa. Segundo um comentário de Jim, parecia que ele queria deixar para trás o próprio pedacinho do Céu. Em setembro, acompanhado de Peter, Joe, Terry, Peter Straker e David Wigg, o astro retornou ao Pike's, em Ibiza, para comemorar o aniversário de 41 anos. Os outros integrantes do Queen já se encontravam na ilha, onde Roger possuía uma reservada casa de praia. A festa no Pike's era para ter sido uma comemoração em dose dupla dos aniversários do cantor e de John Reid, ex-empresário da banda. Mas Reid desistiu em cima da hora. Freddie, constrangido, teve que se virar com os preparativos, que incluíam fogos de artifício com o nome dos dois e um bolo inspirado em Gaudí também encomendado para a dupla. "Dane-se o Reid", foi o único comentário de Freddie. Um avião fretado transportando dúzias de amigos estava prestes a chegar, e ele não deixaria que a ausência de Reid estragasse a diversão.

Roger, que desenvolvia um álbum com a nova banda solo, The Cross, convidou Freddie para participar de uma faixa que seria gravada no estúdio Maison Rouge, em Londres. A canção, "Heaven for Everyone", acabou entrando para o álbum *Made in Heaven*, do Queen.

— É claro que a versão de Freddie é fantástica — disse Spike Edney, que também participou do projeto. — Mas ele não podia cantar no álbum solo de Roger Taylor por causa do próprio contrato de gravação solo. Sendo assim, Fred não poderia aparecer nos créditos. Consequentemente, no primeiro álbum da Cross, *Shove It*, ouvimos uma faixa chamada "Heaven for Everyone", e é a voz de Freddie... Mas quando a lançaram como single, tiveram que usar a versão do Roger!

O single "Barcelona" estreou na Espanha no dia 21 de setembro. Dez mil cópias foram vendidas em menos de três horas. Lançada no Reino Unido no mês seguinte, a canção, que foi a primeira parceria entre um superastro do rock e uma soprano lírica aclamada no mundo todo, impressionou os críticos e chegou à oitava posição. Mais tarde, a música figurou nas Olimpíadas de

1992, um ano após a morte de Freddie, e ficou em segundo lugar nas paradas britânica, holandesa e neozelandesa.

No Natal de 1987, a Garden Lodge ganhou novos moradores: um casal de gatinhos chamados Goliath e Delilah. Para a fêmea Delilah, que tinha uma bela pelagem malhada e que se transformou no gato preferido do cantor, Freddie compôs uma canção homônima. Em pouco tempo, ela passou a dormir no pé da cama. Quando a doença começou a se manifestar, os animais de estimação serviram de consolo para o astro, que os amava como se fossem filhos.

Ele agora só trabalhava quando se sentia forte o bastante. Em janeiro de 1988, o Queen se reuniu no estúdio Townhouse para dar início ao álbum seguinte: *The Miracle*. Todos já sabiam que Freddie estava muito mal. Os sinais eram óbvios. De início, a gravidade da doença foi discretamente ignorada, até que isso se tornou impossível. Um dia, Freddie se sentou com Brian, Roger e John e fez a revelação.

— Ele começou dizendo: "Vocês provavelmente já sabem qual é o meu problema, a minha doença" — recordou Brian. — E, àquela altura, nós meio que já sabíamos. Estava subentendido. Aí ele prosseguiu: "Bem, é isso. Não quero que faça a menor diferença... Não quero que os outros saibam, não quero falar a respeito, só quero tocar a minha vida e trabalhar até não ter mais forças." Acho que nenhum de nós vai se esquecer daquele dia. Simplesmente fomos embora e tentamos digerir aquilo em silêncio.

— Freddie sabia que o tempo dele era limitado e queria mesmo trabalhar e seguir em frente — declarou Roger. — Ele achava que era a melhor forma de manter o alto-astral, além de querer deixar o máximo possível para a posteridade. Nós, sem dúvida, concordamos e o apoiamos com todas as nossas forças… Mas *The Miracle* foi um álbum penoso de se fazer.

— Acho que o trabalho era a única coisa que o deixava feliz — Mary Austin declarou após a morte do astro. — Fazia com que ele se sentisse vivo por dentro… Em vez de tudo perder a graça e a vida virar um sofrimento... ele ainda tinha o que almejar. A vida não estava simplesmente levando Freddie para o túmulo.

— Freddie se sentia seguro com o grupo — acrescentou Brian. — Tudo continuava como sempre. É provável que todos nós tenhamos nos esforçado muito, mas tentamos agir com naturalidade. Parecia funcionar.

No dia 8 de outubro, Freddie chegou a Barcelona para o imenso festival ao ar livre La Nit, realizado na presença do rei Juan Carlos, da rainha Sofia e da princesa Cristina da Espanha. Durante o evento, a cidade recebeu a tocha olímpica de Seul. Freddie e Montserrat cantaram "Barcelona" com playback, acompanhados da orquestra e do coral da casa de ópera. Foi o clímax improvável de uma noite bizarra que havia incluído uma seleção eclética de artistas: José Carreras, o Spandau Ballet, Eddy Grant, Jerry Lee Lewis e Rudolf Nureyev.

Os integrantes passaram o resto de 1988 concentrados em projetos individuais. A banda se reuniu em janeiro de 1989 para concluir o álbum *The Miracle*. Depois de todas as altercações e desentendimentos que marcaram as sessões de estúdio sempre que alguém não conseguia impor as próprias vontades, finalmente o grupo conseguiu trabalhar em harmonia. O 32º single britânico, "I Want It All", foi lançado em maio, seguido do 16º álbum. Em uma semana, *The Miracle* recebeu um disco de platina. Freddie e Jim foram para The Cygnets, a bela casa à margem do lago que o cantor havia alugado em Montreux. A propriedade tinha esse nome porque dela era possível ver os cisnes, coisa que Freddie fazia assim que chegava. Ele rebatizou o lugar para Duck House (a casa dos patos). Roger arranjou um apelido ainda melhor: Palácio de Duckingham. Freddie passava horas caminhando ao redor do lago. O ar da montanha o revigorava. Ele se sentia mais em paz em Montreux do que em qualquer outro lugar. No Reino Unido, especulações sobre a saúde dele dominavam as manchetes. O grupo contra-atacou com o single "Scandal".

Eleita a "melhor banda da década" pelos leitores da revista *TV Times*, o Queen apareceu num especial de televisão, "Goodbye to the Eighties", para receber o prêmio das mãos de Cilla Black, a adorada cantora pop de Liverpool que virou personalidade da mídia, e do jovem coapresentador Jonathan Ross.

Ainda com uma criatividade incessante e mais ansioso para aumentar o legado, Freddie se concentrou na produção do videoclipe do próximo single do álbum, também chamado "The Miracle". A sugestão dele: usar crianças parecidas com os integrantes da banda. Os meninos que eles escolheram eram tão bons que o vídeo ficou encantador. Passado o réveillon de 1990, os músicos, com o coração apertado, se reuniram no Mountain Studios para começar a gravação de *Innuendo*. Para eles, o álbum provavelmente seria a despedida de Freddie. Não foi bem assim.

CAPÍTULO VINTE E QUATRO

A saideira

Enfrentei mudanças drásticas e tive problemas imensos, mas me diverti muito e não me arrependo de nada. Minha nossa, estou falando que nem a Edith Piaf!

FREDDIE MERCURY

Algumas pessoas deste ramo não nasceram para envelhecer. Freddie era uma delas. Nunca consegui imaginá-lo com 70 anos. Nem o Michael Jackson. De qualquer maneira, Freddie não teria gostado da forma como os álbuns são gravados atualmente. Ele aproveitou a vida ao máximo.

Morreu jovem, mas realizou uma infinidade de coisas. Mais do que a maioria conseguiria realizar em cinco vidas.

RICK WAKEMAN

Ano-novo, 1990. Enquanto o Queen se reuniu no Mountain Studios para começar a desenvolver o álbum *Innuendo*, Jim Beach deu início a árduas negociações com a Capitol para encerrar o contrato de gravação. A banda não sabia, mas um novo selo americano já estava a postos. O advogado especializado em direito do entretenimento que havia negociado a saída do Queen da gravadora Elektra agora era presidente da Hollywood Records, da Walt Disney, e se preparava para fechar um contrato com uma de suas bandas favoritas.

— Muitas pessoas consideraram a manobra burra, fadada ao fracasso — diz Peter Paterno. — Na verdade, assinar com o Queen foi muito melhor do que poderíamos imaginar.

"Apesar de todos os comentários negativos que circularam na época, não era um negócio arriscado. Recuperaríamos o investimento em oito anos. Se eu sabia que Freddie estava com Aids? Eu sabia que ele estava doente. Ele não revelava detalhes. Mas, sinceramente, eu tinha certeza de que não sairia perdendo. Se ele falecesse, a projeção era atingir o ponto de equilíbrio em três anos. Acontece que houve o lançamento do filme *Quanto mais idiota melhor*, com aquela cena absurdamente genial em que eles batem cabeça dentro do carro ao som de 'Bohemian Rhapsody'. Por causa disso, ficamos quites em três semanas.

"Até então, eles estavam esquecidos nos Estados Unidos, mas faziam um sucesso tremendo no resto do mundo. Achei o álbum *Magic* incrível, mas não causou o menor impacto no público americano. Mesmo assim, tive uma intuição. Mandei uma mensagem ao Jim Beach dizendo: 'Eu soube que o Queen está livre.' 'Além de a banda estar livre', foi a resposta, 'o catálogo inteiro está disponível.' Foi quando tudo começou."

A obra completa da longa carreira do Queen seria remasterizada digitalmente e relançada em CD. Essa mídia, de uma hora para outra, havia se tornado mais popular que o vinil. Paterno estava apostando muito alto, uma vez que nenhum álbum da banda figurava no Top 20 americano desde 1982.

Tudo corria bem com o presidente da Hollywood Records até que alguém contou a Michael Eisner, diretor-executivo da Disney, que Freddie estava morrendo de Aids.

— O Michael entrou em contato comigo e perguntou: "O que está acontecendo?"— recorda Paterno. — Ele ficou extremamente nervoso com a notícia. Pensou que estivessem passando a perna na gente, que o contrato faria a Disney virar motivo de chacota. Ele achava melhor inserirmos uma cláusula especificando o que aconteceria se Freddie morresse. Mas eu retruquei: "Se ele falecer, por mais mórbido que pareça, morte também vende discos. Ouvi algumas músicas do álbum novo e não estou preocupado."

"Era um acordo *muito* caro: 10 milhões de dólares. De início, o conselho da Disney rejeitou a minha proposta, e eu tive que defender meus argumentos. Consegui convencê-los, fechamos o contrato e esse foi um dos meus momentos mais brilhantes.

"Eu disse ao Jim Beach: 'Por 10 milhões de dólares posso ao menos conhecer o cara?' Voei de Los Angeles a Montreux para passar uma única tarde inesquecível ao lado de Freddie Mercury.

Ele foi agradável e simpático. Tocou uns trechos do álbum para mim no estúdio. Passeamos pela cidade e jantamos juntos. Foi uma experiência encantadora, mas dava para ver que ele estava encarando a mortalidade."

— De repente, o Queen voltou a ser um tremendo sucesso aqui! — exclama Paterno. — Minha intuição não falhou! A questão é que eles nunca haviam parado de fazer álbuns ótimos. Se tivessem começado a parecer decadentes e entediados, eu nem teria me dado ao trabalho. Mas a música da banda continuava sendo maravilhosa, e eu sempre acreditei que eles dariam a volta por cima nos Estados Unidos. Foi muito gratificante constatar que eu tinha razão, apesar de a morte do Freddie Mercury ter sido uma tragédia.

Depois de, finalmente, receber o concorrido prêmio da indústria fonográfica do Reino Unido pela contribuição de destaque para a música britânica, e ciente de que o tempo de Freddie estava se esgotando, o Queen antecipou para 1990 a comemoração do aniversário de 20 anos da banda. A festa para quatrocentos amigos foi realizada no Groucho Club, em Londres. O lugar foi escolhido por causa do nome, em homenagem aos álbuns do início da carreira que levam o mesmo título de filmes dos irmãos Marx. Liza Minnelli, George Michael, Patsy Kensit, Michael Winner e Rod Stewart compareceram ao evento. O bolo tinha o formato de um tabuleiro do jogo Banco Imobiliário, cujas casas continham os hits do Queen.

Enquanto editores sanguinários ficaram em polvorosa com as fotos tiradas de um cadavérico Freddie na entrada e na saída da festa, os demais integrantes da banda, os empresários, os relações-públicas, os amigos e a comitiva pessoal negaram os boatos de que o astro estivesse morrendo.

— Era o que Freddie queria — declarou Peter Freestone. — Nós, os mais chegados a ele, mentimos até para as nossas famílias. Fizemos isso pelo Freddie. Ele não queria alarde nem deixar os pais em choque. Além disso, considerava a doença um problema dele e de mais ninguém.

— A festa estava lotada, mas, curiosamente, poucas pessoas conversaram com a banda — recorda Phil Swern. — Parecia até que tinham medo de se aproximar deles. Eu estava perto do bar com Freddie, e batemos papo durante uns vinte minutos. Não pude acreditar que eu estivesse conversando com um ícone daqueles como se fôssemos velhos amigos. Ele estava muito pálido e quieto. De repente, percebi que eu estava trêmulo e nervoso. Por quê? Por causa da aura. Ele era daqueles que possuía uma. Quem mais? Frank Sinatra. Certa vez, fui convidado aos bastidores do Royal Albert Hall para conhecê-lo. Antes mesmo de pôr os olhos em Sinatra — e eu estava até de costas para a porta — senti quando ele entrou na sala. Parecia uma explosão nuclear. Pouquíssimas pessoas provocam isso. Não é o caso do Paul McCartney nem do Mick Jagger. Eles são acessíveis demais. Barbra Streisand, sim: ela é etérea, pertence a outro mundo. Nem mesmo os astros e estrelas do cinema têm essa capacidade. É uma energia que nos faz suar.

“Seja lá o que for, acredito que a pessoa nasça com isso. Não é algo que se perca. Não é algo que se desenvolva. Não é algo que se compre. É mágico. É inexplicável. Portanto, pobres mortais não conseguem ter um relacionamento bem-sucedido com pessoas assim. É principalmente por isso que a vida amorosa de gente com aura é um verdadeiro desastre. Elas são adoradas por milhões, mas não conseguem conquistar nem conservar o amor de uma pessoa só.”

— Eu e Freddie conversamos um pouco sobre a longa carreira do Queen — declarou Phil. — Até discutimos a estrutura das canções dele. Ele ficou bem animado quando começou a falar da música. Sem dúvida, era aquilo que o definia. Eu já havia composto algumas canções de sucesso. Considerando que os compositores são fascinados pela maneira como os colegas compõem, tive que perguntar o inevitável: de onde vinha a inspiração dele? "Os versos simplesmente surgem na minha cabeça", respondeu com um sorriso.

— Foi muito difícil conversar com ele —, acrescentou Phil "pois eu sabia que ele estava morrendo. Ainda não tinha sido anunciado, mas eu já sabia. O Jim Beach me contou. Lembro que pensei que as pessoas que têm aura são esmagadas por ela no final. Ficam sufocadas. É uma cruz enorme e, provavelmente, é o preço pago pela genialidade. Dentro dessa aura existe um ser humano como todos os outros.

"Muitos grandes talentos morrem jovens. Talvez porque, depois de atingirem o auge da criatividade, 'cometam suicídio', de certa forma. Porque não conseguem mais suportar a fama. Apesar de alguns darem cabo da vida de maneira direta, como foi o caso de Marilyn Monroe com a overdose, a maioria não faz isso, mas dá um jeito de sabotar a própria existência. O James Dean corria tanto com o carro esportivo que era inevitável que, em algum momento, tivesse um acidente fatal. O Elvis morreu com apenas 42 anos, mas estava destruído, não lhe restava mais nada, e ele sabia disso. Talvez Freddie quisesse se matar através do sexo excessivo, o que, na conjuntura em que nos encontrávamos, só poderia levar à Aids. É uma forma de se livrar da responsabilidade de uma vida que se tornou intensa demais."

Depois da última festa, a banda regressou ao Mountain Studios.

— *Innuendo* foi feito basicamente num período de sobrevida, pois Freddie não estava nada bem — Roger revelou após a morte do vocalista.

Durante o último ano, Freddie foi muito assediado pela imprensa e voltou a Montreux sempre que a saúde permitiu. Por fim, deixou que o lugar pacífico se tornasse um refúgio.

Por coincidência, Jerry Hibbert, um velho amigo dos tempos de faculdade, foi chamado para fazer a animação de um vídeo para divulgar *Innuendo*.

— Ouvi todos os boatos de que Freddie não estava bem e, é claro, fiquei muito preocupado. Então, durante a reunião, perguntei ao Jim Beach: "Vamos usar animação porque Freddie está doente e não pode aparecer no vídeo?" "Freddie *não* está doente", respondeu Jim. "De onde você tirou *isso*?"

O aniversário de 44 anos do astro foi, para os padrões dele, um jantar discreto para vinte convidados, realizado na Garden Lodge. Mary foi com Piers Cameron, o companheiro na época. Jim Beach levou a mulher, Claudia. Também compareceram Mike Moran com a esposa, Dave Clark, Barbara Valentin, Peter Straker, o Dr. Gordon Atkinson, médico de Freddie, além do pessoal que morava na casa. Foi a última comemoração formal de aniversário. Ele sabia disso, mas não se deixou abalar. Generoso até o fim, presenteou todos os convidados com "uma lembrancinha" da Tiffany e ficou encantado com o bolo magnífico que ganhou. Era uma réplica de um de seus monumentos preferidos: o Taj Mahal.

A faixa homônima de *Innuendo* foi lançada como single em janeiro de 1991. Foi a primeira canção da banda a liderar o ranking britânico em uma década. O álbum, que saiu em fevereiro, foi a

14ª gravação de estúdio da banda e a última lançada com Freddie ainda vivo. Alcançou a primeira posição no Reino Unido, na Suíça, na Itália, na Alemanha e nos Países Baixos, e foi o primeiro álbum do Queen, desde *The Works*, de 1984, a receber um disco de ouro nos Estados Unidos. No videoclipe do single "I'm Going Slightly Mad", Freddie, esquelético e supermaquiado, imita um Lord Byron ensandecido. "Headlong", o 39º single, chegou às prateleiras em maio. Numa correria incessante e contra todos os relógios, o Queen voltou ao Mountain Studios para dar início a *Made in Heaven*. O álbum só foi lançado quatro anos após a morte de Freddie. Mesmo perdendo as forças, o vocalista se dedicou mais do que nunca e, à base de vodca, encarou longas e árduas horas de trabalho no estúdio.

— Acho que, lá no fundo, ele acreditava que aconteceria um milagre — declarou Brian. — Acho que todos nós acreditávamos.

— Foram dias muito tristes, mas Freddie não ficou deprimido — contou Peter Freestone. — Ele havia aceitado o fato de que iria morrer. Estava resignado... De qualquer forma, dá para imaginar um Freddie Mercury *velho*?

Na Garden Lodge, Freddie teve uma vontade súbita de voltar a desenhar e a pintar. Ele mal havia pensado nesses dons desde que se formou no Ealing Art College.

— Jim comprou para ele uma caixa de aquarelas e alguns pincéis — recordou Peter Freestone. — Ele passou horas tentando fazer um retrato de Delilah, a gata preferida. Era difícil demais, mas conseguiu produzir algumas pinturas abstratas. A culpa foi do Matisse. Certo dia, estávamos folheando um catálogo de leilão e havia um quadro do pintor por 10 mil libras. "*Dez mil pratas?*", berrou Freddie. "*Eu* consigo fazer isso!"

"Depois de várias pinceladas, ele disse para mim e para Joe: 'Pronto, um para cada! Veremos quanto *esses aí* valem!' Imagino que, agora, valham aquela fortuna."

A vida passava mais rápido do que nunca. Em agosto, eles receberam a notícia de que Paul Prenter havia morrido de Aids. No mesmo mês, Freddie contou a verdade à irmã, Kashmira, e ao marido dela, Roger.

— Estávamos no quarto dele, tomando café, quando, de repente, ele disse: "Você precisa entender, minha querida Kash, que o meu caso é terminal" —, recordou Roger Cooke.

— "Eu vou morrer", ele disse. Vimos as marcas nos tornozelos e percebemos que ele estava doente. Depois disso, não tocamos mais no assunto.

— Continuamos a viver da maneira mais normal possível — contou Jim. — Estávamos na Suíça apenas três semanas antes de ele morrer. Era óbvio que não estava em plena forma, mas tinha saúde suficiente para viajar até lá. Ele estava num estúdio de gravação, meu Deus! Nunca conversamos sobre quanto tempo ele ainda viveria, mas acho que, em determinado momento, o doente terminal sabe muito bem quando vai morrer.

"Alguns de nós resolveram tirar uma folga na Duck House. Mary levou o bebê, Richard, e Terry foi com a família. Um belo dia tivemos que visitar um adorável chalé da década de 1950 que ficava à beira do lago e possuía um jardim e um ancoradouro próprio. Era lindo, mas não serviria para Freddie. Ele precisava mesmo era de um apartamento. Foi Jim Beach quem encontrou a cobertura num prédio chamado La Tourelle. Tinha três quartos — um para Freddie, um para Joe e o outro para mim —, uma sala de estar enorme, com janelas amplas, e uma varanda com vista para o lago."

Freddie estava louco para passar o Natal no novo apartamento de Montreux. Todos na Garden Lodge já sabiam que isso não aconteceria, mas alimentaram a farsa pensando no bem-estar dele.

— Talvez agora não faça muito sentido ter comprado uma cobertura em Montreux tão perto do fim — admite Peter Freestone. — Mas Freddie adorava montar casas. O apartamento em Montreux foi só mais uma distração. Ele tinha vários projetos para cada um dos quartos e comprou um monte de móveis na Sotheby's.

"Freddie sabia exatamente como queria deixar o apartamento e escolheu sozinho toda a decoração e a mobília", declarou Jim. "Eu e Joe pudemos definir o esquema de cores dos nossos próprios quartos: ele optou por verde-claro e eu, por azul-claro. Fiquei encarregado de criar minijardins para Freddie na varanda. Queria o máximo de plantas possível. Foi uma lástima ele não ter conseguido passar o último Natal lá, muito menos morar."

No aniversário de 45 anos de Freddie, Jim presenteou o parceiro pela última vez com um jogo de taças de champanhe de cristal irlandês para o apartamento de Montreux. Os dois sabiam que as taças jamais chegariam à cidade suíça.

— Foi o aniversário que ele passou mais quieto — recordou Jim. — Foi muito triste. Ele estava se dando conta de que tinha pouco tempo de vida, e é claro que não ficou feliz com isso. A essa altura já não tinha mais vontade de encarar as pessoas. Não queria que os outros vissem o estado em que se encontrava nem o quanto estava abatido. Não queria chatear ninguém e preferia que só se lembrassem do Freddie das antigas.

O último bolo de aniversário de Freddie, criado por Jane Asher a partir de fotografias tiradas por Jim e Joe Fanelli, foi uma réplica do adorado prédio de Montreux, o La Tourelle. O último aniversário também coincidiu com o lançamento do single "These Are the Days of Our Lives" nos Estados Unidos. O videoclipe exibe as últimas imagens inesquecíveis do vocalista. O mesmo single, acompanhado de "Bohemian Rhapsody", foi lançado no Reino Unido em dezembro, após a morte dele.

Freddie informou aos companheiros de casa que havia decidido parar de tomar a medicação.

— Ele cortou tudo, menos os analgésicos — lembra Peter. — Freddie nunca disse que estava com medo de morrer. De nada adiantava ficar assustado. Em momento algum deixou que a doença controlasse a vida dele. Ao menor sinal de que isso fosse acontecer, reassumia o comando.

Ele iria decidir a hora de morrer, explicou Peter. "Durante semanas, 24 horas por dia, a imprensa ficou acampada no portão. Ele virou prisioneiro dentro da própria casa. Não havia nada que pudesse ser feito, a não ser, talvez, o que ele fez: deixar para lá."

Ele não aguentava mais. Além da visão, Freddie estava perdendo a vontade de viver.

— Acho que, no fim, a única coisa que lamentou foi o fato de ainda haver muita música dentro dele — disse Peter.

"The Show Must Go On", o single corajoso e comovente do Queen, foi lançado em outubro acompanhado de "Keep Yourself Alive". A banda, os empresários, os relações-públicas e a comitiva, que haviam prometido guardar segredo, continuavam negando os boatos. Enquanto isso, a EMI introduzia um produto atrás do outro: *Greatest Hits II* e *Greatest Flix II*. Com a vida de Freddie por um fio, o grupo parecia mais prolífico do que nunca.

— Freddie não suportava a ideia de ver a família triste e de ter a casa cercada pela mídia se a doença viesse a público — declarou David Wigg.

Foi por isso que todas as pessoas próximas continuaram negando tudo. O show continuou.

Peter Freestone e Joe Fanelli ficaram de enfermeiros de Freddie nos últimos dias.

— Aprendi a fazer isso. Não tive escolha. Ninguém mais poderia ter assumido esse papel — Peter dá de ombros. — Freddie começou a excluir os outros. Simplesmente não queria ver determinadas pessoas. Como os pais, por exemplo. Eles o visitaram em casa nas últimas duas ou três semanas e pretendiam voltar no sábado antes de ele morrer. Mas ele disse: "Não, eu já os vi." Em parte, não queria que os pais o vissem no estado em que se encontrava. Preferia ser lembrado do jeito como era antes. Foi por isso que ele virou as costas para tantas pessoas durante o último ano. Às vezes, era por causa de alguma discussão boba e tal. Mas tanto ele quanto eu sabíamos o verdadeiro motivo.

"Alguns amigos muito íntimos foram essenciais para Freddie nos últimos dias: — Dave Clark, Elton e Tony King. Eu e Joe, que estávamos de enfermeiros, contamos com a ajuda do Westminster Hospital, onde Freddie havia se tratado. Eles enviaram um oncologista, que tentou amenizar o sarcoma de Kaposi, e um dermatologista.

"É impressionante a rapidez com que aprendemos coisas que nunca esperamos ter que fazer. Por exemplo, Freddie tinha um cateter intravenoso inserido no peito, através do qual conseguíamos dar os medicamentos. O bom é que, nas últimas semanas, sempre havia alguém com ele — Jim, Joe, eu mesmo —, até durante a noite. Freddie não ficou sozinho por um momento sequer."

Gordon Atkinson, médico e amigo de Freddie, fazia as visitas habituais ao longo da semana. Terry Giddings, o motorista, continuou indo todos os dias, apesar de o músico não sair para lugar algum.

— Mesmo grávida de sete meses, Mary ainda tentava ir à casa diariamente para fazer uma visita breve, a fim de prosseguir com o trabalho. Freddie havia determinado que deveríamos manter as funções de sempre.

Mais tarde, Peter escreveu que Bomi e Jer visitaram Freddie na semana em que ele morreu, acompanhados de Kash, Roger e dos dois filhos do casal. Todos tomaram chá juntos, no quarto do astro.

— Num esforço sobre-humano, ele conseguiu entretê-los durante duas ou três horas — declarou Peter no livro de memórias. — Freddie continuava protegendo-os, fazendo-os crer que não havia motivos para se preocuparem. Servimos o chá, que incluiu sanduíches feitos em casa e bolos de confeitaria. Nenhum de nós sabia que aquele seria o último momento em que veriam Freddie com vida.

Brian e Anita foram até lá, assim como Roger e a companheira, a modelo Debbie Leng. Nenhum dos casais sabia que Freddie estava tão perto da morte nem que era a última vez que o veriam.

— As duas visitas foram bem rápidas — contou Peter. — Sem que eles se dessem conta, Freddie estava se despedindo.

No dia 23 de novembro, durante uma longa reunião com Jim Beach, Freddie elaborou seu último pronunciamento, no qual admitiria para os fãs e para o mundo que tinha Aids. A declaração foi imediatamente publicada pela assessora Roxy Meade e causou um baque terrível nos amigos.

— Depois de todos os anos que passamos guardando esse segredo gigantesco — lamentou Peter —, a notícia seria transmitida mundo afora. Após conversarmos, aceitamos os motivos que o fizeram tomar tal atitude. O fato de Freddie admitir a doença ainda com vida poderia trazer muitos benefícios.

Vinte e quatro horas depois Peter Freestone telefonou para Jer e Bomi Bulsara para informar o que eles mais temiam ouvir. O filho amado, o *Great Pretender*, havia falecido.

CAPÍTULO VINTE E CINCO

A lenda

Passamos muitos anos deixando Freddie apresentável antes de sair de casa. A última coisa que eu poderia fazer por ele, em preparação para a partida final, era deixar tudo o mais perfeito possível.

PETER FREESTONE

Todas as gerações descobrem o Queen e, de alguma forma, tornam a banda relevante. Brian e Roger têm consciência do próprio legado e cuidam dele de maneira muito sabia. O Queen agora é uma empresa gigantesca. Está maior do que era na época de Freddie. Eles estão podres de ricos, e felizes com isso. Parabéns para eles. Muitas pessoas acham que eles se venderam, que comprometeram a arte. Mas por que deveriam se importar? Estão rolando em dinheiro. Como Roger Taylor diz: "Eles que se danem, se não entendem!"

RICHARD HUGHES, PRODUTOR,
TRANSPARENT TELEVISION

Os zoroastristas têm uma visão otimista da morte: não a consideram o fim, e sim o começo. A existência terrena é apenas um prelúdio da vida póstuma, em que muitas bênçãos estão à espera. Para os parses, o fogo, a terra e a água são sagrados, portanto, não são cremados, enterrados nem lançados ao mar.

Como o corpo é considerado oco, em vez de ser preservado, é submetido ao "enterro celestial" e depositado nas "torres do silêncio", localizadas fora da cidade. Lá, à mercê da natureza, o cadáver também pode ser consumido por aves de rapina. Nem mesmo para um superastro esse processo seria possível na Inglaterra.

— Ele teria que ser cremado e o mais rápido possível — confirmou Peter, que assinou a certidão de óbito de Freddie, declarando que a causa da morte tinha sido "broncopneumonia decorrente de Aids", como confirmada pelo Dr. Atkinson.

Freddie recebeu acompanhamento médico constante, então não foi necessário fazer autópsia para determinar a causa do óbito. Sendo assim, Peter Freestone organizou rapidamente o funeral sob a orientação dos pais do cantor.

— Eles precisavam ser consultados. Nós estávamos enterrando um superastro do rock, mas eles estavam enterrando um filho. Naturalmente, queriam que os procedimentos seguissem a tradição parse. Todos os pedidos deles foram levados em consideração.

— Freddie me disse que quando morresse queria ser sepultado imediatamente — disse Jim. — Ele desejava que tudo terminasse o mais rápido possível, com o mínimo de alarde. Se tivéssemos conseguido providenciar, ele preferiria ter sido cremado no mesmo dia. Acabar logo com isso para que todos pudessem voltar à normalidade... Freddie não queria que ninguém arrancasse os cabelos nem se revoltasse. Vida que segue. É para isso que ela serve.

Freddie foi cremado no West London Crematorium, em Kensal Green, às 10 horas, na quarta-feira, 27 de novembro.

— Foi tudo perfeito, do jeito que ele gostaria — sorri Peter. — Foram cinco carros fúnebres Daimler só para levar as flores. O Freddie estava num Rolls-Royce, seguido por quatro carros. O caixão simples, de carvalho claro e com uma única rosa vermelha em cima, foi carregado pelas alças ao som de "You've Got a Friend", cantada por Aretha Franklin. Nós todos acompanhamos. Havia umas 14 pessoas do lado dos "amigos" e outras trinta do lado da "família".

Elton John apareceu no Bentley verde. Brian foi com a namorada Anita Dobson — a atual esposa, depois de idas e vindas. Mary Austin, grávida do segundo filho, Jamie, chegou com Dave Clark. Jim Callaghan, o fiel segurança do Queen, permaneceu em silêncio na porta da capela, esperando para cumprimentar e acompanhar os pais de Freddie.

— Quando perdemos o caixão de vista, tocamos uma gravação de *"D'amor sull'ali rosee"*, de Verdi, uma ária de *Il Trovatore*, na voz, é claro, de Montserrat Caballé. Era a música preferida de Freddie. Ele costumava entrar no estúdio e colocá-la para tocar num volume tão alto que dava para ouvir os músicos virando as páginas das partituras e até arrastando as cadeiras. Foi comovente demais — disse Peter. — Eu estava muito triste. Precisava ficar sozinho. Minha mãe jaz no mesmo crematório. Lembro que corri até onde as cinzas dela estão sepultadas e pedi que ela cuidasse dele.

As flores em homenagem a Freddie cobriram mais de 1.000 m² do lado de fora do crematório. Dos pais, dálias e lírios brancos com a mensagem: "Ao nosso tão amado filho Freddie. Nós o amaremos para sempre, mamãe e papai." De David Bowie, rosas amarelas. De Elton John, um coração de botões de rosas com as palavras: "Obrigado por ser meu amigo. Sempre o amarei." A homenagem de Boy George dizia apenas: "Querido Freddie, amo você." A coroa de Mary Austin era de rosas amarelas e brancas, com os dizeres: "Para o meu mais querido, com todo o meu amor, da sua Old Faithful." A coroa do filho tinha a seguinte mensagem: "Para tio Freddie, com amor, do Ricky." Roger Taylor fez a despedida comovente: "Adeus, meu velho amigo. Paz, enfim!" Mais tarde, todas as flores foram doadas a hospitais de Londres.

De volta à Garden Lodge, e vendo que não estava em condições de lidar com o povo que se encontrava dentro da casa, Jim vagou sozinho pelo jardim.

— Eu tinha perdido meu pai anos antes — ele me contou. — Mas eu não estava na Irlanda quando isso aconteceu. Então, posso dizer que Freddie foi a pessoa mais próxima que vi morrer. Fiquei muito abalado.

Nas semanas seguintes, Jim se enfureceu com as declarações e atitudes alheias. A imprensa publicou que Dave Clark tinha dito que estava sozinho no quarto com Freddie quando o astro morreu.

— Ele não era o único presente no quarto — afirmou Jim. — Mas isso foi mencionado em todos os lugares.

O erro deve ter incomodado o sensível e atencioso Clark, pois, de aniversário, Jim recebeu um belo cartão dele.

— Dentro, ele escreveu: "Você estava lá." Não sei por que as pessoas afirmaram o contrário. Dave foi fantástico durante a doença de Freddie. Sempre visitava e ajudava. Sim, é verdade que ele passou horas a fio sentado ao lado da cama de Freddie para nos dar uma folga. Dave estava na casa na noite em que o Freddie morreu, mas não foi do jeito que ele falou.

"Percebi que Delilah, a gata favorita de Freddie, tinha passado o dia inteiro fora da cama dele, e achei estranho. Era onde ela dormia. Era praticamente onde vivia. Naquela noite, ficou ao pé da cama, no chão. Eu a peguei no colo. Dave estava segurando a mão de Freddie e, com ela, acariciou Delilah. Freddie pareceu grato quando Dave fez isso. Então ele manifestou vontade de ir ao banheiro. Corri escada abaixo para chamar Peter para me ajudar, pois Freddie havia molhado a cama e precisávamos trocar os lençóis. Por uma questão de dignidade, Dave saiu do quarto. Foi nessa hora que Freddie faleceu."

Jim nunca se recuperou totalmente da perda.

— Por vezes, quando estou perambulando no jardim, ainda vejo a expressão facial de Freddie quando morreu — ele me contou na Irlanda. — Conscientemente, consigo bloquear o que aconteceu, mas não controlo meu subconsciente. É impossível esquecer. Aprendi muito com ele. Acima de tudo, a pensar positivo. A postura de Freddie era sempre: "Mas você pode, não está vendo? Você consegue. Concentre-se e verá do que é capaz." Essa era uma das características mais adoráveis dele.

Jim morreu de câncer pulmonar em 2010, na Irlanda.

Em Munique, a pobre Barbara Valentin foi obrigada a enfrentar o luto sozinha. Ela já havia comprado o "traje preto" e tinha reservado, e pago, a passagem aérea. Barbara estava prestes a sair para o aeroporto quando recebeu uma ligação ordenando que mantivesse distância. Ela não revelou quem deu o telefonema e Peter Freestone me disse que não se lembrava. O mais provável é que tenha sido alguém da equipe de Jim Beach. Naquele dia, o papel de "viúva" cabia a Mary Austin, e Barbara não seria bem-vinda.

— Nem pude comparecer ao sepultamento — choramingou. — Depois de tudo que passamos juntos. Foi uma dor terrível. Ainda não superei. O amor que vivi com Freddie foi algo que nunca experimentei nem antes, nem depois. Não que eu tenha procurado. Uma vez já bastou. Ele foi o grande amor da minha vida. Continua sendo. Vinte mulheres teriam que viver 100 anos para desfrutar do que desfrutei. É melhor parar na hora certa. Acho que foi isso que ele fez também.

Pelo menos, Freddie fez o que sempre disse que um astro deveria fazer:

— Ele saiu de cena enquanto estava por cima. Costumava me dizer que não se deve cair do topo, pois não voltamos a ser tão bons quanto éramos. Por causa da fama, ele se tornou a pessoa mais solitária do mundo. Para compensar, passou a levar uma vida cada vez mais insana, até que ela assumiu o controle.

"Freddie estava se supercompensando porque se sentia só, então fazia tudo ao extremo. O preço pago foi o mais terrível de todos. Eu sei que ele não pretendia que tivesse sido assim, mas fez o que quis. Desejava ser imortal, e foi o que virou."

Barbara morreu de derrame em 2002, em Munique.

A Garden Lodge nunca mais "voltou ao normal". Enquanto Mary se preparava para se mudar, deu a impressão de que esperava que os outros saíssem da casa. Jim achou que poderia ficar o quanto quisesse. Contudo, foi convidado a se retirar imediatamente.

— Eu e Joe também — recordou Peter Freestone com pesar. — Nós não tínhamos para onde ir e precisávamos de um tempo para nos organizar. Não teríamos demorado para nos mudar... Com certeza, o comportamento de Mary foi inexplicável.

— Como nós três poderíamos ser tratados daquela maneira, depois de tudo que enfrentamos com Freddie? — declarou Jim. — Não fazia sentido. Saí da casa sem nada, sem nem levar sequer os meus pertences.

Devido à batalha jurídica e financeira que se instaurou, os companheiros que cuidaram de Freddie ficaram de mãos atadas. Além disso, Barbara Valentin quase perdeu o apartamento. Com a ajuda dos amigos da Garden Lodge, ela conseguiu reverter a situação. O testamento de Freddie levantou inúmeras questões, e algumas até hoje não foram resolvidas.

Mais tarde, Jim Hutton explicou que foi a raiva, não o dinheiro, que o motivou a escrever as memórias. Ele queria que o mundo soubesse a verdade e não viu outra solução.

— Acho que Jim Beach ficou irritado porque o meu livro destruiu "o mito do Freddie" — concluiu Jim. — O livro simplesmente o devolveu à condição original de humano. Contou a verdade. O Beach queria que os fãs acreditassem que a doce Mary Austin tinha sido o amor da vida de Freddie e que tudo foi um grande conto romântico e trágico. Imagino que, para os fãs, não faça a menor diferença se Freddie era ou não era gay. Também acredito que eles prefiram saber a verdade, seja ela boa ou ruim.

Peter Freestone sustentou a mesma opinião. Freddie teria ficado horrorizado ao ver pessoas que ele amava se desentendendo após a morte dele.

— Os envolvidos têm que conviver com a própria culpa. Certa vez, a Mary disse que Jim (Hutton) tinha "uma imaginação muito fértil". Eu o conhecia havia muito tempo, e ele nunca deixou de ser totalmente sincero. Tanto a consciência dele como a minha sempre estiveram limpas.

Em relação às cinzas: foram espalhadas no "lago dos cisnes" de Freddie, em Montreux? Estão preservadas numa urna no console da lareira da casa dos pais? Foram devolvidas a uma praia de Zanzibar para serem oferecidas ao mar? Estão bem guardadas com tia Sheroo, na Índia? Foram enterradas debaixo de uma cerejeira no terreno da Garden Lodge, como afirmou Jim Hutton? Será que podem estar escondidas dentro de um túmulo anônimo, no cemitério civil e militar de Brookwood, em Surrey, que tem um espaço destinado aos parses? É o que defende Gita Choksi, amiga de Freddie da época em que estudaram na St Peter's, em Panchgani. Na primeira vez em que visitou o túmulo do pai, no mesmo cemitério, Gita deparou com um zelador da propriedade e os dois começaram a conversar.

— As cinzas do cantor Freddie Mercury estão enterradas ali — o funcionário contou a ela.

— Fiquei em choque e emocionada — disse Gita. — É óbvio que o zelador não tinha como saber da minha relação com Freddie. Também não havia nenhum motivo aparente para mentir. Fazia anos que eu não via o meu velho amigo de escola, e lá estava ele: as cinzas enterradas a poucos metros das cinzas do meu pai. Tenho absoluta certeza de que é verdade. Não acho que o zelador teria me dito uma coisa dessas se fosse mentira, considerando que sou parse como Freddie. Esse foi o acontecimento mais extraordinário da minha vida, mas sou grata por isso.

Será que o homem não estava equivocado? É possível. O mais bizarro é que, quando eu mesma visitei a seção parse do cemitério de Brookwood, um zelador me disse a mesma coisa. Me ocorreu que isso pudesse ser uma trama inventada para despistar os fãs. É claro que não...

Apesar de não se surpreender ao ouvir a história de Gita, Peter Freestone não pôde confirmá-la.

— Eu simplesmente não sei. Desconfio de que as cinzas dele tenham sido divididas. Talvez os pais tenham ficado com uma parte e Mary com outra... Mas quem pode afirmar? Só eles sabem ao certo.

"Bohemian Rhapsody" foi relançada como single de Natal em 1991, pouco depois da morte de Freddie. Chegou rapidamente à primeira posição, arrecadando mais de 1 milhão de libras para o Terrence Higgins Trust, fundo dedicado à prevenção da Aids. A marca registrada do Queen também foi relançada nos Estados Unidos, e os lucros distribuídos entre organizações americanas de combate à Aids através da Magic Johnson Foundation.

Em 20 de abril de 1992, a banda estava preparada para dar a Freddie uma despedida no estilo rock 'n' roll com um show que, posteriormente, foi eleito o melhor evento de rock ao vivo da década de 1990. Brian, que dizia "ter perdido um irmão" com a morte do vocalista, ressaltou que Freddie Mercury Tribute Concert, realizado no estádio de Wembley na segunda-feira após o domingo de Páscoa, "não era do Queen". Contudo, a maioria dos convidados tocou músicas da banda. No dia do anúncio do evento, 72 mil ingressos foram vendidos em duas horas, apesar de as atrações ainda não estarem definidas. O show foi transmitido via rádio e televisão para 76 países, além de ser filmado para um documentário de David Mallet.

O show deslumbrante teve início com imagens de Freddie fazendo escalas vocais. Annie Lennox e David Bowie cantaram "Under Pressure" e Roger Daltrey, "I Want It All". A banda Extreme apresentou "Hammer to Fall", George Michael e Lisa Stansfield fizeram um dueto em "These Are the Days of Our Lives" e Elton John encarou "Bohemian Rhapsody" com Axl Rose. Seal escolheu "Who Wants to Live Forever". Mick Ronson e Ian Hunter, do Mott the Hoople, fugiram ao formato básico e ofereceram uma comovente homenagem com "All the Young Dudes", de Bowie. Robert Plant fez o mesmo com "Thank You", do Led Zeppelin, apesar de também ter cantado "Innuendo" e "Crazy Little Thing Called Love". Mas quem, de fato, dominou o palco foi Liza Minnelli, com sua interpretação magnífica de "We Are the Champions".

Ainda assim, onde estavam Dave Clark, Peter Straker, Tony Hadley e Elaine Paige? Aretha Franklin, Prince e Michael Jackson? Muitos de nós se surpreenderam com a ausência inexplicável de cantores que foram muito importantes para Freddie. Além disso, o lado "metaleiro" do espetáculo talvez não estivesse muito de acordo com as preferências do astro. A música do Guns N' Roses, do Metallica e do Def Leppard condiziam bem mais com o gosto de Brian e Roger. Alguns alegaram que muitos dos artistas participantes foram escolhidos porque o som dos mesmos tinha sido influenciado pelo Queen. Outros concordam com a teoria de que o tributo, na verdade, foi uma forma de Brian, Roger e John darem novamente as boas-vindas ao amado vocalista, pois, no coração deles, Freddie continuava pertencendo ao Queen. Com isso, o evento também serviu de retrospectiva das origens, dos valores e dos ideais da banda.

Tim Rice diz que Elaine Paige ficou magoada por Liza Minnelli ter sido convidada para cantar no tributo no lugar dela. Muitos também estranharam a ausência dos artistas gays assumidos: Boy George, Holly Johnson, Jimmy Somerville e Leee John. Eles poderiam ter participado para celebrar esse aspecto do estilo de vida de Freddie. Porém, se Pavarotti, Carreras e Domingo tivessem cantado as árias clássicas que o astro adorava, seria um contraste absurdo, em termos de voz e de aparência, com os músicos que se apresentaram. Quanto a Montserrat Caballé, ela mesma explicou que estava com a agenda tomada por causa da Expo de Sevilha, com shows ao vivo marcados para todas as noites da semana inaugural, que coincidiu com a data do tributo. Ela manifestou o desejo de participar da homenagem a Freddie via satélite, mas, durante o evento, não foi possível estabelecer tal contato com Londres porque o show estava sendo transmitido ao vivo para o mundo todo. Nem mesmo a dama Elizabeth Taylor, a lenda de Hollywood que era ativista na luta contra a Aids, conseguiu compensar, com o discurso pungente, a ausência de La Stupenda.

George Michael, que roubou a cena com "Somebody to Love", repetindo o triunfo da banda no Live Aid sete anos antes, revelou que foi "a realização de uma fantasia de infância".

— Quando penso em Freddie, penso em tudo que ele me deu em termos profissionais — declarou George. — Cantar aquelas canções, principalmente "Somebody to Love", foi uma emoção indescritível. É provável que tenha sido o melhor momento da minha carreira.

— O desempenho de George Michael no tributo foi *incrível* — Peter Paterno elogiou com entusiasmo. — Me ocorreu, e garanto que muitas pessoas pensaram o mesmo, que eles deveriam cogitá-lo para ficar no lugar de Freddie. Mas acho que, no fim das contas, ele era insubstituível.

Spike Edney, que assumiu os teclados ao lado de Mike Moran, lamentou os acontecimentos pós-tributo. Muitos críticos esculacharam os músicos convidados por não terem alcançado o nível de Freddie. Quem se decepcionou não lembrou, ou não compreendeu, que pouquíssimos artistas na história do rock foram abençoados com a fantástica extensão vocal do cantor.

— Talvez não seja justo dizer que nenhum daqueles grandes artistas tenha conseguido cantar as músicas tão bem quanto Freddie — conclui Spike. — Mas sei que muitos se sentiram na sombra dele. É claro que Freddie teria adorado. Teria achado graça do sofrimento deles. Além de apreciar a proposta do evento [fazer um belo tributo], teria se divertido com a agonia que todos sofreram por não conseguirem cantar no mesmo tom que ele!"

Spike relata que o clima da festa pós-show, realizada na boate Brown's, resumiu a experiência:

— No andar de cima, vi o Roger recostado na parede, olhando para o nada. Aí avistei o Brian a alguns metros de distância, na mesma posição. Me aproximei. "Como estão se sentindo?", perguntei. "Estou anestesiado", um deles respondeu. Ninguém conseguia se lembrar de nada. Não dava para absorver aquilo tudo. Quando terminou, a sensação foi: "Deus, o que fizemos no último mês? E o que faremos agora?"

A arrecadação de recursos estava a pleno vapor. O Mercury Phoenix Trust, fundado em 1992 para gerir as receitas do tributo e de outras fontes, adotou como símbolo a fênix do brasão do Queen, que Freddie havia desenhado bem no início da carreira da banda. Até hoje, o fundo arrecada verbas para campanhas anti-Aids no mundo todo.

George Michael, Lisa Stansfield e o Queen doaram os royalties do miniálbum *Five Live* ao Mercury Phoenix Trust. Em abril de 2002, o fundo recebeu contribuições ainda maiores com o lançamento do tributo em DVD, em comemoração ao décimo aniversário da organização beneficente. A obra estreou na primeira posição da parada de sucessos britânica. Vinte anos depois, o fundo continua recebendo recursos.

Não há dúvida de que Jim, o namorado desolado, tenha embarcado na seletiva biografia de 1994 com o intuito de fazer uma homenagem carinhosa ao querido parceiro. A ideia foi ofuscada pelo coautor, que explorou aspectos mais sensacionalistas do relacionamento, além de detalhes íntimos dos últimos dias de Freddie.

Em decorrência disso, Jim foi excluído do convívio do Queen. Essa reação, que o deixou surpreso e confuso, teve um motivo óbvio: os integrantes da banda, os empresários, a família e os amigos de Freddie também estavam de luto. Para eles, foi insuportável ver os detalhes da morte dele ali, explícitos, ao alcance de qualquer um.

Durante o tempo que passei com Jim no pitoresco County Carlow, no Sudeste da Irlanda, onde morou até os últimos dias na casa confortável construída com as 500 mil libras da herança deixada por Freddie, tive certeza de que o amor que ele dizia sentir pelo cantor era genuíno. Ele era um homem simpático e honesto que estava satisfeito com o que tinha. Jim me contou que seria eternamente grato por ter desfrutado do estilo de vida dos superastros através de Freddie. No jardim, me mostrou com orgulho as rosas Blue Moon, de coloração lilás, que o companheiro adorava.

Dado que Jim era de origem católica e que a mãe ainda estava viva quando o livro foi publicado, ele deve ter precisado de uma coragem imensa para escrevê-lo.

— Conversei com a minha família — declarou. — De certa forma, pedi a permissão deles. Eu nem precisava ter me preocupado. Eles apenas disseram que estavam do meu lado e pronto.

Jim sabia que Freddie havia enfrentado um dilema ainda maior por causa da religião da família dele.

— Só que Freddie não seguia o zoroastrismo — afirmou, e Peter Freestone confirmou essa informação. — Como os pais de Freddie o cremaram de acordo com a fé, se supôs que ele fosse praticante — acrescentou Jim. — Mas, durante todos os anos que passei com ele, nunca o vi venerar nenhum deus. Não conheço nada da religião da família. Nunca conversamos sobre isso. Mas me lembro de estar deitado ao lado dele na cama, à noite, e de ouvi-lo rezar. Em qual língua? Inglês. Para quem? Não sei. Às vezes, eu perguntava com quem ele estava falando, mas Freddie apenas dava de ombros e sussurrava: "Estou fazendo as minhas preces."

Os escritórios da Queen Productions na Pembridge Road fecharam após a morte de Freddie. O mesmo aconteceu com o Mountain Studios, quando David Richards desmontou as instalações de produção e se mudou para os Alpes, acima de Montreux. Só restaram o portão repleto de pichações e os fantasmas do estúdio. Contudo, se enganaram todos aqueles que pensaram que a história do Queen teria um fim sombrio com a partida do vocalista.

Made in Heaven, o 15º álbum de estúdio do Queen, estreou na primeira posição em 1995, quatro anos após a morte de Freddie. Com vendas estimadas em 20 milhões de cópias no mundo todo, é uma compilação imaculada, feita com zelo e dedicação. O disco, que transborda vitalidade e mortalidade, também é um réquiem e uma vitrine para a diva que existia no astro. Para mim, o destaque é a faixa "Mother Love". Na música composta por Brian, a voz marcante de Freddie nos faz viajar pelo túnel do tempo numa explosão de incandescência ao vivo, com um riff que ecoa de "It's a Kind of Magic" e um trecho de "Goin' Back", de Gerry Goffin/ Carole King, cantada por Freddie e lançada sob o pseudônimo Larry Lurex no início da carreira da banda, na era Trident: "*I think I'm going back/to the things I learnt so well/in my youth...*" O choro de um bebê dá uma conclusão fantasmagórica à canção e, sem dúvida, simboliza a morte com o renascimento do cantor.

Outra faixa favorita do álbum é "A Winter's Tale", a canção de despedida de Freddie. Ele compôs a letra e a melodia no apartamento de Montreux, com vista para o lago adorado. A letra descreve o que o cantor via da janela e celebra a paz e a satisfação que, no fim da vida, ele encontrou nesse recanto. O título, sendo ou não uma homenagem ao romance *Conto de inverno* (*The Winter's Tale*), de William Shakespeare, talvez revele mais sobre as inspirações iniciais de Freddie. Um dos protagonistas da peça do dramaturgo inglês é Polixenes, o rei da Boêmia, reino distante que corresponde vagamente à atual República Tcheca. Sendo assim, pode ter originado "Bohemian Rhapsody". Se, como supõem muitos especialistas em Shakespeare, essa peça for uma alegoria do falecimento de Ana Bolena, então a personagem Perdita é pautada na filha de Ana com o rei Henrique VIII, que se tornaria Elizabeth I, a *rainha* da Inglaterra... Será que a canção de despedida de Freddie faz referência ao maior hit do Queen? Não é impossível.

Existem vários monumentos em homenagem ao vocalista, inclusive a estátua assinada por Irena Sedlecka, localizada nas margens do lago Genebra, em Montreux. O véu da obra de arte foi removido por Montserrat Caballé em 25 de novembro de 1996, em comemoração ao quinto aniversário de morte.

O prefeito da cidade abriu a cerimônia na presença dos pais de Freddie, da irmã Kashmira, de Claude Nobs, fundador do festival de jazz de Montreux, e de Brian e Roger. A estátua continua sendo uma das atrações turísticas mais visitadas da Suíça. Também se tornou o ponto de convergência da romaria anual de fãs do Queen, que visitam o lugar no aniversário do ídolo, em setembro.

— O momento em que removeram o véu da estátua foi um dos mais difíceis para mim — Brian contou à revista *Q* em 2011. — É óbvio que se trata de uma homenagem linda, e a cerimônia foi muito emocionante, mas, de repente, fui tomado pela raiva. Pensei: "Isso foi tudo que restou do meu amigo e todo mundo está achando normal e fabuloso, mas, na verdade, é péssimo ver um pedaço de bronze retratando o meu amigo, sendo que ele não está mais aqui."

No especial Ballet for Life, *"Le Presbytère n'a rien perdu de son charme ni le jardin de son éclat"* (O presbitério não perdeu o charme, assim como o jardim não perdeu o viço) foi coreografado cinco anos após a morte de Freddie por Maurice Béjart, do Béjart Ballet Lausanne, para celebrar a vida de Mercury e de Jorge Donn, primeiro-bailarino da companhia de balé. Com um repertório de canções do Queen e de composições de Mozart, a obra emocionante começa com "It's a Beautiful Day", a primeira faixa de *Made in Heaven*, e termina com "The Show Must Go On", que encerra *Innuendo*, o último álbum lançado pelo grupo enquanto Freddie era vivo. O espetáculo estreou no Théâtre National de Chaillot, em Paris, em janeiro de 1997, diante de Madame Chirac (esposa do presidente da França na época) e com a participação de Elton John, Brian, Roger e John Deacon. Foi a última apresentação ao vivo do baixista ao lado dos companheiros de banda.

John mergulhou numa depressão profunda após a morte de Freddie. Quando tinha apenas 11 anos, o músico perdeu o pai, e o falecimento do vocalista fez aflorar sentimentos que não tinham sido bem trabalhados. Em determinado momento, o baixista passou a frequentar uma casa de lapdancing e se envolveu com uma dançarina de 25 anos, que ganhou um apartamento, um carro e presentes luxuosos. Com o fim do relacionamento que tinha tudo para dar errado, era compreensível que John estivesse a fim de se aposentar para ficar com a esposa e a família. Ele deixou oficialmente a banda em 1997.

— Ele agora está muito recluso — comentou Brian. — Se comunica por e-mail quando se trata de algum assunto profissional, mas é só isso.

Brian e Roger não estavam nem um pouco dispostos a desistir. O projeto de que precisavam surgiria na hora certa.

Em junho de 2002, Brian tocou "God Save the Queen" no terraço da residência real em Londres (segundo ele, em memória de Jimi Hendrix) para abrir o Party at the Palace, um show em comemoração ao Jubileu de Ouro de Sua Majestade a rainha Elizabeth II. Em 2004, ele se apresentou pela primeira vez com Paul Rodgers, ex-vocalista do Free e do Bad Company, no evento Fender Strat Pack. Empolgado com a química óbvia que existia entre eles, o guitarrista convenceu Paul a tocar com o Queen durante a cerimônia de inclusão do grupo no Hall da Fama da música britânica. Brian, Roger e Paul anunciaram uma turnê mundial como Q + PR em 2005, deixando claro que Paul não estava substituindo Freddie e que o projeto era a variação de um tema. No mesmo ano, eles tocaram na África do Sul, num show da 46664, campanha de conscientização sobre a Aids lançada por Nelson Mandela. O grupo passou o resto de 2005 em turnê, com Spike Edney contente por reassumir o teclado.

O Q + PR fez uma série de 23 shows na América do Norte. Dois anos depois, eles tocaram no Hyde Park na comemoração do aniversário de 90 anos de Nelson Mandela, encerrando de forma sublime o conturbado episódio da África do Sul. O grupo, então, mergulhou de cabeça numa turnê por toda a Europa. A parceria está suspensa no momento, mas tanto o Queen quanto Paul Rodgers afirmam que os planos continuam em aberto. Enquanto isso, eles permanecem dedicados a projetos solo, com destaque para Brian que, em 2011, se uniu a Kerry Ellis, estrela do West End e da Broadway, no espetáculo *Anthems*, uma combinação de musical e rock. O evento teve os ingressos esgotados.

No aniversário de 18 anos da morte de Freddie, em 24 de novembro de 2009, cerca de 2 mil fãs de todas as partes do mundo se reuniram no centro de Feltham para ver Brian e Jer inaugurarem uma placa de granito de estilo hollywoodiano dedicada à memória do astro. Foi o primeiro monumento britânico feito em homenagem ao vocalista do Queen — sem contar a estátua que fica na fachada do teatro Dominion, na Tottenham Court Road, onde o musical *We Will Rock You* está em cartaz.

— Feltham foi o primeiro lar dele na Inglaterra quando chegamos de Zanzibar, e foi onde ele começou a explorar o futuro musical — declarou a mãe, Jer Bulsara, de 87 anos.

— Freddie, corremos atrás do seu sonho, do nosso sonho, e amamos você, hoje e sempre — disse Brian. — Estamos muito felizes em lhe prestar esta homenagem.

Stormtroopers in Stilettos — o título foi retirado da faixa "She Makes Me", do terceiro álbum do Queen, *Sheer Heart Attack*, de 1974 — é uma nostálgica mostra internacional do início da carreira da banda. A inauguração marcou o aniversário de 40 anos do Queen em 2011: um ano de comemorações, em que o grupo também assinou um novo contrato de gravação com a Island Records, através da Universal.

No final de 2010, a GK Films anunciou o projeto de uma superprodução de Hollywood baseada na vida de Freddie Mercury. O filme de Graham King será coproduzido pela TriBeca Films, de Robert de Niro, e pela Queen Films. O escolhido para interpretar o papel de Freddie foi Sacha Baron Cohen, o astro de *Borat* e *Bruno*. O roteiro está a cargo de Peter Morgan, autor de várias obras aclamadas, como *A rainha, Frost/Nixon* e *O último rei da Escócia*.

— Freddie Mercury foi um artista inspirador — comentou King. — Com Sacha como protagonista, o roteiro de Peter e o apoio do Queen, temos a combinação perfeita para contar a verdadeira história por trás do sucesso da banda.

O roteiro de Morgan remonta ao início da década de 1980, quando o Queen havia se queimado nos Estados Unidos e estava em declínio. Com os anos de glória aparentemente no fim, os integrantes se lançaram à carreira solo. Até que Geldof anuncia o Live Aid, a banda incorpora a ideia e chega ao estádio de Wembley para surpreender o mundo. Mais uma vez cientes da força do grupo, eles fazem planos e embarcam numa gigantesca turnê mundial para marcar o retorno do Queen. Os quatro músicos estão cheios de expectativas, mas Freddie sucumbe à Aids e o sonho vai por água abaixo... O lançamento do filme estava previsto para o terceiro trimestre de 2012, a tempo da comemoração do aniversário de 21 anos de morte, mas só começará a ser rodado em 2013.

Desde que o vocalista faleceu, a reputação e a influência global do Queen aumentaram rapidamente, em grande parte graças ao sucesso estrondoso do musical *We Will Rock You*. A trama se passa num universo paralelo e futurista em que o rock foi proibido e os boêmios, um grupo de rebeldes que adoram música, estão à espera de um herói. O roteiro, escrito pelo comediante Ben Elton, tem como trilha sonora clássicos do Queen. Desde a estreia, em 2002, no teatro Dominion, na Tottenham Court Road, em Londres, o "musical jukebox" mantém a casa lotada e não mostra sinais de que irá perder o ritmo. A peça, que já teve 27 versões internacionais, recebeu o prêmio Olivier Audience Award da Radio 2 da BBC em março de 2011 e, em 2013, após uma longa espera, ganhará uma adaptação para o cinema.

We Will Rock You pode não agradar a todos os gostos. Na verdade, alguns até acusam Brian e Roger de terem se vendido. Quem se importa? Não é o Queen. Basta olhar para a popularidade contínua do espetáculo. Como diz Roger: "Eles que se danem, se não entendem."

Segundo Paul Gambaccini:

— *We Will Rock You* tem um papel fundamental, pois leva a fantástica música do Queen a milhões de jovens que não são do tempo em que Freddie era vivo e a banda original ainda fazia turnês.

O que Freddie sentiria se visse que o Queen está ainda mais famoso do que quando ele era vivo?

— Ele acharia o máximo — insiste Paul Gambaccini. — *Simplesmente acharia o máximo*. Ele é mais conhecido que a Liza Minnelli. Como isso o deixaria feliz! Ele amava as divas. Ele as adorava. Liza, Montserrat: ele venerava essas mulheres. Ficaria encantado com o fato de a imagem dele ser tão estimada. Por causa disso, recebo solicitações no Facebook de rapazes europeus que sabem que eu conhecia o Freddie. Peter Freestone é idolatrado por esse grupo. É uma profissão. Eles se fantasiam, fazem tributos, trabalhos e o Freddie-for-a-Day (fãs do mundo todo se vestem como o ídolo no dia do aniversário dele a fim de arrecadar dinheiro para o Mercury Phoenix Trust). É fascinante. Nenhum desses jovens era nascido ou tinha idade suficiente para saber quem era o Freddie quando ele estava na ativa. Eles reagem ao Freddie Mercury historicamente preservado, não a um homem que, de fato, conheceram.

Os sobreviventes levam vidas que jamais serão consideradas normais. John Deacon agora é um sossegado chefe de família. Os anos de loucura do Queen ficaram entulhados na última prateleira da mente perturbada do baixista. Brian, que foi condecorado com o título de comandante da Ordem do Império Britânico pelos serviços prestados à indústria musical, dedica-se à segunda mulher, Anita, aos três filhos adultos, à astronomia e à preservação das raposas. Roger, após se separar de Debbie, se casou com a jovem Sarina, que namorou durante seis anos. Até a última contagem, o baterista tinha cinco filhos. A música continua sendo prioridade para Roger e Brian.

Por incrível que pareça, o Queen superou os Beatles, liderando oficialmente o ranking britânico de álbuns. Em 2006, *Greatest Hits* bateu o recorde geral de vendas de álbuns no Reino Unido, ultrapassando 5.407.587 cópias. *Greatest Hits II* ficou em sétimo lugar, com mais de 3.631.321 exemplares vendidos. No total, a banda lançou 18 álbuns, 18 singles e dez DVDs que conquistaram a primeira posição das paradas de sucessos do mundo todo. Com isso, o Queen está entre os artistas de rock que mais vendem no planeta. Estima-se que a venda total de álbuns supere 300 milhões de cópias, sendo 32,5 milhões só nos Estados Unidos. O Queen também é a única banda em que todos os integrantes compuseram mais de um single a figurar nas paradas. "We Will Rock You" foi adotada como hino do time de beisebol New York Yankees e do clube de futebol Manchester United. "We Are the Champions" continua sendo a canção mais tocada do Queen, entoada por fãs de esporte em todos os cantos. O próprio Freddie descreveu a música da seguinte maneira: "É a canção mais egocêntrica e arrogante que já compus."

— De certa forma, ainda sinto a presença deo Freddie, pois a música dele continua aqui — diz Kashmira. — Além de meu irmão, ele era um superastro. Simplificando, eu nunca soube o que é ter um irmão normal. Isso porque o meu irmão era extraordinário.

— Freddie era o meu melhor amigo — Roger Taylor me contou numa declaração sincera. — Nunca superei a morte dele. Nenhum de nós superou. Acho que pensávamos que fôssemos aceitar rapidamente, mas subestimamos o impacto que a morte dele causou em nossas vidas. Tocar no assunto ainda dói. É impossível contemplar o presente e o futuro sem Freddie. Lido com isso dia após dia.

Roger sente saudade do Freddie que existia por trás do superastro: um homem extremamente humano, que se deixou levar por uma fantasia. Por um lado, desagradou a alguns, mas, por outro, encantou milhões. Assumiu as rédeas. Não pediu desculpas, mas não esperou compaixão. Se, por vezes, se sentiu acuado por causa das contradições que o definiam, a música estava ali para libertá-lo.

Para o palhaço choroso que riu por último... e para Brian e Roger, que seguem em frente e cultivam a memória dele. Alguém pode recriminá-los por manterem a chama acesa? Eu não posso.

Agradecimentos

MEU RECONHECIMENTO E CARINHO:

A Hannah Black, minha editora maravilhosa, pela determinação e pela orientação.

A Camilla Dowse, Kate Miles, Alice Howe, Kerry Hood, Bea Long, Jason Bartholomew e todos os demais da Hodder & Stoughton que trabalharam com tanta dedicação à causa. Foi um prazer contar com o entusiasmo e a "superdisposição" da equipe.

A Ivan Mulcahy, meu fantástico agente, pelo incentivo constante, a amizade e o apoio. Também a Laetitia Rutherford, Stephanie Cohen e Jonathan Conway, da Mulcahy Conway Associates. É um privilégio conhecer pessoas tão positivas e ainda trabalhar com as mesmas.

A Freddie Mercury, Brian May, Roger Taylor e John Deacon, pela música que empolga meus filhos com a mesma intensidade que sempre me empolgou.

Aos vários amigos, colegas e parceiros generosos, além das pessoas que foram essenciais na vida de Freddie Mercury e que abriram o coração e a memória ou ajudaram na realização deste livro de alguma forma. Espero que a maioria tenha sido lembrada aqui:

Tim Rice, Steve Harley, Phil Swern, Andy Hill, Jim Diamond, Steve Levine, Mick Rock, Dan Arthure, Jonathan Morrish, Leee John, Frank Allen, David Wigg, Clare Bramley, Francis Rossi, Dave Hogan, Nigel Angel, Bob Lefsetz, Peter Paterno, James Saez, Eddie Delena, Reinhold Mack, Rick Wakeman, Ben Wakeman, John Waite, Elton John, Jamesie, Kim Wilde, Nick Boyles, Chris Hewlett, Henry Semmence, Alan Edwards, James Nisbet, Scott Millaney, Simon Napier-Bell, Richard Hughes, Robert Lee, Gray Jolliffe, David Hamilton, David "Kid" Jensen, Paul Gambaccini, Spike Edney, David Stark, John Fleming, Jeff Griffin, James Khalaf, Nick Fitzherbert, Paula Fitzherbert, Louis Souyave, Tony Hadley, Carolyn Cowan, Bernard Doherty, Tony Bramwell, Harvey Goldsmith, Pete Smith, Peter Freestone, Mike Read, Michael Appleton, Bob Geldof, Fiz Shapur, Andrew MacGillivray, Lindsay Martins, Jude Martins, Alicia Martins, Daniel Martins, Jeremy Norman, David Thorpe, Rolf Harris, Denis O'Regan, Peter Hillmore, Edmund Preston, David Quantick, Phil Symes, Jerry Hibbert, Chris Poole, Shernaz Screwaller, Michael Anastasios, Dominic Denny, Jim Jenkins, Gerd Kochlin, Nick Elgar, Stuart White, David Syner, Toby Rose, Sandy Evans, Bonzo Fernandez, Perviz Darunkhanawala, Diana Darunkhanawala, Nancy Galloway, Nasser K. Awadh, professor Abdul Sheriff, Hamari Omar, Kevin Patience, Sheroo Khory, Morris W. Innis, Cyrus Ghandy, Janet Smith, Gita Choksi, sr. e sra. Davis, Marcela Delorenzi, Hollow Skai, Tomas Petterson, Paul Davies, Saskia Campbell, Annabel Lord, Frank Warren, Laura Morris, John McFaul, Stephen Kahn, Mike Stone, Michael Charidemou, Anthony Lee, Linda Plant, Rita Rowe, Robert Kirby, Chris Griffin,

Wendy Reid, Phil Mackney, Jessica Mackney, Rachel Tarnoy, Dominic Collier, Alison Miller, Claire Weeks, Lia Policane, Sharron Nasir, Pauline Thomson, Julie Ives-Routleff, Karen French, Bill e Rachel Leigh, Maureen e Ghee Ong, Jan Moore e Jane Stone.

Professor Edward G. Hughes MD MB ChB, Universidade McMaster, Hamilton, Ontário.

Dr. Cosmo Hallström MD FRCP FRCPsych MB ChB DPM, Londres.

Bernie Katz, June Cluskey, Kent Olesen, Matthew Hobbs, Vincent McGrath e amigos, do Groucho Club.

Bob, Jim, Nick e Dave, do Right Turn Left RIP.

Kelvin Mackenzie, Rod Gilchrist, Lynda Lee-Potter, Nigel Dempster, Bob Hill, Nick Gordon, John Koski, John Chenery, Herbert Kretzmer, Jack Tinker, Baz Bambigoye, Sean Usher, Pat Hill, Anne Barraclough, Steve Absolom, Geoff Sutton, Roger Tavener, Richard Young, Alan Davidson, Alan Grisbrook, Dave Benett, Geoff Baker, Annette Witheridge, Gill Pringle, Rick Sky, Martin Dunn, Nick Ferrari, David Wigg, John Blake, Piers Morgan, Hugh Whittow, Adam Helliker, Martin Townsend, Lisa Clark, Rachel Jane, Stephen Rigley, Clair Woodward, Amy Packer: os anos na Fleet Street.

Meus agradecimentos especiais a Dave Hogan e David Stark.

Sou eternamente grata a Roger Tavener por suas anotações e recordações da noite que passamos com Freddie Mercury em Montreux, em 1986.

Agradeço a Jim Beach, Phil Symes, à mãe de Freddie, Jer Bulsara, e à irmã, Kashmira Cooke.

Christopher Millard e Elizabeth Bell, da Royal Opera House

Imperial College, Londres

Ealing Art College, Londres
Universidade de Westminster, Londres
Trident Studios, Londres
De Lane Lea Studios, Londres
I Like Music, Londres
Associated Newspapers, Londres
News International, Londres
Trinity Mirror PLC, Londres
British Library Newspapers, Colindale, Londres
The Groucho Club, Londres
Soho House, High Road House & Shoreditch House, Londres
Babington House, Somerset
Museus de Zanzibar, Zanzibar
Universidade de Dar-es-Salaam, Tanzânia
St Peter's School, Panchgani, Índia
Norbert Muller & Montreux Music, Suíça www.montreuxmusic.com
Billboard EUA www.billboard.com
Record Plant Studios, Los Angeles
Hollywood Records/Walt Disney Company, Los Angeles
Soho House, West Hollywood
New York Daily News
Soho House New York

Mercury Phoenix Trust
www.mercuryphoenixtrust.com

46664 – Campanha de Nelson Mandela para conscientização sobre HIV/Aids
www.46664.com

Child Hope
www.childhope.org.uk

National Aids Trust, Reino Unido
www.nat.org.uk

Bone Cancer Research Trust
www.bcrt.org.uk

Site oficial do Queen
www.queenonline.com

Site oficial de Freddie Mercury
www.loveroflifesingerofsongs.com

Freddie For a Day Global Charity Network
www.freddiefordaday.com

Site oficial do The Who
www.thewho.com

www.lesleyannjones.com
email: laj@lesleyannjones.com

IN MEMORIAM

Rose Allocca, Poly Styrene, Peter Batt, Gerry Sanderson, John Entwistle, Roger Scott, Kenny Everett, Ginny Comely, Barbara

Valentin, Pat Stead, Giles Gordon, Tony Brainsby, Tommy Vance, Jim Hutton, Liam McCoy, John Sutton, Lester Middlehurst e Sir Henry Cooper.

Se houver alguma omissão, não foi intencional. Sou sinceramente grata a todos os envolvidos pela ajuda inestimável. Nenhuma das pessoas acima citadas é responsável pelas opiniões da autora expressadas neste livro.

Créditos das fotografias

Coleção da autora: 1 (superior esq. e centro esq.), 1 (inferior)/cortesia de Gita Choksi, 8 (inferior), 10 (inferior esq.), 16 (centro), 17, 18 (superior), 19 (superior esq. e dir.), 21 (inferior), 23, 24, 27, 28, 29, 30, 31, 32. Cortesia da Sra. Jer Bulsara e do Mercury Phoenix Trust: 1 (centro dir.). © Corbis: 14 (centro e inferior), 15 (superior)/fotografias de Denis O'Regan. © Getty Images: 2 (superior)/fotografia de Mark & Colleen Haylard, 2 (inferior)/fotografia de Michael Putland, 4 (superior e centro), 9 (inferior), 12 (superior)/fotografia de Denis O'Regan, 12 (centro)/fotografia de Phil Dent, 16 (inferior), 20 (superior esq. e centro)/fotografias de Dave Hogan, 26 (superior)/fotografia de Fabrice Coffrini, 26 (inferior)/fotografia de KMazur. © Gray Jolliffe: 10 (centro dir.). © Mick Rock: 5, 6, 7 e 8 (superior e centro). © Denis O'Regan: 15 (inferior), 16 (superior). © Photoshot: 10 (inferior dir.). © Press Association Images: 11 (centro) e 20 (inferior)/fotografias de Paul Smith, 25 (superior)/fotografia de Edward Hirst. © Rex Features: 3 (inferior)/fotografia de Andre Csillag, 3 (superior)/fotografia de Ian Dickson, 4 (inferior), 9 (centro), 12 (inferior), 13 (superior esq. e dir.), 14 (superior), 18 (inferior esq. e dir.), 21 (superior), 22, 25 (inferior)/fotografias de Richard Young, 9 (superior)/fotografia de David Thorpe, 10 (superior esq.)/fotografia de Mark Mawson, 25 (centro)/fotografia de Nils Jorgensen. © The Picture Library Ltd: 11 (inferior), 13 (inferior), 15 (centro), 19 (inferior)/fotografias de Alan Davidson.

Fizemos o possível para entrar em contato com os proprietários dos direitos autorais do material reproduzido neste livro. Contudo, se houver erros ou omissões, a Hodder & Stoughton inserirá de bom grado os créditos adequados nas impressões subsequentes desta publicação.

Cronologia

5 de setembro de 1946 — Farrokh Bulsara nasce em Zanzibar.

1951 — Farrokh é matriculado na Escola Missionária de Zanzibar.

1955–1963 — Farrokh vira aluno interno da St Peter's School, em Panchgani, na Índia. Muda de nome para Freddie. Lança a primeira banda: os Hectics.

1963 — Freddie retorna a Zanzibar e conclui os estudos na St Joseph's Convent School.

1964 — Revolução em Zanzibar, janeiro. Freddie foge com a família para o Reino Unido.

1964–1966 — Freddie faz um curso avançado de artes na Isleworth Polytechnic School.

1966 — Freddie entra para o Ealing College of Art e começa o curso de design gráfico e ilustração. Ele sai de casa e conhece Tim Staffell, que toca numa banda com Brian May.

1969 — Freddie se forma no Ealing College of Art e recebe um diploma. Monta uma tenda no Kensington Market com Roger Taylor. Conhece as bandas Smile e Ibex. Lança a segunda banda: Wreckage. Conhece Mary Austin.

Abril de 1970 — Brian May, Roger Taylor e Freddie formam o Queen. Freddie muda o sobrenome para Mercury.

1970 — Morre Jimi Hendrix, ídolo roqueiro de Freddie, em 18 de setembro.

1971 — O baixista John Deacon entra para o Queen em fevereiro.

1972 — O Queen assina um contrato com o Trident Studios.

1973 — Assinatura do contrato de gravação com a EMI. O single de estreia do grupo, "Keep Yourself Alive", assim como o primeiro álbum, *Queen,* são lançados em julho. O Queen faz uma turnê pelo Reino Unido como banda de abertura do Mott the Hoople. Surge o primeiro fã-clube oficial do grupo.

1974 — Lançamento do single "Seven Seas of Rhye" e do álbum *Queen II* em março. A banda embarca na primeira turnê oficial no Reino Unido. Em abril, o Queen abre para o Mott the Hoople em shows nos Estados Unidos. Lançamento do single "Killer Queen" e do álbum *Sheer Heart Attack* em outubro e novembro, respectivamente. Tanto o single quanto o álbum estreiam no Top 10 americano.

1975 — Primeira turnê oficial do Queen nos Estados Unidos. Primeira turnê no Japão. Freddie recebe o prêmio Ivor Novello pela composição de "Killer Queen". A banda encerra o contrato com o Trident. John Reid, empresário de Elton John, assume o Queen. Lançamento do single "Bohemian Rhapsody" em 31 de outubro. O álbum *A Night At the Opera* é lançado em novembro. Com "Bohemian Rhapsody", a banda lidera pela primeira vez a parada de sucessos britânica, em novembro, e Freddie ganha outro Ivor Novello.

1976 — A segunda turnê americana. Em fevereiro, os quatro álbuns do Queen figuram no Top 20 britânico. A banda faz turnê no Japão e na Austrália. O Queen oferece um enorme show gratuito no Hyde Park, em Londres, em 18 de setembro. Lançamento do álbum *A Day at the Races*, em dezembro.

1977 — Turnê mundial. Lançamento do single "We Are the Champions", em outubro. "Bohemian Rhapsody" recebe o prêmio Britannia. Lançamento do álbum *News of the World*. O advogado Jim Beach negocia o término do contrato entre o Queen e John Reid. Beach assume o controle dos assuntos jurídicos da banda. O Queen cria uma equipe de empresários pessoais, incluindo Paul Prenter.

1978 — Turnê pela Europa. A banda comemora o lançamento do álbum *Jazz*, em outubro, com uma festa de Halloween escandalosa em Nova Orleans.

1979 — O Queen começa a gravar no Musicland Studios, em Munique. O álbum *Live Killers* é lançado em junho. Freddie se apresenta num espetáculo beneficente com o Royal Ballet no London Coliseum. Ele conhece Peter Freestone, o futuro assistente pessoal.

1980 — "Crazy Little Thing Called Love" alcança a primeira posição em inúmeros países, inclusive nos Estados Unidos, o que é um feito inédito. Freddie compra a Garden Lodge, a suntuosa mansão de Londres. O Queen embarca numa turnê épica em solo americano. O álbum *The Game*, lançado em junho, é o primeiro a liderar o ranking dos Estados Unidos. O single "Another One Bites the Dust" alcança a primeira posição nos Estados Unidos e em vários países. Duas indicações ao Grammy. O Queen entra para o *Guinness: o livro dos recordes*. Lançamento do álbum *Flash Gordon*.

1981 — Turnê pela América do Sul. Freddie comemora o aniversário com uma festa de cinco dias em Nova York. O álbum *Greatest Hits* é lançado em novembro.

1982 — O Queen assina um novo contrato com a EMI para a gravação de mais seis álbuns. *Hot Space* é lançado em maio. O single "Under Pressure", com David Bowie, alcança a primeira posição. Turnê americana. A banda recebe as chaves da cidade de Boston em 23 de julho.

1983 — Freddie conhece Winnie Kirchberger e Barbara Valentin em Munique e Jim Hutton em Londres. Ele começa a elaborar o primeiro álbum solo em Munique.

1984 — O álbum *The Works* é lançado em fevereiro no Reino Unido e nos Estados Unidos. Em junho, o Queen recebe um prêmio pela contribuição de destaque para a música britânica no Brit Awards. Spike Edney ingressa na banda para tocar teclado nas turnês. Por causa da polêmica apresentação no Sun City, na África do Sul, o grupo entra para a lista negra da Musicians' Union.

1985 — Em janeiro, o Queen é a atração principal do Rock in Rio, no Brasil. A partir de abril, a banda faz turnê pela Nova Zelândia, Austrália e Japão. Em julho, eles roubam a cena no Live Aid, no estádio de Wembley. Freddie deixa Munique para sempre e volta a Londres.

1986 — "Magic": a turnê de "despedida" do Queen pela Europa. O álbum *A Kind of Magic*, trilha sonora do filme *Highlander*, é lançado em junho. Freddie para de fazer turnê e se estabelece na Garden Lodge, em Londres, acompanhado de Jim Hutton, Peter Freestone e Joe Fanelli.

1987 — Freddie lança uma versão cover de "The Great Pretender" em fevereiro. Em março, se encontra com Montserrat Caballé em Barcelona para discutir uma possível parceria. O ex-empresário pessoal, Paul Prenter, trai Freddie na imprensa. Em outubro o astro se apresenta no festival La Nit, em Barcelona, na presença do rei e da rainha da Espanha. O álbum com La Stupenda, *Barcelona*, é lançado em outubro.

1989 — Lançamento do álbum *The Miracle* em maio. O Queen é eleito a melhor banda da década de 1980.

1990 — O Queen recebe o prêmio da indústria fonográfica do Reino Unido pela contribuição de destaque para a música britânica.

1991 — "Innuendo" é o primeiro single da banda a alcançar a primeira posição em dez anos. Lançamento do álbum *Innuendo* em fevereiro. O grupo começa a gravar o último álbum, *Made In Heaven*, lançado em 1995.

24 de novembro de 1991 — Freddie Mercury morre. "Bohemian Rhapsody" é relançada como single de Natal e arrecada mais de 1 milhão de libras para o Terrence Higgins Trust, fundo beneficente dedicado à prevenção da Aids. A canção também foi relançada nos Estados Unidos e os lucros distribuídos entre organizações americanas de combate à Aids através da Magic Johnson Foundation.

1992 — Freddie Mercury Tribute Concert, estádio de Wembley, segunda-feira após o domingo de Páscoa. Criação do Mercury Phoenix Trust, fundo beneficente de combate à Aids.

1994 — Jim Hutton publica um livro de memórias sobre a vida com Freddie.

1995 — O álbum *Made in Heaven* estreia na primeira posição, quatro anos após a morte de Freddie.

1996 — Inauguração em Montreux de uma estátua de Freddie feita por Irena Sedlecka para marcar o quinto ano de morte.

1997 — *Le Presbytère: Ballet for Life*, em homenagem a Freddie, estreia em Paris em janeiro, com música ao vivo tocada pelos integrantes remanescentes do Queen. O baixista John Deacon deixa a banda.

2002 — Brian toca "God Save the Queen" no terraço do Palácio de Buckingham para o Jubileu de Ouro da rainha Elizabeth II. O musical do Queen, *We Will Rock You*, estreia em Londres no teatro Dominion e é exibido em 27 países.

2004 — Brian toca no evento Fender Strat Pack, onde se reencontra com Paul Rodgers, o ex-vocalista do Free e do Bad Company.

2005 — Brian, Roger e Paul Rodgers anunciam uma turnê mundial como Q + PR. A banda também se apresenta na África do Sul num evento da campanha de conscientização sobre a Aids lançada por Nelson Mandela. Brian recebe o título de comandante da Ordem do Império Britânico pelos serviços prestados à indústria musical.

2006 — O Q + PR faz 23 apresentações na América do Norte. O álbum *Greatest Hits* bate o recorde geral de vendas no Reino Unido, ultrapassando o *Sgt Pepper's Lonely Hearts Club Band*, dos Beatles. A venda total de álbuns está estimada em 300 milhões de exemplares no mundo todo.

2008 — O Q + PR se apresenta no Hyde Park para o aniversário de 90 anos de Nelson Mandela.

2009 — A mãe de Freddie inaugura uma placa em homenagem a ele em Feltham, a primeira cidade inglesa em que o astro morou. Dois mil fãs participaram da cerimônia.

2011 — O Queen comemora 40 anos. A mostra internacional *Stormtroopers in Stilettos* é inaugurada em Londres. A banda assina um novo contrato de gravação com a Island através da Universal. Os primeiros cinco álbuns de estúdio do Queen, remasterizados e expandidos, são relançados em março. Em junho é a vez dos cinco álbuns seguintes. Os últimos cinco dos 15 álbuns de estúdio são relançados em 5 de setembro, quando Freddie completaria 65 anos. Um longa-metragem de Hollywood, estrelando Sacha Baron Cohen, está previsto para ser rodado em 2013.

Discografia

Em 2011, como parte das comemorações do aniversário de 40 anos, o Queen relançou os 15 álbuns de estúdio em versões remasterizadas, expandidas e com embalagens novas. Acesse: www.queenonline.com

ÁLBUNS DO QUEEN

As datas entre parênteses são dos lançamentos nos Estados Unidos:

Queen — 13 de julho de 1973 (4 de setembro de 1973)

Queen II — 8 de março de 1974 (9 de abril de 1974)

Sheer Heart Attack — 8 de novembro de 1974 (12 de novembro de 1974)

A Night At The Opera — 21 de novembro de 1975 (2 de dezembro de 1975)

A Day At The Races — 10 de dezembro de 1976 (18 de dezembro de 1976)

News Of The World — 28 de outubro de 1977 (1° de novembro de 1977)

Jazz — 10 de novembro de 1978 (14 de novembro de 1978)

Live Killers — 22 de junho de 1979 (26 de junho de 1979)

The Game — 30 de junho de 1980 (30 de junho de 1980)

Flash Gordon — 8 de dezembro de 1980 (27 de janeiro de 1981)

Greatest Hits — 2 de novembro de 1981 (3 de novembro de 1981)

Hot Space — 21 de maio de 1982 (25 de maio de 1982)

The Works — 27 de fevereiro de 1984 (28 de fevereiro de 1984)

The Complete Works — 2 de dezembro de 1985: edição limitada, caixa contendo todos os álbuns lançados pelo Queen até a data, com exceção de *Greatest Hits*, além de incluir *Complete Vision*, um disco especial com singles lados-B que não estavam disponíveis na época (não houve lançamento simultâneo nos EUA)

A Kind of Magic — 2 de junho de 1986 (3 de junho de 1986)

Live Magic — 1° de dezembro de 1986 (não houve lançamento nos EUA)

The Miracle — 22 de maio de 1989 (6 de junho de 1989)

Queen At The Beeb — 4 de dezembro de 1989: relançado em maio de 1997 como álbum duplo, remasterizado, incluindo todas as canções que a banda gravou para a BBC (não houve lançamento simultâneo nos EUA)

Innuendo — 4 de fevereiro de 1991 (5 de fevereiro de 1991)

Greatest Hits II — 28 de outubro de 1991 (não houve lançamento nos EUA)

Classic Queen — 3 de março de 1992 (somente nos EUA)

Live At Wembley '86 — 26 de maio de 1992 (2 de junho de 1992)

Box Of Tricks — 26 de maio de 1992 (não foi lançado nos EUA na época). Inclui a *12" Collection*

Greatest Hits — (contém faixas diferentes, 15 de setembro de 1992: somente nos EUA)

Made In Heaven — 6 de novembro de 1995 (7 de novembro de 1995)

RECOMENDADOS:

The Platinum Collection:
Greatest Hits I, II & III — Novembro de 2000
Absolute Greatest — Novembro de 2009
Deep Cuts, Volume I (73-76) — Março de 2011
The Singles Collection Volume I — Dezembro de 2008
The Singles Collection Volume II — Junho de 2009
The Singles Collection Volume III — Outubro de 2010

FREDDIE MERCURY: LANÇAMENTOS SOLO

ÁLBUNS

Mr Bad Guy — 29 de abril de 1985 (7 de maio de 1985)

Com Montserrat Caballé:

Barcelona — 10 de outubro de 1988 (lançamento póstumo nos EUA em 14 de julho de 1992). Relançado no Reino Unido em 10 de agosto de 1992

The Freddie Mercury Album — 16 de novembro de 1992 (lançado nos EUA como *The Great Pretender*, em 24 de novembro de 1992)

Freddie Mercury Remixes — Vários territórios (exceto EUA), 1993

RECOMENDADOS:

The Solo Collection Box Set — 23 de outubro de 2000

Um passeio completo pela carreira de Freddie. Essa coletânea, uma das mais abrangentes já lançadas pela Queen Productions, também inclui exclusividades como faixas bônus, remixagens, instrumentais, "raridades" e sessões de gravação de *Mr Bad Guy*, *Barcelona* entre outras. Contém ainda entrevistas singulares que David Wigg gravou com Freddie, além de muitas fotografias, desenhos e textos raros do cantor, acompanhados de uma história abrangente.

Lover of Life, Singer of Songs:

The Very Best of Freddie Mercury — 5 de setembro de 2006

Uma compilação em dois discos lançada para marcar o 60º aniversário do astro. É uma verdadeira homenagem ao homem e à música. Inclui tudo.

SINGLES

Como Larry Lurex:

"I Can Hear Music" — 29 de junho de 1973

Freddie Mercury:

"Love Kills" — 10 de setembro de 1984 (11 de setembro de 1984)

"I Was Born to LoveYou" — 9 de abril de 1985 (23 de abril de 1985)

"Made In Heaven" — 1º de julho de 1985 (não houve lançamento nos EUA)

"Living On My Own" — 2 de setembro de 1985 (2 de julho de 1985)

"Love Me Like There's No Tomorrow" — 18 de novembro de 1985 (não houve lançamento nos EUA)

Do musical de Dave Clark, *Time*:

"Time", título do tema — 6 de maio de 1986 (não houve lançamento nos EUA)

"The Great Pretender" — 23 de fevereiro de 1987 (3 de março de 1987)

DE BARCELONA, COM MONTSERRAT CABALLÉ

"Barcelona" — 26 de outubro de 1987

"The Golden Boy" — 24 de outubro de 1988

"How Can I Go On?" — 23 de janeiro de 1989

LANÇAMENTOS PÓSTUMOS DE SINGLES SOLO

"Barcelona" — relançado em 27 de julho de 1992

"How Can I Go On?" — relançado em outubro de 1992

"In My Defence" — 30 de novembro de 1992

"The Great Pretender" — relançado em 25 de janeiro de 1993 (12 de novembro de 1992)

"Living On My Own" — relançado em 19 de julho de 1993

Esse relançamento de "Living On My Own" foi o single mais vendido de Freddie. Liderou as paradas de sucessos em 8 de agosto de 1993: foi a primeira vez que um single solo de um dos integrantes do Queen chegou ao topo do ranking.

Para mais informações sobre singles, coletâneas, gravações não autorizadas, lançamentos não oficiais, álbuns de tributo, lançamentos de Queen + Paul Rodgers e afins, acesse: http://www.queenpedia.com/index.php?title=Discography.

Referências bibliográficas

Blake, Mark, *Is This the Real Life? The Untold Story of Queen*, Aurum Press Ltd: Londres, 2010

Brooks, Greg e Lupton, Simon (compiladores/organizadores), *Freddie Mercury: His Life In His Own Words*, Omnibus Press: Londres, 2008

Cann, Kevin, *David Bowie: Any Day Now: The London Years*, Adelita Ltd: Londres, 2010

Courauld, Pari, *A Persian Childhood*, Rubicon Press: Londres, 1990

Dean, Ken, *Queen: A Visual Documentary*, Omnibus Press: Londres, 1986 [*Queen: um documentário visual*. Comunica, 1997]

Evans, David & Minns, David, *Freddie Mercury: More of the Real Life*, Britannia Press Publishing: Culver City, 1995

Freestone, Peter e Evans, David, *Freddie Mercury: An Intimate Memoir by the Man Who Knew Him Best*, Omnibus Press: Londres, 2001. [*Freddie Mercury — memórias do homem que o conhecia melhor*. Madras, 2009]

Geldof, Bob, *Is That It?*, Sidgwick & Jackson: Londres, 1986

Gunn, Jacky e Jenkins, Jim, *Queen: As It Began*, Sidgwick & Jackson: Londres, 1992

Hodkinson, Mark, *Queen: the Early Years*, Omnibus Press: Londres, 1995

Hogan, Peter K., *The Complete Guide to the Music of Queen*, Omnibus Press: Londres, 1994

Hutton, Jim e Wapshott, Tim, *Mercury and Me*, Bloomsbury: Londres, 1994 [*Freddie Mercury por Jim Hutton*. Lira, 2005]

Kent, Nick, *Apathy for the Devil*, Faber: Londres, 2010

Norman, Jeremy, *No Make-up: Straight Tales From A Queer Life*, Elliot & Thompson Ltd, 2006

Norman, Philip, *Sir Elton: The Definitive Biography of Elton John*, Pan Books: Londres, 2002

O'Regan, Denis, *Queen: the Full Picture*, Bloomsbury: Londres, 1995

Palmer, Robert, *Dancing In the Street: A Rock and Roll History*, BBC Books: Londres, 1996

Rider, Stephen, *These Are The Days Of Our Lives*, Castle Communications: Londres, 1991

Rock, Mick, *Mick Rock, A Photographic Record 1969-1980*, Pinewood Studios: Century 22nd Ltd, 1995

St Michael, Mick, *Queen In Their Own Words*, Omnibus Press: Londres, 1992

Sheriff, Abdul e Ferguson, Ed, *Zanzibar Under Colonial Rule*, James Currey Ltd: Oxford, 1991

Shilts, Randy, *And the Band Played On: Politics, People, and the Aids Epidemic*, Penguin Books: Londres, 1987

Sky, Rick, *The Show Must Go On*, Fontana Press: Londres, 1992

Smith, Pete, *Live Aid*, Penn & Ink Ltd: Vancouver, WA, 2012

Southall, Brian, *The Rise and Fall of EMI Records*, Omnibus Press, Londres, 2009

Este livro foi composto na tipologia Minion Pro,
em corpo 11,5/16,6 e impresso em papel off-white
no Sistema Cameron da Divisão Gráfica
para a Distribuidora Record